PIA ROSENBERGER
COLETTE

atb aufbau taschenbuch

PIA ROSENBERGER

COLETTE

*Ihre Bücher sorgen
für Furore, doch für ihre Freiheit
muss sie kämpfen*

ROMAN

atb aufbau taschenbuch

ISBN 978-3-7466-4020-4

Aufbau Taschenbuch ist eine Marke
der Aufbau Verlage GmbH & Co. KG

1. Auflage 2023
© Aufbau Verlage GmbH & Co. KG, Berlin 2023
www.aufbau-verlage.de
10969 Berlin, Prinzenstraße 85
Der Verlag behält sich das Text- und Data-Mining nach § 44b UrhG vor,
was hiermit Dritten ohne Zustimmung des Verlages untersagt ist.
Satz Greiner & Reichel, Köln
Druck und Binden CPI books GmbH, Leck, Germany

Printed in Germany

PROLOG

An einem kalten und regnerischen Herbstabend waren Gabrielle und ihr Vater Jules-Joseph Colette mit dem Pferdewagen zu einem Gasthaus an der Landstraße zum Nachbarort unterwegs. Gabrielle blies sich in die Hände, warf ihre feuchten Zöpfe über die Schultern und zog ihren Mantel enger. Die Rede ihres Vaters würde sterbenslangweilig werden, das wusste die Siebenjährige jetzt schon, aber sie freute sich auf die Vorstellung mit der Laterna Magica, die darauf folgen würde.

Nachdem sie das Cheval Rouge erreicht hatten, hob Hauptmann Colette Gabrielle vom Kutschbock und stellte sie auf die regennasse Straße. An der Hausecke klapperte ein Schild im Wind. Es zeigte ein rotes Pferd, dessen Hufe die Luft peitschten.

»Auf in den Kampf, Kleine«, sagte er. Sie folgte ihm durch einen Flur voller feuchter Wettermäntel und Regenschirme in den Gastraum.

»Bonsoir, Monsieur Colette. Gabri.« Die Kellnerin nickte ihnen zu. Sie stand vor einer verspiegelten Wand voller Flaschen und polierte ein Glas. Gabrielle fand sie sehr hübsch mit ihrem blonden Haarknoten und dem duftigen, grünen Rüschenkleid.

»Bonsoir, Mademoiselle Nora.«

»Der Saal ist gut gefüllt, Monsieur Colette.«

»Das wollen wir hoffen.« Er legte Hut und Mantel ab und packte die Mappe mit seinen Notizen aus. »Dann mal auf!« Gabrielle folgte ihm, obwohl ihr das Herz bis zum Hals klopfte.

Der Festsaal war voller Menschen und so verraucht, dass sie kaum etwas sehen konnte. Während sie sich durch die Menge drängten, hätte Gabrielle zu gern nach der Hand ihres Vaters gegriffen, aber das ging nicht, weil er sich auf seine Krücke stützte und unter dem anderen Arm seine Notizen trug. Also hielt sie sich an seiner Jacke fest. Die Gäste johlten und klatschten. »Colette! Colette! Bravo!«

Sie stiegen die Treppe zur Bühne hinauf, wo die Laterna Magica bereits aufgebaut worden war. Hier oben schienen sie über der Menschenmenge zu schweben. Gabrielle hielt sich im Hintergrund, während ihr Vater die Leute mit einer Handbewegung zum Schweigen brachte.

»Guten Abend, meine lieben Freunde. Mein Name ist Hauptmann Jules-Joseph Colette. Wie ihr wisst, habe ich im tapferen Dienst für das Zuavenregiment mein Bein verloren.« Er räusperte sich und hielt seine übliche Rede. Papa kandidierte für den Landtag. Soweit Gabrielle ihn verstehen konnte, setzte er sich für die Vernunft und gegen Alkoholkonsum ein. Leider kam das bei den Leuten nicht so gut an, wie sie erwartet hatten.

»Was willst du?«, grölte einer der Zuhörer. »Weshalb sollten wir dich wählen, Capitaine, wo du uns doch jegliches Vergnügen verbieten willst? Wir haben was gegen Abstinenzler und Besserwisser!« Er hob sein Glas und prostete in die Runde, woraufhin der Saal in sein spöttisches Lachen einstimmte.

Gabrielle beobachtete, wie ihr Vater den Kopf hob. »Eure Gesundheit steht auf dem Spiel, ebenso wie euer Erbgut. Lasst ab vom Alkohol, ich bitte euch!«

Das Publikum johlte und pfiff ihn aus. Ihr wurde klar, dass er auf verlorenem Posten kämpfte.

»Ohne Schnaps ist die Welt so öde. Gönnst du uns den etwa nicht?«, fragte einer.

Während Jules-Joseph Colette seinen Blick unschlüssig durch die Runde wandern ließ, kippelte Gabrielle nervös auf ihrem Stuhl und schämte sich. Prallte sein Vortrag an den Leuten ab, weil sie schon zu betrunken waren? Das war alles so peinlich. Sie stand auf und zupfte ihn an seiner Jacke.»Lass uns heimgehen!«

Aber er ignorierte sie und lud stattdessen zu seiner Vorstellung mit der Laterna Magica ein. Er wollte gerade beginnen, als einer der Zuhörer ihn unterbrach.»Du hast doch deine goldhaarige Prinzessin mitgebracht, Hauptmann Colette. Lass sie doch auch etwas vortragen. Nur so zur Unterhaltung.«

Ihr Vater schüttelte vehement den Kopf.»Auf gar keinen Fall.«

Doch Gabrielle klatschte aufgeregt in die Hände.»Bitte, Papa. Darf ich? Bitte, bitte!«

»Nein, Gabri! Auf keinen Fall.«

»Doch, doch, doch!« Bevor er sie davon abhalten konnte, trat sie an den Rand der Bühne heran und verbeugte sich.

Die Leute klatschten und jubelten ihr zu.»Bauernabschaum« nannten ihre Eltern die Bevölkerung der Gegend manchmal verächtlich, doch in diesem Augenblick hätte Gabrielle alles für ihren Applaus getan.

»Zeig, was du kannst, Kleine!«, feuerte ein graubärtiger Alter sie an.

»Komm sofort her«, zischte ihr Vater, aber sie ignorierte ihn.

Gabrielle wusste, dass sie hübsch war, schließlich sagten die Leute ihr das immer. Außerdem trug sie ihr gutes Kleid und die geknöpften Stiefeletten, die ihr Dienstmädchen heute extra geputzt hatte.

»Bühne frei«, rief der Mann mit der Pfeife,»für die Prinzessin von Saint-Sauveur.« Die Zuschauer applaudierten.

»Nun, kleine Colette, was hast du uns zu bieten außer goldblonden Zöpfen bis zum Knie?«, fragte eine Frau verdrossen.

Unschlüssig vollführte Gabrielle ein paar Tanzschritte, bei denen ihre Absätze über den Boden klapperten. *Dreh dich nicht um, Gabri! Sonst siehst du, wie dein Papa sich die Hände vors Gesicht schlägt.* »Kannst du auch Cancan tanzen?«, fragte einer. »Aber dafür musst du dein Röckchen heben, kleine Puppe.« Verhaltenes Lachen ertönte. Gabrielle blieb verunsichert stehen. Von diesem Tanz hatte sie noch nie gehört.

»Gabri, hör auf!«, herrschte ihr Vater sie an.

Aber sie hatte noch lange nicht genug. Angefeuert durch das Klatschen der Menge, drehte sie sich wild im Kreis und ließ ihre Zöpfe fliegen, höher und höher. Sie strahlte über das ganze Gesicht und genoss die vielen aufmerksamen Augen, die auf ihr ruhten. Das Licht ließ ihre Haut glänzen und ihre Wangen erröten.

Applaus brandete auf. »Ich könnte etwas singen.« Sie brachte die Leute mit einer herrischen Gebärde zum Schweigen, holte tief Luft, und ihre klare Stimme übertönte das Geraune.

»Alouette, gentille alouette…«

Das Lied handelte von einer kleinen Lerche, der man nach und nach alle Federn ausrupfte. Es wurde als eines von wenigen in der Schule gesungen. Als sie fertig war, dröhnte der Beifall in ihren Ohren. »Bravo, kleine Colette! Bravo!«

Sie verbeugte sich strahlend in alle Richtungen, doch der Hauptmann fand das gar nicht witzig. »Jetzt reicht es aber. Runter mit dir!«

Widerwillig hüpfte Gabrielle von der Bühne. Er nahm seine Krücke, dirigierte sie durch den überfüllten Saal in die Gaststube und hieß sie, sich auf eine Bank zu setzen. Die Vorstellung mit der Laterna Magica fiel wohl heute aus. »Musste das sein? Und dann auch noch dieses Lied. Wie vulgär kann man sein?«

»Ich habe Durst«, maulte sie.

Nora, die blonde Kellnerin, brachte auf Geheiß des Hauptmanns ein Glas Wasser. Gabrielle trank es aus und genoss ihren ersten Erfolg als Bühnenkünstlerin, ganz egal, was ihr Vater dazu zu sagen hatte. Doch als sich ein Paar zu ihnen setzte und ihn in ein Gespräch verwickelte, begann sie sich wieder zu langweilen. Niemand bemerkte, wie sie von der Bank auf den Boden rutschte. Selbst ihr Vater wusste nicht, was für eine versierte Geheimagentin er in ihr hatte. Sie seufzte, denn unter dem Tisch gab es noch weniger zu spionieren als oben. Frustriert betrachtete sie die klebrige Weinlache, die in einer Fußbodenritze versickerte. Daneben stand Papas einziger Fuß. Sein Beinstumpf mit dem festgesteckten Hosenbein lag auf der Bank. Ihm gegenüber saß ein Mann mit dreckstarrenden Schuhen, rechts von ihm standen die Stiefeletten der Frau, mit der er Händchen hielt. Ihr Rock war hochgerutscht, so dass man den angeschmutzten Saum ihres Unterrocks sehen konnte.

Die Erwachsenen waren so in ihr Gespräch vertieft, dass Gabrielle tollkühn wurde. Vorsichtig zog sie die Schnürsenkel des Mannes auf und verknotete sie mit denen der Frau. Danach streckte sie einen Arm hervor, tastete in Richtung der Tischplatte, griff nach einem Glas, zog es zu sich hinab, trank es aus und stellte es zurück. Wein, aha. Auf den Geschmack gekommen, krabbelte sie aus ihrem Versteck und sah sich um. Im Gewimmel der Schankstube nahm niemand Notiz von ihr. Also schlich sie von einem Tisch zum nächsten und leckte nach und nach die Reste aus den abgestellten Gläsern. Meist war es Rotwein, doch im letzten glänzte ein grünlicher Film, der wie Hustensaft schmeckte. War das etwa Absinth? Gabrielle schüttelte sich. Wie scheußlich!

Aber da. Das Weinglas war ja noch halb voll! Eilig trank sie es leer. Danach schwankte sie so, dass sie sich am Tisch festhalten musste.

»He, kleine Mademoiselle!« Nora nahm sie bei den Schultern und setzte sie auf einen Stuhl an der Theke. »Du hattest wohl ein bisschen zu viel.«

»Papa spricht über Poli...?« Das Wort löste sich in Luft auf, weil sie so lachen musste. Der Gastraum drehte sich um sie, so dass sie vorsichtshalber die Augen schloss. Auf der Stelle schlief sie ein und bekam nicht mit, wie das Paar mit den verknoteten Schnürsenkeln beim Aufstehen über seine Füße stolperte und beinahe hinfiel. Sie erwachte erst, als der Wirt sie neben ihren Vater auf den Kutschbock setzte.

Der Regen rauschte herab, so dass Jules-Joseph Colette ihr seinen Kleppermantel umlegte. »Sei ehrlich, Bel Gazou! Was hast du alles getrunken?«

»Nur ein bisschen Wein. Hat gut geschmeckt.« Sie rülpste und kicherte.

»Du kleine Räuberprinzessin.« Er strich ihr lachend über den Kopf und ließ das Pferd im Schritt gehen. Sein Humor verging ihm allerdings, als Gabrielle sich nach hundert Metern in den Straßengraben übergeben musste. »Was Maman wohl dazu sagen wird, Gabrielle?«

Während sich ihr der Magen umdrehte, hielt er ihr das Haar aus der Stirn.

»Aber so heiße ich nicht. Ich heiße Colette, kleine Colette. Hast du das gehört?«, murmelte sie, bevor sie mit dem Kopf an seiner Schulter einschlief.

KAPITEL 1

Saint-Sauveur, 1890

Wach auf, Schlangenbeschwörerin, oder sollte ich lieber Schlafmütze sagen?«

Gabrielle regte sich schlaftrunken. »Verschwinde!«

Doch ihr Bruder Léo blieb wie angewachsen in der offenen Tür ihres Zimmers stehen. Der lang aufgeschossene Junge mit den dunklen Haaren galt als Träumer der Familie. Aber an diesem Morgen hörte er einfach nicht auf zu quatschen. »Weißt du, welcher Tag heute ist?«

»Natürlich.« Sie zog sich die Decke über den Kopf. Wenn das Leben in Bewegung geriet, war das Reich der Träume ihr Zufluchtsort.

»Du solltest aufstehen. Maman ist schon fast fertig. Sonst fahren wir ohne dich.«

»Als ob!« Gabrielle schleuderte ein Kissen nach ihm, doch Léo war schneller und schloss behände die Tür, so dass das Kissen dagegen prallte.

Sie setzte sich auf die Bettkante, warf sich ihre Zöpfe über die Schultern und angelte nach ihren Hausschuhen. Ihre Laken waren im frühen Morgenlicht so gleißend weiß, dass sie blinzeln musste.

Auch wenn sie das geräumige Zimmer im ersten Stock, das sie seit der Hochzeit ihrer Halbschwester Juliette bewohnte, noch so sehr liebte, heute würde sie es für immer verlassen. Sie würden in das vierzig Kilometer entfernte Châtillon-sur-Loing ziehen und dort bei ihrem Bruder Achille unterkommen, der vor einigen

Monaten eine Praxis als Landarzt eröffnet hatte. Châtillon war um einiges größer als Saint-Sauveur, doch Gabrielle wusste, dass ihr die Provinz auf Dauer nicht reichen würde.

Sie stand auf, spritzte sich entschlossen Wasser ins Gesicht, streifte ihr Tageskleid über und schloss die zahlreichen Knöpfe. Nicht, dass sie noch Angst vor ihrer eigenen Courage bekam. *Ich werde den Staub von den Schuhen schütteln und kein Heimweh haben. Niemals!* Sie ging zum Fenster und stieß die Flügel auf. Es würde ein schöner Tag werden. Die Luft war frisch und rein und duftete nach Sommer. Schräge Streifen Morgenlicht lagen über dem verwilderten Garten mit den beiden Tannen und der violetten Glyzinie, die sich am Gitter emporrankte. Am Zaun blühte der Fingerhut in giftigem Scharlachrot. Die Rosen ihrer Mutter Sido wucherten wie wild. Adieu, dachte sie. Sie kannte diesen Garten besser als sich selbst. Ihr war das triste Grau des Nebels vertraut, der sich im Winter über die kahlen Bäume legte. Sie wusste, in welchem Blätterhaufen sich im Herbst die Igel versteckten. Wie oft hatte sie hier mit ihren Schulfreundinnen gespielt, sie als Anführerin, die auf Bäume kletterte und sich ausmalte, wie sie als Matrose die Welt umsegelte. Noch häufiger aber stieg sie über die Mauer und streunte in der Umgebung von Saint-Sauveur herum. Im Sommer stand sie um halb vier auf, erkundete die Spuren der Tiere, lauschte dem Fluss und füllte ihre Taschen mit Schlangenhäuten und Fröschen. Aber das war nun vorbei.

Sie trat zurück und packte das Buch, das sie in der Nacht gelesen hatte, oben auf die Kiste mit ihren Habseligkeiten. *Madame Bovary.* Es passte perfekt zur Situation ihrer Familie, die ihre Stellung als Teil der Oberschicht des Dorfes längst verspielt hatte.

Die Colettes nahmen nur das Notwendigste mit in ihr neues Leben, aber auch das war noch zu viel. Vor Kurzem hatte die Versteigerung stattgefunden, bei der ein Großteil ihrer Ölgemälde, kostbare Möbel und die meisten Klassiker von Voltaire, Goethe und Schiller unter den Hammer gekommen waren. Gabrielle hatte ihre Lieblingsbücher von Musset, Flaubert und Balzac gerade noch retten können und betrauerte den Verlust der Regale aus Mahagoni und des Nippes aus China. Es hingen so viele Erinnerungen daran. Sie hatte geglaubt, dass man sich leichter fühlte, wenn man materielle Dinge hinter sich ließ, aber es vergrößerte das Gefühl der Leere nur.

Als sie auf den Gang hinaustrat, trugen die Möbelpacker gerade den Tisch und die Stühle aus dem Salon. Gabrielle schlängelte sich an ihnen vorbei in die Küche, wo ihre Mutter am Herd stand und frisch gekochte Schokolade in einen Becher goss. Die Zeiten, in denen sie sich vier Dienstboten leisten konnten, waren vorbei.

»Guten Morgen, Minet-Chérie.« Sido drückte ihr einen Kuss auf die Stirn. »Hast du gut geschlafen?«

»Den Umständen entsprechend.« Gabrielle ließ sich auf einen Stuhl fallen. »Du bist ja noch gar nicht auf dem Sprung. Léo sagte, ihr würdet mich zurücklassen, wenn ich nicht sofort aufstehe.« Der warme, süße Duft des Kakaos ließ sie niesen.

Sido verdrehte die Augen. »Was der immer redet. Sicher sitzt er schon auf dem Kutschbock, so eilig hat er es, fortzukommen. Natürlich nehmen wir dich mit, Minet. Wo denkst du hin?«

Gabrielle wunderte sich nicht, dass ihre Mutter sie mit ihrem Kosenamen aus Kindertagen ansprach, denn schließlich war sie ihr heiß ersehntes Nesthäkchen. Sidos Liebe war das Einzige, was sie nie infrage stellte. »Ich will gerne fort, das weißt du.«

Sido hielt sich das Baguette vor die Brust und schnitt es gleichmütig in Scheiben. »Iss! Du bist viel zu dünn.«

Gabrielle verdrehte die Augen. Klar, dass Sido wieder einmal ihre Figur erwähnen musste. Sie ärgerte sich selbst am meisten über den Umstand, dass sie noch immer wie ein Schulmädchen aussah. Sie war zierlich und mit ihren eins dreiundsechzig kaum größer, als ihre Zöpfe lang waren.

Auf dem Tisch standen ein Teller mit Schinken und Käse, gesalzene Butter und ein paar Radieschen bereit. Gabrielle zerkrümelte ihr Brot nur, rollte den Schinken zusammen und verfütterte ihn nach und nach an den Jagdhund Moffino, der unter dem Tisch lag und jedes Mal den Kopf hob, wenn ein Leckerbissen für ihn abfiel. Neben ihm säugte die Katze Bijou seelenruhig ihre Jungen, die sich an ihren Zitzen aufreihten wie Perlen auf einer Schnur. »Hast du darüber nachgedacht, wie wir die Tiere mitnehmen? Nicht, dass wir sie noch vergessen!«

»Auf keinen Fall.« Sido, ebenso tierlieb wie ihre Tochter, hatte nicht nur ihre Haustiere im Blick, sondern kümmerte sich um verletzte Tauben, herumstreunende Katzen und elternlose Vogelkinder. »Zähl mal die Kätzchen ab. Da besteht die größte Gefahr, dass eins verloren geht.«

»Aber wo steckt Toutouque?« Gabrielle sah sich beunruhigt um. Ihre kleine Französische Bulldogge fehlte in der Versammlung unter dem Tisch. »Das sieht ihr gar nicht ähnlich.«

»Sie hat sich wahrscheinlich versteckt«, sagte Sido. »Sie wird schon kommen, wenn es ernst wird.«

Gabrielle starrte in ihre Tasse, in der die Schokolade langsam erkaltete. Ernst war es schon lange. Das stattliche Vermögen, das aus der ersten Ehe ihrer Mutter stammte, hatte sich nach und nach in Luft aufgelöst. Zuletzt hatten sie sogar ihren Grundbesitz verkaufen müssen. Doch der Verlust ihrer sozialen Stellung war nicht der Grund gewesen, warum ihre Eltern Gabrielle nicht wie ihre ältere Schwester ins Pensionat nach Auxerre geschickt hatten. Sido wollte ihre Kleine nicht aus den Augen lassen, und so hatte sie zusammen mit den Töchtern der Bauern und Handwerker die kommunale Schule in Saint-Sauveur besucht, wo sie als mutwillige Göre bekannt gewesen war, die in ihren Jackentaschen zwei zahme Schwalben mit sich herumtrug. Doch ihre glückliche Schulzeit war längst vorbei. Heute hörte sie die Frauen des Dorfes hinter sich tuscheln, weil sie in einer Jacke herumlief, die Sido aus einem alten Frack ihres Vaters genäht hatte.

»Ich würde am liebsten bleiben, Minet.« Sido trat an Gabrielle heran und legte ihr den Arm um die Schultern. Sie erlaubte sich selten einen Moment der Schwäche, und noch seltener gab sie zu, dass sie etwas ändern wollte, was nicht zu ändern war.

»Ach, Maman!« Gabrielle drückte ihr Gesicht an ihre Hüfte und sog ihren Geruch nach Marmelade und warmem Schweiß ein. Wo Sido war, war Heimat. »Das ist ein Neuanfang für uns alle. Wir gehen zusammen nach Châtillon und machen das Beste daraus.«

»Für dich ist das ein großes Abenteuer.« Sido seufzte und ließ ihre Hand auf Gabrielles Scheitel ruhen. »Aber dafür bin ich zu alt. Komm, du kannst mir helfen!«

Gabrielles Vater war ihnen bereits mit dem Großteil ihres Hausrats vorausgefahren. Gemeinsam packten sie die restlichen Lebensmittel in einen Korb und setzten die maunzenden Katzenkinder mitsamt ihrer Mutter in eine offene Kiste.

»Hier wird nicht gejammert«, sagte Gabrielle streng. »Moffino ist auch schon bereit.« Der Hund wartete an der Tür, als wüsste er, was auf dem Spiel stand.

Und so traten sie in den blitzblauen Sommermorgen hinaus. Sido trug den Proviantkorb und Gabrielle die Katzenkiste.

»Schnell, schnell!« Trotz des abfahrbereiten Léo, der auf dem Kutschbock saß und sie antrieb, ließen sie sich Zeit, denn zuerst mussten sie den Abschied von Marie und ihrer Familie hinter sich bringen. Die Nachbarin, die Gabrielles Amme gewesen war, schämte sich ihrer Tränen nicht und zog Sido in ihre Arme. Zu ihrer Rechten stand Antoine, Maries ältester Sohn mit den schrägen Augen und dem breiten Lächeln. Im Dorf galt er als Dummkopf, aber Gabrielle wusste es besser. Tintin war der zufriedenste Mensch auf der Welt. Links hatte Gabrielles Milchschwester Mélie ihre Großmutter Loisine untergehakt, die Hexe von Saint-Sauveur, die seit Kurzem bei der Familie ihrer Tochter lebte.

Gabrielle nahm Mélie so fest in die Arme, dass sie das Herz ihrer Freundin schlagen hörte. Sie waren sich nicht immer einig, beileibe nicht, dafür waren sie zu eigensinnig, aber trennen konnte sie trotzdem niemand. Bis zum heutigen Tag.

»Du schreibst mir doch, oder?«, fragte Mélie.

Gabrielle drehte eine von Mélies schwarzen Ringellocken um ihren Finger und legte ihre Stirn an die der Freundin. »Natürlich. Aber du musst mich in diesem Sommer noch besuchen kommen, hörst du? Sonst langweile ich mich zu Tode.«

Mélie strahlte. »Mal sehen. Wenn Sido mich einlädt.«

Gabrielle zog die alte Loisine noch einmal an sich, die ihr gerührt über das Haar strich. Dann winkte sie der Familie zu, die nach und nach im Haus verschwand, Tintin, der sich nicht von ihnen trennen wollte, als Letztem. Erst jetzt fiel Gabrielle Sidos wehmütiger Blick auf. Natürlich, dachte sie zornerfüllt. Ihre ältere Schwester Juliette, die im Haus gegenüber wohnte, hatte sich nicht von ihnen verabschiedet.

»Vielleicht lässt man immer ein Stück seines Herzens zurück«, flüsterte sie.

Sido legte ihr den Arm um die Schulter. »Ja, vielleicht, *ma petite*. Aber deins ist groß genug, um es tausendmal zu verschenken.«

»Deins nicht?«

»Meins ist müde geworden. Aber zuerst gilt es, heil nach Châtillon zu kommen.«

Das war nicht nur eine Herausforderung, weil sich die Rue de l'Hospice steil den Hang hinabzog. Die Möbel türmten sich auf der Ladefläche des Leiterwagens zu einem wackligen Turm auf, aus dem das eine oder andere Stuhlbein herausschaute. »Ich mach das schon.« Léo zog Sido neben sich. Moffino sprang hinterher und legte sich ihnen zu Füßen.

Da fiel Gabrielle siedend heiß ein, dass sie noch jemanden vermisste. Toutouque.

»Wartet auf mich!« Sie lief zurück ins Haus. Wie still es hier war. Es schien, als ob das Haus atmete und auf etwas wartete, das nicht mehr zurückkommen würde.

»Meine Süße, wo hast du dich versteckt?«

Sie sah in jedes leer geräumte Zimmer, doch die Bulldogge blieb verschwunden. Toutouque war ein empfindsamer Hund, dem übel mitgespielt worden war. Kein Wunder, dass sie der Umzug in Angst und Schrecken versetzte, nachdem Gabrielles Bruder Achille sie in der Kaserne der Kreisstadt aus der Tötungsmaschinerie gerettet hatte. Gabrielle hielt inne und dachte nach. Hatte sich die Hündin mit den Pinselohren und den hervorstehenden Froschaugen zu den Nachbarn geflüchtet? Gabrielle wollte gerade im Garten nachsehen, als sie aus dem Schlafzimmer ihrer Eltern ein Fiepen hörte.

Sie stürzte hinein. »Wo bist du, Süße?«

Es war einen Augenblick still, dann vernahm sie ein klägliches Jaulen unter dem Doppelbett, dem einzigen Möbelstück, das sie zurückgelassen hatten. Gabrielle ließ sich auf den Bauch fallen und robbte ein Stück unter die Matratze. Toutouque hockte zitternd an der Wand zwischen einigen vergessenen Staubflocken. Ihr zerknautschtes Gesicht wirkte noch gramerfüllter als sonst, und sie saß in einer Lache aus Hundepipi.

»Ach, Toutouque.« Gabrielle streckte ihren Arm aus. »Kommst du? Léo ist schon auf dem Sprung.«

Toutouque winselte weiter und richtete ihre Augen sehnsüchtig auf Gabrielle. Diese bat, flehte und schmeichelte, und schließlich, als sie schon fast nicht mehr daran geglaubt hatte, setzte sich die Hündin in Bewegung und robbte auf dem Bauch auf sie zu, Zentimeter um Zentimeter, bis Gabrielle sie an sich ziehen konnte. Sie stand auf, die bebende Toutouque an sich gedrückt, lief aus dem Haus und stieg mit ihr auf den Kutschbock.

»Kann es endlich losgehen?«, fragte Léo verärgert. »Oder müssen wir weitere hysterische Anfälle von Hunden oder Schwestern aushalten? Außerdem riecht Toutouque nach Pipi, oder bist du das, Gabri?«

»Sei doch nicht so ein Mistkerl!«

»Kinder!« Sido rang die Hände. Erst jetzt schnalzte Léo mit der Zunge und trieb die Pferde an. Gemächlich schaukelte der Leiterwagen die steile Rue de l'Hospice hinab ins Tal, hinein in ein neues Leben.

∽ KAPITEL 2 ∾

Während sie die enge Dorfstraße entlangrumpelten, sah sich Gabrielle zum letzten Mal in der vertrauten Umgebung um. Ein windschiefer Laden stand neben dem anderen. Die Schule aber war brandneu. Gabrielle hatte die Bauzeit noch gut in Erinnerung. Auf dem Schulhof stand ihre Lehrerin Olympe Terrain mit ihrem leuchtend roten Haarknoten und räumte ein paar Spielzeuge beiseite. Gabrielle sprang auf und winkte ihr zu. »Adieu, Mademoiselle! Wir fahren, dann müssen Sie sich nie wieder über Ihren Plagegeist ärgern.« Olympe wandte sich ihr zu und schenkte ihr ein Lächeln zum Abschied.

Wie oft war Gabrielle als kleines Mädchen die Rue de l'Hospice hinab zur Schule gerannt, ja geflogen, im Sommer barfuß, im Winter mit einem kleinen Eimer voll glühender Kohlen, weil jedes Kind selbst für seine Wärme im Klassenzimmer sorgen musste. Vor ihrer Einschulung hatte sie unbedingt lernen und die Welt entdecken wollen. In der Schule aber hatte man ihr die Neugier schnell ausgetrieben, was weniger an der drangvollen Enge zwischen dreißig ungewaschenen Gören lag, sondern an ihrer ersten Lehrerin, bei der sie als mutwilliges Früchtchen gegolten hatte. Die hatte selbst kaum lesen und schreiben können und sie anhand von Bibeltexten unterrichtet. Vor einigen Jahren jedoch war die damals vierundzwanzigjährige Olympe Terrain ins Dorf gekommen, frisch von der Lehrerinnenakademie in Auxerre und voller Ehrgeiz, was die ihr anvertrauten Mädchen betraf. Gabrielle war auch bei ihr negativ aufgefallen. Ihre Aufsätze waren Mademoiselle zu bunt, ihre Antworten zu vorlaut, ihr Lachen zu schrill, und in Mathe schaffte sie es nie über den Durchschnitt hinaus. Aber dann hatten sie sich doch noch zusammengerauft, vor allem als Mademoiselle ihre kleine Schwester Doudouche in die Abschlussklasse geholt und sie gemeinsam für die Prüfung gelernt hatten.

Die Colettes ließen Saint-Sauveur hinter sich, das Gewirr an Häusern, die wie Schwalbennester am Hang klebten. Darüber ragte der Sarazenenturm auf, der in seiner Kindheit Léos Lieblingsversteck gewesen war. Außerdem gab es eine uralte Kirche sowie ein wenig bemerkenswertes Schloss.

Léo lenkte den Wagen auf die Landstraße, die zwischen Feldern, Wäldern und Hügeln hindurch nach Nordwesten ins Département Loiret führte. Außer ihnen war an diesem trägen Sommertag kaum jemand unterwegs.

Die hügelige Landschaft war eintönig. *Pauvre Puisaye*, die arme Puisaye, nannte man diesen Landstrich Burgunds, der wenig Ähnlichkeit mit den üppigen Weinbergen rund um Charolais hatte. Trotz der mückenverseuchten Schlammlöcher und der reichlich wuchernden Brombeeren reifte auch hier der Weizen hellgrün auf den Feldern. Von Zeit zu Zeit schmiegte sich ein Dorf an eine Hügelflanke. Heckenrosen setzten rosa Tupfer in die Landschaft, und die Sonne brannte ihnen auf den Kopf.

»Nicht, dass du noch Sommersprossen bekommst.« Sido reichte Gabrielle ihren Strohhut, goss Saft in die mitgebrachten Becher und für die Tiere Wasser in einen Napf.

Auf Gabrielle, die in der Nacht lange gelesen hatte, wirkte das monotone Gerumpel ebenso einschläfernd wie die Hitze. Die Farben verschmolzen zu Schlieren, und ihr Kopf kippte immer wieder an Sidos Schulter. Auch Toutouque streckte alle viere von sich.

Irgendwann sprach Sido ein Machtwort und verbannte beide auf die Ladefläche neben die Möbel, wo Gabrielle mit dem Hund im Arm einschlief.

Sie erwachte erst, als der Wagen in Châtillon vor dem Haus ihres Bruders zum Stehen kam. Für einen Moment wusste sie nicht, wo sie sich befand. Verwirrt setzte sie sich auf und rieb sich die Augen. *Rue de l'Église.* Das Haus lag in der Nähe des Friedhofs mit seinen grauen Grabsteinen. Es war mit dunklem Schiefer gedeckt und besaß zwei Seitenflügel. Auch wenn es auf den ersten Blick repräsentativ wirkte, war es viel kleiner und bescheidener als ihr einstiges Zuhause in Saint-Sauveur.

Achille erwartete sie an der Straße. Neben ihm stand Gabrielles Vater und stützte sich auf seine Krücke.

»Da seid ihr ja endlich.« Achille nahm seiner Mutter die Katzenkiste ab und half ihr vom Kutschbock. »Salut, Schwesterchen.«

»Salut.« Sie sprang vom Wagen, fiel ihrem Lieblingsbruder um den Hals, begrüßte ihren Vater mit Küsschen und hakte sich bei Sido unter, die vorschlug, ins Haus zu gehen. Toutouque folgte ihnen hocherhobenen Hauptes, während Achilles Dienstboten die Möbel abzuladen begannen.

»Sieh nur, der Innenhof«, sagte Sido. »Am Sonntag werden wir hier alle zusammen essen. Ein Menü mit der ganzen Familie! Austern, Braten und zum Nachtisch Clafoutis mit Kirschen und Schlagrahm.«

Gabrielle nickte zweifelnd. Zu fünft würde es eng werden in Achilles Haus. Anders als in Saint-Sauveur hatte sie hier nur eine schlauchartige kleine Kammer. Seufzend stellte sie ihre Bücherkiste auf dem schmalen Bett ab. Egal, sie würde sich sowieso die meiste Zeit im Freien aufhalten. Und Léo würde zu Semesterbeginn nach Paris zurückkehren, um sein Pharmaziestudium fortzusetzen.

Am nächsten Tag erkundete sie das Städtchen, das auf seine Weise so verschlafen wie Saint-Sauveur war. Sie streifte durch mittelalterliche Gassen und bewunderte eine große Kirche und ein imposantes Schloss mit zwei Ecktürmen. Sie wollte sich gerade heimwärts wenden, als ihr jemand hinterherpfiff.

»He du, ja, dich meine ich!« Ein Junge hockte auf einer Mauer und kaute auf einem Grashalm. Er hatte einen braunen Lockenschopf und trug ein weißes Hemd und eine halblange Hose, die seine gebräunten Beine zeigte. »Warte mal!« Mit zwei Schritten war er an ihrer Seite. »Dich kenne ich ja gar nicht. Wie heißt du?«

»Gabrielle.« Sie spürte, wie sie errötete, und ärgerte sich.

»Ich bin Dominic. Meinem Vater gehört die Hufschmiede.«

Er mochte ungefähr so alt wie sie sein, vielleicht etwas älter. Gabrielle sah sich verstohlen um. Sido durfte nicht erfahren, dass sie sich von fremden Jungen ansprechen ließ.

»Bist du neu hier?«

»Ja, meine Eltern und ich sind gestern bei Dr. Robineau-Duclos eingezogen. Er ist mein Bruder.«

»Tatsächlich?«

Dominic mit seinen grünen Augen duftete so gut nach Gras und frischem Schweiß, dass ihr Herz zu klopfen begann. In Saint-Sauveur hatte niemand mit der rebellischen Tochter der Familie Colette anzubandeln versucht, leider, denn sie war neugierig auf das, was sich zwischen Frauen und Männern abspielte.

Dominic begleitete sie unaufgefordert. »Châtillon ist das langweiligste Nest unter der Sonne.«

»Sicher nicht langweiliger als Saint-Sauveur.«

Dominic lachte. »Da könntest du recht haben.«

Sie trat einen Schritt zurück. »Und was macht man hier so, wenn man noch nicht achtzig ist?«

Er musterte sie abschätzig. »Es gibt hin und wieder ein Tanzvergnügen. Aber da lassen dich deine Eltern sicher nicht hingehen.«

Sie seufzte frustriert. Solche Veranstaltungen ziemten sich nicht für Mädchen aus guter Familie. »Ich müsste schon heimlich gehen. Und sonst? Was treibst du den lieben langen Tag?«

»Ich arbeite als Hufschmied wie mein Vater«, erwiderte er überraschend ernst. »Ich kenne inzwischen jeden Gaul in der Umgebung. Und wenn die Schmiede zu ist, helfe ich meinem Großvater Jean-Baptiste. Der ist hier der Schäfer. Letztens hat dein Bruder ihm sein brandiges Bein abgenommen.«

»Wirklich?« Gabrielle überlief es kalt.

»Aber wenn ich Zeit habe, gehe ich angeln. Immerhin gibt es hier ja den Kanal und den Fluss, den Loing. Und was machst du, wenn du nicht gerade stickst und auf einen passenden Bräutigam wartest?«

Sie hob eigensinnig ihr Kinn. »Ich studiere die Natur.«

Dominic lachte. »Du betrachtest die Kaulquappen in den Pfützen?«

»O ja«, erwiderte sie spitz. »Ich sehe mir die ganze Vielfalt an, vom Salamander bis zu den Vogelkindern. Zu Hause haben meine Brüder und ich ein Herbarium und eine Schmetterlingssammlung. Außerdem ist ein Verwandter von uns Insektenforscher.«

»Und das willst du auch sein?« Dominic sah sie an wie ein exotisches Tier oder aber, als hätte sie nicht mehr alle Tassen im Schrank. »Du bist ein komisches Mädchen. Wie heißt du noch mal?«

Sie richtete sich auf und warf sich herausfordernd beide Zöpfe über die Schultern. Sollte er doch von ihr halten, was er wollte.

»Sidonie-Gabrielle Colette.«

❧ KAPITEL 3 ❧

An einem schwülen Nachmittag einige Wochen später stand Gabrielle auf der Leiter und pflückte Sauerkirschen. Kurz nach ihrem Einzug hatten sie gegenüber von Achilles Haus ein Grundstück voller Obstbäume und Beerensträucher gepachtet.

»Du weißt schon, dass das eine unglaubliche Sauerei ist, oder, Sido?« Sie verdrehte die Augen zum Himmel. Es war nicht nur eine Sauerei, es artete in Arbeit aus.

Aber dann begann die sommerliche Erde unter ihrem klaren Blick zu leuchten. Welch ein Glück, genau jetzt hier sein zu dürfen. Der Baum, an dessen borkiger Haut sie lehnte, war verwachsen und stark. Sie ließ ihre Hände über die fedrig graugrünen Flechten gleiten, die sich auf seinen Zweigen ausbreiteten. Die Sauerkirschen waren so prall, dass sie ihr zwischen den Fingern zerplatzten. Saft rann in den Ärmelaufschlag ihres Kleides.

»Träum nicht, Minet!«, ermahnte Sido sie. »Sonst fällst du noch von der Leiter. Und pass auf dein Kleid auf, verflixt nochmal.«

Aber Gabrielle hörte sie nicht. Sie nahm den tiefblauen Sommerhimmel, das trockene Gras auf dem Boden und den Schmetterling, der sich flügelschlagend auf der Kapuzinerkresse niederließ, tief in sich auf. Die Sonnenblumen nickten über den Zaun, während sich im saftig grünen Gras Bijous Katzenkinder balgten. All diese Kostbarkeiten verband ein einziger Herzschlag. Was gäbe sie darum, all das in Worte fassen zu können.

Die Leiter wackelte. Gabrielle kämpfte um ihr Gleichgewicht.

Sido stieß einen Schrei aus. »Komm sofort runter, Gabri! Was ist mit dir? Du schlafwandelst ja.«

Sie beruhigte sich schnell, als sie merkte, dass Gabrielle unversehrt war. Eine Viertelstunde später saßen sie im Hof und entsteinten die Kirschen. Der schwarzrote Saft war überall und färbte ihre Hände rot.

»Was machst du denn mit der Kirschenschwemme, Sido? Sie schmecken nicht einmal, die sauren Dinger. Sogar Toutouque verschmäht sie.«

Sido nahm eine Kirsche, schnitt sie geschickt auf, entfernte den Kern und schnippte die Frucht in die Wanne. »Konfitüre, Kuchen, da fällt mir schon was ein. Wenn man sie mit Zucker einkocht, werden sie schon süß.«

»Erzähl mir was.« Gabrielle genoss die Geschichten ihrer Mutter, selbst wenn sie die meisten schon kannte.

Sido ließ sich das nicht zweimal sagen. »Ich liebe die Puisaye, seit ich als kleines Kind hierhergekommen bin.« Sidos Mutter Sophie Landoy war kurz nach ihrer Geburt gestorben. Wie es Brauch war, hatte ihr Vater sie bei einer Pflegefamilie in Musset nahe Saint-Sauveur untergebracht, wo sie bis zu ihrem achten Geburtstag geblieben war. Dann hatte er wieder geheiratet und seine Kinder zu sich nach Paris geholt. »Du weißt ja, dass mein Vater von seiner zweiten Frau eine Schokoladenfabrik übernommen hat und seine Tafeln auf dem Dach trocknen ließ.«

»Das ist eine lustige Vorstellung.« Gabrielle lachte hell auf.

»Sie wurden in der Sonne weich, und die Katzen haben nachts ihre Fußspuren auf die Oberfläche gestempelt wie Blütenblätter. Katzenpfotenschokolade.«

Gabrielle seufzte und betrachtete die zerquetschten Kirschen auf ihrem Schneidebrettchen. »Ich bin leider nicht so geschickt wie du. Wenn ich sie schneide, werden sie zu Mus.«

»Macht nichts«, sagte Sido. »Das kommt alles in den großen Topf. Die Schokolade deines Großvaters hat auf jeden Fall besonders gut geschmeckt.«

Gabrielles Großvater stammte ursprünglich aus Martinique. Die Familie war sowohl auf den Antillen als auch in Frankreich als Épiciers, also Händler für Schokolade, Rum, Zucker und Tabak, bekannt geworden.

»Sein kreolisches Blut hat sich bei mir so verdünnt, dass es kaum noch zu spüren ist«, sagte Gabrielle wehmütig.

Sido nickte. »Im Ernstfall wird es schon reichen.«

»Hoffentlich.« In ihren Tagträumen verreiste sie regelmäßig an exotische Orte voller wilder, freier Menschen und klangvoller Musik.

Leider war ihrem Großvater kein langes Leben beschieden gewesen. Nach seinem Tod hatte Sido bei ihren Brüdern gelebt, die sich in Brüssel als Journalisten, Verleger und Kunstkritiker einen Namen gemacht hatten.

»Ach, Brüssel«, seufzte sie. Für die Familie war der Name ein Synonym für Kultur und Weltgewandtheit. Gabrielle wusste, dass Sido dort mit den Ideen des Sozialreformers Charles Fourier in Kontakt gekommen war: Atheismus, freie Liebe sowie die Erziehung zu einer selbstbestimmten Persönlichkeit waren Ideale, die sie täglich an ihren Kindern erprobte.

»Aber dann haben sie dich verheiratet«, sagte Gabrielle düster. Die Familie des Gutsbesitzers Jules Robineau-Duclos aus Saint-Sauveur war bei Sidos Brüdern vorstellig geworden, um für ihn eine Hochzeit zu vereinbaren.

»So geht es den meisten Mädchen«, erwiderte Sido abgeklärt. Der Reichtum ihres Mannes hatte nicht darüber hinwegtäuschen können, dass ihre Ehe ein Fiasko gewesen war. »Ich hatte keinerlei Mitgift und musste nehmen, was ich kriegen konnte. Zuerst fand ich Duclos durchaus reizvoll. Er hatte so etwas Düsteres und Geheimnisvolles an sich. Da wusste ich noch nicht, dass er gerade einen Prozess hinter sich gebracht hatte, bei dem man ihn seiner Wahnvorstellungen und seiner Gewalttätigkeit wegen entmündigen wollte.« Sido beugte sich vor, sah sich um und flüsterte: »Es liegt in der Familie. Seine Mutter ist in einem Irrenasyl gestorben.«

Gabrielle riss die Augen auf. Dieses beunruhigende Detail hatte man ihr bisher verschwiegen. »Aber dann hätten deine Brüder doch besser nachfragen müssen!«

Entschlossen wischte Sido zwei Kirschen vom Brett in die Wanne. »Sie haben es nur gut gemeint.«

Sido mit ihren Büchern und ihren modischen Kleidern war wie ein exotischer Paradiesvogel nach Saint-Sauveur geflogen, misstrauisch beäugt von den Dörflerinnen, die fürchteten, dass sie ihren Ehemännern den Kopf verdrehen würde. »Man hatte mir so viel verschwiegen. Ich wusste nicht, dass Duclos ein notorischer Säufer war, dem gerne mal die Hand ausrutschte. Das Haus war der reinste Saustall. In den Zimmern im ersten Stock lagerten Walnüsse und Feldfrüchte, und die Mäuse sprangen überall herum.« Duclos war ein Monstrum gewesen, dem man, um ihn halbwegs ruhig zu halten, seine Schnapsflasche immer wieder gefüllt vor die Nase stellen musste.

Gabrielle stand auf und holte die zweite Wanne für die restlichen Kirschen.

»Im Haus nebenan lebte Jules' Geliebte Marie«, erzählte Sido weiter. »Als ich kam, hat seine Schwester sie vorsorglich mit unserem Nachbarn Jean verheiratet, obwohl der über zehn Jahre jünger als sie war. Da hatte sie Tintin schon. Er ist Jules' Sohn.«

»Sie hätten dich ihm nicht zum Fraß vorwerfen dürfen, Maman.«

Sido runzelte die Stirn. »Wenn ich ihn nicht geheiratet hätte, würde es euch nicht geben. Gut, dass Marie nebenan wohnte. Nur sie konnte mit Jules fertigwerden, wenn ihn einer seiner Anfälle ereilte und er unkontrolliert auf die Dienstboten schoss. Als ich zu ihm kam, hatte er sich schon halb um seinen Verstand gesoffen. Die ersten zwei Monate hat er sich zusammengerissen, aber dann ...«

Gabrielle kannte die Geschichte. Eines Abends war Jules Robineau-Duclos stockbesoffen aus dem Wirtshaus heimgekehrt und wollte seine ehelichen Rechte mit Gewalt durchsetzen. Das aber hatte sich Sido nicht gefallen lassen.

»Ich habe alles nach ihm geworfen, was mir in die Hände fiel. Als der Kerzenständer vom Kaminsims ihn am Kopf traf, konnte er sich nicht mehr an mir vergreifen.« Sido entkernte die nächste Kirsche. Ihre Hände waren dunkelrot vom Saft. »Wie du weißt, starb er an einem Schlaganfall. Niemand hat ihm eine Träne nachgeweint. Ich am allerwenigsten.« Sido nickte. Auch wenn sie unter der Last des Lebens stolperte, stand sie immer wieder auf.

Gabrielle bückte sich, kraulte Toutouque im Nacken und stellte Sido die Frage, die ihr schon lange auf der Seele brannte. »Ist Achille nun von Jules oder von Papa?«

Sido legte einen Finger auf die Lippen. »Sch! Was unterstellst du mir denn da?«

»Achille ist Papa wie aus dem Gesicht geschnitten.« Offiziell stammten Sidos Erstgeborene Juliette und Achille von Robineau-Duclos ab und trugen seinen Namen. Nach seinem Tod aber hatte Sido den Steuereinnehmer Jules-Joseph Colette geheiratet, einen Offizier der Zuaven, gebürtig aus Toulon, der bei Mailand ein Bein verloren hatte. Aus dieser Verbindung waren Léo und Gabrielle hervorgegangen. Doch im Dorf wurde gemunkelt, dass die schöne Sido ihre Liaison mit dem Steuereinnehmer schon vor dem Tod ihres ersten Mannes begonnen hatte.

»Da täuschst du dich. Achille sieht mir ähnlich.« Sido schüttete den Rest Kirschen aus der Wanne auf ihr Schneidebrett. »Sei stolz, Gabrielle, und wirf dein Leben nicht an den erstbesten Bewerber weg. Ich weiß, wovon ich rede. Schließlich habe ich zwei Ehemänner gehabt. Sieh zu, dass du dir deine Freiheit und deine Würde bewahrst.«

Gabrielle hob Toutouque auf ihren Schoß und tätschelte ihren fetten Nacken. »Du hast es ja nicht schlecht getroffen. Papa liebt dich.«

Sido nickte zustimmend. Aber es war nicht leicht. Jules-Joseph Colette war kein Vater, auf den man sich verlassen konnte, sondern ein Filou. Er beschäftigte sich mit so vielen wissenschaftlichen Themen, dass einem schwindlig davon werden konnte. Seine sichere Arbeit als Steuereinnehmer hatte er verloren, nachdem ihm 15 000 Franc im Schnee abhandengekommen waren. Als er auch mit seiner Kandidatur für das Bürgermeisteramt und den Landtag gescheitert war, hatte er sich darauf verlegt, die Dorfbewohner zu Laterna-Magica-Vorführungen über die Naturwissenschaften einzuladen und Vorträge gegen Alkoholismus zu halten. Ohne regelmäßiges Einkommen wuchsen ihre Geldprobleme, so dass sie Sidos ererbten Grundbesitz und ihre Bauernhöfe beleihen und schließlich veräußern mussten. Als Juliettes Mann, der Arzt Charles Roché, nach ihrer Hochzeit auf die Auszahlung ihres Erbes pochte, mussten die Colettes feststellen, dass sich das Geld in Luft aufgelöst hatte. Achille hatte ihre Schuld schließlich zähneknirschend von seinem eigenen Vermögen bezahlt. Dennoch hatte Charles seiner jungen Frau jeden Kontakt zu ihrer Familie verboten. Das war besonders schlimm, weil das junge Paar in Saint-Sauveur gegenüber wohnte.

Toutouque leckte Gabrielle die Hand und winselte leise.

»Meine Güte«, rief sie. »Toutouque, du kleines Ferkel! Hast

du dich in Sauerkirschensaft gewälzt? Wir müssen dich baden.«
Kaum hing die Drohung in der Luft, sprang die Hündin von ihrem Schoß und preschte um die Ecke. »Sie hasst Wasser.«

Sido lachte leise. »Wie machst du das bloß immer?«

»Was?«, fragte Gabrielle scheinheilig.

»Dass die Tiere dich verstehen.«

»Ich weiß halt, was sie denken. Du etwa nicht?«

»Glaub mir, nicht jeder hat diese Fähigkeit.«

In diesem Sommer folgte ein heißer, träger Tag auf den nächsten. Nach Saint-Sauveur war Châtillon sicher das zweitlangweiligste Nest unter der Sonne. Irgendwann hatte Gabrielle genug Klavier gespielt und alle Bücher gelesen, die sie finden konnte, und so blieb ihr nichts anderes übrig, als Achille auf seinen Hausbesuchen zu begleiten. Tag für Tag fuhr sie mit ihm zu den Kranken, die in ärmlichen Verhältnissen auf dem Land lebten. An diesem warmen Spätsommertag besuchten sie den alten Schäfer Jean-Baptiste, Dominics Großvater.

In der strohgedeckten Bauernkate roch es erbärmlich nach Wundsekret, Urin, ungewaschener Wäsche und Schafsdung. Der Alte saß halb aufgerichtet auf seiner schmalen Pritsche in der Fensternische und harrte des Kommenden. Er verbiss sich den Schmerz, während Achille vorsichtig den Verband um seinen Beinstumpf entfernte. Gabrielle staunte. Ihr Bruder, den sie als eigenbrötlerisch und menschenscheu kannte, arbeitete umsichtig und sanft. Sie schluckte und betrachtete die Wundnaht, für die Achille sorgfältig die Haut über dem Stumpf zusammengezogen hatte.

»Gibst du mir bitte den Tupfer, Gabrielle?«

Sie reichte ihm einen alkoholgetränkten Gazetupfer und half ihm beim Anlegen des neuen Mullverbands, stolz, das alles zu schaffen, ohne ihm ihr Frühstück auf die Schuhe zu spucken.

»Alles in Ordnung, Jean-Baptiste.« Achille erhob sich. »Der Stumpf heilt ordnungsgemäß.«

»Aber wie soll das in Zukunft mit den Schafen gehen, Doktor?«, fragte der alte Schäfer besorgt. Sein Lebensunterhalt stand auf dem Spiel.

Achille legte ihm die Hand auf die Schulter und drückte sie. »Das kann ich dir leider nicht sagen, nur dass die Amputation dir dein Leben gerettet hat. Das Bein war brandig. Mein Stiefvater kommt schon Jahrzehnte gut mit nur einem Bein zurecht. Also sieh zuerst einmal zu, dass du dich erholst. Meine Mutter hat dir Brot, Käse und Wein eingepackt. Und eine Tarte, glaube ich.«

»Ja, mit Sauerkirschen«, bestätigte Gabrielle.

»Gott segne Ihre Frau Mutter und Ihre ganze Familie«, sagte der alte Mann, während Gabrielle das Haus verließ, um den Korb zu holen.

Jean-Baptistes Kate duckte sich in ein grünes Tal. In einem Pferch am Rande des Grundstücks drängte sich die Herde wolliger Schafe, die sonst unter seiner Aufsicht über die Wiesen in der Umgebung streifte. Auch wenn es nicht danach aussah, lag der Herbst vor der Tür. Die Luft roch scharf nach Holzrauch.

Gabrielle überquerte den Hof und näherte sich dem Einspänner, vor dem Brutus, Achilles Wallach, lustlos an ein paar Grashalmen knabberte. Sie hatte gerade den Korb vom Kutschbock geholt, als sie Dominic bemerkte, der mit einer Schubkarre voll Heu aus der Scheune kam.

»Was tust du denn hier?« Sie fand ihn gut aussehend, obwohl sein Gesicht sonnenverbrannt war und an seinen Stiefeln Schafsdung klebte. Vielleicht lag es an seinen grünen Augen, die sie herausfordernd anblitzten?

»Großvaters Schafe brauchen Heu, weil er sie nicht mehr auf die Weide führen kann. Ich hoffe nur, es reicht, bis er wieder arbeiten kann.« Er öffnete das Gatter, fuhr die Karre zwischen die Schafe und kippte sie um. Gemächlich zockelte die wollige Bande heran und begann zu fressen. »Und was tust du hier?«

»Ich helfe meinem Bruder beim Verbandwechsel.« Gabrielle wandte sich um und ging mit dem Korb über dem Arm zum Haus.

»Wir könnten ja mal zusammen angeln gehen«, rief er ihr hinterher.

»Vielleicht.« Der Loing verlief direkt hinter ihrem Garten. Sie hatte eine Angelrute von Léo geerbt und wusste, welche Köder man brauchte, damit die Fische anbissen. Doch ihre Eltern würden ihr nie erlauben, sich dafür mit einem fremden Jungen zu treffen. Das war nicht schicklich, schließlich war sie kein Kind mehr. Letztes Jahr hatte sie die Säume ihrer Kleider verlängert, damit sie ihr bis zu den Knöcheln reichten.

Spätnachmittags fuhren sie nach Châtillon zurück. Der Himmel hatte aufgeklart. Brutus stolzierte die Straße hinunter und wackelte mit den Ohren. Gabrielle saß neben Achille auf dem Kutschbock und kämpfte gegen ihre Müdigkeit an.

Achille wandte sich ihr zu. »Weißt du, wovon ich träume, Gabrielle?«

»Wie sollte ich?«, murmelte sie.

»Sobald ich kann, werde ich mir ein Auto kaufen und damit schneidig die Landstraße entlangfahren.«

»Wirklich?« Gabrielle wurde schlagartig wach. »Eins von diesen knatternden Dingern mit Motor? Da werden die Leute in Châtillon aber gucken und die in Saint-Sauveur erst!«

»Das hoffe ich. Und übrigens … Von diesem Dominic halt dich lieber fern.«

»Weshalb sagst du das?« Gabrielle wickelte ihr Brot mit Sauerkirschenkonfitüre aus und biss hinein.

»Ihm geht ein Ruf voran.« Achille ließ Brutus in leichten Trab fallen. Ein Bauer, der ihnen mit seinem Fuhrwerk entgegenkam, hob grüßend die Hand.

»Was für ein Ruf denn?« Gabrielle biss in ihr Brot. Sido hatte recht behalten. Wenn man Sauerkirschen mit Zucker kochte, entwickelten sie ein unerwartetes Aroma. Und da sie für Süßigkeiten aller Art jedes deftige Essen stehen ließ, war Marmelade gerade recht.

Achille wandte ihr seine dunklen Augen zu. »Er soll der Dorfcasanova sein und hat schon die eine oder andere junge Schönheit in Verruf gebracht.«

Ein wohliger Schauder rann ihr über den Rücken. Es machte Spaß, von Achille zu der Sorte Mädchen gerechnet zu werden, die sich verführen ließen. Sie schüttelte standhaft den Kopf. »So ein Bauerntölpel ist nichts für mich.«

»Das will ich hoffen.« Er grinste. »Wie alt bist du, Schwesterherz?«

»Sechzehn«, sagte sie gequält. »Das müsstest du eigentlich wissen. Im Januar werde ich siebzehn.«

»Mein Gott, welch reifes Alter.«

Gabrielle seufzte. Wenn sie nur nicht immer das Gefühl hätte, so viel zu verpassen. »Was soll ich nur mit meinem Leben anfangen?« In Saint-Sauveur war ihre Familie in Ungnade gefallen. In Châtillon aber galt sie als höhere Tochter und war wegen ihrer Bildung eine Außenseiterin.

»Als ob du das nicht weißt.« Achille lachte und zog die Zügel an, so dass Brutus wieder in einen gemächlichen Schritt fiel. »Heiraten natürlich. Wenn es Zeit ist, werden Papa und Maman schon den Richtigen für dich finden.«

Gabrielle holte tief Luft. »Ich habe keine nennenswerte Mitgift. Es bleibt nur jemand, der keine großen Ansprüche stellt oder einen Stall voll Kinder mitbringt, so ein graubärtiger Großvater. Ab dann werde ich meine Tage mit Sockenstopfen und Einkochen verbringen.«

Sie war ein Mädchen ohne Aussichten. Schaudernd dachte sie an den trunksüchtigen Jules Robineau-Duclos, den ersten Mann ihrer Mutter. Die Alternative zur Heirat war der Beruf der Lehrerin. Ihre Freundin Alice hatte sich für diese Laufbahn entschieden. Sie würde wie Mademoiselle Terrain in schlecht geheizten Schulhäusern frieren und die Gören fremder Leute erziehen. Gabrielle wollte mehr aus ihrem Leben machen. Sie fühlte sich so frei, dass sich die Luft, die sie in ihre Lungen sog, wie Feuer anfühlte.

Sie setzte sich aufrecht. »Ich will kein Anhängsel sein, sondern etwas Unvergängliches schaffen. Etwas, das für sich steht, frisch und rein und ewig. Ich könnte Ärztin werden oder Insektenforscher wie unser Onkel Robineau-Desvoidy. Was hältst du davon?«

»Du bist überraschend selbstbewusst für deine Lage.« Achille pfiff durch die Zähne. »Aber noch sehen die Leute in dir das kleine Mädchen mit den Flausen im Kopf.«

»Vielleicht bin ich ja ein Leopard, in dem alle eine kleine Katze sehen wollen, bis ich meine Krallen zeige?« Gabrielle blickte über das weite Bauernland mit seinen Hügeln und Wäldern hinweg. Weit oben am Himmel kreiste ein Falke.

Achille lachte leise und schüttelte den Kopf. »Ich wusste gar nicht, dass du so rebellisch sein kannst. Vergiss nicht, dass allein die Tatsache, dass du eine Frau bist, dir Grenzen setzt.«

»Ich werde um alles kämpfen, Frau hin oder her.«

Nachmittags versuchte sie, Toutouque zu dressieren. Die Hündin lag demonstrativ auf dem Rücken und streckte alle viere von sich.

»Mach Männchen, Toutouque, Süße!« Gabrielle hob die Hände, um zu demonstrieren, was sie verlangte. »So!« Und noch einmal. »So!«

Und siehe da. Die Bulldogge rappelte sich auf, schüttelte sich ausgiebig, setzte sich und hob halbherzig die Vorderpfoten.

Brava, bravissima! Grandissima!« Gabrielle gab Toutouque ein Leckerli, das sie wie eine Königin entgegennahm, bevor sie hocherhobenen Hauptes davonstolzierte.

Gabrielle verkniff sich ein Lächeln. Sie setzte sich auf die Steinstufe vor dem Haus und legte ihre Arme um die Knie. Langeweile war etwas Fieses. Ach, wenn sie doch wenigstens weiterlernen dürfte!

Im Frühsommer hatte sie ihren Schulabschluss gemacht, das *Brevet élementaire* und das *Certificat d'études primaire supérieures*. Sie waren zu dritt in der Abschlussklasse gewesen: Gabrielle, Alice und Doudouche, Mademoiselles kleine Schwester, die eigentlich auch Gabrielle hieß. Sie gestand sich ein, dass sie Sehnsucht nach Doudouches hellem Lachen und den Stunden unter den Bäumen im Schulgarten hatte, in denen sie gemeinsam ihre Aufzeichnungen durchgegangen waren, und ja, nach ihrem schelmischen Blick und dem Prickeln, das sie erfasste, wenn Doudouches blonder Zopf ihren Unterarm streifte. Gabrielle hatte die Prüfung mit siebzehn von zwanzig Punkten als Beste ihres Jahrgangs bestanden. Welchen Schluss zog sie daraus? Sie war nicht dumm und würde auf keinen Fall in Châtillon versauern.

Spätabends trat sie in das Arbeitszimmer ihres Vaters, das mit zahlreichen Büchern und Atlanten ausgestattet war. Ein riesiger Globus gehörte auch dazu, auf ihm war sie als Kind mit dem Zeigefinger auf Weltreise gegangen.

Jules-Joseph saß hinter seinem Schreibtisch und ordnete seine Papiere. »Wer klopft so spät, wenn nicht du, Bel Gazou?«

Für Sido war sie immer Minet-Chérie gewesen, für Papa Bel Gazou. Ihre Eltern hatten sie mit Liebe überschüttet.

Leise trat Gabrielle ein und ließ ihre Finger über die Buchrücken in den Regalen gleiten. Wie viele Stunden hatte sie in Vaters Arbeitszimmer in Saint-Sauveur verbracht, hatte Bilder aus bunten Gazetten ausgeschnitten und sich in seine Schriften zu wissenschaftlichen Themen vertieft.

»Was führt dich zu mir?« Seine blauen Augen blickten sie aufmerksam an.

»Ich weiß nicht. Nichts Bestimmtes vermutlich.«

»Warst du heute wieder mit Achille auf Hausbesuch?«

»Ja, beim alten Schäfer Jean-Baptiste, dem mit dem amputierten Bein. Es geht ihm einigermaßen. Ich mache mir Gedanken.«

»Worüber, Chérie?«

»Vielleicht studiere ich Medizin. Oder ich werde Insektenforscherin.«

Papa lachte leise. »Du bist sechzehn Jahre alt, Bel Gazou. Da musst du dir noch keine Sorgen um die Zukunft machen.«

»Sechzehneinhalb! Das ist alt genug. Besser, ich entscheide selbst, bevor ihr euch etwas ausdenkt, was mir nicht gefällt.«

Er begann die Papierstapel auf seinem Tisch zu ordnen. »Du hast alle Zeit der Welt. Aber du wirkst von Tag zu Tag griesgrämiger. So kenne ich dich gar nicht.«

Sie seufzte und setzte sich halb auf die Schreibtischkante. »Es ist langweilig in Châtillon.«

Er nickte langsam. »Du willst also etwas erleben?«

»Ich will die Welt entdecken!« Das Leben erschien ihr wie eine Mischung aus Gefahr und Verheißung. Sie konnte nicht sagen, was sie mehr anzog. Auf jeden Fall wollte sie nicht davon ausgeschlossen sein.

»Sie erobern, meinst du wohl?« Jules-Joseph räusperte sich. »Lass uns zur Weltausstellung nach Paris fahren. Da hat dieser Fabrikant Gustave Eiffel doch diesen Turm erbauen lassen. Dieses Riesending, das künftig Paris überragen wird. Und auch sonst gibt es viel zu sehen.«

Wilde Freude überrollte sie. Prickelnde Pariser Stadtluft war genau das, was sie brauchte, um sich nicht als Provinzpflanze zu fühlen. Theater, Musik und Kultur. Weshalb war sie da nicht selbst darauf gekommen? »Aber können wir uns das denn leisten?«

Ihr Vater zögerte einen Moment lang. »Wir können, mein Schatz, weil wir jetzt auch noch unser Gut La Forge verkauft haben. Und wenn nicht, ließen wir uns trotzdem nicht davon abhalten.«

Gabrielle flitzte um den Schreibtisch herum und drückte ihm einen Kuss auf die Wange. Ein Besuch in Paris war zwar noch nicht die Lösung, aber es war ein Anfang.

KAPITEL 4

Die Jahre in Gabrielles Kindheit waren immer nach dem gleichen Muster verlaufen. Herbst, Winter und Frühling verbrachte sie zusammen mit ihren Eltern und ihren Tieren in Saint-Sauveur, ging zur Schule und spielte nachmittags mit Mélie. Im Sommer kehrten Achille, Juliette und Léo aus dem Internat in Auxerre zurück, und das Haus füllte sich. Sido schlug die Hände über dem Kopf zusammen, wenn sie abgemagert und voller Flohbisse auf der Schwelle standen, und machte sich an die Beseitigung des Ungeziefers. In den Wochen danach tauchte Juliette tief in die Welt der Romane ein, während Achille und Léo das Dorf unsicher machten und vergeblich versuchten, ihr jüngstes Schwesterchen abzuschütteln, das ihnen beharrlich auf den Fersen blieb.

»Achille, warte!« Eilig folgte sie ihrem Lieblingsbruder durch die schmalen Gassen bergauf. Der warme Wind pfiff durch die Gassen und den Wald aus Schornsteinen.

Achille drehte sich um. Seine braunen Haare flogen ihm ums Gesicht. »Geh, nach Hause, Gabri! Na, mach schon, du kleine Zecke!«

»Nein!« Sie stampfte mit dem Fuß auf.

»Aber schnell jetzt. Hau ab!«

Sie kreuzte schmollend die Arme vor der Brust und beobachtete von Weitem, wie er ein paar Kiesel an den roten Fensterladen eines Hauses warf. Was trieb er da? Einen Moment später öffnete sich die Tür, und ein Mädchen mit hellen Haaren trat auf die Schwelle. Gabri staunte, als Achille sie in seine Arme zog und sie Hand in Hand davongingen. Was, wenn er sie heimlich küsste?

Ein Schauder überlief sie. Doch ihnen zu folgen, traute sie sich nicht. Stattdessen machte sie sich auf die Suche nach Léo, der wie immer im Sarazenenturm hoch über Saint-Sauveur hockte, Noten auf zerfledderte Papiere schrieb und sich den Himmel mit den Raben teilte.

Stirnrunzelnd hob er den Kopf. »Du? Was willst du hier?«

»Achille hat eine Freundin.«

Er stöhnte und verdrehte die Augen zum Himmel. »Na, wenn schon. Lass ihm seine Geheimnisse, Gabri. Und überhaupt. Was willst du kleiner Affe von uns? Mit dir müssen wir uns gar nicht abgeben. Geh heim zu Sido!«

»Blödmann!« Sie lief nach Hause und vertraute ihren Ärger ihrem Tagebuch an. Es tröstete sie, wenn die Dinge in ihrer runden Kinderschrift Gestalt annahmen. Irgendwann würden die Wörter davonfliegen und Spuren auf einem weißen Blatt Papier hinterlassen wie die Krallen von Léos Raben auf dem Schnee der frisch gepflügten Felder im Winter. Ihren Tagebüchern erzählte sie ihr Leben.

Am selben Abend waren Gabrielle und ihre Brüder wieder ein Herz und eine Seele. Léo war ein begnadeter Akkordeon- und Klavierspieler und hatte das absolute Gehör. Einmal war er einem fahrenden Klarinettenspieler bis ins nächste Dorf gefolgt. Sido hatte sich sehr gewundert, als er nach seiner Heimkehr alle Stücke des Musikers auswendig auf dem Klavier nachspielen konnte. Gabrielle eiferte ihm so gut wie möglich nach.

Was für ein Glück sie mit Sido hatten. Da ihre Mutter von den Lehren des Sozialreformers und Naturwissenschaftlers Charles Fourier geprägt war, hielt sie ihre Kinder zur Naturbeobachtung an und ließ ihnen die Freiheit herumzustreunen, vorausgesetzt sie standen abends wieder vor der Tür. Gabrielle ging mit ihrer Botanisiertrommel in die Natur und sammelte ein, was sie interessierte. Sie verstand sich als Schmetterlingsforscherin, kannte die meisten europäischen Arten und legte eine große Sammlung an.

In der Scheune standen ein paar Turngeräte. Der Barren, die Ringe, die Strickleiter und das Reck waren zwar für Achille und Léo gedacht, aber Gabrielle nutzte sie ebenfalls. Als Achille Léo einen Aufschwung am Reck zeigte, trainierte sie so lange, bis sie es genauso gut konnte.

Nur Juliette fiel aus dem Rahmen. Das Mädchen mit den dunklen Haaren und den Mandelaugen las den ganzen Sommer. Sido schalt sie, weil sie das Leben mit all seinen Naturphänomenen an sich vorbeiziehen ließ.

An einem Sonntag im Juli deckte Sido gerade den Tisch im Garten, als Juliette mit der Nase in ihrem Buch vor die Tür trat und über Moffino stolperte, der im hohen Gras lag. Der Hund rannte jaulend davon, und Juliette sah sich blinzelnd um, als würde sie aus einem Traum erwachen.

»Oh, Pardon!« Gabrielle saß in der Schaukel und baumelte mit den Beinen. »Juliette ist so ungeschickt! Oder sie träumt von einem Prinzen, der sie auf einem weißen Pferd entführt.«

»Wirst schon sehen, was du davon hast, du kleiner Satansbraten!« Zornentbrannt lief Juliette auf sie zu, doch Gabrielle sprang von der Schaukel und entwischte ihr flugs.

Sie lief in den Stall, wo es junge Katzen gab, und kam erst zurück, als das Essen fertig war. Hoffentlich hatte Juliette sie nicht verpetzt.

Ihr Magen knurrte, als sie die Vielfalt der Speisen sah, unter denen sich der Tisch bog. Duftender Lauchgratin, knusprig gebratene Lammkeule, süßes Soufflé. Am besten war, dass jeder seine

Speisenfolge selbst zusammenstellen konnte, Sido zwang niemanden zum Essen, sondern richtete sich auch hier nach den Lehren Charles Fouriers, der der persönlichen Auswahl große Bedeutung beimaß.

»Heute will ich vierzig Knoblauchzehen vertilgen.« Gabrielle ließ ihre Augen herausfordernd durch die Runde wandern.

»Aber dein Magen, Liebes!«, wandte Sido ein.

Achille legte seinen Kopf in den Nacken und lachte lauthals. Léo nannte sie eine Tyrannin und Provokateurin, und Juliette verdrehte die Augen zum Himmel. »Diese verwöhnte kleine Göre! Du denkst doch wohl nicht, dass wir dir Kamillentee kochen?«

Nur Papa war auf ihrer Seite und zwinkerte ihr zu. »Lasst sie. Sie wird es selbst ausbaden müssen, wenn sie Bauchschmerzen bekommt und tagelang nach Knoblauch riecht.«

Schulterzuckend schob Sido ihr die Schale mit den geschälten Zehen hin, von denen sich Gabrielle reichlich auftat.

»Ich hoffe nur, dass sie uns nicht auf die Füße kotzt«, unkte Léo und kassierte eine Ermahnung wegen seiner Wortwahl.

Gabrielle aber schob sich triumphierend eine Zehe nach der anderen in den Mund, kaute und schluckte. Die ersten vier rutschten fast von allein, bei der fünften aber sammelte sich Speichel in ihrem Mund, und ihr Magen zog sich protestierend zusammen. Nach fünfzehn Zehen hatte sie genug, doch Aufgeben kam nicht infrage.

»Weiter so!«, feuerte Achille sie nach der zwanzigsten Zehe an, woraufhin sie tapfer nach Nummer 21 griff.

Sido ließ sie gewähren.

»Du bist totenblass«, stellte Juliette nach der dreißigsten Zehe voller Genugtuung fest, aber Gabrielle schob sich beharrlich zehn weitere in den Mund. Danach war ihr so schlecht, dass sie aufsprang und verschwand.

Sie setzte sich in die Schaukel, kämpfte gegen ihre Übelkeit an und hoffte, dass das dumme Ding sich nicht von allein in Bewegung setzte. Mélie, die herauskam, um mit ihr zu spielen, verzog sich naserümpfend. Aber Gabrielle war zufrieden, denn sie hatte ihren Kopf durchgesetzt.

Zu Schulbeginn gingen ihre Geschwister zurück ins Internat. Der Herbst kam und mit ihm die Zeit, in der Gabrielle ihre Streifzüge wieder aufnahm. Manchmal wurde sie dabei von Mélie begleitet.

An einem milden Septembertag trafen die Mädchen auf einem Feldweg Mélies Großmutter Loisine. Die Alte stand unter einem Holunderbusch und schnitt schwarze Beerendolden in ihren Korb. Sie ließen sich an der Böschung nieder, schlangen die Arme um ihre Knie und beobachteten sie. »Glaubst du, dass Loisine sich nachts in einen Raben verwandelt und über das weite Land fliegt?«, fragte Gabrielle flüsternd.

»Das glaube ich nicht. Das weiß ich. Ich habe es schon gesehen.«

»Du flunkerst.«

»Nein!«

»Doch!«

Nach einer Weile drehte Loisine sich um und musterte die Mädchen mit ihren hellblauen Altweiberaugen. »Und, warum sitzt ihr beiden da herum?«

Gabrielle lief es kalt über den Rücken, denn die Alte trug eine Kette aus Aprikosenkernen um den Hals, mit der sie zweifellos Prinzen in Frösche und kleine Mädchen in Eulen verwandeln konnte. »Ich finde, Holunderbeeren schmecken scheußlich.«

»Aber nicht, wenn Großmutter Saft oder Marmelade daraus macht«, widersprach ihr Mélie.

»Wenn ich von meinen Streifzügen als Rabe zurück bin …« Loisine lachte leise. »Esst sie bloß nicht roh, sonst kommt ihr nicht mehr vom Klo. Ich koche sie zusammen mit Birnen oder Äpfeln ein oder mische sie unters Pflaumenmus, dann wird es nicht zu süß.« Sie wischte sich ihre Hände an ihrer Schürze ab, setzte sich zwischen die beiden ins Gras und bot ihnen einen Apfel an. Sie selbst aß auch einen und schleuderte den Butzen anschließend in die Wiese. »Für die Tiere.« Vor dem Holunderbusch mit seinen schwarzen Dolden sah ihr weißes Haar wie Schneegestöber aus. »Habt ihr zwei Hübschen etwa Angst vor mir? Und, kleine Colette, denkst du, ich wäre eine Hexe??«

»Aber Großmutter! Natürlich nicht«, empörte sich Mélie. Gabrielle schüttelte vehement den Kopf.

»Ist das auch die Wahrheit, kleine Colette? Nicht jeder wagt es, einen Apfel von mir anzunehmen. Oder ist das eine Mutprobe, die du mit dir selbst ausgemacht hast?«

Gabrielle wurde flammend rot. Wie konnte die Alte sie so schnell durchschauen?

Loisine lachte. »Du musst dich nicht genieren, Kleine. Ich frag mich nur, weshalb eure Mütter euch so allein durch die Gegend streunen lassen. Ich muss ein ernstes Wörtchen mit Marie reden. Oder bist du ihr etwa abgehauen, Mélie?« Mélie druckste herum, biss sich auf die Unterlippe und konnte nicht verhindern, dass sie errötete.

Gabrielle kaute und schluckte. Der Apfel schmeckte süß. »Sido lässt mich ziehen, damit ich die Welt entdecke, und Mélie gleich mit. Sie findet das gut.«

»Hat Sido keine Angst, dass du verloren gehen könntest?« Loisine faltete ihre knotigen Hände. »Aber morgen sitzt du wieder zu Füßen deiner Grandmaman und lernst, wie man Strümpfe strickt, nicht wahr, Mélie? Das ist gescheiter, als durch die Gegend zu streunen.«

Mélie seufzte tief.

Loisine zwinkerte Gabrielle zu. »Kannst ja dazukommen, Gabri, wenn ich das nächste Mal bei Marie bin. Dann zeige ich dir, wie man eine Ferse strickt.«

Obwohl Gabrielle die Aussicht wenig berauschend fand, streckte sie der Hexe ihre Hand mit den schwarz geränderten Fingernägeln entgegen. »Ich freu mich, dich kennengelernt zu haben.«

Loisine drückte sie. »Es ist mir eine Ehre, kleine Colette. Aber sag, findest du es nicht manchmal schwierig, so allein zu sein?«

Gabrielle schüttelte den Kopf. »Ich bin nicht allein. Ich habe ja Mélie und dich. Und Sido und Papa. Und manchmal Achille.«

»Wirklich?«

»Na klar.« Tränen schossen ihr in die Augen, die sie entschlossen wegblinzelte.

»Schon gut.« Loisine straffte den Rücken. »Du bist auch nicht einsamer als wir alle. Weißt du was? Als Sido zu uns nach Saint-Sauveur kam, sind die anderen Frauen fast vor Neid geplatzt. Sie war so modisch wie Kaiserin Eugénie und trug ihre Nase himmelhoch. Deine Maman dachte, sie könne sich alles erlauben, weil sie etwas Besonderes ist. Ich war eine der wenigen, die sahen, wie einsam sie war mit ihrer Bildung und ihrem Eigenwillen. Und ich kannte Jules Robineau-Duclos. Alle waren erleichtert, als er starb.«

»Ja?« An Sidos ersten Mann zu denken machte Gabrielle immer beklommen.

Mélie sah sich nach allen Seiten um. »Das war Tintins und Juliettes Papa, nicht?«

»Ja«, sagte Loisine grimmig. »Und nach seinem Tod angelte sich Sido den einbeinigen Steuereinnehmer Colette. Was für ein schöner und besonderer Mann! Und ihr so ergeben.«

Papa war vieles. Aber schön? Gabrielle staunte. »Nicht wir, aber die Leute sagen, dass du eine Hexe bist, Loisine.«

Die Alte lachte keckernd wie eine Elster. »Ach was, ich halte nur das alte Wissen aufrecht. Ich weiß, wie man mit Holundersaft Fieber senkt und dass die gottverdammten Maulwürfe umziehen, wenn man Holderruten in ihre Hügel steckt, aber sonst?« Sie musterte Gabrielle. »Ich verrate dir ein Geheimnis. Und das tue ich nur, weil du so ein mutiges kleines Ding bist. Die Magie trägt jeder, aber auch wirklich jeder, tief in sich drin. Es kommt nur darauf an, dass man an das glaubt, was man tut. Dann kann man alles schaffen.«

»Meine Oma hat das zweite Gesicht«, sagte Mélie stolz.

»Das könnte stimmen.« Die Alte nickte. »Wenn ihr wollt, können wir uns hin und wieder treffen. Dann bringe ich euch bei, was man mit diesem oder jenem Kraut anfangen kann.«

Sie nickten begeistert. »O ja.«

»Und Sockenstricken natürlich.«

Die Alte stand auf und zog ihren schwarzen Rock glatt. »Und noch etwas, kleine Colette. Deine Maman lässt dir alle Freiheit. Sie ahnt aber nicht, welcher Gefahr sie dich damit aussetzt. Du wirst weit wandern. Doch was, wenn du da, wo du hingehst, nur dich selbst findest?«

Gabrielle nickte wild. »Ich will alles, alles, alles kennenlernen.«

Loisine lachte. »Das wirst du.«

∽ KAPITEL 5 ∾
Paris, Herbst 1890

Gabrielle stand neben ihrem Vater vor dem Eingang der Verlagsbuchhandlung Gauthier-Villars am Quai des Augustins. In ihrem Rücken floss glitzernd die Seine durch ihr steinernes Bett. »Meinst du wirklich, dass es klug ist, einfach hier hereinzuplatzen? Vor allem wenn wir nichts kaufen wollen?«

»Aber sicher, Bel Gazou.« Jules-Joseph humpelte zielbewusst auf den Eingang zu. »Wie du weißt, war Monsieur Gauthier-Villars ein Regimentskamerad von mir. Ich interessiere mich immer für seine Neuausgaben.«

Gabrielle verdrehte die Augen, hob den Saum ihres weißen Musselinkleides und folgte ihm.

Sie waren schon eine gute Woche in Paris, wobei sie wie immer bei der Generalin Cholleton logierten, einer entfernten Bekannten der Familie. Gabrielle hatte Theateraufführungen besucht und viel Zeit auf der Weltausstellung verbracht, von deren Sensationen der Turm des Monsieur Eiffel sicher die eindrucksvollste war. Himmelhoch überragte er das Häusermeer von Paris. Ja, um seine Spitze sehen zu können, legte sie staunend den Kopf in den Nacken, bevor sie ihn wie ein Tor durchschritt, um auf das Marsfeld mit seinen Ausstellungshallen zu gelangen, wo die neue Zeit mit ihren technischen Erfindungen Einzug gehalten hatte.

Auch wenn dies nicht ihr erstes Mal in Paris war, machte die Stadt sie immer noch trunken. Die Seine, die in der Abendsonne glitzerte, die Brücken, die sich im Rhythmus ihrer Bögen darüber wölbten, die Boulevards mit ihren schicken Geschäften und die Damen mit ihren atemberaubend eng geschnürten Kleidern und den wagenradgroßen Hüten begeisterten sie immer wieder aufs Neue. Außerdem schwelgte sie in der Vielfalt der Zeitungen, Bücher und Theateraufführungen. *Hier könnte ich bleiben*, dachte sie sehnsüchtig, *in dieser Stadt, in der das Leben pulsiert.*

Entschlossen klemmte sich ihr Vater seine Gehhilfe unter den Arm und drückte die Tür zur Verlagsbuchhandlung Gauthier-Villars auf. Kaum waren sie drin, standen sie im Drucksaal, wo ihnen der Lärm der Druckerpressen entgegenschallte. Das Verlagshaus legte seinen Schwerpunkt auf Bücher zu Fragen der Mathematik und der Naturwissenschaft und war damit genau das, was Hauptmann Colette brauchte.

Sie standen minutenlang untätig vor den Maschinen, bis ein junger Drucker in einem blau-weiß gestreiften Hemd auf sie zukam und sie in Richtung der Büros führte. Papa klopfte an, und sie traten ohne Aufforderung ein. Zwei Männer, ein älterer und ein jüngerer, standen an einem Schreibtisch und begutachteten mehrere Druckbogen, auf denen Nashörner und Elefanten zu sehen waren.

»Was wünschen Sie?«, fragte der Graubart. Er musste Jean Albert Gauthier-Villars sein, Vaters Bekannter und der Chef der Verlagsbuchhandlung. Es brauchte einige Erklärungen vonseiten des Hauptmanns, bis bei ihm der Groschen fiel. Dann aber stand er auf, bat Gabrielles Vater zu sich heran und verwickelte ihn in ein Gespräch. Sie selbst blieb ein wenig verloren neben der Tür stehen, bis der jüngere der beiden Männer ihr ungeniert zuzwinkerte. Obwohl, wirklich jung war er in ihren Augen auch nicht. Er war mindestens dreißig, hatte einen Bauchansatz, eine Halbglatze, einen Bart und wässrige blaue Augen. Und dennoch, seine unbekümmerte Art war so gewinnend, dass sie nicht anders konnte, als ihm ein Lächeln zu schenken. Er legte den Finger an die Lippen und winkte sie in den Gang hinaus. Dort nahm er ihre Hand und deutete einen galanten Kuss an. »Herzlich willkommen in unseren Heiligen Hallen, Mademoiselle …?«

»Mein Name ist Sidonie-Gabrielle Colette.« Sie knickste und errötete sogleich heftig wegen dieser kindischen Reaktion.

»Wir kennen uns«, sagte er. »Ich habe Ihrer Familie vor ein paar Jahren zusammen mit Ihrem Bruder Achille einen Besuch abgestattet. In diesem Dorf, wie hieß es noch gleich?«

»Saint-Sauveur«, beeilte sie sich zu sagen.

»Da waren wir noch Studenten an der Sorbonne. Sie sind also die kleine Gabrielle. Nun, ganz so klein nicht mehr.«

Seine Augen glitten anerkennend über sie hinweg. Was mochte er sehen? Gabrielle machte sich keine Illusionen. Ein Mädchen mit einem verrutschten Strohhut, viel zu langen Zöpfen und erhitzten Wangen, das immer etwas übereifrig wirkte. »Sie haben Jura studiert?«

Er lachte glucksend. »Richtig. Und definitiv ein paar Haare mehr gehabt. Und Sie? An Ihnen war ein Lausbub verloren gegangen. Können Sie immer noch so gut klettern?«

Sie grinste. »Und ob. Wollen wir es ausprobieren?« Kurz nach seiner Ankunft in Saint-Sauveur hatte sie ihm damals eine tote Maus neben den Teller gelegt, woraufhin er sie wie eine Katze den Kirschbaum hinaufgejagt hatte. »Sie heißen, warten Sie … Henry.«

Er verbeugte sich lässig. »In der Tat. Ich bin Henry Gauthier-Villars, der missratene Sohn des Herrn der Druckmaschinen und der wissenschaftlichen Werke. Aber Sie dürfen ruhig Willy zu mir sagen. Das ist mein ›Nom de plume‹, unter dem ich Karriere zu machen gedenke. Wollen Sie unsere Maschinen sehen?«

»Aber ja.« Gabrielle folgte Henry in den Drucksaal, wo er ihr die Funktionsweise der Druckerpressen erklärte. Willy also. Es gab demnach Leute, die ihren Namen ablegten wie einen fadenscheinigen Anzug und sich einfach einen neuen zulegten. Das konnte sie doch auch!

Nach der Besichtigung der Druckerei führte Henry sie in sein Arbeitszimmer und schloss die Tür. Er setzte sich hinter seinen Schreibtisch, der mit einer bunten Vielfalt von Broschüren, Briefen und Papieren übersät war. »Wie geht es Achille?«

»Er arbeitet inzwischen als Landarzt in Châtillon.«

Henry sah auf. »Dann hat er also seine Bestimmung gefunden, anders als die meisten von uns. Meine Wenigkeit eingeschlossen.«

Gabrielle sah auf ihre Hände.

»Setzen Sie sich doch.« Er stand auf, schubste einen Stapel Papiere von einem Stuhl und bot ihn ihr an. »Sie sind ganz reizend, wenn Sie so schüchtern wirken, kleine Mademoiselle Gabrielle.« Er schenkte ihr ein Glas dunkelroten Portwein ein. Aufgeregt trank sie einen großen Schluck. Er schmeckte wie Hustensaft und kratzte ein wenig im Hals.

Henry tat es ihr gleich, stellte sein Glas ab und faltete die Hände über seinem Bauch. »Sicher sind Sie und Ihr Herr Papa wegen der Weltausstellung nach Paris gekommen, Mademoiselle. Was hat Ihnen am besten gefallen? Buffalo Bill mit seiner Wildwest-Show?«

Sie errötete. »Die habe ich noch gar nicht gesehen.«

»Das müssen Sie schnellstens nachholen. Lassen Sie sich das Geballer und die Pferde in der Manege nicht entgehen.« Er prostete ihr zu.

»Aber ich erinnere mich mit Schaudern ans Village Nègre.« Über vierhundert Menschen aus den Kolonien waren dort in Käfige gepfercht und mussten sich den Besuchern präsentieren. Der Besuch, den Gabrielle unbefangen angetreten hatte, hatte sich zu einer Tortur für sie entwickelt.

Er nickte. »Die große Sensation.«

»Angegafft werden sie. Das war wie im Zoo«, ereiferte sie sich. »Wie sie sich wohl fühlen?«

»Nun …« Henry zuckte mit den Schultern. »Immerhin haben sie anders als in ihren Heimatländern immer genug zu essen.«

»Aber sie müssen die Blicke der Fremden ertragen«, wandte Gabrielle ein. »Und manche waren fast nackt. Das ist so entwürdigend.«

»Sie sind ja eine kleine Idealistin.« Henry lachte. »Ich interessiere mich ehrlich gesagt mehr für Sie als für diese Wilden. Sicher haben Sie den Phonographen von diesem Monsieur Edison aus den Staaten gesehen, das verbesserte Fahrrad und den Motor des Monsieur Daimler aus Deutschland?«

Gabrielle nickte. »Das war sehr beeindruckend. Und was machen Sie so? Sind Sie Jurist geworden oder Verleger wie Ihr Herr Vater?«

Henry beugte sich vor. »Weder – noch, wobei ich Sie wegen der Annahme, ich könne Paragraphenreiter geworden sein, eigentlich fordern müsste.« Er zwinkerte ihr zu.

Gabrielle kicherte.

Er machte eine kleine Kunstpause. »Ich bin ein lustiger Schreiberling, oder sagen wir vielmehr, ich befinde mich auf dem Weg dahin, ein berühmter Schriftsteller zu werden.«

»Wirklich?« Gabrielle bekam große Augen.

Er nickte. »Ja, ich werde Schriftsteller, aber für den Broterwerb betätige ich mich im Moment noch als Musikkritiker. Vorerst bringe ich einmal pro Woche unter dem Pseudonym ›Platzanweiserin des Sommerzirkus‹ eine Rezension heraus.«

»Was?« Der Name war das Witzigste, was Gabrielle je gehört hatte. Sie konnte nicht aufhören zu lachen. »Wir, das heißt meine Familie und ich, sind auch große Musikliebhaber. Ich singe und spiele passabel Klavier, aber mein Bruder Léo übertrifft uns alle. Er hat ein absolutes Gehör.«

Henry wackelte scherzhaft mit den Augenbrauen. »Wenn Sie so eine gute Musikerin sind, kann ich ja mal wegen einer Musikkritik auf Sie zukommen.«

Flirtete Henry etwa mit ihr? Gabrielle war sprachlos vor Entzücken. Er war ein erwachsener Mann, weltgewandt, gebildet und erfahren. Und er sah gut aus, jedenfalls auf den zweiten Blick. Der kleine Spitzbauch lenkte die Augen auf breite Schultern und eine Brust, an die man sich anlehnen konnte. Sie ging aufs Ganze und schlug die Beine übereinander, wodurch er einen Blick auf ihre Knöchel erhaschen konnte, die in schwarzen Strümpfen steckten. »Ich würde mich geehrt fühlen und versuchen, Ihrer Platzanweiserin in nichts nachzustehen.«

Er sah auf die Wanduhr. »Ich komme auf Ihr Angebot zurück. Aber jetzt sollten wir zurückgehen zu Ihrem und meinem Herrn Papa. Nicht, dass sie sich noch fragen, wo wir bleiben.« Er bot ihr den Arm und kam ihr dabei so nahe, dass ihr sein Geruch nach Zigarrenrauch und Portwein in die Nase stieg. Wie zufällig glitt seine Hand dabei über ihre Zöpfe.

»Sie haben Haare wie eine Meerjungfrau«, flüsterte er ihr ins Ohr. »Was würde ich darum geben, sie zu entflechten, bis sie Ihnen wie eine goldene Flut über den Rücken fallen. Sie dürfen sie niemals schneiden lassen, hören Sie, Gabrielle?«

Die zärtliche Geste, mit der ihr über den Scheitel strich, ließ ihr Herz aus dem Takt geraten. »Maman warnt mich unter Androhung von Strafe davor, meine Frisur zu verändern.«

Vor Henrys unverhohlenen Blicken würde Sido sie auch warnen. Er überschritt offenen Auges die Grenzen der Schicklichkeit, denn davon zu reden, einer Dame die Haare zu öffnen, oder es gar zu tun, war nur einem Ehemann erlaubt. Oder einem Geliebten, wenn sie es ihm gestattete.

»Da hat Madame la Comtesse ja den richtigen Blick.«

Gabrielle schüttelte lachend den Kopf. »Sido ist keine Comtesse.«

»Aber Sie fühlen sich, als seien Sie etwas Besonderes. Geben Sie es zu!«

Sie standen schon vor der Tür von Monsieur Gauthier-Villars' Büro, als Henry sie in seine Arme zog und seine Lippen wie beiläufig über ihren Mund und ihren Hals wandern ließ. Jede einzelne Berührung prickelte wie eine Flamme auf ihrer Haut. »Sie könnten mir schreiben, kleine Colette. Wie wäre das? Nur so als Gedankenaustausch zwischen Gleichgesinnten?«

Sie nahm allen Mut zusammen. »Aber nur, wenn Sie mir versprechen zurückzuschreiben.«

»Soll ich das?« Seine Stimme war eine einzige Verheißung.

»Sie müssen mir zuerst schreiben. Dann sehen wir, was ich tun kann.«

Die nächsten Tage verbrachte Gabrielle wie in Trance. Bei allem, was sie tat, dachte sie nur an Henry. Sie hatte sich Hals über Kopf verliebt, und nicht einmal Buffalo Bill mit seiner Wildwest-Show konnte sie davon ablenken. Der Mann von Welt und das Landei, welch aussichtsloses Unterfangen.

Als sie im Zug nach Auxerre saßen, überlegte sie fieberhaft, wie sie ihn dazu bringen konnte, sie ebenso zu lieben wie sie ihn. Sie gab nicht auf. O nein! Sie würde ihn erobern, sie musste es einfach. Der Zug ratterte durch die herbstliche Landschaft mit ihren Farben reifen Rotweins und trockenen Heus.

»Papa-a«, flötete sie.

»Ja, Bel Gazou?« Die Augen ihres Vaters blickten unbestimmt in die Ferne. Sicher war er wieder in ein wissenschaftliches Projekt versunken, und das, obwohl ihnen eine Frau mit einem Huhn in einem Käfig gegenübersaß, das unaufhörlich gackerte.

Gabrielle hob ihre Stimme. »Wie wäre es, wenn ich für ein paar Monate in Paris leben würde?«

Er blinzelte. »Was willst du denn da?«

Sie versuchte beiläufig zu klingen. »Ich könnte Klavierstunden nehmen. Sido und du, ihr wollt doch, dass ich meine Ausbildung vollende. Die Witwe Cholleton würde mich sicher liebend gern beherbergen. Und alt genug bin ich auf jeden Fall.«

»Bist du das?« Er öffnete seinen wissenschaftlichen Almanach und vertiefte sich darin. »Wir können es uns ja mal überlegen.«

Gabrielle lehnte sich zufrieden zurück. Ihr Vater ließ sich so leicht um den Finger wickeln. Sie musste nur dafür sorgen, dass er ihr Anliegen nicht vergaß.

Erschöpft kletterte sie spätnachmittags aus dem Wagen, der sie vom Bahnhof in Auxerre nach Châtillon gebracht hatte.

Sido stand schon bereit und zog sie in eine Umarmung. »Ich habe eine Überraschung für dich.«

Gemeinsam gingen sie auf das Haus zu. Gabrielles Freundin Mélie saß mit dem Stopfkorb am Gartentisch und wehrte eins von Bijous Katzenjungen ab, einen kleinen roten Kater namens Anatole, der seine Krallen gerade in ein Garnknäuel schlagen wollte. Als Mélie sie sah, ließ sie das Katerkind gewähren und sprang auf. »Da bist du ja endlich!«

Die Mädchen fielen sich jubelnd in die Arme und tanzten im Kreis herum.

Gabrielle gab Mélie einen Nasenstüber. »Glaub ja nicht, dass ich dich so schnell wieder gehen lassen werde!«

Endlich war ihre quälende Langeweile vergessen. Tagsüber half Mélie zwar Sido bei der Hausarbeit, abends aber nahm sie sich Zeit für Gabrielle.

Am nächsten Samstagabend liefen sie Arm in Arm am Fluss entlang. Gabrielle führte Toutouque an der Leine. Herbstliche Kühle lag über der Stadt, der Himmel spannte sich in blauer Unendlichkeit über ihnen, und von der Kirche klang das Läuten der Glocken herüber.

»Sag, wie geht es deiner Familie?« Gabrielle ließ sich von Toutouque in Richtung des Ufers ziehen.

»Alles wie immer.« Mélie folgte ihr. Sie war so hübsch mit ihren dunklen Locken und den fast schwarzen Augen. »Großmutter Loisine sitzt am Feuer und spricht mit den Flammen. Mama kocht, Papa trinkt Wein und wünscht sich Schnaps, und Tintin ist zufrieden, egal ob die Welt sich weiterdreht oder nicht.«

»Der Glückliche!« Gabrielle seufzte. Es gab keinen Menschen, der das Leben leichter nahm als Mélies Bruder.

»Jacques hat übrigens nach dir gefragt.«

»Wirklich?« Gabrielle riss die Augen auf. Jacques war der Metzgerbursche.

»Er mochte dich wohl. Hast du nicht gemerkt, wie versonnen er dir immer hinterhergestarrt hat, anstatt seine Räucherwürste aufzuhängen?«

Gabrielle prustete. »Ich als Alternative zur Räucherwurst, also bitte!« Henry Gauthier-Villars hatte sie geküsst oder jedenfalls fast. Was sollte sie da mit einem Metzgerburschen namens Jacques? »Nicht mich hat er gemeint, Mélie, sondern dich. Gib also acht, dass dein Rocksaum nicht hochrutscht. Sonst sieht er noch deine Knöchel.«

Sie wartete auf Toutouque, die ausdauernd ein Mäuseloch beschnüffelte. »Aber vor allem, such dir eine bessere Partie als diesen

Habenichts! Eine Heirat will geplant sein. Schließlich soll er dich mit Geld überschütten.«

»Das sagt die weise Gabri, die so viel Erfahrung hat.«

Sie kicherten in ihre Handflächen.

»Ach, mir reicht schon, wenn er nicht säuft wie mein Vater«, fuhr Mélie fort.

Der Fluss rauschte leise durch sein Bett. Die Dämmerung tauchte ihn in die Farbe grauen Zinns.

»Und was gibt es sonst an Klatsch?«, fragte Gabrielle. »Ohne unsere Familie kann es ja nicht mehr allzu schlimm sein.«

»Deine arme Schwester«, flüsterte Mélie.

»Was ist mit ihr?« Manchmal bedauerte Gabri, dass Juliette die nie etwas anderes gewollt hatte als eine Heirat mit dem Landarzt Charles Roché, ihr nicht näherstand. Sido hatte ihr inzwischen verziehen, und das nicht nur, weil sie ihr eine Enkelin mit dem Namen Yvonne geschenkt hatte.

Mélie riss ihre Augen auf. »Man munkelt, sie pfeffert ihr Porzellan an die Wand und verhängt die Spiegel, damit Charles nicht heimlich die Dienstmädchen beobachten kann.«

Gabrielle runzelte die Stirn. »Das war abzusehen.«

Die Familie Colette hasste Roché, der sie dazu gezwungen hatte, ihm Juliettes Erbteil auszuzahlen. Aber was war mit Juliettes seltsamer Reaktion? Hoffentlich verfiel sie nicht dem Wahnsinn wie so viele aus der Familie Robineau-Duclos.

Gabrielle wechselte entschlossen das Thema. »Hat Mademoiselle Terrain endlich geheiratet?«

»O nein, sie wird eine alte Jungfer, oder …« Mélie hielt sich prustend die Hand vor den Mund.

»… sie schläft mit Frauen«, vollendete Gabrielle.

»Sch, Gabri!« Mélie sah sich nach Lauschern um, aber der Weg war menschenleer. Sie schütteten sich aus vor Lachen, obwohl allein der Gedanke, dass Frauen andere Frauen lieben könnten, anstößig war. Es war schließlich etwas ganz anderes, die zarte Hand einer Freundin zu halten oder sich von der Sanftheit ihrer Haare bezaubern zu lassen, als mit ihr ins Bett zu gehen. Das eine wurde nachsichtig geduldet, das andere war ein Skandal.

»Aber du, Gabri, du musst doch auch in jemanden verliebt sein?«, fragte Mélie. »Sag schon! Wer ist der Glückliche?«

Gabrielle errötete flammend. »Niemand.«

»Du hast dein Herz in Paris verloren«, schloss Mélie hellsichtig.

»Also gut, er heißt Henry, aber mehr sage ich nicht.«

Gabrielle nahm Toutouque auf den Arm, bevor sie dem Weg um eine sanfte Biegung folgten.

Es war inzwischen fast dunkel, der Fluss eine schwarze Schlange mit runzeliger Haut. Am Ufer hob sich die Silhouette eines Mannes vom nachtblauen Himmel ab. Ein Lockenkopf, breite Schultern, ein stämmiger Rücken und lange Beine.

Es war Dominic. Er richtete sich auf und warf in hohem Bogen seine Angelschnur aus. Toutouque bellte erschrocken. Der Köder, der eigentlich weit draußen im Wasser landen sollte, flog nach hinten und verhakte sich in Mélies schulterlangen Locken. Dominic zog verdattert an seiner Angel, bevor er sich ihnen zuwandte.

»Du bist doch wirklich ein Trottel!«, rief Gabrielle. Mélie starrte ihn sprachlos an.

Er ließ seine Augen nachdenklich von einer zur anderen wandern. »Es scheint mir, als hätte ich zwei Kichertauben gefangen, eine blonde und eine schwarze.« Er trat näher und zupfte den Angelhaken aus Mélies Haaren. »Ich hoffe, ich habe dir nicht wehgetan, mein Täubchen.«

Von da an trafen sie sich oft zu dritt draußen vor der Stadt, damit Gabrielles Eltern nichts davon mitbekamen. An einem faulen

Sonntagnachmittag saßen sie im trockenen Gras in der Sonne, Gabrielle in der Mitte, Mélie und Dominic an ihren Seiten. Sie lachten und redeten, und wenn man sie später gefragt hätte, wer zuerst die Idee gehabt hatte, sich nach hinten fallen zu lassen, hätten sie es nicht sagen können. So lagen sie einträchtig im Gras und beobachteten die Wolken, die träge über den blauen Himmel glitten.

»Ich sehe einen Eisbären«, sagte Gabrielle.

»Ich sehe eine Torte«, fügte Mélie hinzu.

»Du bist bewundernswert verfressen«, urteilte Gabrielle. »Und du, Dominic?«

»Eine Wolke ist eine Wolke und bleibt eine Wolke.«

Niemals hätte sie sich eingestanden, wie sehr sie sich zu beiden hingezogen fühlte. Da war Mélie mit ihrer glatten, sonnengeküssten Haut und den wilden Haaren, ihre Lippen so rot wie Erdbeeren. Sie ahnte noch nicht einmal, wie schön sie war. Dominic stand ihr in nichts nach. Unter seinem Hemd erahnte Gabrielle seine starken Muskeln. Sein Körper war auf erregende Weise anders als ihrer, und als er sich ihr zuwandte und sie sanft auf den Mund küsste, legte sie ihm die Hand auf die Schulter und erwiderte den Kuss. Weiche Lippen, die aufeinandertrafen, und eine Zunge, die ihren Mund erkundete. Sie spürte seine fremde junge Männlichkeit und ahnte die unaussprechlichen Dinge, die sie miteinander tun könnten. Es war gut, obwohl er ein bisschen nach Zwiebeln schmeckte. Dann aber drehte sie sich zurück und sah Mélie an. Sollte sie es wagen? Ihr Mund haschte spielerisch nach Mélies Lippen, deren erstaunter Blick sie traf. Dann aber küsste sie sie leidenschaftlich zurück. Gabrielle wagte nicht, ihren Blick auf Mélies Brüste zu lenken, die aus ihrem Mieder quollen, aber das tat an ihrer Stelle Dominic, so dass schließlich Mélie in die Mitte rückte. Der Kuss, den sie mit Dominic tauschte, dauerte erheblich länger als der mit Gabrielle.

Ein paar Tage später gingen die beiden Hand in Hand. Gabrielle entschloss sich, diesen beunruhigenden Umstand zu ignorieren und um Henry zu kämpfen, der ihr, wie könnte es anders sein, natürlich nicht geschrieben hatte.

Eines Abends fasste sie sich ein Herz und brachte ein paar Zeilen an ihn zu Papier. Und siehe da, er antwortete mit einem stilsicheren Text voller Bonmots und Schmeicheleien auf ihr »entzückendes Schreiben«, dem sie wiederum eine ausgefeilte Antwort folgen ließ. Nicht, dass er dachte, sie könne sich in puncto Bildung nicht mit ihm messen. Ihre Wörter und Sätze berichteten von Dingen und Erlebnissen, doch unterschwellig vermochten sie dabei etwas völlig anderes auszusagen. Sie konnten von Liebe und von Hass sprechen, von Lebenshunger und Lust. Worte, so viel wurde Gabrielle bewusst, waren mächtige Werkzeuge, mit denen man sich betören oder in Grund und Boden dichten konnte.

KAPITEL 6
Frühjahr 1891

An einem wechselhaften Tag im April trug Gabrielle gerade einen Korb Wäsche in den Hof, als ein kleiner Junge durch das Tor flitzte. Er stolperte über eines der Kätzchen, fiel auf die Nase und begann zu heulen, woraufhin sie ihn wieder auf die Füße stellte. Der Kleine mochte ungefähr zwei Jahre alt sein und hatte braunes, kurz geschnittenes Haar. »Wer bist du denn?«

Seine Tränen versiegten schnell, denn schließlich konnte man in ihrem Hof junge Katzen bewundern. »Da, Miez.«

Bijou hatte in diesem Frühjahr besonders reichlich geworfen. Eins hatte sich in den Korb mit der nassen Wäsche verirrt.

»Schau mal.« Gabrielle entwirrte die Wäsche und hielt dem Kleinen das Katzenkind hin. Andächtig strich er ihm über den Kopf. »Baby.«

In diesem Moment bog ein Mann im Stechschritt in den Hof ein. »Jacques, du Lümmel, wo steckst …?«

Henry Gauthier-Villars verschlug es glatt die Sprache, als er sie erkannte.

»Gehört der Kleine zu Ihnen?«, brachte Gabrielle ebenso überrascht hervor und wischte sich die Hände an ihrer Schürze ab.

»Ja.« Er trat auf den kleinen Jungen zu, warf ihn in die Luft und setzte ihn auf seine Schultern. »Das ist mein Sohn Jacques.«

»Ach!« Warum hatte er ihr das verschwiegen? Sie hatte geglaubt, ihre Briefe seien ein Zeichen von wachsender Vertrautheit, aber der Junge hatte darin nie eine Rolle gespielt.

»Seine Mutter ist an Silvester verstorben. Ich bin hier, um Achille zu bitten, für den Kleinen eine Amme zu suchen.«

Entschlossen warf sich Gabrielle ihren Zopf über die Schulter. »Dann gehen wir jetzt am besten ins Haus. Meine Mutter hat sicher etwas zu Essen.«

Mit seiner Idee, Achille die Versorgung des Kleinen anzutragen, lag Henry nicht falsch. Achille war als Landarzt für die Waisenkinder zuständig, wobei die ärmliche Puisaye seit jeher als Gegend galt, in der die betuchten Pariser ihre nicht immer legitime Nachkommenschaft unterbrachten.

Sido begrüßte die beiden aufs Herzlichste, nahm Henry den kleinen Jacques ab und setzte ihn auf die Küchenbank vor einen Teller mit Apfelschnitzen und einem Honigbrot. In der Küche war es heimelig. Auf dem Tisch stand ein Krug mit dicker Sahne, den Gabrielle schnell vor der Katzenbande in Sicherheit brachte.

»Da, Miez«, sagte Jacques entzückt. Ein Katzenkind lag auf der dösenden Toutouque, die lässig mit der Pfote patschte, als es sie ins Ohr zwickte.

»Sie ist Schlimmes gewöhnt.« Gabrielle pflückte das Kätzchen von ihrem Rücken.

Sido schenkte Henry ein Glas Cidre ein und schickte Gabrielle zum Wäscheaufhängen zurück in den Hof, so dass ihr keine Gelegenheit blieb, ihn weiter mit Fragen zu bombardieren.

Dort stieß sie sich den Zeh am Wäschekorb. Während sie fluchend auf einem Bein herumhüpfte, platzte sie fast vor Zorn. Er hatte eine andere Frau geliebt. Und sie ihr gegenüber nicht einmal erwähnt. Die Tatsache, dass er durch nichts in der Welt verpflichtet gewesen war, ihr die Wahrheit zu sagen, linderte ihre Eifersucht kein bisschen.

Ein Gespräch mit Sido sorgte am selben Abend für Klarheit. Henry brachte gerade den Kleinen ins Bett, während Gabrielles

Mutter mit ihrem Strickstrumpf neben dem Ofen saß. »Jacques'
Mutter ist, nein, war eine gewisse Germaine Servat, die für Henry
ihren Mann, den Fotografen Emile Clert, verlassen hat. Sie haben
zusammengelebt, und Henry hat sie wohl sehr geliebt. Ich weiß
nicht einmal, ob Germaine geschieden war. Paris halt. Da vergisst
man die guten Sitten.« Sido schaute von ihrem Strickzeug auf.
»Ich frage mich nur, warum dich das so interessiert? Woher kennst
du ihn überhaupt?«

Gabrielle setzte sich auf die Bank. »Nur ganz flüchtig, Maman.«

»Henrys Eltern wissen bis heute nichts von dieser Germaine
und dem kleinen Jacques. Aber zumindest hat er seine Vaterschaft
nicht geleugnet. Achille wird ihm sicher helfen können. Vielleicht
kann er sogar Madame Berthier aus der Nachbarschaft als Amme
gewinnen.«

»Sicher.« Madame Berthier hatte selbst kleine Kinder und
konnte das Zubrot gut gebrauchen.

Sido schnitt einen Faden ab und setzte einen neuen an. »Aber
natürlich kann Jacques tagsüber auch bei mir sein. Ich freue mich,
wieder ein Kind im Haus zu haben. Und es spricht sicher nichts
dagegen, wenn du Henry die Gegend zeigst, oder? Ich schicke
euch das Hausmädchen mit, der Schicklichkeit halber.«

Zu Gabrielles und Dominics Bedauern war Mélie wieder nach
Saint-Sauveur zurückgekehrt, also ging Gabrielle in Begleitung
des Dienstmädchens Claire einige Tage später mit Henry an der
gleichen Stelle angeln, an der sie im Herbst Dominic getroffen
hatten. Jacques half Sido beim Brotbacken. Es war ein warmer Tag,
an dem die Oberfläche des Loing in der Sonne glitzerte und flim-
merte. Claire saß unter einer Platane und war so vertieft in ihre
Stopfarbeit, dass sie hoffentlich nichts mitbekam.

Gabrielle und Henry standen direkt am Ufer, hatten ihre An-
gelruten ausgeworfen und warteten. Henry war in Hemdsärmeln

und Hosenträgern. Sie trug eine leichte Bluse und hatte ihren Rock bis zu den Knien hochgebunden. Es war herrlich, und das nicht nur, weil ihr die Sonne warm in den Nacken schien.

»Es ist schön in Châtillon«, begann Henry. »Ich muss mich bei Ihnen und Ihrer Familie bedanken, Gabrielle. Ihr kümmert euch rührend um Jacques. Und vor allem Sie – Sie lenken mich ab mit Ihrer, nun ja, etwas flatterhaften Anmut.«

Sie errötete vor Freude. »Nennen Sie mich doch Colette«, schlug sie vor. »Der Name muss jedoch unter uns bleiben.« Sie zögerte. »Aber warum haben Sie mir in Ihren Briefen nichts von Germaine und Jacques erzählt?«

Ein Ausdruck von Trauer zog über Henrys Gesicht, der sogleich wieder verschwand. »Hier gibt es fette Forellen. Warten Sie! Da beißt eine an.«

Die Schnur straffte sich, und die Angelrute bog sich unter dem Zug. »Himmeldonnerwetter!«

»Das muss ja ein Riesenkerl sein! Haben Sie einen Hecht gefangen?«

»Ich weiß nicht.« Er zog und zerrte, bis Gabrielle ihre Angelrute an die Böschung warf und ihm zur Hilfe eilte. »Wir müssen ins Wasser, da führt kein Weg dran vorbei.«

»Meinen Sie das etwa ernst?« Henry streckte seinen großen Zeh hinein. »Brr, ist das kalt.« Dann aber stapfte er entschlossen in den Fluss.

Gabrielle zögerte kurz, bevor sie ihm folgte, um ihm beim Ziehen zu helfen. Sie schauderte, als sich der eiskalte Schlamm um ihre Knöchel schloss. Der Fisch aber gab nicht auf und zerrte sie ein paar Schritte weiter ins tiefe Wasser, wo er sich dann mitsamt dem Köder davonmachte. Henry taumelte und landete bäuchlings im Wasser.

»Henry!« Sie stapfte ein paar Schritte auf ihn zu.

Er tauchte auf und griff lachend nach ihr. Zusammen suchten sie Halt auf dem glitschigen Grund, rutschten aus und fielen in den Fluss. Es war so kalt, dass es Gabrielle den Atem verschlug. Nachdem sie es endlich wieder an Land geschafft hatten, ließen sie sich, klatschnass und außer sich vor Lachen, zwischen die Narzissen an der Böschung fallen. Claire starrte sie mit offenem Mund an.

Henry japste. »Die fette Forelle hat sich schnöde davongemacht. Hoffentlich hat Sido sie nicht zum Abendessen eingeplant.« Wasser tropfte aus seinen Augenbrauen und seinem Bart. »Sie haben ja eine Gänsehaut, Gabrielle.«

Sie wrang ihre Zöpfe aus. »Es ist noch zu früh im Jahr, um zu baden.«

»Wer sagt das? Sie oder Sido?«

»Beide.« Sie klapperte mit den Zähnen.

»Gehen wir heim, sonst holen Sie sich noch den Tod.«

Sie sammelten ihre Angeln ein und machten sich auf den Weg zurück in die Rue d'Église, wo sie sich an Sido vorbeischlichen, die in der Küche am Herd stand.

Am selben Abend jedoch stellte sie Gabrielle zur Rede, denn Claire hatte sich als falsche Schlange entpuppt und sie verpetzt. Sido schäumte vor Wut über den Zwischenfall am Fluss, so dass sich sogar Toutouque aus dem Staub machte. Nur die Katzen störten sich nicht an Sidos Laune und kletterten weiterhin über Tische und Bänke.

»Ich warne dich nur einmal.« Unwirsch begann Sido, Gabrielles Zöpfe zu entflechten, in denen sich mehr als ein paar Algen verfangen hatten. Danach wusch sie ihr die Haare in einem großen Topf mit heißem Wasser.

»Hör mir gut zu, Minet! Henry ist ein Lebemann, ein Bonvivant, wie er im Buche steht. Und er ist über dreißig. Er hat Erfahrung und du nicht. Was ist, wenn er dich verführt und kompromittiert?« Sidos kräftige Finger gruben sich in Gabrielles Kopfhaut. Mit angewidertem Gesichtsausdruck zog sie eine weitere Ranke aus ihren Haaren. »Wie konntest du dich mit ihm am Fluss herumtreiben? Ach, was sage ich? *Im* Fluss!«

»Wir haben uns nicht herumgetrieben«, erwiderte Gabrielle empört. »Wir sind ins Wasser gefallen.«

»Ja, du zusammen mit Henry, als wärst du ein Waschweib, das sich mit seinem Liebsten vergnügt.«

Gabrielle konnte nicht widersprechen, weil sie mit dem Kopf über dem Topf hing. Außerdem hatte ihre Mutter recht.

»Halt gefälligst still!«, schimpfte Sido weiter. »Der kleine Jacques ist ein netter Junge, unzweifelhaft. Aber hast du schon einmal an seine Mutter gedacht? Hat sie nicht für Henry ihren Mann verlassen und ist dann gestorben?«

»Aber dafür konnte er doch nichts.«

»Das glaubst du?« Sido schüttete flüssige Seife auf Gabrielles Haare und schäumte sie mit etwas Wasser auf. »Vielleicht hat sie ja Selbstmord begangen. Ich habe ein gutes Gefühl für Menschen, Gabri. Man kann auch an Kummer sterben, wenn ein Mann sich nicht zu einem bekennt.«

Gabrielle richtete sich auf. »Aber Maman, was ist das für hanebüchener Unsinn?«

»Wart's ab. Kopf runter!« Sido tauchte Gabrielles Haarflut in das heiße Wasser, spülte zweimal und goss ihr zu guter Letzt einen Topf mit Kamillentee über den Kopf, der verhindern sollte, dass ihre Haare nachdunkelten. Gabrielle bekam Wasser in die Augen und war dankbar für das Handtuch, mit dem Sido ihr den Kopf frottierte.

Beim Auskämmen nahm sie diesmal keine Rücksicht darauf, dass es ziepen könnte. »Sicher hat Henry in Paris an allen zehn

Fingern eine Frau und lässt sie tanzen wie die Marionetten. Er könnte dich verführen.«

»Wirklich?« Das stellte Gabrielle sich verrucht und abenteuerlich vor. »Und was wäre daran so schlimm?«

Sido zog den Kamm energisch durch die Haare. »Bei den vielen Tieren, die wir haben, solltest du doch wohl wissen, wo die Kinder herkommen. Du könntest schwanger werden.«

»Au, Maman! Zieh nicht so!«

»Und dann lässt er dich fallen wie eine heiße Kartoffel, und deine Aussichten sind für immer ruiniert.«

»Die sind ohnehin nicht die besten«, grummelte Gabrielle.

Sido hielt inne, ihre warmen Hände auf ihrem Kopf. »Ich weiß, mein Schatz, ich weiß. Aber ein Trauring muss an deinen Finger, bevor du einen dicken Bauch bekommst. Das ist die Voraussetzung, verstehst du?«

In den nächsten Tagen ließ Henry seinen ganzen Charme spielen. Er half Achille bei seinen Abrechnungen, sang im Duett mit Léo schrecklich falsch und unterhielt sie abends mit frechen Anekdoten. Und langsam, sehr langsam fasste Sido wieder Zutrauen in ihn und erzählte von der Brüsseler Seite ihrer Familie, in der es von Journalisten und Schriftstellern nur so wimmelte. Nicht, dass er dachte, sie seien ihm in intellektueller Hinsicht unterlegen. »Ich bin eine geborene Landoy. Ich hoffe, Sie haben den Namen schon gehört. Er ist in Brüssel sehr bekannt.«

Henry war beeindruckt oder tat jedenfalls so.

Eines Abends saß Gabrielle mit Jacques auf dem Schoß am Ofen und las ihm ein Bilderbuch vor. Der Kleine hatte seinen Kopf an ihre Brust gelegt. Henry trat ein und betrachtete sie nachdenklich. »Was für ein bezaubernder Anblick. Sie sehen aus, als wären Sie Jacques' Mütterchen, Gabrielle, seine *Petite Maman*.«

»Maman«, murmelte der Kleine, bevor ihm die Augen zufielen. Henry nahm ihn ihr ab, und sie brachten ihn gemeinsam ins Bett, wo er sofort weiterschlief. Danach standen sie verlegen am Treppenabsatz.

»Warten Sie! Ich möchte Ihnen etwas zeigen.« Eilig holte sie ihre Aufzeichnungen aus ihrem Zimmer und breitete sie auf dem Küchentisch aus. Es waren mehrere lose gebundene Bücher, die sie aus ihren Heften angefertigt hatte.

»Was ist das?«, fragte er neugierig. »Haben Sie das alles selbst geschrieben?«

Sie nickte. »Das sind meine Tagebücher. Vielleicht haben Sie als angehender Schriftsteller ja einen Tipp für mich?«

Er vertiefte sich in die Lektüre. Sicher hielt er sie für vermessen, aber sie konnte nicht anders und wartete gespannt auf seine Reaktion.

»Sind das die Erlebnisse eines jungen Mädchens in der Schule? Witz hat es auf jeden Fall.«

Gabrielle errötete. »Ja. Vielleicht werde ich mal Schriftstellerin. Oder Musikerin oder Musikkritikerin. Oder …?«

»Schauen wir, was die Zukunft bringt, kleine Gabrielle.« Er legte die Seiten zurück.

~ KAPITEL 7 ~

Ein paar Wochen später reiste Henry ab und ließ Jacques bei ihnen. Der Kleine verbrachte seine Tage bei den Colettes und wechselte über Nacht zu Madame Berthier. Gabrielle empfand Henrys Abwesenheit als schmerzlichen Verlust und kämpfte für einen Aufenthalt in Paris, den ihre Eltern strikt ablehnten. Schließlich aber nahm sie die Bastion »Papa« mit vollen Fahnen. Dem Hauptmann gelang es, Sido umzustimmen, unter Vorbehalt und mit der dringenden Warnung, Gabrielle müsse sich anständig benehmen. Doch da hatte sie schon längst beschlossen, sich nicht daran zu halten.

Sie logierte bei der Generalin Cholleton, deren Wohnung mit ihren dicken Teppichen, den üppigen Seidentapeten und den bunten Vasen an einen Harem in ihrer Heimat Algerien erinnerte. Kaum hatte sich Gabrielle eingelebt, vereinbarte sie neben einigen Alibi-Klavierstunden ein Treffen mit Henry. Ihre Gastgeberin durchschaute ihre Pläne und entpuppte sich unerwartet als Komplizin. Sie war in ihrer Jugend Sängerin an der Oper in Algier gewesen und damit weniger sittenstreng als Sido. Außerdem aß sie für ihr Leben gern Süßigkeiten und flirtete ungeniert mit ihrem Diener.

Am Abend des Rendezvous saß Gabrielle vor dem Spiegel und wusste nicht, was sie mit ihren langen Zöpfen anfangen sollte, als die Generalin in ihrem bestickten Morgenrock ins Zimmer rauschte.

»Warte, ich helfe dir.« Geschickt steckte sie ihr die Flechten zu einer Krone auf.

Zwei Gesichter trafen sich im Spiegel, ein junges, dreieckiges mit einem Mund wie ein Katzenschnäuzchen und ein faltiges, über dem ein lockiger grauer Haarknoten thronte. Madames Armreifen klimperten leise. »Gott, was bist du jung!«

Gabrielle stimmte ihr zu und blickte zweifelnd in ihre graublauen Augen, die ihr aus dem Spiegel entgegenblinzelten. Knochige Hände drückten sich in ihre Schultern. »Gestehst du mir, wen zu erobern du dich bereit machst?«

»Das kann ich leider nicht.« Sie errötete. »Aber ich … Ich sehe aus wie ein verschrecktes Reh. Als könnte ich nicht bis drei zählen.«

»Du siehst auf jeden Fall unglaublich jung aus.« Die Generalin lachte spöttisch und wedelte mit ihrer Hand voller schwerer Ringe. »Wenn du so alt bist wie ich, wirst du dich in diese Zeit zurücksehnen. Warte!« Sie ging in ihr Schlafzimmer und kehrte mit einem weichen schwarzen Stift zurück.

»Was ist das?«

»Halt still!« Sie schob sich in die schmale Lücke zwischen Gabrielle und dem Frisiertisch, malte ihr einen schwarzen Strich auf ihre Lider und trat zur Seite. »Voilà. Das ist Kajal. Der bringt deine schönen Augen zum Strahlen.«

Gabrielle warf einen verwunderten Blick in den Spiegel. »Ich sehe verrucht aus. Wie eine orientalische Kurtisane.«

Die Generalin nickte. »Nun ja, vielleicht ansatzweise. Und mindestens drei Jahre älter, wenn es das ist, was du willst. Oder sagen wir zwei.«

»Und ob.« Den Kajalstift würde sie öfter benutzen.

Um einiges selbstbewusster, ließ sich Gabrielle in die Rue de la Sorbonne fahren, wo sie sich mit Henry treffen wollte.

Er erwartete sie vor dem Café d'Harcourt, half ihr galant aus der Droschke und hauchte einen Kuss auf ihre Hand. »Ich freue mich, dass Sie gekommen sind, Colette. Ihre Schönheit wird alle Blicke auf sich ziehen.«

»In was für ein Etablissement gedenken Sie mich zu führen?«

Er griff nach ihrem Arm. »Das Café d'Harcourt ist der Treffpunkt der Bohème.«

Innen war es rappelvoll und laut, die Luft zum Schneiden dick. Es roch nicht nur nach dem Rauch kubanischer Zigarren, sondern auch nach schwerem Parfüm und etwas Süßlichem, das Gabrielle nicht einzuordnen vermochte. Die Gäste saßen an langen Tischen und unterhielten sich angeregt, die Herren in Frack und Zylinder, die Damen trugen Kleider voller Rüschen und große Hüte.

»Vorsicht, Halbwelt«, raunte Henry, als er sie durch die Menge zog.

»Was? Wirklich?« Sie drehte sich um. Waren die Frauen etwa käuflich? Ein wohliger Schauder überlief sie.

»Ja, das ist Caroline Otéro«, raunte ihr Henry zu. »Und dort drüben steht Liane de Pougy.«

Gabrielle reckte ihren Hals nach den berühmtesten Kurtisanen von Paris, konnte sie aber in der Menge nicht entdecken. Also folgte sie Henry, der Grüße nach rechts und links verteilte und einem kleinen Mann mit krummen Beinen jovial auf die Schulter schlug, der sich als Henri de Toulouse-Lautrec vorstellte. Ein Maler, was mochte der wohl von ihr denken, schoss es Gabrielle durch den Kopf. *Landei auf Urlaub.* Sie schluckte trocken.

»Keine Angst, ich führe Sie zu meinen Freunden. Die beißen nicht.«

»Hoffentlich.«

Sie kämpften sich bis zu einem Tisch in einer Fensternische durch.

»Da ist ja Willy, unser anglophiler Gentleman und Wagner-Liebhaber.« Der Mann, der aufgestanden war, um sie zu begrüßen, hatte dicke Tränensäcke unter den Augen und einen wirren grauen Bart. Auf der Bank unter dem Fenster saßen zwei junge Damen, die eine klein, mit kurzen dunklen Haaren und lebhaft gestikulierend, die andere eine hochgewachsene Schönheit mit klassischen Gesichtszügen und einer schlichten Hochsteckfrisur. Der Vierte im Bunde war ein leicht übergewichtiger junger Mann mit Glatze.

»Wen hast du denn da aufgegabelt?«, fragte der Bärtige.

Henry zog Gabrielle vor sich. »Darf ich vorstellen, mein lieber Mendès, das ist meine hoffnungsvolle Freundin Colette. Und Colette, Catulle Mendès ist seines Zeichens Dichter, Schriftsteller und Kulturredakteur beim *Écho de Paris*.«

Gabrielle schluckte vor Aufregung. Für ein paar Stunden, das schwor sie sich, würde sie sich in eine weltgewandte Pariserin verwandeln.

»Dann komme ich wohl nicht umhin, euch meine charmante Begleitung vorzustellen.« Mendès zog an seiner Pfeife und sah dabei aus wie ein Karpfen aus dem Loing. »Meine Süßen aus Theaterkreisen. Das hier ist meine neuste Eroberung Polaire alias Émilie … wie heißt du weiter?«

Die kleine Braunhaarige zu seiner Linken lachte. »Das gedenke ich euch nicht zu verraten.«

Mendès aber griff schon nach der Hand der Frau mit den klassischen Zügen. »Und hier seht ihr Marguerite Moreno. Sie ist eine Schauspielerin, von der wir noch sehr viel hören werden.«

Die Schönheit neigte lächelnd den Kopf, während Polaire schmollend den Mund verzog. Wahrscheinlich, weil sich die Aufmerksamkeit nicht länger auf sie richtete.

Der blasse junge Glatzkopf stellte sich selbst vor. »Mein Name ist Marcel Schwob.«

Er war Gabrielle auf Anhieb sympathisch. Marguerite Moreno fand sie faszinierend, doch was sie von Polaire halten sollte, wusste sie nicht.

»Schwob ist Übersetzer, Schriftsteller, Universalgelehrter – und mein gutes Gewissen«, sagte Henry.

Polaire kicherte.

»Im Ernst. Er ist einer der klügsten und besten Menschen, die ich kenne, und mein Freund, was eine Menge heißen will, weil ich ein solcher Schurke bin.« Henry hob die Hand und orderte Champagner für alle.

»Und das bei deiner ständig leeren Kasse, Willy!«, lobte Mendès.

Die Bedienung drängte sich durch die Menge und ließ das süße Getränk in ihre Gläser perlen. Nachdem Henry einen Toast auf das an ihrem Tisch versammelte Talent ausgesprochen hatte, vertieften sie sich wieder in ihre Gespräche. Nur Gabrielle rutschte unbehaglich auf ihrem Stuhl hin und her und trank ihr Glas zu schnell leer, woraufhin Henry ihr sofort nachschenkte. Der Champagner prickelte ihr in der Nase, so dass sie sich verstohlen schnäuzen musste, aber aufhören konnte sie nicht. Schließlich erbarmte sich Marcel Schwob und begann ein Gespräch. »Und, wie gefällt Ihnen Paris, Mademoiselle Colette?«

»Gabrielle«, beeilte sie sich zu sagen. »Henry sagt Colette. Ich würde am liebsten immer hier leben.«

Schwob schüttelte zweifelnd den Kopf. »Das sollten Sie sich gut überlegen.«

»Warum, wäre das so schlimm?«

Er lehnte sich zurück und dachte einen Moment nach. »Die Stadt ist gefährlich. Auf den ersten Blick geht es hier zwar respektabel und gesittet zu. Nun ja, vielleicht nicht hier, aber sonst.«

Gabrielle lachte. »Und wehe, jemand erhascht einen Blick auf einen Knöchel.«

Marcel nickte. »Unter der Oberfläche jedoch brodelt ein Sumpf aus Affären, Gerüchten und Lügen. Sehen Sie sich Mendès an. Seit er seine Frau Judith Gauthier verlassen hat, wechselt er seine Geliebten wie seine Oberhemden, wahrscheinlich öfter. Keiner ist dem anderen treu.«

»Ich wäre es schon.« Gabrielle griff unter der Tischplatte nach Henrys Hand, der sie beiläufig drückte, bevor er sein Gespräch mit Marguerite Moreno fortsetzte. »Aber Paris ist doch ein Hort der Kultur, der Kunst. Es ist die Stadt der Liebe.«

»Vielleicht bedingt die Stadt der Liebe ihre zweite Existenz als Schlangengrube?« Schwob zwinkerte ihr zu. »Passen Sie auf, was Sie sich wünschen, Colette, denn es könnte wahr werden!«

Kurz darauf stand Polaire auf und ging zielstrebig auf die Waschräume zu. Sie war ein Püppchen von Frau, sicher einen halben Kopf kleiner als Gabrielle, die ihre Augen fasziniert auf deren Taille richtete. Zwei Hände würden ausreichen, um sie zu umfassen. Auch Gabrielle schnürte sich täglich mit Sidos Hilfe, bis sie noch schlanker wirkte, als sie ohnehin war. Aber Polaire sah aus, als schwebe sie in Gefahr, in der Mitte durchzubrechen.

»Sie ist so schmal«, flüsterte Gabrielle Henry zu.

Der gluckste. »Ganz normal. Alle tragen solche Korsetts. Das geht so weit, dass die Schauspielerin Germaine Gallois niemals eine Rolle annimmt, bei der sie sich hinsetzen muss.«

»Für den Fall, dass etwas aufplatzt.« Gabrielle schlug sich die Hand vor den Mund und lachte.

In diesem Moment drehte sich Polaire um und zwinkerte ihr so dreist zu, dass sie errötete. Du und ich, wir sind vom gleichen Schlag, hieß das. Jede sorgt für sich, so gut sie kann, und wer Karriere machen will, der muss bereit sein, dafür einen hohen Preis zu zahlen.

Im Laufe des Abends wurde es immer voller. Die Kellner kamen kaum noch durch. Die schöne Otéro saß auf dem Schoß ihres Verehrers, der seine Hand in ihren Ausschnitt gleiten ließ. Mendès öffnete ein Täschchen, nahm eine Spritze heraus und jagte sie sich durch den Stoff seiner Hose in den Oberschenkel.

Gabrielle zupfte Henry am Ärmel. »Was tut er da?«

»Sch, Colette!« Henry vergewisserte sich, dass ihnen niemand zuhörte. »Er spritzt sich Opium. Hin und wieder schnüffelt er auch Äther. Das macht hier fast jeder.«

»Drogen? Aber warum denn?«

Henry wandte genervt die Augen zur Decke. »Was weiß ich? Damit die Welt weniger trübsinnig aussieht? Damit ihm sein Leben nicht über dem Kopf zusammenbricht? Manche wollen auch nur wacher bleiben oder schlafen. Je nach Bedarf.«

Für wie unbedarft musste er sie halten. »Schenk mir nach!«

Sie schob Henry ihr Champagnerglas hin. Ein Glas oder zwei oder drei. Auch sie war imstande, sich die Welt schönzutrinken. Als sie aufbrachen, schwankte sie und klammerte sich an Henrys Arm.

»Passen Sie auf, was Sie mit der Kleinen anstellen, Willy, alter Schwerenöter«, raunte Mendès ihnen zu. »Die Polizei sieht es gar nicht gern, wenn man sich mit Minderjährigen einlässt. Also lassen Sie sich nicht erwischen.«

»Man hat ja schließlich einen Ruf zu verlieren«, erwiderte Henry augenzwinkernd. »Das muss der gerade sagen«, raunte er Gabrielle zu.

»Polaire ist auch nicht älter als ich.« Sie kicherte so laut, dass Henry sie schleunigst aus dem Lokal und in die wartende Droschke bugsierte.

Er setzte sich ihr gegenüber, hob den Zylinder und wischte sich den Schweiß von der Stirn. »Ich wusste gar nicht, dass Sie keinen Alkohol vertragen, Colette.«

»Das stimmt nicht!« Während der Wagen durch die nächtlichen Straßen rollte, fasste sie Mut, raffte ihr Kleid und rutschte auf Henrys Schoß.

»Nicht, Colette!« Er wollte sie von sich stoßen, aber sie klammerte sich erfolgreich an seinem Gürtel fest.

»Ich bleibe, wo ich bin. Damit die Moralapostel sich nicht umsonst …« Sie rülpste leise. »… beschweren. *Man hat ja schließlich einen Ruf zu verlieren.*«

Henrys Körper fühlte sich unbeschreiblich erregend an. Sie begann zu zerfließen, als sie spürte, dass auch er auf die unerwartete Nähe reagierte.

Seine Hand legte sich auf ihren Rücken. »Nicht, Colette! Auch wenn du in deiner Dreistigkeit unglaublich verführerisch bist und ich dem zu gern nachgeben würde.«

»Dann tun Sie es doch!« Sie strich seinen Bart beiseite, küsste ihn auf den Hals und begann, an seinem Ohrläppchen zu knabbern.

Er seufzte resigniert, erwiderte ihren Kuss sanft und fasste sie um die Taille. »Du hattest eindeutig zu viel Champagner.«

»Finden Sie das nicht auch erregend? Doch, das tun Sie. Das spüre ich nämlich. Ich sterbe, wenn du mich nicht auf der Stelle zu deiner Geliebten machst, Henry!«

Henry schüttelte den Kopf und schob sie gegen ihren lautstarken Protest auf ihren Sitz zurück. »Es tut mir leid. Ich könnte mir nie verzeihen, ließe ich mich dazu hinreißen, deine Unerfahrenheit auszunutzen und dich zu kompromittieren.«

Nachdem all ihre Versuche, sich ihren Platz auf seinem Schoß zurückzuerobern, fehlschlugen, seufzte Gabrielle leise. »Willy, der Ehrenmann.«

Sie ordnete mühsam ihre Gedanken, die durcheinanderflatterten wie ein Schwarm Schmetterlinge. »So kenne ich Sie gar nicht.

Aber was würde es denn schaden? Die Leute halten mich doch sowieso für Ihre Geliebte.«

»Lass sie denken, was sie wollen. Ich will etwas anderes für dich sein als eine Affäre.« Er beugte sich vor, küsste sie auf die Stirn und nahm ihre Hände. »Ich glaube, dass du dich nach Paris sehnst und gern hier leben würdest, Colette. Habe ich recht?«

»Ja?« Im Augenblick wusste sie nicht, wonach sie sich sehnte. Ihr Magen protestierte heftig gegen den Champagner und das Schaukeln der Droschke.

»Und weil du so unschuldig bist wie ein Mädchen aus Tahiti und ebenso unverfroren …«

»Wenn Sie sich da mal nicht irren.« Sie kicherte. »Ich komme nicht vom Palmenstrand, sondern aus der Puisaye, dem Land der Mückenschwärme und stacheligen Brombeersträucher.«

»Was für uns Pariser fast das Gleiche ist. Du bist ein Naturkind ohne Hemmungen, aber auch ohne Weltverständnis. Und deshalb wäre ich gern dein Pygmalion.«

Gabrielles umnebelter Verstand kam nicht hinterher. »Mein *was*?«

Henry sah sie an, seine blauen Augen rot umrändert. »Dein Pygmalion. Das ist der reife Mann, der einem Mädchen die Welt zeigt, die Kunst und das Leben und irgendwann vielleicht sogar die Dinge, die du mit solcher Vehemenz gern ausprobieren würdest.«

Gabrielle errötete. »Das wäre wunderbar.«

»Ja, nicht wahr?« Henry lachte leise. »Und stell dir vor, wie wir die Leute schockieren würden: der berühmt-berüchtigte Willy und sein liebreizendes Naturkind. Allein was mein Vater dazu sagen würde, dieser Katholikenfurz, der mich immer noch beschwört, mir eine reiche Erbin an Land zu ziehen. Das wäre ein Heidenspaß.«

Gabrielle musste so lachen, dass sie fast vom Sitz kippte. »Dieser Scherz ist wirklich gut. Und was müssten wir dafür tun?«

»Dafür, meine hochverehrte Colette, müssten wir heiraten. Und dann erobern wir Paris.«

Gabrielle klappte den Mund auf, bevor der Gedanke an ihre nicht vorhandene Mitgift sie wie ein Schwall kaltes Wasser erwischte. »Ich« … habe kein Geld, das ich mit in die Ehe bringen könnte, hatte sie sagen wollen, aber Henry lächelte sein maliziöses Lächeln, als sei ihm das durchaus bewusst.

»Ich könnte dich bis zu den Sternen heben oder dich verderben. Da bist du sprachlos, oder? Enttäusch mich nicht!«

»Aber dann …« Sie hatte sich für die nächsten Worte genug Mut angetrunken. O ja, sie purzelten ihr eins nach dem anderen aus dem Mund. »Dann will ich Ihr Meisterwerk werden. Und ja, ich werde Ihnen alles sein, Tochter, Freundin, Geliebte. Alles, alles, alles.«

Gabrielle verbrachte eine schlaflose Nacht, in der sie sich immer wieder fragte, ob sie dieses Gespräch nur geträumt hatte. Zwei Tage später fuhr sie nach Châtillon zurück, tat so, als sei nichts geschehen und ließ die Bombe erst am Abend platzen, als sie allein mit Sido in der Küche saß.

»Willy hat mir einen Antrag gemacht.« Gabrielle befreite Anatole aus einem Wollknäuel und setzte ihn sich auf die Schulter. Seine Krallen bohrten sich durch ihr Kattunkleid in ihre Haut.

»Was sagst du da?« Sido legte ihren Strickstrumpf auf den Tisch und sah sie verdutzt an.

»Du hast mich ganz richtig verstanden. Er wird demnächst kommen und bei Papa um meine Hand anhalten.« Gabrielle liebte ihre Mutter, aber wenn sich eine Gelegenheit ergab, sie sprachlos zu machen, ließ sie die nicht verstreichen.

»Aber das ist ja wunderbar, Minet-Chérie. Jules?« Sido verließ hastig das Zimmer und kehrte mit ihrem Mann zurück, der unter seinem wirren Bart blass geworden war.

»Henry Gauthier-Villars hat dir einen Antrag gemacht, Bel Gazou?«

Gabrielle nickte zögernd. »Ich kann es selbst kaum fassen.«

Sido goss ihnen allen Cidre ein.

»Und jetzt erzähl!«, sagte sie. »Ich habe ja schon länger damit gerechnet, so begeistert, wie er dich angesehen hat. Aber bist du dir denn sicher?«

Gabrielle sah, wie es in Sido arbeitete. Auch wenn sie Bedenken hatte, würde sie sich ihrem Glück nicht in den Weg stellen. »Ich will niemand anders.« Sie legte den schnurrenden Anatole auf ihrem Schoß zurecht, holte tief Luft und lieferte ihren Eltern eine bereinigte Version des Antrags in der Droschke.

Papa drückte ihre Hand. »Bel Gazou, du bist doch noch viel zu jung zum Heiraten. Was, wenn er dich nur aus einer Champagnerlaune heraus gefragt hat?«

Sido schüttelte entschieden den Kopf. »Minet ist nicht zu jung, Jules. Henry ist die beste Partie, die sie kriegen kann. Wir müssen an ihre Zukunft denken und ihn dazu bringen, sein Wort zu halten.«

Gabrielle sah sie verblüfft an. Weder Henrys Vergangenheit noch sein zweifelhafter Ruf spielte noch eine Rolle. Stattdessen zählte nur eins: Minet, das Mädchen ohne Mitgift, hatte die besten Aussichten, in eine Familie der Oberschicht einzuheiraten.

Sido holte tief Luft. »Wir dürfen jetzt keine Fehler machen, hört ihr? Bei der nächsten Gelegenheit bringen wir ihn dazu, nach Brüssel zu reisen und den Familienzweig Landoy kennenzulernen, damit er sieht, dass die Familie Colette zwar arm, aber nicht ungebildet ist.«

Als sie sich am nächsten Morgen in der Küche trafen, war Henrys Antrag das große Thema. Achille goss sich Tee ein. »Ich weiß nicht, ob ich so begeistert von dieser Idee sein soll. Henry hat in den letzten Jahren ein ausschweifendes Leben geführt. Es könnte, nun ja, nicht ungefährlich sein, sich mit ihm einzulassen.«

»Aber gerade die Gefahr …« Bevor sie den verfänglichen Satz zu Ende gesprochen hatte, verbrannte sich Gabrielle den Mund an einem Schluck Kaffee. Abends hörte sie ihren Bruder mit ihren Eltern streiten, dachte sich aber nichts dabei. Wenn Sido sich etwas vorgenommen hatte, würde sie es durchsetzen. Da war sie ihr, Gabrielle, sehr ähnlich.

Und dann erfüllte sich ihr Traum mit allen Konsequenzen. Henry hielt bei Hauptmann Colette um ihre Hand an. Im Sommer brachte er den kleinen Jacques bei seinen Eltern im Pariser Stadtteil Passy unter und gestand ihnen seine Absicht, die ebenso mittellose wie blutjunge Gabrielle Colette zu heiraten. Doch die Familie reagierte mit weit schärferen Konsequenzen, als Henry sich vorgestellt hatte. Sein Vater kündigte ihm von einem Tag auf den anderen seine sichere Stellung im Verlagshaus.

»Endlich kann ich mich auf meine Schriftstellerkarriere konzentrieren«, ließ er den Colettes gegenüber trotzig verlauten. Doch erst einmal wurde Henry krank, und auch nach seiner Genesung machte er sich rar, als hätte er Angst vor seiner eigenen Courage bekommen. Derweil reiste Colettes Vater nach Paris, um dem alten Gauthier-Villars ins Gewissen zu reden. Und siehe da, dieser stimmte der Heirat widerwillig zu, versicherte aber, dem Fest persönlich fernbleiben zu wollen.

Monatelang wusste Gabrielle nicht, wo sie stand. Zum Trost besuchte sie Mélie in Saint-Sauveur und traf in der Küche zu ihrer Überraschung Dominic an, der vor dem Ofen eine Menge Walnüsse zum Trocknen ausbreitete.

Sie ließ sich auf einen Stuhl fallen und setzte ihren Strohhut ab. »Was machst du denn hier, Dominic? Müsstest du nicht in Châtillon am Amboss stehen?«

»Nun …« Mélie errötete flammend, während Dominic aufstand und sich die Asche von der Hose klopfte. »Wir werden demnächst heiraten.«

»Ihr werdet was?« Sie blickte von ihm zu ihr.

»Bevor man etwas sieht.« Mélie strich sich über den Bauch, der sich, wie Gabrielle jetzt erst bemerkte, ein wenig unter ihrer Schürze wölbte. »Wir heiraten, noch bevor du zu Henry nach Paris ziehen wirst.«

»Da habe ich wohl etwas Wesentliches verpasst. Herzlichen Glückwunsch!« Jauchzend zog Gabrielle die beiden in die Arme und tanzte mit ihnen im Kreis. Sie küsste Mélie auf ihr glattes Apfelbäckchen und Dominic auf seine stoppelige Wange. Zumindest hatte der junge Schmied ihre Freundin nicht im Stich gelassen, obwohl der Nachwuchs sicher nicht geplant war.

»Ich werde in Châtillon leben, Süße«, flüsterte Mélie.

»Wie schön!«, erwiderte Gabrielle.

Dominic und Mélie feierten eine echte burgundische Hochzeit über drei Tage, mit Mengen von Alkohol und einem Festessen, bei dem man in Gerichten wie Hasenpfeffer, Lammkeule mit Knoblauch und Eiern in Rotwein nur so schwelgen konnte. Gabrielle, Sido und Achille waren auch eingeladen, und sie aßen, tranken und tanzten nach Herzenslust. Mélie sah in ihrem weißen Brautkleid wunderschön aus, und Dominic, der sich seinen schwarzen Anzug von seinem Muskelprotz von Vater geliehen hatte, kümmerte sich rührend um sie. Nachdem sie bis zur Erschöpfung Polka getanzt hatte, ließ sich Gabrielle auf einen Stuhl fallen. Ihr gegenüber saß die alte Loisine. »Und, was hältst du von dieser Hochzeit, Grandmère?«

Die Alte lachte keckernd wie eine Elster. »Werden sich schon zusammenraufen, Mélie und ihr junger Mann. Es bleibt ihnen gar nichts anderes übrig, weil – es ist was Kleines unterwegs.« Sie zwinkerte ihr zu. Loisine war inzwischen über achtzig, fast zahnlos, ihr weißes Haar wolkig wie Watte, aber so scharfzüngig wie immer. »Und du? Bist du glücklich?«

»Natürlich!«

Loisine sah sie skeptisch an. »Pass gut auf dich auf, kleine Colette-Göre, und sieh zu, dass dir das Leben nicht übel mitspielt.«

KAPITEL 8
Châtillon, Mai 1893

Henry, wach auf!« Gabrielle pochte an die Tür des Gästezimmers. Das satirische Klatschblatt *Gil Blas* brannte in ihren Händen. Am liebsten hätte sie es auf den Boden geworfen und darauf herumgetrampelt.

Henry öffnete in seinem bestickten orientalischen Morgenmantel, der sich nicht richtig über seinem Bauch schließen lassen wollte. Sein Bart war mittels einer Bartbinde getrimmt. »Was gibt es denn?«

»Das hier habe ich eben aus unserem Briefkasten gezogen.« Sie schlug die fragliche Stelle auf und drückte es ihm in die Hände. »Wir haben *Gil Blas* nicht abonniert. Es muss uns also jemand eingeworfen haben.«

»Lass sehen.« Henry begann vorzulesen, und Gabrielle wurde zum zweiten Mal an diesem Morgen flau im Magen. »In Châtillon reden die Leute über den heftigen Flirt, mit dem einer unserer geistreichsten Pariser Clubmen eine charmante Blonde verfolgt, die in der ganzen Gegend wegen ihrer wundervollen Haarpracht bekannt ist. Daher raten wir der hübschen Besitzerin von zwei unwahrscheinlich blonden Zöpfen, ihre Küsse gemäß dem Rat des Mephistopheles erst dann zu verschenken, wenn sie den Ring am Finger hat.«

»Das schlägt doch dem Fass den Boden aus«, kommentierte Henry.

»Im ganzen Land zerreißen sich die Leute über uns das Maul«, sagte Gabrielle kleinlaut. »Es ist so respektlos. Der Verfasser bezeichnet mich …« Sie errötete und konnte nicht weitersprechen.

»… zumindest unterschwellig als meine Geliebte oder als Flittchen.« Henry wurde blass vor Zorn. Es war nicht der erste Versuch, ihre Verlobung zu hintertreiben. Monatelang hatten sie immer wieder anonyme Briefe erhalten, in denen ein unbekannter Erpresser sie aufforderte, ihre Hochzeit abzusagen. Die Zeitungsnotiz aber machte Colette mehr Angst als alles andere zuvor. Es fühlte sich an, als wolle ein Fremder ihr Leben zerstören, und sie wusste nicht warum.

»Und wenn wir wirklich noch warten würden?«

Henry schüttelte den Kopf. »Wir geben auf keinen Fall nach. In zwei Wochen haben wir diese Farce hinter uns und sind in Paris, wo sich niemand für eine solche Provinzposse interessiert.«

»Aber wer gönnt uns unser Glück nicht?« Darüber hatte sie sich lange den Kopf zerbrochen. Sido hatte ihren Schwiegersohn Charles Roché in Verdacht, konnte das aber nicht beweisen.

Henry legte ihr seine Hand auf die Schulter. »Lass dich nicht beirren, Füchslein, hörst du? Wir stehen das schon durch. Gemeinsam.«

Während er ein paar Sachen in seine Reisetasche warf, blieb sie unschlüssig in der Tür stehen. Im Haus ihrer Eltern achteten sie streng auf getrennte Zimmer und verbrachten kaum Zeit zu zweit. »Was hast du vor?«

Er lachte kampflustig. »Ich kann die Beleidigung nicht auf mir sitzen lassen. Also werde ich den Herausgeber dieses Schundblatts fordern. Und danach, glaub mir, wird dieser Schmierfink Auguste Dumont es nicht mehr wagen, sich mit Willy anzulegen.«

»Wirklich?«

Er küsste sie sanft auf die Stirn. »Wenn ich deine Ehre retten will, führt kein Weg daran vorbei, Kleines.«

Eine halbe Stunde später befand er sich auf dem Weg nach Paris. Gabrielle saß in der Küche und kämpfte mit den Tränen, während Sido ein großes Stück Fleisch in einen Topf mit siedendem Wasser legte. Die Küche füllte sich mit Dampf und dem verlockenden Duft von Rindfleischsuppe.

»Was, wenn er verletzt wird oder gar stirbt?« Gabrielle rang die Hände. Toutouque sprang neben sie auf die Bank und legte den Kopf in ihren Schoß.

Sido band auf dem Tisch ein Gewürzsträußchen zusammen. »Das wird schon nicht passieren. Freu dich lieber, dass er deine Ehre verteidigen will.«

Sie nickte und wünschte sich Henry an ihre Seite, damit er ihre Zweifel zerstreute. Der Lebemann und das Landkind, konnte das gut gehen? Es musste, und sie würde jeden Preis dafür bezahlen.

Einige Tage später kehrte Henry zurück. Er hatte den Herausgeber von *Gil Blas* im Duell am Unterleib verletzt, selbst aber keine Blessuren davongetragen. Am Tag darauf gingen sie am Fluss spazieren. Sonnenfunken glitzerten auf der Oberfläche des Loing, über die hin und wieder eine Libelle hinwegschoss. Die Bäume am Ufer leuchteten in frischem Grün. Henry war in Hochstimmung. »Dieser Schweinepriester hat seine Prügel voll und ganz verdient.«

»Vielleicht ist das alles ein Zeichen, dass wir mit der Hochzeit noch warten sollten?«

»Warum so verzagt?« Henry schüttelte den Kopf. »Auf keinen Fall. Dadurch würden wir diesem Verleumder recht geben, was einer Kapitulation gleichkäme.«

Gabrielle holte tief Luft. »Maman schlägt vor, dass wir die Feier verkleinern, um weniger Aufsehen zu erregen. Außerdem sparen wir dann Geld.«

Ihre Finanzen waren knapp bemessen. Achille hatte ihr zwar

eine kleine Mitgift von 3000 Franc Bargeld sowie Möbel und Aussteuer für die gleiche Summe überschrieben, aber Henry brachte kaum mehr ein. Die Schuldforderung von 100 000 Franc, die er an das Verlagshaus Gauthier-Villars gestellt hatte, würde sich nicht so schnell in Scheine verwandeln lassen.

Henry nickte. »Das können wir machen. Aber pass nur auf. Wenn wir erst einmal da sind, eroberst du Paris im Sturm.«

»Wirklich? Daran habe ich so meine Zweifel.« Sie drückte seine Hand.

»Natürlich. Du bist begabt und hübsch. Man muss das Gold in dir nur entdecken und zum Glänzen bringen.«

Wilde Freude überrollte sie. »Polier mich, ich bitte dich!«

Henry fasste sie um die Taille und schwenkte sie lachend im Kreis. »Wie du weißt, bin ich dein Pygmalion. Nimm dein Tagebuch mit nach Paris. Wir werden sehen, was sich daraus machen lässt.«

Hatte man je eine bescheidenere Hochzeit gesehen als die von Sidonie-Gabrielle Colette und Henry Gauthier-Villars? Sicher nicht, dachte Gabrielle, als sie am 15. Mai an der Seite ihres Vaters zur Kirche schritt, in der um 16 Uhr die Segnung stattfinden sollte. Vormittags hatten sie im Rathaus den Ehevertrag unterzeichnet.

Gabrielle gefiel sich mit dem samtenen Stirnband à la Élisabeth Vigée-Lebrun, das sie statt eines Schleiers trug. Der Wind trieb weiße Wolken vor sich her, bauschte ihr Kleid und machte sich einen Spaß daraus, den Gästen die Zylinder vom Kopf zu blasen. Sido, Achille, Léo und einige Verwandte aus Brüssel führten die kleine Prozession an, zu der sich auch Mélie und Dominic gesellt hatten, während die Großeltern daheim ihren kleinen Sohn Philippe hüteten. Henry, der in der Kirche auf sie wartete, wurde von seinen Trauzeugen Pierre Veber und Adolphe Houdard begleitet.

Die Familie Gauthier-Villars war ebenso ferngeblieben wie Juliette und Charles.

Gabrielle nahm den Arm ihres Vaters und stützte ihn, weil es ihm immer schwererfiel, lange zu laufen. Sie war sehr aufgeregt. *Kneif mich, ich heirate Henry,* dachte sie und nahm sich vor, ihre Sorgen für diesen einen Tag zu vergessen. War es nicht schon immer ihr Traum gewesen, Paris zu erobern? Jetzt würde sie es an der Seite eines Literaten wagen, dem eine große Karriere bevorstand.

Sie betraten die Kirche und schritten unter den Klängen der Orgel zum Altar, wo der Bräutigam sie erwartete. Henry sah in seinem schwarzen Frack so aufgeregt aus, wie Gabrielle sich fühlte. Schweißtropfen glänzten auf seiner Stirn, und seine Augen flackerten, als der Hauptmann ihre zarte Hand in die seine legte. Da standen sie nun, die schlanke Gabrielle neben dem bärtigen Mann mit den breiten Schultern und der Glatze.

»Auf immer und ewig. Lass uns springen«, flüsterte er ihr ins Ohr, bevor sie niederknieten und der Priester die Worte des Trausegens über ihnen sprach.

Zum Abschluss zog Henry sie in seine Arme und drückte ihr einen feuchten Kuss auf den Mund, der nach Portwein und Pfefferminzbonbons schmeckte.

Auf dem Kirchplatz schallte ihnen der Jubel der Gäste entgegen. Sie umarmte ihre Eltern und ihre Brüder und spürte, wie ihr die Tränen in die Augen schossen, als Mélie ihr gratulierte. »Ich wünsche dir alles erdenkliche Glück, meine Liebe. Erobere die Welt für mich!«

»Ich werde mein Bestes tun.«

In der Rue d'Église stand um 18 Uhr ein festliches Abendessen auf dem Programm. Sido flatterte in ihrem schwarzen Abendkleid zwischen Küche und Salon hin und her und beaufsichtigte das

Hausmädchen beim Tischdecken. Eile war nicht geboten, denn Henry hatte sich mit seinen Trauzeugen und Léo zurückgezogen, um einen Artikel fürs *Écho* zu schreiben.

Gabrielle fühlte sich überflüssig und nutzte die Zeit, um im Garten Luft zu schöpfen. Sie setzte sich auf die Steinbank neben Sidos Tomatenpflanzen, zog ihre Schuhe aus, grub ihre nackten Zehen ins frische Gras und dachte nach. Sie sollte doch glücklich sein. Warum nur hatte sie stattdessen das Gefühl, ins Bodenlose zu fallen? Toutouque kam herbei und ließ sich hinter den Ohren kraulen. »Morgen bin ich weg, mein kleiner Hund.«

Toutouque sah sie mit ihren großen Augen an, als würde sie sie verstehen. In diesem Moment trat Mélie in den Garten und blickte sich um.

»Hier bist du, ich habe dich schon überall gesucht!« Sie setzte sich neben Gabrielle und nahm ihre Hand. »Du siehst so traurig aus. Das passt doch gar nicht zu diesem besonderen Tag.«

»Ich fühle mich, als hätten sie mich abgestellt«, flüsterte sie erstickt.

Mélie schüttelte den Kopf. »Wo ist meine Gabri geblieben, die in der Schule nur Streiche im Kopf hatte? Einmal mussten wir eine Vase abzeichnen, und du hast die Zeichnung der langen Hélène mit einem Gürtel verziert und ihren Namen draufgeschrieben. Sie fand es nicht so witzig, aber sogar Mademoiselle Terrain hat sich kaputtgelacht.«

Gabrielle runzelte die Stirn. »Ich frage mich manchmal, wo das freche Mädchen geblieben ist, das ich einmal war.«

Mélie drückte ihre Hand. »Es ist ganz normal, dass du aufgeregt bist. Du bist frisch verheiratet. Und wenn du erst dein erstes Kind erwartest … Dann vergisst du das, glaub mir.«

»Ich? Niemals! Aber die Hochzeitsnacht …« Sie errötete. »Wie ist die so?«

»Du fragst mich Sachen.« Mélie holte tief Luft. »Wir haben sie ja vorgezogen. Also hat es mich nicht großartig überrascht.«

»Und?«

Mélie schluckte. »Nun, das erste Mal ist davon abhängig, was Henry in der Richtung so alles draufhat. Aber du lernst von Mal zu Mal dazu, glaub mir.« Sie bückte sich und pfriemelte eine Zecke aus Toutouques Nackenfalte. »Dieser Hund ... Aber Gabri, ehrlich, ich verstehe dich nicht. Du verlässt dieses Provinznest und ziehst mit deinem Traummann nach Paris, wo du alle möglichen Künstler und Schriftsteller kennenlernen wirst. Die Welt steht dir offen, und du bist trotzdem nicht zufrieden.«

Gabrielle ließ ihren Kopf auf die Brust sinken. »Ich kapiere es ja selbst nicht. Es ist nur so ein Gefühl.« Dass sie eine Trophäe für Henry war? Dass er sie nur geheiratet hatte, um seinem Vater eins auszuwischen, dem er sich durch die Hochzeit mit einem mittellosen Mädchen endgültig entzog? *Sie denken, sie können mich herumschubsen.* Aber sie war nicht die, für die sie alle hielten. Sie trug die Seele einer liebenden Frau und eines intelligenten Mannes in sich. Und vor allem war sie nicht so dumm, wie die anderen dachten.

Besser sie verschwieg ihre Gedanken, Mélie hätte sie nicht verstanden. Die legte jetzt ihre Hand auf ihren Bauch. »Aber wenigstens musst du vorläufig weder für einen noch für zwei kleine Hosenscheißer Windeln waschen.«

Gabrielle riss die Augen auf. »Ist das wahr, Mélie?«

Sie nickte. »Ja, aber sag es bloß nicht Dominic. Der rechnet schon jetzt hin und her und weiß nicht, wie er uns über die Runden bringen soll.« Sie stand schwungvoll auf, pflückte einen kleinen Strauß dunkelrote Nelken und heftete ihn an Gabrielles Ausschnitt. »So, ein kleiner Farbtupfer für meine beste Freundin.«

Arm in Arm gingen sie zurück ins Haus, wo sich die Hochzeitsgesellschaft gerade um den Tisch versammelte. Unter dem Jubel des Publikums zog Henry Gabrielle in seine Arme und drückte ihr einen Kuss auf die Lippen. »Da ist ja meine wunderschöne Braut. Komm an meine grüne Seite!«

Sie nahmen rund um den Tisch Platz. Es gab Seehecht mit Sauce Mousseline und anschließend Crème brûlée. Gabrielle knackte die Karamellschicht und aß mit Genuss. Dann übermannte sie endgültig die Müdigkeit, und sie legte sich, während sich die Gäste bei Likör und Zigarren amüsierten, in einen Sessel und schlief ein. Plötzlich jedoch drang Henrys Stimme in ihre Träume.

»Sieht sie nicht ein wenig aus wie Béatrice Cenci?«

Gabrielle horchte auf. Béatrice Cenci war im 16. Jahrhundert wegen eines Mordkomplotts gegen ihren Vater enthauptet worden. Ihre Geschichte war ein beliebter Stoff für Novellen und Opern sowie ein Gemälde von Elisabetta Sirani, das Béatrice mit einem weißen Turban kurz vor ihrer Hinrichtung zeigte.

Pierre Veber lachte. »Mit diesen roten Nelken am Ausschnitt erinnert sie mich mehr an eine Taube mit einem Dolch in der Brust.«

Gabrielle zuckte zusammen, was unbemerkt blieb, weil Sido in diesem Moment zu keifen begann. »Sie sind ja wohl beide nicht ganz bei Trost, meine Minet mit einer Enthaupteten und einem blutenden Vogel zu vergleichen!«

Gabrielle, die nicht wusste, ob sie lachen oder weinen sollte, stellte sich schlafend. Eine Viertelstunde später klatschte Sido in die Hände. »Vite, vite! Wach auf, Gabri. Ihr müsst die Torte anschneiden.«

Das Prachtstück stand schon auf dem Tisch, dreistöckig und mit rosa Zuckerguss bedeckt. Gabrielle stellte sich neben Henry, der das Messer zückte und die Torte sorgfältig zerteilte, wobei er das winzige Brautpaar aus Marzipan aus Versehen in zwei Teile schnitt.

Gegen Mitternacht zogen sich Colette und Henry zurück. Gabrielles Eltern hatten ihnen für die Hochzeitsnacht ihr Schlafzimmer zur Verfügung gestellt. Das Bett war frisch bezogen und duftete nach Sonne und Wind. Gabrielle saß vor dem Frisiertisch, als Henry hinter sie trat. »Endlich sind wir allein. Und noch dazu mit kirchlicher Genehmigung und familiärem Wohlwollen.«

Sie schauderte, als sich seine Hände in ihre Schulterblätter gruben.

»Du hast mich viel zu lange nicht angerührt.« Jahre, in denen sie oft genug geglaubt hatte, er hätte sie vergessen. Immer wieder war er monatelang aus ihrem Leben verschwunden, als hätte er Angst vor seiner eigenen Courage bekommen. Wenn er sich dann wieder meldete, dann mit Päckchen voller Süßigkeiten, die ihr das Gefühl gaben, er nehme sie nicht ernst. Gabrielle hatte oft nicht gewusst, wo sie stand. Sie hoffte so sehr, dass mit ihrer Hochzeit alles anders würde.

Henry lachte leise. »Ja, Abstinenz steigert den Appetit. Und darum lass uns keine Zeit verlieren.«

Ihre Augen begegneten sich im Spiegel. Sanft löste er zuerst das weiße Samtband und dann die Haarnadeln, mit denen Sido ihr die Zöpfe zu einer Krone aufgesteckt hatte.

»Hab keine Angst, Füchslein.« Seine Hände legten sich um ihr Gesicht. »Vielleicht liebe ich dich nicht genug. Aber heute Nacht werde ich mein Bestes geben, damit du glücklich wirst. Und Liebe kann ja noch wachsen. Fürs Erste reicht Freundschaft völlig aus.« Henry liebte sie nicht. Sie hatte es schon geahnt, aber es wortwörtlich zu hören, schnitt ins Herz.

Reiß dich zusammen, Gabri! Das hier ist deine Hochzeitsnacht. Entschlossen blinzelte sie die Tränen weg, die sich hinter ihren Augenlidern sammelten. »Aber muss man sich nicht lieben für das hier?«

»Wie jung du bist.« Henry lachte verhalten. »O nein, die Lust lässt sich ohne Liebe sogar besser entdecken, glaub mir. Man kann diese Dinge aus mancherlei Motivation heraus tun, frag jemanden wie Polaire. Die kennt sich sicher damit aus.«

Er löste die knielangen Flechten, kämmte sie aus und ließ die goldene Flut über ihren Rücken gleiten. Henry lachte leise. »Ich habe eine Meerjungfrau geheiratet. Die schönste von allen. Und ich dicker, alter Wassermann darf Freude daran haben.«

Seine Stimme war ein wenig heiser, während er seine Hände zuerst durch ihre Haare gleiten ließ und dann ihre Brüste umfasste. Er seufzte schwer, und Gabrielle hielt den Atem an. Etwas in ihr reagierte mit Macht auf die Berührung, etwas Wildes, Feuriges, das sie ins Vergessen tragen würde, wenn sie es zuließ.

Henry sah sie an und schluckte. »Hilfst du mir bei deinem Korsett?«

»Aber natürlich, mein Liebster. Doch zuerst …« Sie stand auf, öffnete die Knöpfe seiner Weste und küsste ihn.

Es wurde eine lange Nacht. Als sie am nächsten Morgen in die Küche kam, war sie zwischen den Beinen ein wenig wund. Sie war eine Ehefrau. Tausend Abgründe, Entdeckungen und Verwandlungen trennten sie von dem Mädchen, das sie gestern gewesen war. Sie wusste nicht, ob sie glücklich über diese neue Gabrielle sein sollte, die sie noch nicht kannte.

Sido stand in ihrem Abendkleid aus schwarzem Taft am Herd und braute heiße Schokolade, als sei das ein Morgen wie jeder andere.

»Hast du gar nicht geschlafen?« Gabrielle ließ sich auf die Küchenbank fallen.

»Ich konnte nicht.« Als die Milch kurz vorm Überschäumen war, zog Sido den Topf von der Herdplatte, goss die Kakaomischung hinein und rührte mit dem Schneebesen um. Es duftete nach Kindheit und Geborgenheit.

»Ich werde dich so sehr vermissen, Maman.«

»Ach was. Auf dich wartet so viel Neues.« Sido süßte die Schokolade mit Rohrzucker, goss ihnen beiden eine Tasse ein und
setzte sich.

Sie war blass, dunkle Strähnen hatten sich aus ihrem Haarknoten
gelöst. »Ihr fahrt schon heute, oder?«

»Ich werde immer bei dir sein, Maman. In Gedanken, in meinem Herzen, in meinen Briefen. Nichts kann uns trennen.«

Sido lachte leise. »Wenn du das glaubst …«

~ KAPITEL 9 ~

Gabrielle, Henry und sein Trauzeuge Pierre Veber saßen im Zug nach Paris, als Veber, der sich während der Fahrt durch die monotone Landschaft in eine Zeitung vertieft hatte, hell auflachte. »Soll ich euch etwas vorlesen? Hier steht es Schwarz auf Weiß. Das Blatt trägt tatsächlich Willys Junggesellendasein zu Grabe.« Er räusperte sich und las vor. »Weine Literatur! Weint, ihr Musen … Willy hat geheiratet. Weint, die ihr einst in Lutèce ihm nahe gewesen, haltet euch nicht zurück, weint. Willy wird fett werden und nicht mehr abnehmen.«

»Da musst du gut für mich kochen, Füchslein.«

Henry gluckste, Gabrielle aber verbarg ihr Erstaunen. Sie hatte nicht gewusst, wie berühmt er wirklich war. »Kochen kann ich nicht. Und außerdem bist du dick genug.«

Die Männer schlugen sich vor Lachen auf die Schenkel, und Gabrielle blickte ratlos von einem zum anderen. War ihr etwas entgangen? Oder waren solche Missverständnisse üblich, wenn man einen wesentlich älteren Mann heiratete?

»Macht nichts.« Henry tätschelte ihre Hand. »Dafür gibt es Hausangestellte.«

»Und das ist nicht der einzige Bericht«, fügte Veber hinzu. »Die Journaille zerreißt sich das Maul über dich.«

»Gut so.« Henry faltete seine Hände zufrieden über seinem Bauch. »Schließlich habe ich einen Ruf zu verlieren. Ab heute hat meine kleine Gabrielle übrigens einen neuen Namen, Pierre.«

Der Angesprochene hob die Augenbrauen. »Tatsächlich?«

»Du kannst sie Colette nennen.« Henry zwinkerte. »Willy und Colette. Unter diesen Namen werden wir Paris erobern. Wart's nur ab.«

Colette, Colette, Colette. Sie ließ sich ihren Nachnamen, der auch ein Vorname sein konnte, auf der Zunge zergehen. So heiße ich, weil ich es will und nicht von Henrys Gnaden. Colette, das klang nach jemandem, der sein Leben selbst in die Hand nahm. Der Name war ein Versprechen.

In Paris fuhren sie zuerst in die Druckerei am Quai des Augustins, um Willys Junggesellenbude im Dachgeschoss auszuräumen.

»Mein Venusberg«, sagte er und schloss die Tür auf. Drinnen herrschte ein unglaubliches Durcheinander aus herumfliegenden Papieren, wackligen Bücherstapeln und halb leer gegessenen Tellern, über die sich eine pelzig grüne Schimmelschicht zog. Unter dem Bett ballten sich die Staubflocken.

Colette schlug die Hände über dem Kopf zusammen. »Was sollen wir mit den Essensresten machen?«

»Lass sie einfach stehen. Daran soll sich mein Alter erfreuen.« Während Henry zu packen begann, ordnete Colette die Papiere und stieß dabei auf eine Reihe Alben voller Postkarten. Sie schlug eines auf und fuhr entsetzt zurück, denn auf allen Bildern posierten barbusige Schönheiten mit Rüschenhöschen und Schmollmündern. »Was ist das denn?«

»Ach das? Ein bisschen Pornographie. Man muss halt sehen, wo man bleibt, so als Junggeselle.« Er kniff sie in den Po.

»Henry!«

»Willy. Ts, ts. In Paris muss ich auf meinem ›Nom de plume‹ bestehen.« Er pustete ihr ins Ohr. »Wir könnten auch mal Fotos machen, wir zwei. Überleg dir doch, ob du nicht in solchen feinen Höschen posieren willst. Aber ich bestehe auf Söckchen statt

Strapsen. Ich mag es nämlich jung.« Er zwinkerte ihr zu und musterte sie lasziv. »Wie du weißt.«

»Nie im Leben!« Sie schüttelte wild den Kopf.

Henry lachte laut auf. »Nach dem, was du sonst so draufhast, hätte ich dich nicht für so prüde gehalten.«

Colette errötete, als er auf ihre wilden Nächte anspielte. Sie konnte hemmungslos sein. Er aber auch. Von manchen Freuden, die er ihr beigebracht hatte, hatte sie nicht einmal gewusst, dass sie existierten.

In diesem Moment strich eine Katze durch die offene Tür, langhaarig, grau und mit gelben Augen. Colette ging auf die Knie und streichelte sie. »Wer bist du denn, meine Schöne?«

Henry nahm die Katze auf den Arm, die unruhig strampelte. »Darf ich vorstellen, Kiki-la-doucette, meine Kartäuserin.«

»Sie wohnt hier? Die Arme.«

»Scheint so.« Henry setzte sie auf den Boden. »Keine Angst, ihre Rasse ist dafür bekannt, ohne Freigang auszukommen. Sie schlägt sich so durch, wenn ich außer Haus bin, und hält die Druckerei mäusefrei.«

»Jetzt nicht mehr.« Entschlossen nahm Colette Kiki mit in ihre neue Wohnung.

Es ließ sich aushalten in der Rue Jacob 28. Ihr neues Zuhause war zwar nicht unbedingt hell, aber stilvoll. Es gab ein rot-weiß tapeziertes Schlafzimmer, von dem aus sich der Blick auf die Rue Visconti öffnete, darin ein Himmelbett, ein Mahagonischreibtisch, ein weißer Fellteppich und ein normannischer Schrank, in dem sie ihre Aussteuer unterbrachte. Außerdem hatte Papa ihr eine Konsole aus der Zeit von Ludwig XVI. geschenkt, die sie in den Alkoven stellte.

Drei Hausangestellte standen in ihrem Dienst. Henry ging ein

Leibdiener zur Hand. Colette hatte ein Hausmädchen namens Francine und eine Köchin namens Juliette eingestellt, denn die Blöße, selbst zu kochen oder zu putzen, würde sie sich nicht geben. Außerdem brauchte sie jemanden, der ihr die Haare richtete.

Nicht alles in der Wohnung traf ihren Geschmack. Im Salon stand ein weißer Kachelofen, der giftigen Dunst verbreitete, und ihr Vormieter hatte die Holzvertäfelung mit einem Mosaik aus bunten Glasrauten verzieren lassen, die sich Colette nicht einmal in einem Alptraum ausgesucht hätte. Aber diese Details waren zu verschmerzen, da sie ohnehin nicht vorhatten, oft daheim zu sein, und wenn doch, sollten sich die Besucher die Klinke in die Hand geben.

Bevor sie endgültig in die Rue Jacob zogen, fuhren sie für zwei Wochen ins Jura und besuchten Henrys erzkatholische Familie in ihrem Feriendomizil. Vor dieser Begegnung hatte sich Colette fast zu Tode gefürchtet. Aber dann lief alles glimpflich ab. Der kleine Jacques freute sich, sie zu sehen. »Petite Maman«, rief er, »Petite Maman«, und rannte auf sie zu. Colette war gerührt und fand sich schnell in der Rolle des Kindermädchens wieder, das der gesammelten Schar von Henrys Nichten und Neffen beibrachte, wie man angelte, Weidenflöten und Bogen schnitzte, auf Grashalmen blies und frischen Klee aß.

Sie blieb ihren Schwiegereltern fremd, und das nicht nur, weil sie sie mit den Unmengen an Marmeladenbroten verblüffte, die sie zu vertilgen imstande war. Katholisch zu sein hieß für eine Frau, Gehorsam zu üben, und das vertrug sich nicht mit den Ansichten Charles Fouriers, die Sido ihre jüngste Tochter gelehrt hatte. Besonders entlarvend fand sie ein Foto, das sie und Henry zusammen mit der Sippe der Gauthier-Villars im Esszimmer zeigte. Während alle anderen ehrenhaft in ihrer dunklen Kleidung posierten, lümmelte Colette mit den Ellbogen auf dem Tisch herum und starrte provozierend in die Kamera.

Auf Henrys Geheiß hatte sie im Jura begonnen, ihre Tagebuchaufzeichnungen durchzusehen und zu sortieren. »Geld muss in die Kasse«, war sein Credo, denn obwohl er mit seiner Arbeit beim *Écho de Paris* sagenhafte 15 000 Franc jährlich verdiente, waren sie chronisch pleite. Sie wollte ihn nicht enttäuschen, auch wenn ihr nicht klar war, wie ihr Geschreibsel daran etwas ändern konnte.

Ende Juni kehrten sie in die Rue Jacob zurück, wo sich ihr Leben langsam einpendelte. Während der Woche blieb Colette tagsüber zu Hause. Abends begleitete sie Henry ins Theater und in die Salons der besseren Gesellschaft. Am Sonntag waren sie bei ihren Schwiegereltern in Passy. Dort hatte der kleine Jacques vormittags die Messe besucht und saß mit gesenktem Blick vor seinem Suppenteller.

»Da bist du ja, Petite Maman«, murmelte er, während sie ihren Arm um ihn legte.

»Iss ordentlich!«, schalt ihn Colettes Schwiegermutter Laure. »Sitz gerade, Jacques! Deine Petite Maman lässt dir zu viel durchgehen. Von Kindererziehung versteht sie nämlich nichts.«

»An diesem Umstand wird sich auch in absehbarer Zeit nichts ändern«, sagte Colette. Nicht, dass man von ihr erwartete, dass sie umgehend schwanger wurde. Ihre Schreckschraube von Schwiegermutter war dennoch imstande, über sie die Nase zu rümpfen.

Henry räusperte sich, drückte unter dem Tisch ihre Hand und lehnte dankend ab, als seine Mutter verkündete, Jacques könne ihnen jetzt den Abschnitt des Katechismus vortragen, den er letzte Woche auswendig gelernt hatte.

Nach dem Menü gingen sie aus, wobei Jacques sie oft in den Park und anschließend nach Hause in die Rue Jacob begleitete. Dort tobte er durch die Räume, baute Buden unter dem Tisch und zog die Katze am Schwanz, bis Colette ihn leise tadelte und auf ihren Schoß hob, um ihm eine Geschichte vorzulesen.

»Ich will hierbleiben«, sagte er, bevor ihm die Augen zufielen. Aber das ging nicht, weil Henrys Eltern die Vormundschaft für ihn übernommen hatten und seine Schule bezahlten.

An einem warmen Tag Anfang Juli zogen Colette und Henry es vor, ihr Frühstück in der kleinen Crèmerie gegenüber einzunehmen. Madame und Monsieur Jaubert hießen sie willkommen und bewirteten sie mit Kaffee und Croissants, bevor Henry in ihre Wohnung ging, um die Post in Empfang zu nehmen. Als er zurückkam, schwenkte er triumphierend ein Briefchen. »Wir haben eine weitere Einladung bekommen!«

Colette gähnte verstohlen. In den letzten Tagen waren sie von Soiree zu Soiree gepilgert. Schriftsteller, Musiker, Schauspieler. Sie alle wollten die blutjunge Göre kennenlernen, die Willys Junggesellendasein ein Ende bereitet hatte. Oft fühlte sie sich fremd, und manchmal wurde ihr alles zu viel. »Müssen wir die wirklich annehmen?«

»Aber natürlich, Füchslein.« Er zwinkerte ihr zu. »Sie ist von meinem angeheirateten Cousin Jacques-Émile Blanche, dem Maler. Er lädt uns zu einer Theaterpremiere ein, zu der sämtliche Wagnerianer erscheinen werden, ich sage nur …« Er hielt Madame Jaubert seine Tasse hin, die sie zum zweiten Mal mit duftendem Kaffee und heißer Milch füllte. »… ein Skandal kündigt sich an. Und bald wartet der Salon von Madame Arman de Caillavet auf uns. Sie hat schon wieder nach dir gefragt.«

Colette verdrehte die Augen. »Ach nee. Dann sagen sie wieder, wie bezaubernd sie meinen burgundischen Akzent finden und denken in Wirklichkeit, ich sei ein Landei auf Ausflug.«

»Aber ein hübsches.« Henry grinste. »Alle sind dort. Die ganze

Journaille. Mendès, Schwob, Jean Lorrain und seine schwulen Freunde, sogar die Jungspunde wie dieser unsägliche Marcel Proust und der Komponist Debussy. Da dürfen wir uns nicht rarmachen.«

Er nahm ihre Hand und küsste sie sachte. »Alle wollen meine schöne Tahitianerin kennenlernen. Du bist die Attraktion.«

Colette warf sich ihren Zopf über die Schulter. »Aber dann sind wir ja wieder nächtelang unterwegs.«

Wie konnte sie ihm nur begreiflich machen, dass sie keine Lust hatte, sich als seine neueste Errungenschaft begaffen zu lassen? Und dass sie hin und wieder ihren Schlaf brauchte?

Henry senkte die Stimme. »Aber darum geht es doch, mein Schatz. Sehen und gesehen werden. Nur so gelingt eine Karriere.«

Deine Karriere, dachte sie. »Und heute?«

»Tja, heute werde ich in die Redaktion gehen und eine Musikkritik formulieren, vielleicht auch zwei oder drei. Danach wollen einige Briefe geschrieben werden. Zwischendurch treffe ich mich mit Schwob und ein paar Leuten zum Lunch. Alles höchst wichtig. Beziehungen, verstehst du? Und meine Karriere als Schriftsteller muss ich auch noch befördern. Was meinst du, welches Pseudonym soll ich wählen? Ich hatte an Henri Maugis gedacht.« Er sah auf seine Taschenuhr. »Du lieber Himmel, ich müsste schon längst weg sein. Auf geht's, Willy!«

Er drückte ihr einen Kuss auf die Wange. »Nichts für ungut! Und vergiss nicht, dich aufzuhübschen. Heute Abend gehen wir ins Theater.« Er winkte den Jauberts noch einmal zu. Und fort war er.

Colette blieb allein zurück. Henry arbeitete nicht nur als Musikkritiker für das *Écho* und als Redakteur für das subversive Magazin *Le Chat noir*, sondern erledigte nebenbei tausend andere Dinge. Er führte eine umfangreiche Korrespondenz, traf sich mit

Leuten, die ihm nützlich sein konnten, und ließ sich auf einer kulturellen Veranstaltung nach der anderen blicken. Und sie? Es reichte, wenn sie eine Zierde in seinem Hause war und die Deckchen auf der Kommode gerade rückte. Und ja, er hatte ihr aufgetragen zu lesen, damit sie nicht ganz verblödete.

Heute nicht. Heute würde sie über ihre Zeit selbst verfügen. Sie bezahlte das Frühstück, ging in die Wohnung, holte sich ihren Strohhut und ein Umschlagtuch und machte sich auf den Weg. Paris wollte entdeckt werden, und wenn Henry nicht dabei sein konnte, dann musste sie das eben allein tun.

Die Rue Jacob lag in einem wohlhabenden Viertel in der Nähe des Stadtzentrums. Als sie vor das Haus trat, warf die Sonne Schlaglichter in die schmale Straße mit ihren Häusern voller schmiedeeiserner Balkons. Die Avenue, auf die die Rue Jacob traf, war breiter und von süß duftenden Lindenbäumen gesäumt. Droschken und Fahrräder bremsten, als sie die Straße überquerte, und ein Schornsteinfeger warf ihr eine Kusshand zu. Auf den Trottoirs tummelten sich die Leute. Sie wich einer Dame aus, die sich von ihrer Zofe einen Stapel Hutschachteln hinterhertragen ließ, und belauschte zwei Herren im Frack, die sich über Börsengeschäfte unterhielten.

»Vite! Vite!« Eine Nonne mit Flügelhaube klatschte in die Hände und trieb eine Horde von Schülerinnen in dunkelblauen Capes vor sich her.

Colette begann zu hüpfen. Wie schön das Leben doch war, das Grün der Stadtbäume so berauschend hell, und das sogar, wenn sich in den Duft nach Lindenblüten und frischem Baguette der scharfe Geruch von Pferdeäpfeln mischte.

Auf dem Pont Neuf wehte eine frische Brise. Sie blickte aufs Wasser hinaus und fühlte sich frei. Auf der Insel ragte die mächtige Kathedrale Notre-Dame vor ihr auf. Gebannt wanderten ihre

Augen über die Vielzahl der Skulpturen an dem Portal hinweg. Sie ging hinein, genoss das Spiel des Lichts in den blau-rot glühenden Glasfenstern und trat danach blinzelnd auf den Platz hinaus.

Fast fühlte sie sich wie eine der jungen Amerikanerinnen, denen ihre Eltern eine Europareise spendierten. Am liebsten hätte sie sich in eine offene Droschke gesetzt und eine Stadtrundfahrt gemacht, aber dazu hatte sie kein Geld. Ja, sie hatte nicht einmal ein paar Brotkrumen, um die Tauben mit dem grau schillernden Gefieder zu füttern, die sich erwartungsvoll zu ihren Füßen niederließen. Als der Schwarm sah, dass es bei ihr nichts zu holen gab, drängte er sich um eine dunkelhaarige junge Frau, die ein Stück Baguette für sie zerkrümelte. Colette tauschte einen Blick mit ihr, der Einverständnis für alle signalisierte, die ihre Zeit mit Müßiggang verschwendeten, und setzte sich auf eine Bank, um den Zeitungsjungen und den Straßenkehrern zuzusehen. Ein Souvenirverkäufer machte das Geschäft seines Lebens, indem er Unmengen kleiner Eiffeltürme amerikanischen Reisenden andrehte. Colette lächelte vor sich hin und genoss den Geschmack der Freiheit.

Als die Sonne hinter den hohen Häusern verschwand, ging sie beschwingt nach Hause. Henry erwartete sie an der Tür. Er trug schon Frack und Zylinder. »Wo bist du gewesen? Ich habe auf dich gewartet. Und hergerichtet bist du auch noch nicht.«

Sie trat ein und legte ihren Strohhut auf die Kommode, den sie mit ein paar Kleeblüten vom Seineufer geschmückt hatte. »Das geht nur mich etwas an.«

»Da irrst du dich!« Er trat auf sie zu und legte ihr die Hände auf die Schultern. »Ich bin dein Ehemann. Es fällt auf mich zurück, wenn du dich herumtreibst.«

Sie errötete. »Ich habe mich nicht herumgetrieben. Ich habe nur einen Spaziergang gemacht und mir Notre-Dame angesehen.«

Henry holte tief Luft. »Du musst anscheinend noch viel lernen.

Damen gehen nicht allein aus. Das schadet ihrem Ruf. Und schlimmer noch: Widersetzt du dich dieser Regel, sieht es aus, als könntest du mir auf der Nase herumtanzen. Und das, mein unerzogenes Kleines, würde meinem Ruf außerordentlich schaden. Wenn du das nächste Mal ausgehen willst, besprich es bitte mit mir und nimm wenigstens Francine mit.«

Colette stemmte die Hände in die Seiten. »Warum muss ich mich überhaupt vor dir rechtfertigen, verdammt! Ich war nur auf der Insel und habe mich unter die Touristen gemischt. Es war sehr ...« Kiki streckte den Kopf um die Ecke und verzog sich, als sie sie streiten hörte. »... anregend.«

»Nein!«, donnerte er. »Es war sehr ungehörig. In Châtillon mag es in Ordnung sein, dass du allein herumstrolchst wie ein halbwüchsiger Lausbub, aber in Paris gehen junge Damen nur in Anwesenheit ihres Ehemanns, des Vaters, Bruders oder einer Dienstbotin aus. Du weißt, dass Frauen das Betreten von Cafés und Theatern nur in Begleitung erlaubt ist.«

»Aber Männer dürfen das?« Colette schluckte an ihrem Zorn. »Ihnen steht es sogar frei, eine Kurtisane zu besuchen!«

Henrys Gesicht wurde zuerst rot und dann käsebleich. Er hob den Arm, als wolle er sie schlagen, aber dann entspannte er sich plötzlich. »Ich sehe schon, dass ich dir noch einiges beibringen muss. Geh dich umziehen, sonst verpassen wir den Beginn der Vorstellung. Und blamier mich nicht!«

Colette war so perplex, dass sie ihm auf der Stelle gehorchte.

Im Theater war Henry so zuvorkommend wie immer. Er lachte und scherzte, so dass sie ihren Streit beinahe vergaß. Und dennoch. Obwohl Henry ihr die Handlung des Stückes erklärte und ihr eine Menge Leute in Abendgarderobe vorstellte, blieb das Gefühl, missverstanden worden zu sein. Schwob hatte ihr von einem brodelnden, gärenden, betörenden Paris erzählt, das unter der glatten Oberfläche schwelte. Aber er hatte verschwiegen, dass Frauen darin kein Aufenthaltsrecht hatten, außer sie gingen dem ältesten Gewerbe der Welt nach. Natürlich hatte Henry recht. Sie musste lernen, sich damit abzufinden.

Am nächsten Tag versuchte Colette, ihren Fehler auszubügeln, und machte sich seufzend an den Stapel Bücher, den Henry ihr auf den Tisch gelegt hatte. Sie steckte sich ein Praliné in den Mund und griff nach dem obersten Band, bei dem es sich um *Der König mit der goldenen Maske* von Marcel Schwob handelte. Darunter lagen Gedichte, genauer gesagt, Elegien von Paul Verlaine.

Na gut, dann würde sie eben lesen. Nicht, dass sie es nötig gehabt hätte. Ab dem Alter von acht Jahren hatte sie sich daheim in Saint-Sauveur durch die Bücherregale voller Werke von Dumas, Shakespeare, Musset, Flaubert und Baudelaire gegraben. Nach ungefähr zwanzig Seiten verschwammen die Buchstaben vor ihren Augen. Sie legte ihren Kopf auf den Tisch und schlief ein. Als sie blinzelnd und mit steifem Nacken erwachte, wusste sie zuerst nicht, wo sie sich befand. Dann erinnerte sie sich an ihren Traum, der sie nach Saint-Sauveur geführt hatte. Sie war barfuß durch einen klaren Bach gewatet und spürte noch das kalte Wasser, das ihre Waden umspülte. Von Weihnachten hatte sie auch geträumt. Sido hatte unter dem bläulichen Schnee im Garten die Christrose freigelegt und ein Bouquet aus wachsweißen Blüten auf den Tisch gestellt. Sehnsucht erfasste sie, der sie nur entrinnen konnte, wenn sie ihrer Mutter einen Brief schrieb.

Sie holte ihren Federhalter und ihr parfümiertes Papier und sammelte ihre Gedanken. Daheim war sie ein innig geliebtes Kind gewesen, und was war sie jetzt, wenn sie sich die Wahrheit eingestand? Eine eingesperrte Ehefrau. Die Demütigung war so schlimm, dass sie Sido nicht davon berichten konnte und ihr stattdessen in den leuchtendsten Farben ihre Begegnungen mit Künstlern und Dichtern schilderte. Sorgfältig achtete sie darauf, dass ihre Tränen auf die Tischplatte tropften und nicht aufs Papier.

Schließlich kam Henry durch die Tür, legte seinen Hut auf der Kommode ab und klatschte in die Hände. »Vite, vite! Zieh dich um, Füchslein, wir gehen aus.«

Sie besuchten das Café d'Harcourt, wo sie sich auf der Stelle in Willys bezaubernde kleine Frau verwandelte, die im Kreise ihrer Freunde keiner Diskussion aus dem Wege ging, auch wenn sich ihr burgundischer Akzent anhörte, als würde sie auf Steinen kauen. Henry nickte ihr lobend zu und vertiefte sich wieder in das Gespräch mit seinen Bekannten, aus dem sich sicher neue Kontakte und Möglichkeiten ergeben würden. Die Willys machten sich nicht rar, o nein. Sie gehörten zu dem eingeschworenen Kreis von Leuten, die bestimmten, was in der Stadt angesagt war und was nicht. Erst gegen Morgen gingen sie nach Hause.

»Ich sollte dich bestrafen«, sagte er, als er sich auf dem Bettrand ächzend die Schuhe von den Füßen zog. »Für deinen Alleingang letztens.«

Colette schnupperte missbilligend an seinen Socken und nahm sich vor, sie in die Wäsche zu geben. »Das lass lieber sein. Es ist spät. Oder willst du mir den Po versohlen?«

»Das sollte ich in der Tat.« Henry legte sich auf die Seite und zog die Decke über sich. »Sido hat versäumt, dich zu einem halbwegs umgänglichen Mitglied der Gesellschaft zu erziehen. Stattdessen habe ich eine launische Göre geheiratet, die sich nicht fügen kann.«

»Henry?« Sie strich ihm leicht über den Rücken.

»Lass mich. Das wird eine kurze Nacht.« Er drehte sich um und war im Nu eingeschlafen. Sein breiter Rücken sah beleidigt aus.

Sie lag noch lange wach, starrte an die Decke und sehnte sich nach den ersten Wochen, in denen sie sich vor dem Schlafengehen geliebt hatten und danach in enger Umarmung eingeschlafen waren, Henry ein warmer, starker Bär an ihrer Seite. Warum nur hatte sie trotz ihres Luxuslebens und dieser prickelnden Stadt das Gefühl, sich aufzulösen?

Am nächsten Tag machte ihr Marcel Schwob seine Aufwartung. Colette bürstete sich gerade die Haare, als sie hörte, dass ihr Dienstmädchen einen Gast in den Salon führte, dessen freundliche Stimme sie kannte. In aller Eile flocht sie sich einen Zopf und zog sich an. Als sie in den Salon kam, saß Schwob bereits im Sessel und hatte seine Beine weit von sich gestreckt.

»Bonjour, Marcel, wie schön, dass Sie mich mit Ihrem Besuch beehren. Was darf ich Ihnen anbieten? Punsch, Port oder Whisky?«

»Port, bitte.«

Colette goss ihm mit vollendeten Manieren ein, setzte sich und suchte fieberhaft nach einem Gesprächsthema. Schwob mit seiner umfassenden Bildung erschien ihr himmelweit überlegen. In diesem Moment schob sich Königin Kiki lautlos durch die Tür, strich ihm um die Beine und sprang auf seinen Schoß.

Colette holte tief Luft. Auf die Katze als Menschenkennerin konnte sie sich verlassen. »Ich lese gerade ein Buch von Ihnen, *Der König mit der goldenen Maske*.«

»Wirklich?« Er lächelte und versenkte seine Hand im Nacken der schnurrenden Kiki, während Colette ihm von ihrer Lektüre erzählte. Als sie feststellten, dass auch er nach den freiheitlichen Grundsätzen Fouriers erzogen worden war, brach das Eis zwischen ihnen endgültig.

»Was soll ich lesen, wenn ich meine Bildung verbessern will?«, fragte sie.

Schwob, der fließend Englisch, Latein und Griechisch sprach und als Übersetzer arbeitete, runzelte die Stirn und überlegte.

Shakespeare sollte sie lesen, sagte er dann. Shakespeare und noch mal Shakespeare. Aber hatte sie schon von Mark Twain aus den USA gehört?

Schon bald ertappte sie sich dabei, wie sie auf seine Scherze einging und ihn neckte, als sei er einer ihrer älteren Brüder. Lange hatte sie sich nicht mehr so frei gefühlt. Nur mit der Frage nach der Zukunft des Universums lagen sie weit auseinander.

»Ewiger Winter wird hereinbrechen. Alles wird unter Eis und Schnee erstarren und dann im Nichts verschwinden«, dozierte er die Theorien von Camille Flammarion.

»Auf diese törichten Geschichten muss ich gar nicht antworten«, ereiferte sich Colette. »Natürlich wird das Leben siegen und wir Optimisten dazu.«

Anders als mit Henry konnte sie mit Schwob nach Herzenslust streiten, ohne dass sie ihn verärgerte.

Gegen Mittag kam Henry zurück, goss sich Whisky ein und ließ sich auf die Chaiselongue fallen, wobei sein Bauch über seinen Hosenbund schwappte. »Bonjour, ihr zwei Turteltäubchen. Du scheinst dich ja gut mit meiner Colette zu amüsieren, Schwob.«

»Welche Colette? Ich sehe hier nur eine kleine Lolette.«

Colette war entzückt, obwohl der Spitzname sicher nur dem Portwein geschuldet war.

Henry legte den Kopf in den Nacken und lachte. »Die Unterstellung war ein Scherz, wenn ich das klarstellen muss. Aber das ändert nichts daran, dass mein süßes Füchslein mir mal die Schuhe ausziehen könnte.« Er streckte ihr seine dreckigen Straßenschuhe entgegen. Colette starrte ihn entgeistert an. »Noch ein Scherz. Man will mich heute mit Gewalt missverstehen.« Henry lachte kollernd und streifte sich die Schuhe selbst von den Füßen. »Ich habe eine Idee. Wie wäre es, wenn wir nächsten Sommer alle zusammen Bayreuth unsicher machen würden? Es dräut der Ring.«

Schwob zwinkerte Colette zu. »Aber gerne. Nur darfst du, mein lieber Henry, über deine zweifellos zauberhafte Idee nicht vergessen, dass uns der große Zauberer Oscar Wilde mit seinem Besuch beehren will.«

Henry griff sich an die Stirn. »Mal wieder. Vor zwei Jahren warst ja du sein Elefantenführer in Paris.« Er teilte mit Schwob nicht nur die Leidenschaft für Richard Wagner, sondern auch seine Anglophilie. Oscar Wilde war der Star und das Enfant terrible Londons, und die gesamte Pariser Bohème küsste ihm die Füße. »Aber diesmal müssen wir ihm Jean Lorrain auf den Hals hetzen.«

»Auf jeden Fall.« Wenn es nach ihnen ging, würde der schrillste aller Pariser Homosexuellen Wilde durch die Stadt führen.

»Auf den Spaß!« Schwob hob sein Glas.

»Auf dass wir uns zu Tode amüsieren.« Henry stieß mit ihm an. »Tanzt auf dem Vulkan und fallt hinein. Aber bitte nicht Hand in Hand, ihr beiden, sonst diskreditiert das mich.«

Colette errötete flammend.

»Ich bin in festen Händen, genau wie du, Henry«, versicherte Schwob.

»Bin ich das?« Henry lachte schallend, während sich Colette und Schwob pikiert ansahen.

Schwob stand fest zu seiner Lebensgefährtin Louise, einer jungen Prostituierten, die an der Schwindsucht litt.

Drei Tage später stellte Henry sie vor ihre erste größere Herausforderung. Sie sollte einen Abendempfang für acht Personen organisieren, zu dem er seinen Cousin Jacques-Émile Blanche mit Gattin sowie weitere Freunde eingeladen hatte.

»Beweise dich«, sagte er kühl, als er ihr die Nachricht überbrachte.

Colette bekam feuchte Hände vor Aufregung und gab sich

Mühe, alles zu seiner Zufriedenheit zu erledigen. Sie instruierte Juliette, ein Vier-Gänge-Menü zu kochen, kaufte Blumen, arrangierte die Dekoration selbst und kleidete sich in das burgunderrote Kleid mit dem Kragen aus Brüsseler Spitze, das sie aus Châtillon mitgebracht hatte. Ihre Haare ließ sie sich von Francine zu einem knielangen Zopf flechten. Als die Gäste kamen, flatterte sie so aufgeregt wie ein Vogel umher, begrüßte die Gäste, plauderte fröhlich und reichte Aperitifs.

Obwohl Henry sie beobachtete, als würde er auf einen Fehler lauern, ging alles glatt. Juliette trug die Vorspeise und den Fisch auf, und der Hausherr schenkte die besten Tropfen aus seinem Keller ein.

Als sie beim Käse angelangt waren, seufzte Colette erleichtert auf. Die Gäste plauderten angeregt, also entspannte sie sich und nahm sich vom Brie und vom Baguette. Danach versank sie in ihren Gedanken und bemerkte nicht, dass sie das Brot aus alter Gewohnheit zerkrümelte und zu Bröckchen drehte. Kurz darauf spürte sie Henrys Blicke auf sich ruhen.

»Kannst du dich nicht benehmen?« Seine Stimme donnerte so laut über den Tisch, dass die Gäste peinlich berührt aufblickten.

»Was?« Colette tauchte aus ihren Träumen auf.

Henry beugte sich über den Tisch. »Schon wieder lümmelst du herum, und dein Brot … Demnächst beginnst du noch mit den Bröckchen zu werfen.«

Hitze überrollte sie.

»Aber Henry. Sie ist doch noch so jung, ein halbes Kind«, warf Madame Blanche ein. »Und der Empfang war wunderbar. Sie ist eine sehr zuvorkommende …«

Colette hörte das Ende des Satzes nicht mehr. Sie sprang auf, lief ins Schlafzimmer und ließ den Tränen freien Lauf. Sie war nicht perfekt, o nein, das gewiss nicht. Aber sie hatte sich alle Mühe gegeben. Warum stellte Henry sie also vor ihren Gästen bloß? Oder mangelte es ihr an Stil? Sie musste sich unbedingt verbessern.

Henry ging aus und kam die ganze Nacht nicht zurück. Am nächsten Morgen fand sie den Brief auf der Kommode im Gang. Es handelte sich um die Abschrift eines Schreibens, das er vor ihrer Hochzeit an seinen Bruder verfasst hatte.

Ich bin ganz verliebt in die gazellenhafte Anmut meiner kleinen Colette, aber die Verbindung hat ihre Nachteile, denn, alright, die Tochter des Hauptmanns Colette hat keine Mitgift und kommt nicht gerade aus einer Familie mit bestem Renommee. Und dennoch kann ich nicht anders, als sie zu heiraten, denn sie und ihre Mutter haben meinem kleinen Jacques so viel Gutes getan. Wenn ich nur meine wahre Liebe nicht hätte auf dem Friedhof begraben müssen.

Germaine war es also, die zwischen ihnen stand. Colette ließ den Brief sinken und weinte.

KAPITEL 10

Sie ging nicht wieder allein aus, sondern blieb bei ihren vertändelten Tagen. Aus Faulheit, urteilte Henry. Aus Rache, dachte sie, aus Trotz oder weil sie nichts anderes zu tun hatte. Wochenlang lag sie auf dem Diwan, las, was ihr in die Hände kam, kraulte die schnurrende Kiki und ernährte sich von Süßigkeiten. Hatten sie am Abend zuvor ein Konzert besucht, ließ sie die Musik von Anfang bis Ende Revue passieren, ging in Tönen und Rhythmen auf und klopfte mit ihren Fingernägeln den Takt dazu. Henry schüttelte den Kopf über sie.

»Zieh dich an, du bockiges Kind!«, forderte er sie eines Abends auf.

»Welchen Salon besuchen wir heute?«

»Keinen Salon«, schnaubte er. »Wir arbeiten. Oder vielmehr ich. Und dich nehme ich mit, damit du keine Algen ansetzt.«

Neugierig folgte sie ihm hinaus auf die Straßen von Paris. Herbstlicher Nebel lag über den Boulevards. Es roch süßlich nach den vermoderten Blättern der Linden. Henry hielt eine Droschke an, und sie stiegen ein. »Wohin fahren wir?«

»Ich nehme dich mit zur Zeitung.«

Sie fuhren bis weit ins 2. Arrondissement und stiegen vor dem Haus in der Rue du Croissant 16 aus, in dem sich die Redaktion des *Écho de Paris* befand.

Henry hielt ihr die Tür auf. »Willkommen im Olymp, Füchslein. Hier befindet sich der Sitz der Macht.«

»Wie das?« Sie sah sich erstaunt um.

Er schob sie hinein. »Hier werden Karrieren gemacht oder in die Tonne getreten. Die Politik muss sich anstrengen, um es sich mit uns, der Journaille, nicht zu verscherzen. Denn Worte sind zu allem imstande. Wenn sie gedruckt sind, werden sie zu Zaubersprüchen, die die Welt verändern.« Er lief ihr voran, ohne sich nach ihr umzublicken. »Aber glaub ja nicht, dass ich mir Zeit für dich nehmen kann. Es gibt Druckfahnen zu korrigieren.«

Kurz vor Redaktionsschluss war in den Büros die Hölle los. Journalisten mit Füllfederhaltern hinter den Ohren hetzten von einem Raum zum anderen. Man rief sich Stichwörter zu, gab Informationen weiter und ließ Rotweinflaschen kreisen. Ein Hund, der unter einem Schreibtisch geschlafen hatte, schüttelte sich und bellte.

»Ah, Mendès.« Henry griff nach dem Arm des bärtigen Schreiberlings, den Colette bei ihrem ersten Besuch im Café d'Harcourt kennengelernt hatte. »Schau mal, wen ich mitgebracht habe.«

Catulle Mendès nickte. Colette wusste, dass er seit Kurzem eine Affäre mit der Schauspielerin Marguerite Moreno hatte, die sie insgeheim bewunderte. »Du hast deine Kleine mitgebracht. Das geht in Ordnung, solange sie sich ruhig verhält.«

Also setzte sie sich mit untergeschlagenen Beinen in einen Sessel und versuchte nicht aufzufallen, wobei sie sich nach Schwob umsah, der hier als Literaturkritiker arbeitete. Leider war er nicht da. Da trat ein schlanker, junger Mann auf sie zu. Oder nein. Colette riss die Augen auf. Es war eine Frau in einem dunklen Wollanzug, der ihr ausgezeichnet stand.

»Mein Name ist Rachilde.« Sie war eine zierliche Person mit kurzen dunklen Haaren, dichten Augenbrauen und den längsten Wimpern, die Colette je gesehen hatte.

»Ich bin Gabrielle, äh, Colette Gauthier-Villars.«

»Sie sind Willys Prinzesschen?« Rachilde lachte leise. »Die ganze Stadt spricht von Ihnen.« Sie holte sich einen Stuhl und setzte sich rittlings darauf. »Ich wollte Sie schon länger kennenlernen.« Zu ihrem gut sitzenden Anzug trug Rachilde polierte Herrenschuhe.

»Darf ich fragen, was hier Ihre Aufgabe ist, oder ist das zu anmaßend?«

Rachilde legte den Kopf in den Nacken und lachte. »Ich bin Schriftsteller. Das Buch *Monsieur Vénus* ist von mir. Und hin und wieder arbeite ich als Journalist.« Sie drückte ihr eine Karte in die Hand, auf der statt »Femme des lettres« »Homme des lettres« stand.

Colette riss die Augen auf. »Aber dann sind Sie die Frau, die ...?«

»... einen Skandal verursacht hat? Und was für einen.« Rachilde schmunzelte. Vor zehn Jahren hatte ihr Buch nicht nur wegen seiner pornographischen Passagen für Aufsehen gesorgt. Rachildes Heldin Raoule verliebt sich zudem in einen jungen Mann, der sich von ihr in eine Frau verwandeln und in aller Ruhe demütigen lässt. Seither wurde Rachilde als »Fürstin der Finsternis« bezeichnet.

»Und warum tragen Sie Männerkleidung?«

»Wenn Sie denken, dass ich auf Sapphos Pfaden wandele, muss ich Sie leider enttäuschen.« Rachilde neigte lächelnd den Kopf. »Ich bin ganz bürgerlich mit Alfred Vallette verheiratet, dem Herausgeber des *Mercure de France*. Dass ich Hosen trage, habe ich mit Sarah Bernhardt gemeinsam. In dieser Kluft ist es erheblich einfacher, auszugehen.«

Rachilde stand auf und flüsterte ihr ins Ohr: »Man muss sich diese Extravaganz allerdings vom Polizeipräsidium genehmigen lassen.« Laut sagte sie: »Besuchen Sie meinen Mann und mich doch am nächsten Dienstag in unserem literarischen Salon in der

Rue de l'Échaudé. Und bringen Sie Willy mit, diesen Helden der Dekadenz.«

»Gerne. Das würde mich sehr reizen.« Nachdem sich Rachilde verabschiedet hatte, blieb Colette verwundert zurück.

Die Nacht schritt voran, und der summende Bienenstock der Redaktion, den sie zuerst als so anregend empfunden hatte, ermüdete sie. Ihr fielen die Augen zu, und sie erwachte erst, als Henry sie sanft schüttelte.

»Hier, Füchslein, mach dich nützlich.« Er legte ihr einen Papierstapel in den Schoß.

»Was ist das?« Sie streckte sich und gähnte verschlafen.

»Der Umbruch, der noch Korrektur gelesen werden muss. Wir sind in Verzug und brauchen einen Korrektor. Und achte auch auf Abstände und Satzfehler.« Er ging davon, als sei es selbstverständlich, dass sie mitten in der Nacht seitenweise Text korrigierte.

Wenn er ihr das zutraute, durfte sie ihn nicht enttäuschen. Trotz ihrer Müdigkeit las sie die Berichte aufmerksam, strich die Fehler an und schrieb ein paar inhaltliche Korrekturen an den Rand.

Umgeben von einem wilden Durcheinander von Papieren, nickte sie wieder ein. Der Morgen graute schon, als Henry sie zum zweiten Mal weckte und ihr einen Becher mit Kaffee in die Hand drückte. Die Papiere waren verschwunden.

»Ich habe dich ein paar Stunden schlafen lassen. Catulle Mendès war übrigens sehr angetan von deinen Verbesserungen. Er hat gesagt, du könntest bei uns als Korrektorin anfangen.«

Colette errötete vor Freude. »Wirklich?«

Henry nickte ihr zu. »Nicht regelmäßig. Das würde ja aussehen, als könne ich dich nicht ernähren. Aber hin und wieder, wenn du mich begleiten willst.«

Er drückte ihr einen Kuss auf die Wange. »Gemeinsam erobern wir die Welt, meine kleine Colette.«

Colette jubelte innerlich. Endlich durfte sie ihm zeigen, was sie konnte. Vielleicht würde ja doch noch alles gut werden. Sie schrieb Sido einen begeisterten Brief, auf den diese antwortete, Gabri tanze ja wie eine Laus auf zwei Beinen, weil sie einen Pariser geheiratet habe.

In der folgenden Woche nahmen sie Rachildes Einladung an und besuchten den Salon des *Mercure de France*, wo die Schriftstellerin sie mit zwei weißen Mäusen auf der Schulter begrüßte.

»Was wäre geschehen, wenn ich Kiki mitgebracht hätte?«, fragte Colette, als sie sich mit Henry auf den Heimweg begab.

»Die hätte sich, elendig faule Mäusejägerin, die sie ist, auf deinen Schoß gelegt und geschlafen.« Er legte den Arm um sie. »Dekadent und überfressen. Aber Chapeau, Füchslein. Deine Bekanntschaft mit Rachilde kann sich nur zum Guten auswirken. Sie legt ihr Augenmerk gern auf junge Talente und fördert sie. Das schadet meiner Karriere sicher nicht.«

Von diesem Tag an besuchten sie den Salon regelmäßig, in dessen angeregtem Kreis Vallette und Rachilde mit ihren Gästen über Politik, Geburtenkontrolle, die Natur und die Kunst diskutierten. Die Frauen waren aufgefordert, sich aktiv am Gespräch zu beteiligen. Colette, die sich das nicht zweimal sagen ließ, wunderte sich dennoch, als ein Dichter namens Pierre Louis ihr seine »Poéthiques« widmete. *Für Madame Colette Willy, um sie das Schreiben zu lehren.*

Am folgenden Sonntag besuchten sie zum ersten Mal den Salon der Madame Arman de Caillavet, den angesagtesten Treffpunkt in Paris. Wer etwas auf sich hielt, schlug die Einladung dieser Dame auf keinen Fall aus. Henry war ganz erpicht auf diesen Ritterschlag, konnte jedoch erst später dazustoßen. Statt seiner holte Marcel Schwob Colette in der Droschke ab. Sie hatte sich fest vorgenommen, sich nach Kräften zu amüsieren, und trug zum ers-

ten Mal, – wie aufregend – ein schwarzes, schulterfreies Abendkleid. Während die Kutsche über das holprige Pflaster rumpelte,
steckte sie ihren Zopf behände zu einer Krone auf. »Ist es wahr,
dass Madame Arman als Kind beinahe ihren kleinen Bruder aus
dem Fenster geworfen hätte, weil er es gewagt hat, sie zu langweilen? Wenn ich in diese Versuchung käme, würde sich meine Umgebung im Nu leeren.«

Schwob schaute von dem Buch, in dem er gerade gelesen hatte,
auf und grinste. »Es geht das Gerücht. Aber Léontine ist halb so
wild. Sie müssen keine Angst vor ihr haben, Lolette. Das weiß
ich, weil meine Mutter ihre Erzieherin war. Sie ist eine geborene
Lippmann und jüdischer Herkunft, so wie ich. De Caillavet nennt
sie sich nur, weil das Schloss ihres Mannes so heißt.«

Colette war wider Willen beeindruckt. »In solchen illustren
Kreisen verkehren Sie also.«

Schwob lachte bitter. »Ja, genug, um zu sehen, dass ›erlaucht zu
sein‹ nicht einmal ansatzweise genügt.«

Sie lehnte sich gespannt vor. »Wie müssten sich die Menschen
denn verhalten, damit sie Ihnen genügen?«

Er zuckte mit den Schultern. »Das ist eine schwierige Frage,
kleine Lolette. Chuzpe, der Mut, zu sich selbst zu stehen. Mit-
menschlichkeit. Mehr Adel des Geistes, als die meisten entwickeln,
die nur der Illusion ihres persönlichen Glücks hinterherrennen.
Das würde ich mir von den Menschen wünschen, damit ich sie
achten kann.«

»Persönliches Glück. Dazu würde ich nicht Nein sagen«, erklärte Colette sehnsüchtig. »Aber es ist so flüchtig wie ein Zitro-
nenfalter, der um eine Blume gaukelt.«

Sie schlug sich die Hand vor den Mund. Was war nur aus der
unbekümmerten kleinen Gabri geworden, die die ganze Welt erobern wollte?

Schwob zog die Augenbrauen hoch. »Desto mehr man dem Glück hinterherläuft, umso unerreichbarer wird es.«

»Vergänglichkeit.« Colette nickte. »Aber warum denken ausgerechnet Sie über solche Dinge nach? Wie viele Jahre sind Sie älter als ich? Fünf?« Sie riss die Augen auf. »Das klingt ja, als würden Sie die Bilanz Ihres Lebens ziehen. Wie taktlos von mir, Verzeihung.«

Alle wussten, dass Schwobs Lebensgefährtin an der Schwindsucht erkrankt war und er selbst an einer Krankheit litt, die er gerne verschwieg. Womöglich war es ebenfalls ein Lungenleiden?

Umständlich kramte er nach seinem Taschentuch und hustete hinein. »Vielleicht machen sich manche Menschen nicht ohne Grund so früh Gedanken über den Sinn ihres irdischen Daseins.«

»Ach, Marcel.« Colette legte ihre schmale Hand auf seine.

Sie stiegen vor dem Palais der Familie Arman de Caillavet in der Avenue Hoche hinter dem Triumphbogen aus und ließen sich von einem Diener die Freitreppe hinauf zum Eingang geleiten. Auf dem Vorplatz stand eine Reihe nobler Fahrzeuge, und ein Strom von Gästen in Abendgarderobe strebte auf das Portal zu.

»Voilà, die Höhle der Löwin«, raunte Schwob, als er sie in das hell erleuchtete Foyer geleitete. Colette sah sich neugierig um. Hier also verkehrte die Welt der Politik, der Literatur und der Kunst.

Eine Dame in einem nachtblauen Abendkleid rauschte auf sie zu. Sie trug Pfauenfedern in den roten Locken und Saphire in den Ohren. »Oh, da sind Sie ja endlich, meine Lieben. Schwob.«

Sie nickte ihm zu und zog Colette an ihren wogenden Busen. »Sie sind also angetreten, eine frische Brise in unser muffiges Paris zu bringen, Madame Willy. Ich brenne darauf, Sie kennenzulernen. Die ganze Stadt spricht von Ihnen.«

Sie hielt Colette von sich weg. »Aber was ist das? Sie sind ja so zart und jung wie eine kleine Straßenkatze. Essen Sie auch genug?«

»Aber ja doch.« Colette versteckte ihre Verlegenheit hinter einem Lächeln. Besser, sie verschwieg ihr, dass sie sich vor allem von Süßigkeiten und Nüssen ernährte.

Madame schüttelte den Kopf. »Am liebsten würde ich Sie mästen. Ich hoffe, Sie bedienen sich reichlich am Büfett.«

Im Salon drängten sich über hundert Gäste. Der Raum war elegant und teuer eingerichtet. Die orientalischen Seidenteppiche und üppig gemusterten Tapeten entsprachen der herrschenden Mode, die in opulenten Farben und Formen schwelgte. Auf dem Kaminsims standen chinesische Vasen, und alles wurde von Kronleuchtern erhellt, deren Licht Colette zum Blinzeln brachte.

Madame Arman klatschte in die Hände. »Meine lieben Freunde. Hier stelle ich euch Willys junge Frau vor. Voilà. Er selbst wird nachkommen und uns von unserer lastenden Langeweile befreien.«

Die Gäste klatschten begeistert und riefen »Bravo!«.

Madame wandte sich Colette zu. »Wie lautet noch mal Ihr Geburtsname?«

»Sidonie-Gabrielle Colette.« Colette fiel reflexartig in einen Hofknicks. Schwob räusperte sich. Colette kam hoch und errötete.

Madame schüttelte den Kopf. »Aber Willy sagte, dass Colette vollkommen ausreicht. Also bleiben wir dabei.«

»Ja, natürlich.« Colette runzelte die Stirn. Sie hatte ihrem neuen Namen doch begeistert zugestimmt. Weshalb erschien es ihr dann so, als hätte Henry sie damit neu erschaffen wie der Zauberer die Puppe Coppelia, die nach seiner Pfeife tanzte? Ihr wurde schwindlig.

»Ganz ruhig.« Schwob griff nach ihrem Arm.

Zum Glück trat in diesem Moment ein Gast ein, dem Madame Arman ihre gesamte Aufmerksamkeit zuwandte. Colette stellte sich auf die Zehen und sah, dass sein Schnurrbart in zwei überaus spitzen Enden auslief. Nachdem er Madame ein Veilchenbouquet überreicht hatte, nahmen die beiden in zwei Sesseln am Kamin Platz und begannen über Politik zu referieren.

»Wer ist das?«, flüsterte Colette. »Er klingt unglaublich gebildet, aber blasiert.«

»Das ist Madames Schützling, der Dichter Anatole France«, raunte ihr Schwob zu. »Willy und ich lesen hin und wieder Korrektur für ihn.«

»Und was verbindet Madame Arman mit ihm?«

»Seit sie ihn protegiert, veröffentlicht er einen Roman nach dem anderen. Und … Léontines Ehe ist, nun ja, wie Ehen eben so sind. Deshalb munkelt man …«

Colette verdrehte die Augen. »Munkelt man nicht immer irgendetwas?«

Schwob lachte. »Kommen Sie, Lolette. Ich bringe Sie in halbwegs sichere Gefilde.«

Während er eine Gruppe in einer Fensternische ansteuerte, hörte sie die Leute reden. »Das ist also Willys kindliche Braut? So klein und dünn. Und ihre Haarkrone. Stimmt es, dass ihr der Zopf bis zu den Fersen reicht?«

Reiß dich zusammen, Gabri! Bewahre die Nerven!

Sie musste sich mehr anstrengen, sie musste klug, geistreich, weltgewandt sein. Und sie würde niemals wieder ihr Baguette zerrupfen. Mühsam zwang sie das Lächeln in ihr Gesicht zurück, bis es sich wie eingefroren in ihre Mundwinkel setzte.

In der Fensternische standen drei junge Männer und unterhielten sich angeregt. Schwob trat auf sie zu und zog Colette vor seine Brust. »Schaut mal, wen ich euch mitgebracht habe. Willys frischgebackene Ehefrau Sidonie-Gabrielle, genannt Colette.«

Der Junge, der ihr am nächsten stand, stellte sich als Marcel Proust vor. Er hatte einen bemerkenswert zerzausten dunklen Haarschopf und eine leise Stimme.

»Unser hoffnungsvollster junger Dichter, auch wenn er kaum den Mund aufkriegt«, kommentierte Schwob. »Und das da ist mein alter Freund, das Großmaul Léon Daudet, seines Zeichens Journalist und Schriftsteller.«

»Ach, Rabbi.« Der kräftige Mann in der Mitte klopfte Schwob nachsichtig die Schultern. »Musst du mich immer so schlechtreden?«

Der Dritte im Bunde fiel in eine lässige Verbeugung. »Mein Name ist Claude Debussy. Ich bin, wenn Sie gestatten, der Mann am Klavier.« Mit den Fransen über der gewölbten Stirn und dem Schnauzbart erinnerte der Musiker Colette an einen Satyr mit zwei Höckern auf der Stirn.

Colette nickte ihm zu. »Ich habe neulich ein Konzert von Ihnen gehört. Meiner Mutter gefällt die Musik Javas und Borneos ebenso wie Ihnen.«

»Das ehrt mich.« Debussy lächelte. »Was wollen Sie trinken?«

Sie musterte die leeren Gläser der anderen. »Champagner? Wir könnten Nachschub gebrauchen.«

»Dafür werde ich sorgen.« Debussy stürzte sich ins Getümmel.

Daudet und Schwob blickten ihm hinterher. »Ich hoffe, er hat Camille verwunden«, murmelte Schwob. »Diese Leidenschaft hätte ihn beinahe umgebracht.«

»Hat er nicht«, sagte Daudet. »Darauf deutet jedenfalls die kleine Bronze mit dem tanzenden Paar auf seinem Klavier hin. Sie stammt von ihr. Herzzerreißend.«

Schwob wandte sich ihr zu. »Sie müssen wissen, Lolette, dass Debussy unsterblich in die Schwester unseres alten Schulfreunds Paul Claudel verliebt ist. Camille Claudel, die Bildhauerin. Aber sie hat ihr Herz an diesen unwürdigen Auguste Rodin verloren. Das alte Schlitzohr hat sie gar nicht verdient.«

»Ein großer Bildhauer«, murmelte Colette.

»Sie reicht ihm locker das Wasser«, sagte Schwob.

»Kann man Paul wirklich noch als unseren Freund bezeichnen, so katholisch, wie er geworden ist?«, fragte Daudet zweifelnd.

Schwob zuckte mit den Schultern. »Freund bleibt Freund. Im Moment treibt er sich als Botschaftsattaché irgendwo in den USA herum, während seine schöne Schwester es nicht schafft, Rodin abzuservieren, der seine Modelle reihenweise vernascht und sich außerdem nicht von seiner Lebensgefährtin trennen kann. Und das, obwohl Debussy kein schlechter Fang ist.«

Colette nickte. »Manchmal ist die Liebe stärker als alles andere und wird dennoch nicht erwidert.«

Ihre Liebe zu Henry war wie ein Schilfrohr, das sich trotz aller Stürme immer wieder aufrichtete. Das hoffte sie zumindest.

Debussy kam mit einem Tablett voller Gläser zurück, gefolgt von Catulle Mendès und seiner Geliebten Marguerite Moreno.

Mendès ließ seine Augen wie ein lüsterner Kater über Colettes bloße Schultern gleiten. »Ah, unsere hoffnungsvolle Provinzgöre, die wie ein frischer Wind durch Paris weht. Obwohl, als Korrektorin haben Sie sich ganz gut gemacht. Ist es Ihnen inzwischen gelungen, das rollende ›R‹ abzulegen?«

Colette stand da wie vom Blitz getroffen. »Nein, und das werde ich auch nicht.« Entschlossen hob sie ihr Kinn. Wenn sie hier überleben wollte, durfte sie sich nicht verbiegen lassen.

Chuzpe, dachte sie, das war es, was sie brauchte. Ja, die erlauchten Leute konnten sie kreuzweise.

Während sie ihren Champagner schlürfte, unterhielt sie die anderen mit Anekdoten aus Saint-Sauveur und betonte ihren ländlichen Akzent sogar noch. Marguerite war so wunderschön, dass Colette alles daran setzte, sie zu beeindrucken. Und dann trug sie ihr Leichtsinn davon.

»Ich war letztens in einem Konzert, in dem ein Stück von Ihnen gegeben würde, Monsieur Debussy. Darf ich es Ihnen ohne jeden Anspruch auf Perfektion vorspielen? Ich habe zwar nicht das vollkommene Gehör wie mein Bruder Léo, aber ich merke mir jeden Ton.«

Debussy zog fragend die Augenbrauen hoch. »Wirklich? Tun Sie sich keinen Zwang an.«

»Ganz schön ehrgeizig«, kommentierte Marguerite, und Colette nickte grimmig.

Die ersten Zweifel kamen ihr, als sie sich den Weg zum Flügel bahnte, der in der Mitte des Raumes stand. Worauf hatte sie sich da eingelassen? Mit Sicherheit würde sie sich blamieren. Aber was hatte sie schon zu verlieren? Vom Sockel der Provinzgöre, die sich zu viel zutraute, bis auf den Boden der Realität war der Fall nicht allzu tief.

Der Flügel glänzte schwarz im Licht der Kronleuchter. Als sie sich setzte und den Deckel aufklappte, waren ihre Hände eiskalt. Die schwarzen und weißen Tasten flimmerten vor ihren Augen. Doch als ihre Finger sie berührten, war sie völlig mit sich im Reinen. Die Colettes, allen voran Léo, liebten Musik über alles und spürten voller Entzücken dem Echo jeder Melodie nach, die sie je gehört hatten. Deux Arabesques. Sie spielte das Stück aus dem Gedächtnis, wie sie es daheim in der Rue Jacob schon mehrfach getan hatte, nicht so perfekt wie im Konzert, aber das Publikum lauschte ihr und konnte seine Faszination nicht verbergen. Zum Schluss herrschte Totenstille. Sie ließ ihre Hände sinken und hörte in der einsetzenden Stille das Hämmern ihres Herzens. Dann brandete Applaus auf.

»Bravo!« Debussy klatschte begeistert.

Am lautesten aber applaudierte der Mann, der gerade eingetreten war. Henry. Er warf sein Cape auf einen Stuhl, zog sie vom Klavierhocker und küsste sie auf beide Wangen.

»Grandios, mein Schatz«, flüsterte er. »Wir werden noch berühmt, du wirst sehen.«

Madame Arman drückte sie an ihren vollen Busen und nahm Henry eigenhändig seinen Zylinder ab. »Willkommen, willkommen, mein lieber Willy und meine allerliebste Colette. Unterhaltung, Leidenschaft, Freiheit, das ist es, was wir lieben. Und Sie bieten uns so viel davon. Sie sind das Paar der Zukunft.«

Henry zog sie mit sich in die Fensternische, wo Debussy sie lobte. »Sie kleines Persönchen wagen es, meine Musik zu interpretieren, und brillieren noch darin. Ich beglückwünsche Sie. Darf ich Sie Colette nennen?«

»Sie dürfen mich nennen, wie Sie wollen.«

»Aber niemals mehr Provinzgöre«, warf der schüchterne Marcel Proust ein. »Auf jetzt. Lasst uns zum Büfett schreiten. Das ist heute sehr ausgesucht. Sicher genau passend für Ihr zartes Gemüt, Colette.«

Sie zwinkerte ihm schelmisch zu. »Für mich als Landkind ist das alles viel zu fein. Ich hoffe, es gibt auch Bohnen mit Speck.« Alle lachten auf Prousts Kosten, er selbst am lautesten.

Gegen Mitternacht machten sie sich auf den Weg nach Hause. Doch vorher zog Madame Arman sie an ihre Seite. »Kommen Sie beide doch am nächsten Mittwoch zu meinem exklusiven Abendessen.«

Henry verbeugte sich. »Es ist uns eine Ehre, Madame.«

Er legte den Arm um Colette und drückte ihr einen Kuss auf den Scheitel. »Wir haben es geschafft, Süße. Nicht jeder wird zu Madames Mittwochsoireen eingeladen. Aber wir gehören jetzt wohl zum intimen Kreis.« Er legte ihr das Cape um die Schultern. »Dreh dich mal unauffällig um. Die Leute da ...« Ein paar Meter entfernt stand ein gut gekleidetes junges Paar, ein schlanker Mann mit Schnauzbart und eine Dame mit dunklen Locken.

»Wer ist das?«, fragte Colette.

»Nicht so auffällig! Das ist Madame Armans Sohn mit seiner Frau Jeanne. Sind sie nicht bezaubernd in ihrem jungen Glück?«

Zwei Tage später bat Henry Colette in sein Arbeitszimmer. Der Herbst kehrte ein, die Sonne war schon hinter den Dächern verschwunden.

Sie setzte sich ihm gegenüber an den Schreibtisch und faltete aufmerksam die Hände. Normalerweise besprach er nichts mit ihr, was seine Arbeit betraf. Kiki strich ihr mit erhobenem Schwanz um die Beine. »Was gibt es denn?«

Henry sah von dem Stapel Papiere auf, den er gerade durcharbeitete. »Wie du weißt, will ich Schriftsteller werden.«

Colette hob Kiki auf ihren Schoß und begann sie zu kraulen. Die Katze schnurrte dankbar. »Natürlich. Du hast schon ein Buch über Fotografie herausgebracht und bist stilistisch sicherer als alle anderen zusammen.«

»Danke für das Kompliment.« Er wackelte scherzhaft mit den Augenbrauen. »Aber ein Buch zu schreiben ist nicht so einfach.«

»Warum nicht?«

Er zögerte. »Man muss viel Arbeit in den Text investieren.«

»Das ist klar.«

Er sortierte die Papiere fein säuberlich zu drei Stapeln. »Meine Tätigkeit als Journalist nimmt mich zeitlich sehr in Anspruch.«

Juliette trat ein und servierte Portwein. Colette trank einen Schluck, der ihr süß und schwer durch die Kehle rann. »Dann musst du dir die Zeit eben nehmen. Ich könnte dich hier und da unterstützen, zum Beispiel bei den Korrekturen der Musikkritiken.«

Henry zwirbelte die Enden seines Schnurrbarts. »Ja, so werden wir es machen. Aber erst einmal zeige ich dir meine Idee.«

Zur Einrichtung seines Büros gehörte eine Schreibmaschine

der Firma Remington, auf die er sehr stolz war. Er schob einen Stapel maschinengeschriebener Seiten in ihre Richtung. »Es ist ein Entwurf für einen Roman. Ich könnte ihn *Une passade* nennen und werde ihn, so mir das Schicksal einen Verleger beschert, unter dem Namen Willy herausbringen.«

»Nicht als Platzanweiserin?«

Henry kicherte leise. »Aber nicht doch. Die verausgabt sich schon zu sehr in der Musik. Ich dachte, ich könnte den Entwurf an Pierre Veber schicken, damit er mir seine Meinung darüber kundtut, aber dann muss alles schnell gehen. Wir brauchen das Geld.«

Taten sie das nicht immer? Colette verdrehte die Augen. »Wie kann ich dir helfen?«

»Sei meine Korrektorin, Füchslein, ich bitte dich.«

Henry schrieb den Roman in Rekordzeit, wobei alle Seiten mehrfach zwischen Veber und ihm hin- und herwanderten. Als die Geschichte fertig war, las Colette sie mit Vergnügen, obwohl sie vor Pikanterie nur so strotzte. Der Held hieß Henri Maugis und hatte so viel von seinem Schöpfer, dass man ihn nur als Alter Ego bezeichnen konnte. In der Geschichte fällt er einer Dame namens Monna Dupont de Nyeweldt in die gierigen Hände, verbringt fünf Tage mit ihr und ist danach nur noch ein Schatten seiner selbst.

Kurz nach Erscheinen von *Une passade* flatterte ihnen ein dreißig Seiten langes Protestschreiben ins Haus. Monna Duponts reales Vorbild Mina Schräder de Nysolt kochte vor Zorn und schickte ihnen sogar Morddrohungen.

»Wie konntest du nur, Henry!« Colette war das Ganze schrecklich peinlich.

Henry rieb sich die Hände. »Da siehst du, Füchslein, welche Macht die Literatur hat. Sie ist durchaus in der Lage, einen Ruf zu zerstören oder ein Leben.«

Eines Morgens, als das Buch gerade drei Wochen auf dem Markt war, saßen sie bei Kaffee und Croissants beim Frühstück, als jemand lauthals Einlass begehrte. Verwundert erkannte Colette Pierre Vebers Stimme.

»Der scheint einen Riesenzorn auf mich zu schieben.« Henry legte seine Zeitung zusammen und ging in den Flur. Colette schlich sich in Lauschnähe und sah, wie ihr Mann seinem Freund den Arm um die Schultern legte. »Beruhige dich doch bitte, mein lieber Veber! Alles läuft doch nach Plan für uns beide.«

»Für dich vielleicht. Ich will mein Geld jetzt! Und nicht erst in ein paar Jahren.« Pierre Veber schüttelte Henrys Arm ab. Er sah aus, als hätte er nicht geschlafen, seine Augen waren rot gerändert, und seine Schnapsfahne stieg Colette selbst aus der Entfernung in die Nase.

»Aber Pierre«, sagte Henry begütigend. »Du weißt doch, dass ich klamm bin. Die ersten Tantiemen fließen frühestens in einem halben Jahr.«

Veber hob die Hände. »Auch ich muss meine Miete bezahlen. Ich kann deine Bücher nicht auf der Straße schreiben. Und *Une passade* war nun wirklich keine Kleinigkeit.«

Was sagte er da? Colettes Knie gaben nach. Sie taumelte und klammerte sich an den Türrahmen. Ihr Herz klopfte wie wild, und ihr Blut rauschte so laut in ihren Ohren, dass ihr entging, wie Henry auf Veber einredete und ihm seine letzten Münzen in die Hand drückte. Schnell setzte sie sich wieder an den Tisch.

Als die Tür hinter Veber ins Schloss gefallen war, kam Henry zurück und öffnete seine Zeitung, als wäre nichts geschehen. »Der Kaffee ist heute besonders erfrischend, findest du nicht?«

»Warum tust du das?«, fragte Colette eisig.

»Warum tue ich was?« Die Zeitung raschelte beim Umblättern.

»Pierre. Er sagt, er habe dein Buch geschrieben.«

»Ach, Füchslein.« Henry angelte sich ein Croissant. »Du hast gelauscht? Dieser verflixte Veber. Was musste er auch so frühmorgens bei uns hereinschneien?«

Colette holte tief Luft. »Du lässt ihn deine Bücher verfassen? Arbeitest du noch mit weiteren Lohnschreibern zusammen? Bei uns ging es ja letztens zu wie im Taubenschlag. Schreiben die etwa alle für dich?«

Henrys Freunde hatten sich in den vergangenen Wochen die Klinke in die Hand gegeben, darunter einige hoffnungsvolle junge Schriftsteller wie Maurice Curnonsky, Jean de Tinan und eben auch Pierre Veber. »Das ist Betrug. Hochstapelei.«

»Nun.« Henry räusperte sich und sah sie über den Rand seiner Tasse hinweg an. »So hart würde ich das nicht sehen. Ich protegiere meine Freunde. Pierre wird die Hälfte der Tantiemen einstreichen, wenn es denn so weit ist. Außerdem sammelt er Erfahrungen und profitiert von meinem Namen. Sieh mich einfach als Impresario. Nach der Platzanweiserin bin ich nun der Generaldirektor im Zirkus des Lebens. Das ist witzig, oder? Vielleicht sollte ich es aufschreiben.«

»Aber die Bücher erscheinen unter deinem Namen. Willy.« Tränen traten in Colettes Augen. Henry hatte ein System der Lohnschreiberei entwickelt, auf dem er um jeden Preis beharren würde. Ihre Widerrede zählte nicht. »Es ist unehrlich, verdammt! Was, wenn es herauskommt?«

»Reg dich nicht auf, Colette. Und bloß nicht weinen. Tränen sind mir ein Gräuel.« Henry zog sie in seine Arme und legte seinen Kopf auf ihren Scheitel. »Klar, dass du das nicht verstehst. Ich habe ein wenig … Angst vor dem weißen Blatt Papier, wenn es so jungfräulich vor mir liegt. Vielleicht bin ich mehr ein versierter Lektor als ein Autor. Doch auch für dich kommt das Fressen vor der Musik. Und weil mitgefangen mitgehangen ist, bitte ich dich um eins …«

Er packte ihre Schultern und sah sie eindringlich an. »Sei meine Komplizin, Füchslein, ich bitte dich. Und verrate mich nicht.«

KAPITEL 11

Herbst 1893

Es war ein nebliger Novembertag. Der Ofen bollerte gegen die feuchte Kälte an, die durch die Fensterritzen kroch. Colette saß im Salon vor ihrem Haushaltsbuch, addierte hin und her, schrieb Zahlen in Reihen und strich woanders Summen aus. Sie konnte sich nicht erklären, warum sie immer so klamm waren. Obwohl Henry als Journalist genug verdiente und die ersten Tantiemen für sein Buch geflossen waren, reichte das Haushaltsgeld hinten und vorne nicht. Vielleicht sollte er sich von seinem Leibdiener trennen? Seinen neuen Sekretär Marcel Boulestin würde er wohl kaum entlassen. Dafür nahm er ihm zu viel Arbeit ab, denn Henrys Texte vermehrten sich explosionsartig.

In diesem Moment trat ihr Hausmädchen Francine ein und knickste. »Madame?«

»Ja, Francine?«

»Es wurde ein Brief für Sie abgegeben.«

»Danke.« Colette stand auf und griff nach dem Umschlag, auf dem in einer steilen Handschrift ihr Name stand. Schon wieder ein Brief ohne Absender. Sie öffnete ihn mit einem unguten Gefühl. Das Schreiben enthielt nur zwei Sätze. *Fahren Sie sofort zum Montmartre! Seien Sie gespannt, was Sie dort erwartet!*

Darunter war eine Adresse in jenem ebenso malerischen wie verrufenen Stadtviertel angegeben. Colette stand auf. Sie musste die Wahrheit erfahren, auch wenn Henry sie für ihre Eigenmächtigkeit tadeln würde.

Draußen war alles grau, und der Nieselregen legte sich wie ein Schleier auf ihr Gesicht. Es war ein Tag, an dem man nicht einmal einen Hund vor die Tür jagen würde, wobei Toutouque ihren warmen Platz hinter dem Ofen auch an regenfreien Tagen um keinen Preis aufgeben würde. Ach, Toutouque. Sido hatte ihr geschrieben, dass sie immer schwächer wurde und kaum noch fressen wollte.

Colette wartete auf den Pferdebus und zahlte für das Ticket mit ihren letzten Münzen.

Der Fahrer schob seine Mütze hoch und taxierte sie. »Setzen Sie sich ganz nach vorne, Mademoiselle. Da hab ich Sie im Blick.«

Fragte er sich, warum sie sich keine Droschke leisten konnte? Langsam setzte sich das Gespann in Bewegung, der voll besetzte Wagen schaukelte schwerfällig hinter den Pferden her. Regenschlieren legten sich auf die Scheiben, und die Luft füllte sich mit den Ausdünstungen der Fahrgäste, feuchter Wolle, billigem Wein und Schweiß. Es waren Männer und Frauen mit fahlen Gesichtern, denen man ansah, dass sie einen langen Arbeitstag hinter sich hatten. Colette schüttelte ihren Schirm aus und faltete ihre Hände im Schoß. Niemand nahm Notiz von ihr.

Sie stieg am Fuße des Montmartre aus und machte sich an den Aufstieg. Sie liebte dieses Viertel mit seinen windschiefen Häusern und den malerischen Gärten voller Federvieh sogar, wenn darüber regenschwere Wolken über den Himmel jagten.

Die Kirche La Madeleine versank in grauer Trübseligkeit. Wehmütig erinnerte sie sich an die Abende, die sie in den örtlichen Bistros verbracht hatten. Henry arbeitete in der Redaktion des Magazins *Le Chat noir* mit, das die sozialen Missstände im Land satirisch anprangerte. Oft hatten sie in den Spelunken des Viertels mit Künstlern wie Henri de Toulouse-Lautrec und Edgar Degas gefeiert. Einmal hatte der Karikaturist Jean-Louis Forain sie gezeichnet und ihrem Portrait den Namen »Der Engel der Mitternacht« gegeben. Colette raffte ihren Rocksaum und sprang über eine Pfütze auf einer ungepflasterten Straße. Auch Musen, die die Träume von Künstlern verkörperten, mussten sich im wirklichen Leben ihren Weg durch Schlamm und Dreck bahnen.

Durchnässt kam sie an der angegebenen Adresse an. Es handelte sich um einen Laden für Kräuter und Drogen im Erdgeschoss eines heruntergekommenen Hauses. Sie war sich sicher, nie zuvor hier gewesen zu sein. Die Tür ließ sich mühelos öffnen. Sie trat ein.

»Ist da jemand?« Augenscheinlich nicht. Es roch muffig nach getrockneter Kamille und staubigem Beifuß. Der Raum mit seinen Regalen voller Gefäße und den Kräutersträußen war leer bis auf eine einäugige Katze, die auf dem Tresen lag und sich putzte.

Colette ließ ihre Hand über ihr gestreiftes Fell gleiten. »Na, Schöne, wo ist dein Herrchen oder Frauchen?«

Sie trat einen Schritt zurück, als die Katze sie anfauchte, und durchstreifte den Laden, in dem neben Kräutern auch Seifen, Tees und Badeessenzen verkauft wurden. In der hinteren Ecke befand sich die Tür zum Treppenhaus. Die Stufen knarrten, als sie sie hinaufstieg. Es roch nach Mäusedreck und Schimmel. Vielleicht erlaubte sich ja jemand einen üblen Scherz mit ihr? Egal. Das Geheimnis verbarg sich hinter der Wohnungstür im Zwischengeschoss, denn die Treppe endete hier.

Sie klopfte an. »Hallo?«

Drinnen hörte sie Stimmen, eine weibliche und eine männliche, beschwichtigende, die sie kannte. Es durchzuckte sie wie ein Blitz. »Henry, mach auf!«

Als sich nichts tat, drückte sie selbst auf die Klinke und trat ein. Der Raum war penibel aufgeräumt und öffnete den Blick auf ein

Schlafzimmer mit einem gemachten Bett. Ein Kanarienvogel jubilierte in einem Bambuskäfig.

Henry saß neben einer spindeldürren jungen Frau am Tisch. Vor ihnen lag ein Buch voller Zahlenreihen, das Colettes Haushaltsbuch überraschend ähnlich sah. Welche Ironie! Die beiden hoben den Kopf und starrten sie an.

Wie billig, dachte sie, sie auf diese Weise zu erwischen, Henry leichenblass und die Frau mit einem Ausdruck hilflosen Zorns im Gesicht, der Colette, wenn die Situation nicht so deprimierend gewesen wäre, sicher zum Lachen gebracht hätte.

Henry schaffte es zuerst, das Schweigen zu brechen. »Kommst du, um mich zu holen?«

»Das kann man wohl sagen.« Sie wunderte sich, dass ihr die Worte in einer sinnvollen Reihenfolge aus dem Mund purzelten.

Er stand auf und nahm Mantel und Zylinder. »Ich gehe dann, Lotte.«

»Das musst du nicht tun«, beschwor ihn die kleine Hexe und flammte Colette mit ihren dunklen Augen an. »Du könntest bleiben.«

»Das kann er nicht.« Colette nahm seine Hand und zog ihn zur Tür. »Er kommt mit mir.«

»Die Ehefrau kämpft um ihre vermeintlichen Rechte.« Die Frau, winzig, dunkelhaarig und ein wenig verwachsen, stand auf, schob sie vor die Tür, die sie hinter ihnen ins Schloss warf. Colette presste die Lippen zusammen. Hätte sie doch Marcel Glauben geschenkt, der Paris als Abortgrube bezeichnet hatte. Wäre sie doch niemals hergekommen!

Kurz darauf standen sie an der Straße und warteten auf eine Droschke.

»Es ist nicht so, wie du denkst«, sagte Henry betreten.

Wutentbrannt stemmte sie ihre Hände in die Hüften. »Wie ist es dann? Habe ich dich etwa nicht am schäbigen Küchentisch deiner Mätresse erwischt, wie du mit ihr die jämmerlichen Bilanzen ihres Hexenladens durchgehst?«

Henrys Gesichtsfarbe verwandelte sich in ein kräftiges Burgunderrot. »Es ... ich bin auch nur ein Mann. Und Treue, das musst du doch verstehen, wird im Allgemeinen überschätzt. Charlotte Kinceler übrigens, du würdest sie mögen, Chérie. Sie ist ein Pfundskerl.«

Colette öffnete ihren Mund und schloss ihn wieder.

In der Droschke breitete sich Schweigen zwischen ihnen aus, so lastend, dass Henry ausnahmsweise nichts dagegen hatte, sie ein paar Ecken vor der Rue Jacob aussteigen zu lassen. Sie sprang auf die Straße und sah sich kriegerisch um. Er sollte nicht noch einmal wagen, ihr gegenüber von Unschicklichkeit zu sprechen, wenn sie einen Schritt allein tat.

Eilig lief sie durch den Regen. Ihr Schirm war durchnässt, als sie die Tür zu dem klassizistischen Haus aufdrückte, in dem Marcel Schwob lebte.

Langsam wie eine alte Frau stieg Colette die Treppe zu Schwobs Wohnung hinauf. Wer ihr amouröse Absichten Marcel gegenüber unterstellte, lag falsch. Sie brauchte nichts als eine Schulter zum Anlehnen und Ausweinen. Doch als sie den Türklopfer betätigte, tat sich nichts. Wartend knetete sie ihren feuchten Hut in den Händen. Dann klopfte sie erneut. »Marcel, Louise, seid ihr da?«

Jetzt endlich öffnete sich die Tür. Schwob trug seinen Morgenrock. Er sah völlig übernächtigt aus, dunkle Schatten lagen unter seinen Augen. »Lolette? Das kommt heute wirklich ungelegen.«

»Kann ich trotzdem reinkommen?«

Schwob bat sie mit einer resignierten Geste über die Schwelle. Sie folgte ihm in den Salon mit seinen eng bestückten Regalreihen und der Granatapfeltapete. Eine zarte Frau lag auf der Chaiselongue. Sie trug ein weißes Nachthemd, und ihre Haut war so blass, dass sie ihre feurige Haarflut ebenso zum Leuchten brachte wie die brandroten Flecken auf ihren Wangen.

»Marcel, wer ist das?« Ihre Worte gingen in einen Hustenanfall über.

Colette trat heran und drückte eine fieberheiße Hand. »Ich bin Gabrielle. Sie dürfen auch Colette zu mir sagen.« Wäre sie bloß nicht gekommen. Sie wünschte sich weit fort.

Louises grüne Augen richteten sich auf sie, während Marcel die Wadenwickel an ihren schlanken Beinen erneuerte. Ihr Gesicht war so ausgezehrt, dass man seine zarte Knochenstruktur erkennen konnte. Colette fühlte sich an Sidos durchsichtiges Geschirr aus Bone China erinnert.

»Das Fieber ist heute so hoch, dass ich ihr nicht von der Seite weichen kann«, flüsterte Schwob. »Ich will nicht, dass Sie uns so elend sehen, Lolette. Aber wenn Sie schon mal da sind ...«

»Ist schon in Ordnung.« Sie trat an die Chaiselongue heran.

»Bist du ein Engel?«, fragte Louise leise.

»Sie ist nicht ganz bei sich«, murmelte Schwob. »Wenn das Fieber steigt, geht ihr Geist in den Sphären zwischen Himmel und Erde auf Reisen.«

»Ich bin kein Engel.« Colette schüttelte den Kopf. Oder doch? Vielleicht war sie ja ein Mitternachtsengel, dem der Morast seines Lebens in Brocken an den Sohlen klebte? Es ging alles schief, was sie anfing. Und noch dazu bewies sie die fatale Neigung, die Leute mit sich ins Verderben zu ziehen.

Louises grüne Augen hefteten sich an ihr Gesicht. »Du siehst jedenfalls aus wie einer.«

»Nein.« Colette rang sich ein Lächeln ab. Weder Arm noch Reich war gegen die Schwindsucht gefeit, obwohl sie in schäbigen Absteigen häufiger vorkam als in gut geheizten Bürgerhäusern.

Manchmal half ein Aufenthalt an der See mit reiner Luft und reichlichem Essen. Doch wer sich das nicht leisten konnte, hatte gute Aussichten, an der Krankheit zu sterben.

»Weshalb sind Sie gekommen?«, fragte Schwob flüsternd.

»Es ist nichts.« Colette machte eine wegwerfende Handbewegung und schämte sich plötzlich. Wie hatte sie ihre eigenen Probleme nur über sein Leid stellen können? »Ich will Sie nicht stören, Marcel.«

»Sie konnten nicht wissen, wie es uns heute geht.« Er goss Louise Tee ein und träufelte einige Tropfen aus einer braunen Flasche hinein. Laudanum, dachte Colette.

»Kann ich irgendwie helfen?« Schließlich hatte sie schon Achille bei seiner Arbeit beigestanden.

Schwob zögerte. Dann drückte er ihr die Waschschüssel und die leere Teekanne in die Hand. »Wechseln Sie bitte das Wasser und kochen uns neuen Tee. Das Dienstmädchen hat heute frei.«

Colette ging in die Küche, goss die rosafarbene Brühe in den Spülstein und setzte Teewasser auf. Sie füllte die Kanne reichlich mit Kamillenblüten und Pfefferminzkraut, das auf dem Tisch bereitstand. Der Tee dampfte und duftete, als sie mit dem Tablett in der Hand in den Salon trat. In diesem Augenblick schnappte Louise nach Luft und begann zu husten. Sie hustete sich die Seele aus dem Leib, keuchte, bäumte sich auf und spuckte unversehens Blut, das als roter Tropfenregen auf sie niederging und ihr Kleid benetzte.

Nach einer Weile beruhigte sie sich und sah Colette angsterfüllt an, den Mund und das Kinn mit Blut verschmiert, das in einem dünnen Faden aus ihrem Mund rann.

Colette versuchte, den Fluss, der einfach nicht versiegen wollte, mit Servietten zu stillen. Als der Anfall endlich vorüber war, trank Louise durstig eine Tasse Tee mit noch mehr Laudanum und schlief ein.

»Ich gehe jetzt besser.« Colette legte ihre Hand auf Schwobs.

Als er sie zur Tür brachte, standen Tränen in seinen Augen. »Nun können Sie mir ja sagen, was der Grund Ihres Kommens ist.«

»Henry hat eine Geliebte«, brach es aus ihr hervor.

»Ja.« Schwob schob sie durch die Tür. »Henry ist Henry. Es tut mir leid.«

So war das also. Im Ernstfall galt seine Loyalität seinem alten Freund.

Auf dem Weg ins Erdgeschoss hatte Colette das Gefühl zu fallen. Ihr brennender Zorn war einer großen Hilflosigkeit gewichen. Wie sie es auch drehte, Henry saß am längeren Hebel.

Mit wem konnte sie über ihre Ehe sprechen? Nicht mit Schwob und auch nicht mit Sido, der sie noch immer die mondäne Pariser Bohème-Gattin vorspielte. Die Blamage würde sie weder ihr noch sich selbst antun. Mélie hatte neulich ihr zweites Kind bekommen und war mehr als beschäftigt.

Colette stand also allein. Aber sie würde mit allen Mitteln um ihr kleines Glück kämpfen. Henry war also Henry. Und dennoch. Er war ihr Mann. So verloren und desillusioniert sie inzwischen auch war, sie liebte ihn noch immer.

Die Wohnung in der Rue Jacob lag nur wenige regennasse Straßen entfernt. Nachdem sie Schirm, Mantel und Hut auf die Kommode gelegt hatte, ging sie in den Salon, wo Henry sie mit dem Whiskyglas in der Hand erwartete. Befangen setzte sie sich auf die Lehne des Sessels. Ihre feuchte Bluse begann in der knisternden Wärme des Kaminfeuers zu dampfen.

»Du siehst aus wie eine nasse Katze.« Die Flammen spiegelten sich in Henrys Glas. »Außerdem hätte ich es dir gleich sagen können.«

»Was?«, wisperte sie.

»Dass Marcels Interesse an deinem vermeintlichen Problem sich in Grenzen hält. Ich frage mich nur, wer uns so schaden will, dass er uns einen anonymen Brief schickt. Mal wieder.« Colette starrte auf die blauen und roten Ranken des Teppichmusters zu ihren Füßen. »Wie lange geht das schon?«

Henry seufzte. »Ich gestehe, dass Lotte wohl die ausdauerndste Konstante in meinem Leben ist. Vielleicht die einzige.«

Die Besitzerin des Hexenladens hatte also die älteren Rechte. Das tat weh. »Ich dachte, das mit uns sei etwas anderes?«

»Als die üblichen bürgerlichen Verbindungen?« Henry lachte leise. »Aber das ist es doch. Nur, dass wir Männer uns gerne amouröse Verwicklungen leisten, so ganz nebenbei.« Er räusperte sich. »Und etwas Abwechslung kann ja nicht schaden.«

»Bin ich dir im Bett nicht mehr interessant genug?« Zu Anfang war ihr Hunger aufeinander grenzenlos gewesen. Sie hatten die Liebe genossen wie Wein, der lange gereift war. Jetzt jedoch schien sich selbst der Sex abgenutzt zu haben.

»So könnte man es nennen«, sagte er. »Männer sind Jäger und brauchen die Herausforderung. Aber du, frag dich doch mal, in welche Richtung dein erotisches Interesse tendiert. Wem schaust du hinterher, wenn du glaubst, dass dich niemand beobachtet? Ich habe im Salon von Madame Arman gesehen, wie dein Blick in Richtung dieser schönen Schauspielerin Marguerite Moreno gewandert ist. Das soll mir recht sein. Ich gebe dir die Erlaubnis, dich unter Frauen umzusehen, Liebste. Ja, es würde mich sogar erregen, wenn du es tätest. Wäre das nicht eine gute Idee?«

Colette errötete. Seine Bemerkung führte in Bereiche, über die sie lieber nicht nachdenken wollte. »Das brauche ich nicht.«

Henry machte eine beschwichtigende Handbewegung. »Lass dir Zeit, um deine erotischen Vorlieben zu entdecken. Du bist jung. Aber verlier dich bloß nicht in diesen eingefleischten Lesbenzirkeln, wie die Marquise de Morny einen führt, das Mann-weib. Es gibt richtige Nymphomaninnen unter denen.«

»Lenk nicht ab!« Colette holte tief Luft. Von der Marquise de Morny hatte sie noch nie gehört. »Gibt es noch andere Liebschaften deinerseits?«

»Nicht jetzt, Chérie.« Henry stand auf, ließ seine Knie knacken und öffnete die Tür zu seinem Arbeitszimmer, wo sein Sekretär Marcel Boulestin im Lampenlicht über seinen Texten brütete.

An der Tür drehte er sich noch einmal um. »Meine Frauengeschichten gehen dich nichts an. Vergiss unsere Abmachung nicht, Colette. Ich sollte dich in die Gesellschaft einführen, sonst nichts. Das habe ich getan und dich mit Glanz und Glamour überschüttet. Und es hat sich gelohnt. Du bist hübsch, spektakulär und eine intelligente Gesprächspartnerin, was unser beider Renommee enorm steigert. Aber jetzt beanspruche ich meine Freiheit und mein altes Leben zurück. Das wirst du doch wohl tolerieren können.«

Er knallte die Tür zu und ließ den Salon kalt und leer zurück. Colette kniete sich vor den Kamin und legte Holz nach, welches die Flammen mit ihren sanften Händen augenblicklich ergriffen, zuerst schwelend blau, dann orange und so stark, dass sie ihr das Gesicht wärmten. Und dann glühte das Holz auf und ließ sich verzehren.

Er beanspruchte also seine Freiheit? Pah! Er hatte Charlotte Kincelers Gunst genossen, als er mit Germaine fest liiert gewesen war und zu ihr, Colette, eine platonische Beziehung gepflegt hatte. Geschickt hatte er sie alle drei gegeneinander ausgespielt. Und wer wusste schon, wen es außer ihnen noch gab? Konnte es sein, dass Henry vor keinem Rock haltmachte, vorausgesetzt, sein Inhalt war jung und knackig? Colette stand auf und taumelte.

Nach einer schlaflosen Nacht an der Seite des zufrieden schnarchenden Hausherrn packte sie ihren kleinen Koffer, schlich sich aus dem Haus und fuhr nach Châtillon, allein, weil Henry ohnehin nicht mitgekommen wäre und sie nicht bereit war, länger auf Schicklichkeit zu achten.

Also saß sie bereits am frühen Morgen im Zug, umklammerte ihre Hutschachtel und versuchte die anzüglichen Blicke zu ignorieren, mit denen die Männer sie musterten. Allein reisende Frauen waren Freiwild, das wurde ihr klar, als ihr zuerst ein älterer Herr und danach ein Zimmermannsgeselle Avancen machten. Wider Erwarten kam sie heil in Auxerre an, wo Achille sie abholte, dem sie noch aus Paris telegraphiert hatte. Ihm gegenüber schwieg sie eisern, so dass er sie schließlich fragte, ob sie krank sei oder gar schwanger. Um Himmels willen, bloß das nicht!

Sido warf ihr einen misstrauischen Blick zu. »Du bist so blass und schmal, Minet. Hast du Sorgen? Es ist doch nichts mit Henry?«, fragte sie, als sie am ersten Abend gemeinsam am Küchentisch saßen.

»Aber nicht doch. Mir geht es ausgezeichnet.« Colette lachte etwas zu schrill und biss an ihrem Daumennagel herum. »Wie du es so treffend beschrieben hast, bin ich eine Laus, die auf zwei Beinen tanzt, weil sie einen Pariser geheiratet hat.« Die Demütigung, ihrer Mutter die Wahrheit zu gestehen, würde sie sich gewiss nicht antun.

Sido legte ihre Hand auf Colettes. »Lass das Nägelbeißen, Gabrielle. Ich sehe doch, wenn etwas nicht stimmt. Und wegen Henry … Vergiss niemals, dass Frauen diskret sein müssen, wenn Männer über die Stränge schlagen.«

»Ach, wirklich?« Colette sog ihren mütterlichen Duft ein, nach warmer Milch, bitterer Schokolade und einem orientalischen Parfüm, das ihr die Generalin geschickt haben musste. Geborgenheit. Bei Sido durfte sie das Kind sein, das sie in ihrem tiefsten

Innern noch war. Aber offen reden, nein, das konnte sie nicht mit ihr. Darum stand sie auf und hockte sich vor das Hundekörbchen neben dem Ofen, wo Toutouque schon seit ein paar Stunden lag. Die Haare rund um ihre kleine Nase waren grau, und sie atmete schwer. »Was ist nur mit ihr los?«

»Sie ist alt. Ein hundertjähriger Hund. So ist der Lauf der Dinge.«

Tränen traten in Colettes Augen. »Ach, Toutouque.«

»Du kannst ihr Wasser und Futter geben, das freut sie sicher«, sagte Sido. »Bijou hat in diesem Sommer auch zum ersten Mal keine Jungen mehr gehabt. Sie genießt ihren Lebensabend.«

Colette richtete der alten Bulldogge ihre liebsten Leckereien her, darunter sogar ein Stückchen Leber, das sie aus Sidos Vorräten gemopst hatte, aber Toutouque verschmähte das Fressen und hob ihre kleine Nase nur, um ein paar Schlucke Wasser zu trinken.

Gegen Mitternacht zog Colette sich zurück und schlief unerwartet die ganze Nacht hindurch.

Am nächsten Morgen nahm sie ihre Wanderungen wieder auf. Châtillon im Spätherbst, das bedeutete einen bleigrau dahinströmenden Fluss, wie ausgestorben daliegende Straßen und einen Haufen regennasser Häuser unter einem verhangenen Himmel. Colette klappte ihren Schirm auf und durchstreifte das verwunschene Land.

An den kahlen Ästen der Bäume hingen Regentropfen wie Perlen. Ihr Schirm und ihre Jacke wurden nass, aber die klare Luft und die Ruhe taten ihr gut, und so wanderte sie lange durch das Umland mit seinen Stoppelfeldern und kahlen Wäldern.

Gegen Abend klopfte sie an die Tür des Hauses neben der Schmiede, aus der Feuerschein und das Geräusch von Hammer und Amboss drangen. Mélie öffnete, auf ihrem Arm ein Neugeborenes mit einem zerknautschten Gesichtchen.

»Ach herrje, ist das winzig«, entfuhr es Colette.

»Du bist es, Gabri? Komm herein! Und ja, er ist ja auch erst zwei Wochen alt.« Mélie zog sie über die Schwelle in die Küche, wo ihre Schwiegermutter gerade einen Berg Kinderwäsche auf die Leine hängte.

»Wer ist das?«, fragte Madame misstrauisch.

Mélie verdrehte die Augen. »Eine Freundin von früher.«

Colette wünschte ihr höflich einen guten Abend. Ein kleiner Junge mit braunem Lockenschopf tappte auf sie zu und umfasste ihre Knie. Colette nahm ihn auf den Arm und strich ihm über die Haare, doch er strampelte sich frei. Das musste Mélies erstgeborener Sohn Philippe sein. Seine grünen Augen glichen denen von Dominic aufs Haar. Mélie bereitete gerade das Abendessen vor. Auf dem Herd dampfte ein Topf mit Kaninchenragout vor sich hin, dessen Duft Colettes Magen zum Knurren brachte. Auf dem Tisch standen ein Korb mit Baguette, eine Schale mit Kartoffeln, eine Korbflasche mit Wein und fünf Teller bereit.

Mélie stellte einen sechsten dazu und räumte die restliche Wäsche von der Bank. »Setz dich doch, Gabri, und iss mit uns. Und gib mir deine nasse Jacke, ich hänge sie vors Feuer.«

Um die Hände frei zu haben, drückte sie ihr das Neugeborene in den Arm. »Das ist Gaston. Leg ihn in deine Armbeuge, schau mal, so, und vergiss nicht, sein Köpfchen zu stützen.«

Colette hoffte inständig, dass sie ihn nicht zu sehr drückte. Da lag der Winzling nun und schmatzte mit seinem kleinen Schnäuzchen. »Er hat sicher Hunger.«

»Gib ihn mir.« Mélie ließ sich auf einen Stuhl fallen, machte eine üppige Brust frei und legte das Kind an. »Diesmal stille ich ihn, solange ich kann.« Sie lehnte sich vor und flüsterte: »Meine Großmutter Loisine hat mir nämlich verraten, dass man dann nicht so schnell schwanger wird ... Nein, Philippe!« Der Zweijährige war auf den Tisch geklettert, um nach einem Stück Brot zu grapschen.

»Sicher knurrt ihm der Magen«, wandte Colette ein.

»Er muss lernen, sich zu gedulden.« Mélie zog Philippe am Hosenträger vom Tisch und wechselte Gaston auf die andere Seite. Colette beobachtete fasziniert, wie sein Mund über Mélies dunkler Brustwarze zuschnappte und er zu saugen begann. »Aber du hast mir noch gar nicht erzählt, was dich herführt.«

Colette öffnete den Mund, doch in diesem Moment traten Dominic und sein Vater in die Küche und begannen sich über die besten Hufeisen zu unterhalten, und ob man die dazugehörigen Nägel statt bei ihrem bisherigen Lieferanten nicht woanders billiger besorgen könnte.

»Gabri?« Dominics bloße Arme glänzten vor Schweiß. »Was machst du denn hier?«

Warum bist du nicht bei Henry?, hieß das. Colette errötete und versicherte, ganz planmäßig ihre Familie zu besuchen.

Das Essen wurde aufgetragen, und eine Weile widmeten sie sich schweigend dem Ragout. Es war köstlich, aber nicht besonders reichlich. Colette zerkrümelte ein Stück Brot und versuchte, der Familie nicht allzu viel wegzuessen. Nachdem alle gesättigt waren, begann man sich über dieses und jenes zu unterhalten. Sie fühlte sich verloren. Mélie war mit ihrer Familie so beschäftigt, dass sie sich kaum Zeit für sie nehmen konnte. Dominic und sie brachten sie schließlich zur Tür. Der kleine Gaston sah in den Armen seines Vaters noch winziger aus.

Colette ging allein durch die regennassen Straßen zurück. Anders als in Saint-Sauveur hatte sie das Gefühl von Fremdheit in Châtillon nie ganz verlassen. Sie gehörte nicht nach Paris, aber hierher auch nicht, das hatte sie vielleicht sogar nie.

Sie vermisste Henry doch nicht etwa? Mutwillig sprang sie mit einem großen Satz über eine Pfütze. Nein oder wenn, dann wie ein Loch im Zahn.

Einige langweilige Tage später gestand sie sich ein, dass sie sich etwas vormachte. Ihr fehlten seine geistreichen Bemerkungen, seine boshafte Ironie, die Salons, die sie gemeinsam besuchten, und die Texte, die nur sie zu seiner Zufriedenheit korrigieren konnte. Sie fühlte sich unterfordert und wie aus ihrem Leben gefallen. Und als er eine gute Woche später überraschend vor der Tür stand, konnte sie ihre Freude kaum verbergen.

Sido bat ihn herein, und er folgte ihr in die Küche, wobei er seinen Hut in den Händen drehte und jeden Blick in ihre Richtung vermied. Colette, die, über ein Buch gebeugt, am Tisch saß, wurde von dem Gefühl, in einen Abgrund zu fallen, heimgesucht. Es war ihr schon vertraut.

»Bonsoir, Füchslein.«

Sie hob ihre Augen und schwieg ihn eisern an. Sollte er nur um sie kämpfen.

Während Sido demonstrativ in den Keller ging, um eine dem Anlass angemessene Flasche Wein zu holen, ließ er sich auf die Bank fallen. »Da bin ich also.«

»Und was willst du?« Colette schob das Buch zurück.

»Dich holen, was sonst?« Henry zog sein Taschentuch hervor, faltete es umständlich auseinander und wischte sich über die Stirn. »Es ist unglaublich öde ohne dich. Und sie vermissen dich alle, Schwob, Madame Arman, Rachilde und sogar dieser schüchterne Langweiler Proust, dem du mit deinem Bohnengemüse Paroli geboten hast, herrlich. Weißt du, was neulich passiert ist?«

»Wie sollte ich?«

»Er hat seinen Liebhaber mit zu Madame Arman gebracht und mit ihm geschäkert, als seien sie Zwillinge.« Henry neigte sich vor, so dass sie das Rasierwasser riechen konnte, das er extra für diesen

Anlass aufgelegt hatte. »Und als sie gegangen waren, fing Madame an zu lästern, wie es ihre Art ist.«

»Ach, wirklich?«

»Nun, als sie sich umdrehte, stand Proust in der Tür und hörte zu. Er hatte wohl ein Buch vergessen, das Schwob ihm gegeben hatte. Und Madame palaverte weiter, bevor sie merkte, dass alle anderen schwiegen und betreten zur Tür schauten.«

Colette biss sich auf die Lippe. »Der arme Proust! Geht es noch peinlicher?«

Henry zuckte mit den Schultern. »Wohl kaum. Proust klaubte das Buch vom Sofa und verschwand fluchtartig. Aber wer ein echter Haudegen ist, dem macht so etwas nichts aus.«

Es stand ihr nicht zu, sich auf Kosten anderer zu amüsieren, aber in diesem Moment konnte sich Colette ein Grinsen nicht verkneifen. »Wen meinst du?«

»Madame natürlich, wen sonst? Ihr gehört die Welt und wenn nicht, kauft sie sich, was ihr gefällt.« Henry griff nach ihrer Hand. »Ich bitte dich, komm heim, Colette. Ich brauche dich. Ohne dich ist alles nichts. Ich vermisse dich, deine Grazie, deine Ironie, deinen Scharfsinn, deine Unterstützung.«

Sido kam zurück und räusperte sich hörbar, bevor sie drei Gläser mit dem schweren Rotwein füllte, den sie für besondere Gelegenheiten aufbewahrte. Mach es ihm nicht zu leicht, las Colette ihr von den Lippen ab.

Sie holte tief Luft. »Wir können darüber reden, wenn du alle anderen Frauen aufgibst, Henry. Jetzt und in Ewigkeit.«

Henry wurde blass. Sie sah, wie er an ihren Worten zu kauen hatte und sie dann schluckte wie einen schwer verdaulichen Bissen. »Ich werde es versuchen, Chérie. Ich werde es wirklich versuchen.«

Er hob sein Glas und prostete ihr zu. »Auf unsere Abmachung.«

»Santé.« Sie trank ihm zu.

Dabei hätte ihr in diesem Moment schon klar sein müssen, dass der Kater das Mausen nicht lassen konnte.

KAPITEL 12
1893/94

Im Dezember stellte der Maler Paul Gauguin in der Galerie Durand-Ruel seine Werke aus. Bei der Vernissage traf sich ganz Paris, was Henry Anlass gab, sie für einen großen Auftritt zu nutzen. Nachdem er Colette stolz als seine kleine »Tahitianerin« präsentiert hatte, ließ er sie allein und stürzte sich ins Getümmel.

Lustlos durchstreifte sie die Schau. Gauguin, der lange in der Südsee gelebt hatte, malte farbenprächtige Bilder, die weit mehr darstellten als das alltägliche Leben in der fernen Inselwelt. Sie blickte auf Frauengestalten, die ihr so monumental erschienen wie in Stein gehauene Standbilder.

Tahiti galt als Ort, an dem sich die Ideale Fouriers von ganz allein verwirklicht hatten. Sie, Colette, wurde von Henry als Naturkind gepriesen, das die Gedanken des Sozialreformers auch in Frankreich verkörperte. Hatte er recht damit? Sie bemühte sich, diese Frage zu beantworten, aber ihr Kopf war zu träge. Wenn sie sich nur wohler fühlen würde. Ihr Unterleib schmerzte, ohne dass sie ihre Monatsblutung hatte, ihr Kopf pochte, und ihre Arme und Beine waren bleischwer. Mehr Platz und etwas Luft hätten auch nicht geschadet. Die Gerüche nach Schweiß, Parfüm und Zigarrenrauch bereiteten ihr Übelkeit.

Sie ließ sich treiben und stand plötzlich vor einem Bild, das zwei sitzende Frauen in bunten Sarongs zeigte. *Meine Schwestern*, dachte sie. Im grellen Licht verschwammen ihre Gesichter. Sie taumelte, ließ sich auf einen Stuhl fallen und schloss die Augen, hinter deren schmerzenden Lidern Gauguins Inselfrauen mit den Menschen des Village Nègre auf der Weltausstellung zu einem rasanten Totenreigen verschmolzen. Oder waren es die Pariser, die sich zu Tode amüsierten? *Wir tanzen auf einem Vulkan und fallen irgendwann in sein glühendes Herz.*

Colette versuchte vergeblich, ihre verklebten Augenlider zu öffnen. Aufstehen kam nicht infrage, denn ihr langer Zopf hatte sich in der Stuhllehne verfangen und würde sie zurückreißen und erwürgen, wenn sie nicht aufpasste. O ja, Schlangen nach Art der Boa constrictor glitten voll böser Absichten durch Paris.

Ein junger Mann berührte sie an der Schulter. »Ist Ihnen nicht gut, Mademoiselle?«

»Ich fühle mich etwas krank.«

Der junge Mann brachte ihr ein Glas Wasser, und sie trank durstig. War es Proust? Wie seltsam. Colette war lange nicht mehr krank gewesen. Warum musste es ihr ausgerechnet jetzt passieren?

»Wen kann ich für Sie holen?« Oder war es Debussy oder gar ein Fremder, vor dem sie sich nicht blamieren sollte?

Mühsam versuchte sie, sich zu konzentrieren. »Meinen Mann. Er ist der Große, Kräftige mit dem Bart, der so laut lacht.«

»Willy?«, fragte er so konsterniert, dass sie fast gelacht hätte. »Dann sind Sie Madame Willy?«

Sie konnte nicht antworten, weil ihr Kopf so schlimm pochte, aber sie nickte und schloss dankbar die Augen.

Als Nächstes spürte sie Henrys Hand auf ihrer Stirn. »Du glühst ja. Du hast Fieber.«

»Lass uns heimgehen, bitte!«

Aber Henry schüttelte den Kopf. »Noch einen Moment, Liebes. Ich habe gerade einen Verleger kennengelernt, Ollendorff, den mit dem weißen Schnauzbart. Ihn gedenke ich für meine Werke zu begeistern.«

Sie nickte kraftlos und ließ sich von ihm ein Glas Champagner in die Hand drücken. »Das wird dir sicher guttun«, hörte sie ihn sagen.

Als Colette das prickelnde Getränk durch ihre Kehle rinnen ließ, öffnete eine von Gauguins Frauen ihren Mund und stieß einen spitzen Schrei aus, der ihr das Blut in den Adern gefrieren ließ. Die grellen Farben und das Geraune der Menschen, alles verschmolz zu einem rasenden Strudel, der sie mit sich in die Tiefe riss.

So bemerkte sie weder, dass sie zu Boden sank, noch, dass Henry sie eilig zu einer Droschke trug und mit ihr nach Hause fuhr. Sie war leichter als eine Feder und schwebte davon. Ihre Zuflucht war eine Höhle, die von einem lodernden Feuer erhellt wurde. Alle hatten sich darum versammelt, Sido, Loisine, Mademoiselle Terrain, Mélie, Dominic, Schwob, Louise. Nur Henry fehlte. In der Ferne schlug jemand eine Trommel, und Loisine raunte ihr etwas zu. »Du hast noch einen weiten Weg vor dir, kleine Colette-Göre, Respekt. Aber es wäre besser, wenn du dir deine Socken in Zukunft selber stricken würdest.«

Sie erwachte, als jemand sie sanft an der Schulter rüttelte, und bemerkte, dass sie in ihrem Doppelbett im Schlafzimmer der Rue Jacob lag.

»Wach auf, Füchslein, ich bitte dich!«

»Ja?« Ihre Stimme war heiser, ihre Kehle ausgedörrt.

»Ich bin es, Henry.« Er zog sie in eine aufrechte Haltung und hielt ihr eine Tasse mit kaltem Tee an den Mund.

Sie trank durstig. Dann nahm sie ihren schweren Moschusgeruch wahr. Schweiß bedeckte ihren ganz Körper. »Wie lange?«

»Drei Tage, Liebes. Du hast nur in deinen Fieberträumen mit uns gesprochen.«

Drei Tage. »Wie habt ihr …?«

Henry seufzte und ließ sich auf einen Stuhl neben dem Bett

fallen. »Wir haben dich in allem unterstützt. Vor allem Juliette. Sie hat dir von Zeit zu Zeit ein paar Schlucke Tee eingeflößt, und …« Er deutete auf den Boden. Colette errötete, als sie die Bettpfanne erkannte. Ach, wäre sie doch in ihrer Höhle geblieben! Mit letzter Kraft schaffte sie es, aufzustehen und an Henrys Arm zum Nachtstuhl zu wanken. Das Wasserlassen tat so weh, dass sie mit den Zähnen knirschte. Ihr ganzer Unterleib brannte und fühlte sich geschwollen an.

Henry setzte sie behutsam auf den Bettrand. »Du bist immer noch so heiß. Willst du nicht doch einen Bissen essen? Juliette hat eine Brühe gekocht.«

»Ich muss mich ausruhen.« Erleichtert ließ sie sich zurück in die Umarmung des Fiebers gleiten.

Wie lange es diesmal dauerte, konnte sie nicht sagen, nur dass sie eines Nachts erwachte, weil sie aus dem Nebenzimmer Stimmen hörte. Unter der angelehnten Tür drang Lichtschein in den Raum.

Henry klang verzweifelt. »Tun Sie etwas, Dr. Julasse. Sie schmilzt mir unter den Händen dahin wie Schnee in der Märzensonne.«

Colette wunderte sich. Konsultierte Henry etwa wegen ihr den Arzt des Hospitals Saint-Lazare? Was der sie wohl kosten würde? Hatte der fremde Mann sie untersucht? Sie erinnerte sich flüchtig an Finger, die sie von innen und außen abtasteten, und wunderte sich, dass ihr jedes Gefühl von Demütigung abging.

»Sie braucht Flüssigkeit«, antwortete der Arzt nach kurzem Zögern. Stimmte das? Prüfend ließ sie den Blick an sich hinabwandern. Ihr Arm fühlte sich dünn und kraftlos an, und ihre Haut wirkte schrumpelig, wenn sie sie zwischen zwei Fingern zusammendrückte. Die Veränderung war so groß, dass sie einen Moment lang dachte, sie hätte ihr Leben verschlafen und wäre als Greisin aufgewacht.

»Sie muss viel trinken und sollte baden. Ich werde Ihnen eine

Wanne aus dem Spital schicken lassen und dazu eine Anweisung, wie Sie vorzugehen haben.« Der Arzt machte eine kleine Pause. »Haben Sie sie mit der Krankheit angesteckt?«

Welcher Krankheit? Colette erstarrte vor Schreck.

Henry druckste herum. »Ich kann nicht genau sagen, ob ich sie mir zugezogen habe. Im Moment fühle ich mich wohl.«

»Denken Sie nach! Der Unterleib Ihrer Frau ist betroffen. Können Sie sich an ein festes Geschwür erinnern, im Schambereich oder am Mund, bei ihr oder an Ihnen?«

Henry zögerte. »Ich glaube nicht.«

Der Arzt räusperte sich. Sie konnte seine Missbilligung über die Distanz hinweg spüren. »Wie auch immer. Ich verordne heiße Bäder.«

Colette legte sich zurück und lauschte den unregelmäßigen Schlägen ihres Herzens. Das Grauen, das mit seinen langen Spinnenfingern nach ihr griff, hatte einen Namen. Syphilis war die Geißel der Menschheit, die viele Männer von ihren Bordellbesuchen mit in ihr Ehebett brachten. Hatte Achille das gemeint, als er ihren Eltern gegenüber Henrys ausschweifendes Leben erwähnte? Sie wusste, dass die Krankheit nach einer akuten Phase jahrelang beschwerdefrei verlief, um dann in Siechtum und Tod zu enden. Auf jeden Fall hätte Henry offener mit ihr sein müssen. Sie ballte ihre Fäuste. Doch dann ermüdeten ihre Ängste sie so, dass sie sich wieder in die Umklammerung des Fiebers fallen ließ.

Sie erwachte am nächsten Morgen, als die Wintersonne grell durch die Vorhänge schien, und erschrak, weil Henry und Juliette sie gerade aus ihrem Bett in die mit Tüchern ausgelegte Wanne hoben. Das Wasser dampfte so, dass sie in Panik geriet und sich strampelnd wehrte.

»Nein, ich …« Sie schrie auf, als sie sie in das heiße Wasser senkten.

»Aber Madame! Wir wollen Ihnen nur Gutes«, schalt Juliette.

Henry setzte sich neben sie und griff nach einem Buch. »Schön, dass du wieder da bist, mein Liebes.«

Colette resignierte. Da lag sie nun, blinzelte sich die Tropfen aus den Augen und betrachtete die Welt durch einen Dunstschleier. Zuerst war das Wasser so heiß, dass es ihr den Atem verschlug, dann aber kühlte es ab. Es schien zu stimmen, dass ihr Körper nach Flüssigkeit lechzte. Ja, es war, als würde er so viel wie möglich davon aufsaugen. Zum Schluss schaffte sie es sogar, eine Tasse Tee zu trinken.

Der Schlaf, der auf ihr erstes Bad folgte, war so tief, dass sie erst erwachte, als sich eine vertraute Hand auf ihre Stirn legte. »Da bist du ja, Minet-Chérie.«

»Maman!«

»Das hast du schon lange nicht mehr zu mir gesagt.« Sido lachte leise.

»Ich bin froh, dass du da bist.« Colettes Stimme klang wie eingerostet. »Sag, Sido, hat Henry mich mit der Syphilis angesteckt?«

Sido zuckte zusammen. »Ich weiß es nicht, Liebes. Ich weiß es wirklich nicht. Schau mal, wer auch da ist.«

Kiki saß schnurrend auf Sidos Schoß und wollte Colette auf den Bauch springen.

»Noch nicht.« Sido hielt sie fest.

Die nächsten Tage verliefen nach dem immer gleichen Schema. Colette nahm abwechselnd heiße Bäder und erholte sich in Phasen tiefen Schlafes. Wenn sie wach war, flößte Sido ihr Tee ein und ließ schließlich sogar Kiki in ihr Bett. Katzen auf Dauer etwas abzuschlagen war ein vergebliches Unterfangen, das wussten sie nur zu gut, und so richtete sich Kiki schnurrend neben Colette ein.

Ihr Zustand blieb unverändert. Eines Nachts hörte sie Sido mit Henry streiten.

»Ich dachte, ich täte recht daran, Ihnen meine Tochter anzuvertrauen.« Ihre Stimme war schneidend und aufgebracht. Selten hatte Colette sie so zornig erlebt. »Aber jetzt bin ich mir nicht mehr sicher. Sie hat ja nicht einmal einen Mantel.«

»Sie fährt Droschke.«

Sido schnaubte. »Ich glaube, dass Sie einfach zu geizig sind, Monsieur Willy.«

»Aber nicht doch. Colette ist die Königin von Paris. Alle beten sie an, originell, wie sie ist. Ein Landkind aus der Puisaye erobert Paris mit seinem Charme, stellen Sie sich das vor!«

»Ich bin mir sicher, dass Sie schon dafür sorgen, dass Gabris Originalität Ihre eigene Karriere antreibt. Womit haben Sie sie angesteckt, sagen Sie es? Ist es die Syphilis?«

»Sch.« Colette glaubte zu sehen, wie Henry sich peinlich berührt umdrehte. »Ich weiß es nicht. Ich weiß nicht einmal, ob ich die Krankheit selbst habe und sie weitergeben könnte. Und wenn, war es keine Absicht.«

Er klang müde. Ja, er kroch zu Kreuze, sofern er dazu fähig war. Aber Sido war nicht bereit, ihn so schnell aus ihren Fängen zu lassen. »Geben Sie wenigstens zu, dass Sie ihr nicht treu waren.«

Ein spöttisches Lachen ertönte, für das Colette ihn hätte ohrfeigen können. »Wer ist das schon? Aber ich gebe mir Mühe, wirklich.«

Colette robbte wieder unter ihre dicke Daunendecke. Fünf Wochen lag sie nun schon hier, und es war kein Ende abzusehen.

Als sie noch zusätzlich eine Augenentzündung bekam, rief Sido ihren ältesten Sohn nach Paris. Unter Achilles aufmerksamem

Blick fühlte sich Colette zum ersten Mal sicher. Vielleicht wurde ja doch noch alles gut.

Das Hörrohr fühlte sich in ihrem Rücken ganz kalt an. »Was machst du nur für Sachen, Gabri? Huste mal!«

Colette tat, was er verlangte, und Achille hörte sie aufmerksam ab.

»Hab ich die Syphilis?«

»Das kann ich dir nicht sagen. Die Symptome sind nicht eindeutig. Aber vieles deutet darauf hin, dass du dir eine Krankheit der weiblichen Organe zugezogen hast. Die Schmerzen beim Wasserlassen, die Schwellung des Unterleibs.«

Sie schnaubte. »Warum kann man mir nicht endlich die Wahrheit sagen? Nicht einmal du?«

Er hob entschuldigend die Arme. »Weil niemand es sicher weiß. Dr. Julasses heiße Bäder sprechen dafür, dass er Syphilis in Betracht zieht. Ich bin kein Arzt für Frauenleiden, aber für mich könnte es auch Gonorrhö sein.«

Colette verdrehte die Augen zur Decke. »Was ist das denn nun schon wieder?«

»Die Krankheit ist auch als Tripper bekannt. Sie ist normalerweise nicht lebensgefährlich, aber sie kann alle Unterleibsorgane befallen und sorgt für Entzündungen und Fieber. Gonorrhö ist langwierig und könnte die Sache mit dem Kinderkriegen erschweren. Wie gesagt, ich bin mir nicht sicher. Aber egal, was es ist, du musst Geduld haben.«

»Auf jeden Fall stammt es von Henry«, brummte Colette frustriert. »Weil er es nicht lassen konnte, herumzuhuren.«

»Was soll ich dazu sagen?« Achille zuckte mit den Schultern. »Wenn ich dir mit dem Gemeinplatz komme, dass Männer Männer sind, ohrfeigst du mich nur oder reißt mir das Hörrohr weg und trampelst darauf herum.«

»Achille!« Sie schaffte es, ihn ganz schwach in den Bauch zu boxen. »Ich kann gar nicht aufstehen und herumtrampeln. Aber was machen wir denn jetzt?«

Er schwieg einen Moment. »Sagen wir mal so. Du bist sehr schwach. Das Pendel schlägt zu der Seite aus, für die du dich entscheidest. Wenn du willst, wirst du leben. Sonst nicht.«

Tränen traten in Colettes Augen. Was war nur aus ihr geworden? »Henry würde mich nicht sehr vermissen. Und die Seelen in meinen Träumen, sie rufen mich, verstehst du?«

Achille griff nach ihrer Hand. »Das Leben ist es wert, gelebt zu werden. Und Henry, ich glaube, er würde dich mehr vermissen, als du denkst.«

Entschied sie sich bewusst oder klammerte sich ihr junger Körper an dieses irdische Dasein? Irgendwann wünschte sie sich nichts weiter, als noch einmal barfuß über eine grüne Wiese laufen zu können.

Von da an ging es bergauf. Sie aß die Brühe mit dem eingeweichten Brot, die Juliette ihr zubereitete; zuerst, um Sido einen Gefallen zu tun, und dann, weil ihr Appetit zurückkehrte. Wenige Tage später verabschiedeten sich ihre Lieben, nachdem Sido ihr in den Grands Magazins am Louvre für 125 Franc einen pelzbesetzten schwarzen Mantel gekauft hatte.

Kaum machte die Nachricht von der Besserung ihres Zustands die Runde, gaben sich ihre Besucher die Türklinke in die Hand. Während Colette mit einem Kissen im Rücken Hof hielt, trug sie einen Morgenmantel, der an einen Botticelli-Engel erinnerte. Es kamen Jean Lorrain, der homosexuelle Journalist mit den gefärbten Haaren, die Schriftsteller Jean de Tinan und Pierre Veber und viele weitere Bekannte. Weil es Colette nach Literatur verlangte, freute sie sich besonders über die Besuche von Henrys alterndem Freund Paul Masson, der für die Nationalbibliothek arbeitete, und die Gegenwart von Marcel Schwob. Er stieg fast täglich die drei Stockwerke zu ihrer Wohnung hinauf. Bei seinem ersten Besuch, an einem milden Märznachmittag, brachte er ein Buch von Mark Twain mit. Laue Luft drang durch das offene Fenster, und die Frühlingssonne tauchte die Dächer von Paris in ihr goldenes Licht. Colette saß im Bett. Bevor Sido gefahren war, hatte sie ihr die Haare gewaschen und zu zwei festen Zöpfen geflochten, die sich wie Schlangen über ihre Schultern bogen. »Ich habe Sie so vermisst, Marcel.«

Er setzte sich auf den Stuhl neben ihrem Bett. »Wie geht es Ihnen, Lolette?«

»Ich fühle mich wie eine Feder oder eine Schneeflocke, als könnte ich gleich davonschweben. Aber sagen Sie, wie steht es zu Hause?«

Schwob lächelte wehmütig. »Vielleicht eine Spur besser. Louise lässt sich von mir in den Wintergarten tragen und genießt den Sonnenschein. Und dennoch, manchmal bin ich traurig. Meine erste Liebe schwindet dahin, und ich kann nichts dagegen tun.«

Colette deutete auf das Buch in Schwobs Schoß. »Lesen Sie, Schwob, lesen Sie mir vor oder lesen Sie für sich selbst, egal.« Die Literatur war immer die Rettung.

Schwob schenkte ihr sein scheues Lächeln. »*Die Abenteuer des Huckleberry Finn.* Ich habe es selbst ins Französische übersetzt.«

»Na los, nehmen Sie mich mit auf die Reise.« Sie setzte sich erwartungsvoll auf und lauschte Huckleberry Finns haarsträubenden Erlebnissen am Mississippi. »Das ist ja so, als sähe ich alles vor mir, den trägen Fluss in seiner ganzen Breite, das Floß und diesen grässlichen Bösewicht.«

Schwob nickte. »So soll es sein. Was wären wir, gäbe es keine Bücher, die uns ein zeitweiliges Zuhause schenken?«

»Mir helfen sie beim Gesundwerden.«

Er schüttelte den Kopf. »Das kann ich von mir nicht behaupten.«

Colette hatte sich oft gefragt, welche geheimnisvolle Krankheit sich hinter Schwobs Lächeln verbarg. Er stritt ab, dass es sich um Syphilis handelte, und führte seine Schwäche auf seine angegriffene Lunge zurück. Sie wusste, dass er gegen die Schmerzen Morphium nahm.

»Warum sind die meisten Schriftsteller eigentlich Männer?«, fragte sie leichthin.

Schwob hob den Kopf. »Das stimmt nicht ganz. Rachilde hat einige Bücher herausgebracht. Und es gibt weitere Frauen, die recht passabel schreiben. Jane Austen und die Brontë-Schwestern aus England zum Beispiel.«

»Rachilde?« Colette schüttelte den Kopf. »Die ist ein Sonderfall. Und die anderen, haben die denn Erfolg?«

Schwob lachte. »Die Vorstellung, eine Frau könne sich durch das Schreiben ihren Lebensunterhalt sichern oder gar Erfolg haben, hat etwas Abwegiges. Frauen erziehen Kinder und dienen ihren Ehemännern zur Erbauung.«

Meinte er das nun ernst oder nicht? Colette beschloss, es darauf ankommen zu lassen. »Oder sie führen einen Salon, der dazu dient, gut aussehende männliche Schriftsteller berühmt zu machen.«

Marcel hob die Augenbrauen. »Wie Madame Arman und Anatole France?«

Sie kicherten einträchtig.

»Ich wusste gar nicht, dass Sie ein Blaustrumpf sind, Lolette.«

»Ich auch nicht.«

Schwob war klug, belesen und abgeklärt und ihr dabei so unbefangen zugetan.

In den nächsten Tagen riss der Besucherstrom nicht ab. Colette fühlte sich wie Marie-Antoinette, die in ihrem Boudoir Hof hielt. Nur Henry, der sein nächstes Buch zu schreiben beziehungsweise die Abläufe rund um sein Erscheinen zu koordinieren hatte, machte sich rar.

Die größte Überraschung erlebte Colette, als eines sonnigen Nachmittags Madame Arman persönlich in ihr Schlafzimmer rauschte. In vollem Ornat, was bedeutete, mit einem wagenradgroßen Hut auf dem Kopf und zwei Dienstmädchen im Gefolge, die Unmengen von Obst und Blumen in Schalen arrangierten. Colette blinzelte ungläubig. Da türmten sich Äpfel, Birnen, Orangen, aber auch so exotische Früchte wie Ananas, für die Madame ein Vermögen ausgegeben haben musste.

»Ksch, ksch.« Madame wedelte ihre Begleiterinnen vor die Tür, warf das Monstrum von Hut aufs Bett und ließ sich keuchend in den einzigen Sessel fallen. »Dritter Stock. Ich wusste gar nicht, dass Willy und Sie so nahe an den Wolken wohnen. Darf ich mein Korsett lüften, Liebste? Sehen Sie es einer alten Frau nach.«

»Natürlich.«

Während Madame unter ihrer Bluse nestelte, warf sie Colette einen prüfenden Blick zu. »Schnüren werden Sie sich in nächster Zeit ja wohl kaum mehr müssen, Sie Glückliche.«

Colette zuckte mit den Schultern. Sie wusste, dass sie stark abgenommen hatte.

»Damit das nicht so bleibt, sollten Sie essen, Kindchen. Und deshalb …« Madame schälte eine Banane und überreichte sie Colette, die prompt hineinbiss.

»Ich schaffe nicht so viel auf einmal«, sagte sie mit vollem Mund.

»Aber nach und nach. Tun Sie sich keinen Zwang an!« Und dann fragte sie ganz unverblümt: »Stimmen die Gerüchte, nach denen Sie sich die Syphilis zugezogen haben?«

Colette sog scharf die Luft ein. »Nein, es war nichts als ein Nervenfieber.«

Auf diese Version hatten Henry und sie sich geeinigt, um ihren Ruf zu schützen oder vielmehr Henrys Ruf.

»Pah!«, machte Madame. »Wenn einer Ihnen die Krankheit vererbt hat, dann ja wohl Willy. Der ist nun wirklich kein Kind von Traurigkeit.«

»Willy hat …« Colette war zu schwach, um zu widersprechen. In der ersten Zeit ihrer Krankheit hatte er sich intensiv um sie gekümmert. Doch nach Sidos Ankunft hatte er die Pflege ihr überlassen und sich wieder dem Leben zugewandt, das er kannte, der Bohème.

»Lassen Sie es gut sein, Kindchen.« Madames weiche Hand legte sich auf ihre. »Sie brauchen ihn nicht zu verteidigen. Er ist wie alle. Willy hat früher rund um sich gevögelt und tut das wahrscheinlich auch heute noch.«

Colette schüttelte den Kopf. »Das ist vorbei. Er hat mir Treue versprochen.«

»Nun …« Madame steckte eine Nadel in ihrer hennagefärbten Hochfrisur fest. »Aber Sie lieben ihn nun einmal, sonst wäre Ihnen das egal. Also gilt mein Ratschlag Ihnen, seiner blutjungen Frau.« Sie hob ihren Zeigefinger. »Lassen Sie sich nichts mehr bieten, nie mehr. Männer brauchen Grenzen, und Sie sind diejenige, die sie ihnen aufzuzeigen hat. Wer sonst sollte es tun?«

»Aber …«

»Ach, Kindchen. Wer, wenn nicht Sie hat die Grundsätze Fouriers verinnerlicht? Sie wissen, wie sich Freiheit anfühlt, Selbstverwirklichung, vielleicht sogar freie Liebe. Mon dieu! Da haben Sie den meisten etwas voraus.« Madame legte Colette ihre warme Hand auf die Schulter.

»Daran habe ich erhebliche Zweifel.« Fourier hin oder her, wenn sie im ersten Jahr ihrer Ehe eines gelernt hatte, dann, dass Ehefrauen sich fügen mussten.

»Und wenn schon. Nehmen Sie sich, was Ihnen zusteht, und beginnen Sie damit, zu tun, was Ihnen beliebt!«

Colette hätte fast gelacht. Noch schaffte sie es kaum, länger als zwei Stunden wach zu bleiben und vom Bett aus ihre Korrespondenz zu erledigen. Wie sollte sie da die Welt erobern? »Und wann soll ich Ihrer Meinung nach damit anfangen?«

Madame sah sich nach allen Seiten um, als würde sich ein Lauscher hinter den Vorhängen verbergen. »Heute natürlich, ach, was sage ich, jetzt sofort. Beginnen Sie mit kleinen Schritten, aber lassen Sie sich nicht abhalten! Und zuallererst rufen Sie Henrys süßen dunkelhaarigen Sekretär, diesen Marcel …«

»Boulestin.« Colette pustete sich eine Haarsträhne aus dem Gesicht.

»Ja«, fuhr Madame fort. »Rufen Sie ihn herein und lassen Sie ihn eine Ananas schälen.«

Colette errötete. »Er ist …«

Madame nickte. »… zweifellos den sinnlichen Freuden der Antike zugetan. Aber man braucht ja was zum Schauen.«

Sechzig Tage Bettruhe, Senfpflaster für ihren entzündeten Unterleib und eine Menge heiße Bäder taten schließlich ihre Wirkung. Im Mai fühlte sich Colette so weit wiederhergestellt, dass sie am Arm ihres Schwiegervaters den Ball zur Hundertjahrfeier der École Polytechnique eröffnen konnte.

Den Sommer verbrachten die Willys zusammen mit Paul Masson auf der Belle-Île-en-Mer, der größten bretonischen Insel.

Anfang Juni 1894 stand Colette an der Reling des Dampfboots, das sich von Quiberon aus durch das leuchtend blaue Meer mit seinen weißen Gischtnestern pflügte. Schnell kam die Insel in Sicht, die der letzte Vorposten vor dem unendlichen Atlantik war. Sie hatte zwei klimatisch vollkommen verschiedene Seiten.

Im Westen zehrte die Brandung des Ozeans an ihr, im Osten aber war das Klima fast mediterran und ließ Rosen und Weinstöcke gedeihen.

Viel zu schnell kam die Hafenpromenade der Hauptstadt Palais in Sicht. Colette wäre gern noch weiter gefahren. Aber die Stadt war auch sehr schön.

»Schaut nur, die bunten Häuser!« Sie sprang vor Begeisterung auf und ab.

Sie bezogen das Gutshaus Kernic-en-trédez. Es war groß genug für sie alle drei und verfügte über ein Arbeitszimmer für Henry, der auch in den Ferien nicht von seiner Arbeit lassen wollte.

Colette war vom Licht entzückt, das das Meer am Horizont wie dunkelblauen Samt aufleuchten ließ und es nah der Küste in grünes Glas verwandelte. An Land intensivierte es die Farben der Häuser, Pflanzen, Boote und Menschen. Auch die Schatten wirkten tiefer als sonst. Jetzt, im Frühsommer, lag der süße Duft der Heckenrosen über der ganzen Insel. Nur Marcel Schwob fehlte Colette zu ihrem Glück. Einige Tage nach ihrer Ankunft setzte sie sich an ihren kleinen Schreibtisch, griff nach ihrem Federhalter und begann einen Brief an ihn.

Wir wohnen in einem großen Holzhaus, das nach Schiff riecht. Es hat einen Balkon aus rosa Backsteinen, von dem aus man abends am Strand die Fischerinnen tanzen sehen kann. Sie fügte hinzu, dass sie den Männern Avancen machten und sogar vor dem alten Griesgram Paul Masson mit seinem Zauselbart nicht zurückschreckten. *Eine wollte sogar mit ihm schlafen, aber er hat abgelehnt.*

Statt sich von der holden bretonischen Weiblichkeit betören zu lassen, begleitete Masson Colette an den Strand, wo sie Tümpel voller Meereswesen, Krebse und Muscheln entdeckten. Während sie an ihrem Rand kniete, blieb er seiner schmerzenden Knie wegen stehen. »Sehen Sie, Masson. Das Wasser wuselt nur so vor

Leben. Wenn man es aufmerksam beobachtet, sieht man kleine Wesen darin tanzen. Schauen Sie, die Quallen sind ganz durchsichtig.«

»Und wo haben Sie das gelernt?« Massons Knie knackten, als er doch noch in die Hocke ging.

»Genau hinzusehen? Das hat mir meine Maman Sido beigebracht. Ich bin eine Naturforscherin.«

Colette hatte nicht geglaubt, dass sie fähig sein würde, jemals wieder Freude zu empfinden, aber es war so. Während der Rhythmus der Wellen sie nachts in den Schlaf sang, erholten sich ihr Körper und ihre Seele. Nur Schwob, der zugesagt hatte, auf die Belle-Île nachzukommen, beantwortete nicht einmal ihre Briefe. Sie vermisste ihn und sorgte sich gleichzeitig um ihn.

Willy ist ein überempfindlicher Dummkopf, schrieb sie. *Ebenso, wie Sie ein überempfindlicher Idiot sind. Was soll ich nur mit euch beiden anfangen?*

Auch auf diesen Brief reagierte er nicht. Colette pfefferte ihr Briefpapier in die Ecke.

Wenigstens Madame Arman hatte sie nicht vergessen. Sie schickte ihr eine Brosche in Form einer Fliege mit Augen aus Rubinen und einem Körper, der aus einer Perle bestand. Für einen Besuch bei Théodore Duret, dem Biographen Eduard Manets und Whistlers, steckte Colette sie an ihren Schulmädchenkragen wie eine echte Fliege, die sich darauf niedergelassen hatte.

Henry trat in ihr Zimmer und rieb sich die Hände. »Auch Sarah Bernhardt macht in diesem Sommer Urlaub auf Belle-Île. Ich hatte wieder den richtigen Riecher. Wir sind da, wo sich die Schickeria trifft, Füchslein, im Zentrum des Geschehens. Da gehören wir hin.«

»Du willst immer und überall deine Berühmtheit steigern.« Sie lachte, obwohl sie sicher war, dass sie sich bei Duret zu Tode langweilen würde. Doch dann trat das Gegenteil ein. Sie plauderte angeregt mit den Gästen und war froh, die Zeit ihrer Krankheit hinter sich gelassen zu haben.

Viel später standen sie auf dem kleinen Balkon ihres Hauses und sahen zu, wie die Nacht aufzog. Henry hielt sie in seinen Armen, und Colette lehnte ihren Kopf an seine breite Brust. Über die Wasserfläche floss das Mondlicht wie eine Spur aus Milch. »Kann es sein, dass die Erde sich hier langsamer dreht als in Paris?«

»Das muss sie wohl. Vielleicht liegt es auch an den Gezeiten oder dem ewigen Wechsel von Ebbe und Flut, der wie Ein- und Ausatmen ist, wer weiß?« Henry legte ihr sein Kinn auf den Kopf. »Es ist gut, dass du noch da bist, Colette. Was sollte ich ohne dich tun?«

Sprach er vom Tod, dem sie nur knapp von der Schippe gesprungen war? Oder erinnerte er sich daran, dass Sido sie am liebsten mit zurück nach Châtillon genommen hätte?

Im Moment lief alles gut. Henry nahm sich Zeit, sie segeln zu lehren, und nachts schlief sie in seinen Armen. Sie hatte sich ein kleines Stück Himmel erobert, wusste aber, dass es so schnell zerrinnen konnte, wie sie es gewonnen hatte.

Einige Tage später erreichte sie ein Päckchen von Marcel Schwob. Begierig riss sie es auf und hielt ein frisch gedrucktes Exemplar seines neuesten Buches in den Händen. *Le livre de Monelle* lautete der Titel.

Verwundert stellte sie fest, dass Schwob keine Karte beigelegt hatte. Also musste das Buch selbst die Botschaft enthalten. Sie warf sich aufs Bett und begann zu lesen. *Liebe den Augenblick. Alle Liebe, die dauert, ist Hass. Alle Aufrichtigkeit, die dauert, ist Lüge, alle Gerechtigkeit, die dauert, ist Ungerechtigkeit. Sei wie die Rosen: lass deine Blütenblätter von der Lust herausreißen, vom Schmerz zertrampeln.*

Tränen schossen ihr in die Augen, und sie lief zu Henry, der in seinem Arbeitszimmer am Schreibtisch saß.

Er sah auf. »Aber Füchslein, deine Augen sind noch immer nicht ganz in Ordnung. Du sollst sie doch nicht ruinieren, indem du zu viel liest. Aber du … weinst ja?«

»Das ist von Schwob. Es ist so traurig.«

Über Henrys Gesicht zog ein Ausdruck von Wachsamkeit. Er klappte das Buch auf und überflog ein paar Texte. »Oje, den hat's aber erwischt. Ja, bei ihm muss man aufpassen, dass aus Liebe nicht Weltschmerz und Selbsthass wird.«

Und dass er sich nichts antut, fügte sie im Stillen hinzu. Colette schluckte vor Angst. In letzter Zeit hielt der Tod reiche Ernte unter ihren Freunden. »Was ist denn mit ihm los? Er meldet sich gar nicht bei mir. Und jetzt gibt mir dieser Mistkerl auch noch das Gefühl, ihn im Stich gelassen zu haben, als es ihm schlecht ging.«

Henry kaute an seinem Unbehagen. Er stand auf und zog eine Karte aus einem Stapel Zeitschriften. »Lies selbst.«

Colette öffnete den Umschlag. *Ich trauere um Louise Poiret, die Geliebte meines Herzens. Marcel Schwob.*

»Louise ist tot?« Ein Engel, der viel zu früh in himmlische Gefilde entschwunden war. Darunter standen ihre Lebensdaten und das Datum der Beerdigung, die vor einer guten Woche stattgefunden hatte.

Colette senkte die Karte. »Warum hast du mir das verschwiegen? Wir hätten hinfahren und seinen Kummer teilen können. Marcel ist unser Freund.«

Henrys Augen wurden undurchdringlich. »Aber Füchslein. Du bist noch zu schwach, um so weit zu reisen. Louise war sehr krank, also war ihr Tod abzusehen. Ich habe Marcel geschrieben und unserer Trauer auch in deinem Namen Ausdruck verliehen. Er versteht sicher, dass du dich nicht persönlich melden konntest.«

Colette war so entrüstet, dass sie um ihre Fassung rang. »Aber ich habe ihm jede Menge gut gelaunte Briefe geschrieben und wurde sogar frech ihm gegenüber. Er muss mich für eine rücksichtslose und ignorante Hexe halten.«

»Gewiss nicht. Marcel ist klug. Er versteht uns besser, als für ihn gut ist.« Henry wandte sich ab und steckte einen Stapel Papiere in einen großen Umschlag. »Das muss heute noch zur Post. Kommt einer von euch beiden nach Palais?«

Sie nahm den Umschlag an sich und verließ ohne ein weiteres Wort das Zimmer. War ihm nicht bewusst, dass er mit seiner Tat die zarten Fäden zerschnitt, die sie mit Marcel Schwob verbanden? Sie überlegte hin und her, wie sie Henrys schlimmen Fauxpas ausbügeln konnte, und schließlich kam ihr die rettende Idee.

Sie lud Schwob für den Herbst nach Châtillon ein. Er kam und lernte Achille kennen, der ein großer Bewunderer seiner Bücher war. Gemeinsam probierten sie das Auto aus, das der junge Landarzt sich vor Kurzem geleistet hatte, ein knatterndes und stinkendes Ungetüm, das auf den Landstraßen alle Blicke auf sich zog. Colette setzte sich unbekümmert ans Steuer und fuhr wie der Teufel, während die beiden jungen Männer sich mit grünen Gesichtern an ihren Sitzen festklammerten. Manchmal zerrann einem das Glück zwischen den Fingern, aber hin und wieder gelang es auch, einen winzigen Funken festzuhalten und über den Abgrund zu tragen.

Auch in Paris ging es vielversprechend weiter. Maurice Barrès, der Herausgeber der Zeitschrift *Cocarde*, lud Henry und Colette ein, als freie Journalisten an seinem Blatt mitzuarbeiten, das sich politischer Neutralität verschrieben hatte. Sie nahmen an und verbrachten daraufhin viel Zeit in den Redaktionsräumen in der Rue Paul-Lelong, Colette mit Baskenmütze und einem Zopf, der ihr bis zu den Fersen reichte. Auf Henrys Geheiß schrieb sie sechs

Musikkritiken, die sie mit Colette Gauthier-Villars unterzeichnete.

Colette, die Journalistin, dachte sie. Wer wusste schon, was noch in ihr steckte?

❧ KAPITEL 13 ❧
Herbst 1894

Colette stand vor dem Kräuterladen am Montmartre, starrte auf die Glastür und zögerte, so viele Zweifel quälten sie. Schließlich drückte sie die Klinke und trat unter dem unschuldigen Gebimmel der Glocke ein. Sofort schlug ihr der Odem staubiger Pflanzen entgegen, der wie Dunst zwischen den Regalen hing. Zum Glück war keine weitere Kundschaft im Laden.

Charlotte Kinceler stand hinter dem Ladentisch. »Was kann ich …?«

Die Gossenblume vom Montmartre wurde blass und umklammerte mit ihren Händen die Tischplatte, so dass ihre bleichen Fingerknöchel hervortraten. »Was wollen Sie?«

Colette stellte voller Genugtuung fest, dass ihre Rivalin kaum über die Theke ragte. »Mit Ihnen reden.«

Charlotte schüttelte den Kopf. »Ich spreche nicht mit den Ehefrauen meiner Liebhaber.«

»Aber ich habe nicht die Absicht zu gehen.« Colette streifte sich provozierend langsam ihre Handschuhe ab.

»Ach, Sie denken also, Sie seien etwas Besonderes?« Charlotte verzog ihren Mund zu einem zynischen Lächeln.

»Ich muss Klarheit haben. Vielleicht unterscheide ich mich in diesem Punkt von den anderen.«

»Also gut.« Charlotte seufzte schwer und schloss die Tür ab. »Dann kommen Sie mal, auch wenn ich nicht weiß, was das bringen soll.«

Kurz darauf saß Colette in der Wohnung, in der sie ihre bisher größte Demütigung erlebt hatte. Es herrschte Ordnung, das Doppelbett in dem kleinen Zimmer nebenan war säuberlich abgedeckt. Im Ofen prasselte ein gemütliches Feuer. Das goldgelbe Federknäuel von einem Kanarienvogel schlief mit dem Kopf unter den Flügeln in seinem Bambuskäfig.

Charlotte füllte Kräuter in eine angeschlagene Teekanne. »Salbeitee. Ist gut für den Hals und für einen klaren Kopf.«

Als sie ihre Tasse entgegennahm, fiel Colette ein weiteres Mal auf, wie klein und verwachsen Charlotte war. Sie hatte sogar einen unschönen Buckel. Was hatte Henry nur an ihr gefunden? »Wie lange kennen Sie Henry schon?«

Charlotte schlug die Beine übereinander und zündete sich eine Zigarette an. Colette lehnte ab, als Charlotte ihr eine anbot.

»Lange genug.« Sie blies ihr den Rauch ins Gesicht. »Zehn Jahre oder so. Ich war lange Zeit seine Mätresse. Er hat mich aus der größten finanziellen Misere befreit, in der ich je gesteckt habe.«

»Aber heute nicht mehr?«

Charlotte verdrehte die Augen. »Männer brauchen Abwechslung. Da sind sie sich alle einig. Und Henry sowieso. Aber wenn Sie so offen fragen: Heute schlafe ich nicht mehr mit ihm. Allerdings hat er mir aus alter Freundschaft ein Darlehen für meinen Laden gegeben, das ich nicht immer zurückzahlen kann.«

Colette schnaubte entrüstet. Jetzt wusste sie, weshalb sie immer so knapp bei Kasse waren. »Und dort verkaufen Sie Abtreibungskräuter?«

»Nicht nur, aber auch.« Charlotte verschränkte ihre spinnenbeinartigen Finger. »Ich bin kräuterkundig. Haben Sie ein Problem?«

»Nein, und wenn ich eins hätte, würde ich mich gewiss nicht an Sie wenden.«

Sie funkelten sich über ihre dampfenden Tassen hinweg an und versuchten, nicht zu blinzeln. Wahrscheinlich war das der Grund, warum ihr Zorn unvermittelt in Heiterkeit umschlug. Die Situation war ja auch zu absurd. Sie kicherten, hielten sich die Hände vor den Mund, prusteten los und konnten sich nicht mehr halten vor Lachen. Schließlich kullerten Colette sogar die Tränen über die Wangen. Hatte die kleine Hexe ihr etwas in den Tee getan? Na, wenn schon! Das war immerhin besser, als sie zu erwürgen.

»Henry hat mir von seinem Füchslein erzählt, das so jung und tapfer ist«, gluckste Charlotte. »Und so naiv.«

»Und das keinerlei Mitgift hat.« Colette verschluckte sich, so dass Charlotte aufsprang und ihr den Rücken klopfte.

»Also ist sie arm wie eine Kirchenmaus … genauso wie die findige Charlotte Kinceler. Das ist zum Schießen komisch.«

Sie brauchten eine Weile, bis sie sich wieder beruhigt hatten. Dann holte Charlotte eine Schnapsflasche aus dem Schrank und goss ihnen ein. »Runter damit!«

Sie prosteten sich zu. Der Alkohol brannte in Colettes Hals.

»Ich habe gehört, du warst krank.«

Colette legte ihre Beine auf den Stuhl gegenüber, die genau wie Charlottes in schwarzen, blickdichten Strümpfen steckten. »Henry hat mich mit irgendwas angesteckt.«

Charlotte riss die Augen auf. »Ich hoffe nicht …«

Colette schüttelte den Kopf. »Wahrscheinlich nicht.«

Sie hatte immer noch mit den Nachwirkungen zu kämpfen. Wenn sie sich zu sehr anstrengte, entzündeten sich ihre Augen, aber woher genau das kam, wusste sie bis heute nicht.

Charlotte schnaubte. »Wenn es nur nicht ›Die Krankheit‹ ist. Die fängt man sich ein, wenn man im Bordell arbeitet. Kann man mit leben, jedenfalls für eine Weile. Und was dann kommt …«

Colette blieb der Mund offen stehen. »Du hast wirklich …?«

Charlotte zuckte mit den Schultern. »Das Bordell war kein Beinbruch gegenüber dem Bockmist, den ich sonst so erlebt habe.«

»Willst du es mir erzählen?«

»Um Himmels willen, nein. Aber ich habe Ratschläge für dich, wie du in dieser Schlangengrube von Paris überleben kannst. Vorausgesetzt, du willst. Draufgehen hat ja auch was. Beatrice Cenci und so.«

Charlotte füllte ihre Gläser wieder mit Schnaps. »Auf unsere Freundschaft, Seelenschwester, und auf Paris, die Stadt voller Schmutz und Glanz, abgeschmackte Kokotte, die sie ist.«

Sie war deutlich trinkfester als Colette und leerte ihr Glas auf ex. »Männer! Ich hatte sie alle. Das ganze avantgardistische Künstlerpack, oder was sich dafür hält. Die meisten hatten eine Ehefrau oder Lebensgefährtin, die daheim auf sie wartete. Aber was soll man machen? Ich brauchte das Geld.«

Colette riss die Augen auf. »Du warst eine richtige Hure?«

Charlotte nickte voller Bitterkeit. »Klar habe ich die Beine breit gemacht für ein paar Francs. Bordsteinschwalbe, oder wie auch immer du mich titulieren willst. Man muss schließlich essen. Glaub mir, nicht alle haben das Glück, so wie du in eine nette, bürgerliche Familie hineingeboren zu werden. Aber heute habe ich nur noch wenige Gönner.«

Auch wenn Colette wusste, dass in Bordellen wie dem Sphinx alle Spielarten der käuflichen Liebe gehandelt wurden und schon neunjährige Mädchen ihren Körper feilboten, hatte sie es so genau nun auch nicht erfahren wollen. Es gab Kurtisanen wie Caroline Otéro, die am Sonntagnachmittag mit ihrem Wägelchen durch den Park kutschierten und ihre Nase himmelhoch aus ihrem Pelzkragen steckten. Colette bewunderte sie sehr, aber es gab auch arme Mädchen, die sich irgendwie durchs Leben schlagen mussten.

»Nun«, begann sie, aber Charlotte hieß sie mit einer Handbewegung zu schweigen.

»Ich musste selbst für mich sorgen, weil mein Vater ein abgeschmackter Kommunarde von 1870 war, der seinen Kummer in Absinth ersäuft hat. Kiki war der Erste, der mich glücklich gemacht hat. Und als Germaine starb, da habe ich fast gedacht, das mit uns könne etwas werden. Aber dann kamst du, seine liebreizende Landpomeranze.«

»Du nennst ihn Kiki? So heißt unsere Katze.« Colette verschluckte sich fast vor Lachen, woraufhin Charlotte die Augen verdrehte.

»Ja, was meinst du wohl, weshalb? Ein außerordentlich passender Spitzname. Manchmal kommt er mir vor wie ein großer, vor sich hin lamentierender Kater.«

»Miau!« Colette hob ihr Glas. »Bester Vergleich, den ich je gehört habe. Le grand chat. Prost.«

Sie saßen in Charlottes Küche, bis die Sonne schräg über den Dächern stand und der Kanarienvogel mit einem Tschilpen zum Leben erwachte.

»Du solltest nicht so eifersüchtig sein. Sonst gehst du nämlich drauf.« Charlotte legte ihre krallengleichen Hände auf den Tisch. Auch ihre Füße waren winzig wie bei einem kleinen Mädchen. Und dennoch, die dunkelhaarige junge Frau mit den langen Wimpern und den melancholischen Augen hatte etwas an sich, was man nicht vergaß.

Colette blinzelte. Obwohl Charlotte in allem das Gegenteil der üppigen und lauten Madame Arman war, erinnerte sie sie in diesem Moment stark an ihre Gönnerin.

»Aber ich liebe Henry nun mal«, flüsterte Colette.

»Liebe? Das ist ein Fehler!« Charlotte rümpfte die Nase und piekte Colette mit dem Finger gegen die Brust. »Das solltest du dir am besten gleich abgewöhnen. Aber wenn du nicht anders kannst, dann sieh zu, dass er sich deiner niemals sicher sein kann. Weißt du nicht jemanden für einen kleinen Seitensprung?«

Colette zuckte zusammen. »Hat er eigentlich noch andere außer dir?«

»Ich habe dir doch eben gesagt, dass ich nicht mehr mit ihm schlafe.« Charlotte sah sie mit ihren dunklen Augen erbarmungslos an. »Ich weiß von keiner. Aber das heißt nichts. Henry ist nasch-haft. Und du? Wen begehrst du?«

Während Colette scharlachrot anlief, runzelte Charlotte die Stirn. »Vielleicht ist es ja gar kein Mann? Viele enttäuschte Ehe-frauen trösten sich mit einer anderen Frau. Das spart eine Menge Kummer.«

Colette war so verblüfft, dass sie im ersten Moment nur Leere empfand. Henry hatte sie auch schon darauf angesprochen, aber das hatte eher mit ihm als mit ihr zu tun gehabt. Dann jedoch stellten sich Bilder aus ihrer Erinnerung ein. Mélie mit ihrem Erd-beermund, die als Gestalt gewordene Versuchung neben ihr im Gras lag, Mademoiselles kleine Schwester Doudouche mit ihren weichen Armen und dem sanften Lachen, und, ja sie konnte es selbst kaum glauben, die schöne Schauspielerin Marguerite Mo-reno, der sie mit offenem Mund hinterherstarrte, wann immer sie ihr über den Weg lief. »Es gibt niemanden.«

Charlotte lachte heiser. »Es muss etwas dran sein, wenn du es so vehement abstreitest. Gib zu, so burschikos und forsch, wie du bist, würden dir sapphische Neigungen gut zu Gesicht stehen.« Sie lehnte sich vor. »Und nur, damit du es weißt: Es steht dir auch frei, beide Geschlechter zu lieben.«

Colettes Ohren wurden heiß. »Aber Charlotte! Das sind allen-falls Phantasien.«

Charlotte schüttelte den Kopf. »Denk mal drüber nach. Ich sage nur die Wahrheit. Henry wird sich nehmen, was er will, weil er gar nicht anders kann.«

Colette schüttelte standhaft den Kopf. »Er hat versprochen, mir treu zu bleiben.«

Charlotte schnaubte. »Und? Glaubst du ihm? Noch bist du so jung und unverbraucht, wie er es mag. Aber wehe, du wirst erwachsen oder ihm zu eigenwillig.«

Colette biss sich auf die Lippe. Zwischen Henry und ihr gab es ein großes Machtgefälle. Er brauchte ein junges Mädchen an seiner Seite, das ihn bewunderte und sich von ihm leiten ließ. Und möglichst abhängig sollte sie von ihm sein. Ihre Armut passte gut in dieses Bild.

Charlotte leckte ihr Glas aus. »Also tust du es ihm am besten gleich. Lass dich nicht unterkriegen. Und wenn du mit niemandem ins Bett gehen willst, such dir eine andere Beschäftigung, die dir Freude bereitet, vielleicht züchtest du Kakteen. Hauptsache, du sitzt nicht allein daheim und leidest. Henry kostet seine Macht über andere aus, wo er nur kann. Manipulation bereitet ihm das allergrößte Vergnügen. Aber wenn du aus seinem Dunstkreis herausfällst, wird er zu deinem erbitterten Gegner und bestraft dich nach Strich und Faden.« Sie stand auf und fütterte den Kanarienvogel mit einem Stück Apfel. »Arnaud findet das auch, nicht wahr, Arnaud?«

»Was denn?«, fragte Colette benommen.

»Dass Frauen sich nicht mehr kleinmachen und unterwerfen sollten. Diese Zeiten sind vorbei.«

Zur Bestätigung begann das goldgelbe Federknäuel in seinem hölzernen Käfig in den höchsten Tönen zu tirilieren.

Als Colette nach Hause zurückfuhr, klangen Charlottes Worte in ihr nach.

Henry saß, über einen Berg von Notizen gebeugt, an seinem Schreibtisch. »Füchslein, da bist du ja endlich. Ich habe schon auf dich gewartet.« Sie trat näher und drehte ihren Strohhut in den Händen. »Du warst aus?«

Sie warf den Hut in einen Sessel. Henry sah auf. Seine blauen Augen waren rot gerändert. »Du riechst nach Alkohol.«

»Ich habe mich mit Charlotte Kinceler getroffen.«

»Lotte? So?« Sie sah, wie er daran zu knabbern hatte. Wenn er sich als Meister der Manipulation verstand, musste die Tatsache, dass seine Frauen sich verbündeten, ein herber Schlag für ihn sein. Doch statt sie weiter auszuhorchen, überraschte er sie, indem er sie auf seinen Schoß zog. Seine Hände glitten sanft über ihren Rücken. »Ich habe mir etwas für dich überlegt, Füchslein, eine kleine Aufgabe. Könntest du nicht ein paar Seiten über deine Schuljahre in Saint-Sauveur zu Papier bringen? Wir sind restlos pleite.«

»Du willst, dass ich ein Buch schreibe?« Colette riss die Augen auf.

»So ungefähr. Es muss auch nur ein ganz kleines sein.«

»Aber das habe ich noch nie getan.« Sie zog ihren Zopf hervor und legte ihn über ihre Schulter nach vorn. Wie sollte sie das schaffen, und überhaupt. Im Moment war sie zu betrunken, um darüber nachzudenken.

»Sch, Füchslein.« Henry blies ihr verführerisch in den Nacken. »Zweifle nicht an dir selbst. Es gibt für alles ein erstes Mal. Das kriegen wir schon hin. Ich helfe dir.«

Sie holte tief Luft. »Warum geht uns eigentlich dauernd das Geld aus? Du verdienst doch genug.« Wenn sie ihn ankeifte, klang ihre Stimme fast so wie die von Sido. »Und jetzt soll ich diejenige sein, die uns rausreißt? Ohne mich!«

Sie stand auf, knallte die Tür hinter sich zu und blieb schwer atmend im Gang stehen. Mit unserem Geld finanzierst du Charlottes

Laden, hatte sie sagen wollen, es dann aber nicht fertiggebracht. Sie tauschte die Tageskleidung gegen ihren Botticelli-Morgenmantel und wartete auf Henry, bis sie die Wohnungstür zuschlagen hörte. Danach ging sie zu Bett und wälzte sich die ganze Nacht schlaflos hin und her.

Er kam erst im Morgengrauen, ließ sich neben sie auf die Matratze fallen und begann sofort zu schnarchen. Colette hielt sich entnervt die Ohren zu und dachte zum ersten Mal über getrennte Schlafzimmer nach. Dann aber fasste sie einen Entschluss. Sie würde das Buch schreiben, von dem Henry gesprochen hatte. Aber sie würde es nicht für ihn tun, sondern für sich selbst. Die Geschichte eines aufsässigen Mädchens in einem Dorf in Burgund. Die Grundlage dafür existierte bereits in den Notizen, die sie in ihren umfangreichen Tagebüchern gesammelt hatte. Wilde Freude erfasste sie, und sie begann zu planen.

Eine Stunde später saßen sie sich beim Frühstück gegenüber. Henry steckte seine Nase in die Zeitung, und Colette tunkte ihr Croissant in ihren Milchkaffee und begann daran zu knabbern. »Ich war gestern ja bei Charlotte Kinceler.«

»Das sagtest du schon.« Henry sah auf. »Seid ihr jetzt Verbündete?«

»Wir haben uns nur ein wenig angefreundet«, erwiderte sie unschuldig. »Ich werde das Buch schreiben, das du dir wünschst. Es wird von meiner Schulzeit in Saint-Sauveur erzählen.«

Henry stand auf. »Sehr gut, tu das.«

Er verabschiedete sich eilig. Colette blickte ihm misstrauisch hinterher. Konnte es sein, dass er sie nur beschäftigt wissen wollte, um in aller Ruhe fremdgehen zu können? Er hatte ihr doch versprochen, treu zu sein. Sie drängte die aufkeimende Eifersucht beiseite, ging mit ihrem Dienstmädchen Francine in die Stadt und erstand einen Stapel linierter Schulhefte mit Rahmen und einem

Wasserzeichen, welches sie an ihre alte Schule erinnerte. Wie passend.

»Haben Sie etwas vor, Madame?«, fragte Francine. »Wollen Sie die vielen Hefte etwa alle selbst vollschreiben, oder sind die für den kleinen Jacques?«

»Für mich«, antwortete Colette leichthin. Zu Hause baute sie ihre Tagebücher wie eine Burgmauer rund um ihren Platz am Sekretär auf, wo sie zu schreiben gedachte. Die Tischplatte war so niedrig, dass sie ihre Knie anwinkeln musste.

Sie griff nach dem obersten Heft und starrte auf das Blatt Papier, das sie schneeweiß angähnte. Colette, die Hochstaplerin, die sich anmaßte, eine Schriftstellerin sein zu wollen wie Rachilde oder wie Schwob. Wie sollte sie das schaffen? Fast hätte sie das Heft in die Ecke gepfeffert.

Nein, dachte sie dann. Sie würde sich nicht unterkriegen lassen.

Also tauchte sie ihren Federhalter ein und leckte einen Tropfen Tinte ab, wie sie es auch als Schulmädchen getan hatte. Was sollte sie schreiben? Einen Roman mit autobiographischen Zügen. Also brauchte sie ein Alter Ego, ein Mädchen, das gleichzeitig sie und nicht sie war. Aber ziemlich viel sie.

Sie heißt Claudine. Der Name war so plötzlich da, dass ihr für einen Moment schwindlig wurde. Und siehe an, die dreiste Göre mit den schwarzen Locken und den dunklen Augen nahm Gestalt an und setzte sich neben sie. Sie war fünfzehn Jahre alt und stand kurz davor, sich Hals über Kopf ins Leben zu stürzen.

»Salut, ma petite!«, sagte Colette leise.

Claudine war bemerkenswert unerzogen, da sie die Tochter eines verwitweten Vaters war, der sich kaum um sie kümmerte. Entschuldige, Papa! Eine Mutterfigur würde Colette nicht entwickeln, dafür war ihr Sido zu kostbar. Außerdem sollte Claudine nach Herzenslust ihren Wünschen folgen können, wobei ihr eine Mutter, die jeden ihrer Schritte überwachte, nur im Wege stünde. Aber Mademoiselle Terrain und eine Reihe ihrer Mitschülerinnen, die würde sie gnadenlos in ihrer Geschichte verbraten. Colette leckte noch einmal an ihrer Feder und begann zu schreiben.

Ich heiße Claudine. Ich lebe in Montigny. Hier wurde ich 1884 geboren, hier werde ich aller Voraussicht nach nicht sterben.

Nachdenklich hielt sie inne. Wie Saint-Sauveur war Montigny ein Ort, den man unbedingt verlassen wollte, nach dem man sich aber sein Leben lang zurücksehnte.

Sie beschrieb das Dorf mit seinem Turm sarazenischen Ursprungs, den Fluss Thaize, der kaum für ein »Spatzenfußbad« reichte, und den Wald, den Claudine ebenso gern durchstreifte, wie es die kleine Gabrielle getan hatte. Dort war Claudine eine Naturforscherin, in der Schule aber der reinste Plagegeist. Colette schrieb und schrieb sich die Finger wund, bis die Sonne unterging und die Buchstaben vor ihren Augen verschwammen. In den nächsten Tagen vergaß sie über dem Schreiben, zu essen und zu schlafen, und sagte alle Einladungen ab.

Schließlich war es so weit, dass sie Henry feierlich den ersten Stapel ihrer Notizen überreichen konnte. Sie legte ihn auf seinen Schreibtisch und knetete vor Aufregung ihre Hände, denn trotz seiner Fehler und Schwächen war er der beste Lektor weit und breit. Er schob sein Lorgnon zurecht und vertiefte sich in ihr Manuskript.

»Alle Achtung.« Er ließ die letzte Seite sinken, und Colette errötete vor Freude. »Dein Talent ist unverkennbar, Füchslein. Wenn du Heidekraut beschreibst, glaubt man, seine rauen Blüten unter den Fingern zu spüren.« Er verbeugte sich vor ihr. »Claudine, ihre Freundinnen und diese unsäglichen Lehrerinnen erwachen regelrecht zum Leben. Du strotzt vor Witz und Esprit.«

»Schön.« Colette klaubte ihre Seiten zusammen und war schon an der Tür, als er sie zurückrief.

»Moment, Moment. Du solltest ein wenig mehr auf den Lesergeschmack Rücksicht nehmen.«

»Inwiefern?« Sie kam zurück.

Er zog sie auf seinen Schoß. »Sieh mich an! Ich flechte immer ein paar Pikanterien ein, die die Leser neugierig machen. Du weißt schon. Erotische Anspielungen und solche Dinge.«

Colette riss die Augen auf. »Aber sind meine Figuren dafür nicht viel zu jung? Claudine ist fünfzehn.«

»Zu jung?« Henry lachte überrascht. »Wann warst du zum ersten Mal verliebt? Ich übrigens mit zwölf. Wann hast du angefangen, von deinem ersten Kuss zu träumen?«

Sie errötete. »Ich weiß nicht.«

»Oh, da wird dir heiß«, flüsterte er ihr ins Ohr und kitzelte sie mit seinem Bart. »Ich sage nur ›Pensionatsfreundschaften‹ zwischen erwachenden Mädchen. Wie erregend.«

»Ja?«

»Jawohl. Genau da setzen wir an. Liebe unter Frauen, das interessiert die Leute. Ich mache dir ein paar Vorschläge und dann sehen wir weiter.«

Er schob sie sanft von sich und begann den Text noch einmal zu lesen. Am nächsten Tag rief er sie wieder zu sich.

»Wie wäre es, wenn Claudine und die Schuldirektorin Madame Sergent um die Liebe der jungen Hilfslehrerin Aimée buhlen würden? Köstlich übrigens, wie du den Namen Terrain in ein Mittelding aus Schlange und Sergeant verwandelt hast, Colette. Und was haben wir dann?«

»Was meinst du?«

Er verdrehte die Augen. »Manchmal bist du erstaunlich schwer von Begriff. Eine ganz bezaubernde *Ménage à trois* natürlich.«

Sie schüttelte aufsässig den Kopf. »Aber meine Claudine ist doch eher eine kleine Rebellin als in Liebesdingen unterwegs.«

»Nun.« Henry runzelte die Stirn. »Aber manifestiert sich ihre Rebellion nicht vielleicht in ihrer erotischen Freizügigkeit? Was hältst du davon, wenn Claudine Aimée küssen würde?« Er beugte sich vor, hob Colettes Zopf und drückte ihr beispielhaft einen Schmatz in den Nacken. Ein Schauder überlief sie. »Weißt du was? Ich streiche dir im Text einfach an, was du verbessern könntest.«

Ein paar Tage später gab er ihr das Manuskript mit lauter roten Anmerkungen zurück. Colette übernahm die meisten. Die Sache mit der erotischen Freizügigkeit erschien ihr plausibel. Ihre junge Heldin Claudine nahm sich, was sie wollte, gerade so, wie die Männer es gewohnt waren und wie Colette es tun würde, wenn sie mutiger wäre.

Während sie an ihrer Geschichte schrieb, trafen sich Henry und sie mehrmals mit Charlotte Kinceler. Natürlich hatte sich der weinerliche Kater Henry nicht davon abhalten lassen, sich hinzuzugesellen, zu einer ebenfalls köstlichen Ménage à trois, wie er augenzwinkernd bemerkte. Die beiden Frauen wussten, dass Henry ihre Freundschaft nur dulden würde, wenn sie sie ihn als Teil ihrer Dreiergruppe akzeptierten. Also fügten sie sich zähneknirschend. Das änderte sich, als einer ihrer Gönner Charlotte um ihr monatliches Salär betrügen wollte. Mit Henrys Hilfe legten sie ihn nach Strich und Faden rein, so dass Charlotte ihr Geld doppelt zurückbekam.

Eines Abends, Henry war gerade ausgegangen, stand Charlotte überraschend vor der Tür.

»Hast du Zeit?« Sie trat an den Kamin heran und wärmte sich die kalten Hände am knisternden Feuer. »Du langweilst dich, ich sehe es dir an. Ich dachte, wir könnten mal zusammen einen draufmachen, jetzt, wo wir Freundinnen sind.«

Komplizinnen würde es eher treffen. Colette blinzelte überrascht. »Aber Henry …?«

»Dich interessiert noch immer, was er dazu sagen würde?« Charlotte lachte. »Willy will nicht, dass du allein ausgehst?« Sie ließ sich neben sie auf einen Stuhl fallen. »Es könnte seinem Ruf schaden? Seit wann zählt das, was er will, mehr als das, was du willst? Er ist außer Haus, alright? Ich habe ihn gerade um die Ecke biegen sehen. Was er nicht weiß, macht ihn nicht heiß. Wart's ab, wir werden seinen Ruf zunichtemachen heute Nacht.«

Colette konnte sich ein Grinsen nicht verkneifen. »Also gut.«

Sie nahm ihren schwarzen Mantel und folgte Charlotte zu einer Droschke, die sie zum Montmartre brachte, dem Stadtviertel, in dem es die meisten Etablissements gab. Colette schlug das Herz bis in den Hals, als sie an die unscheinbare Tür einer Spelunke klopften. Eine Frau mit kurzen Haaren öffnete ihnen missgelaunt. »Losung?«

Colette errötete und druckste noch herum, als Charlotte ungeniert das Wort »Steinadler« hinausposaunte.

Sie traten ein. »Woher wusstest du das?« Colette sah sich um. Hier drinnen war es verdammt finster.

»Ich habe halt meine Beziehungen.«

Sie nahmen einen Tisch in Beschlag und bestellten Wein für zwei. Als Colettes Augen sich an den Rauch und das schummrige Licht gewöhnt hatten, sah sie, dass alle Anwesenden weiblichen Geschlechts waren. Einige standen rund um einen Billardtisch und ließen die Kugeln mithilfe ihrer Queues über die Platte sausen, andere besetzten die Hocker an der Theke und kippten sich geistige Getränke hinter die Binde. Manche trugen Männerkleidung und spielten Karten. Einige hielte Händchen. »Das ist doch wohl nicht das, was ich denke?«

Charlotte sah so zufrieden drein wie eine Katze, die von der

Sahne genascht hatte. »Mir scheint, das ist es doch. Warten wir ab, wer alles da ist und dich kennenlernen will.«

»Und du?« Colette war so perplex, dass ihr ein Schauder über den Rücken lief.

»Ich bin in Paris bekannt wie ein bunter Hund. Ich kenne Etablissements und Losungen aller Art oder kann sie bei Bedarf in Erfahrung bringen.«

»Aber bist du …?«

Charlotte lachte etwas zu schrill, woraufhin sich einige der Damen irritiert zu ihnen umdrehten. »Ob ich sapphische Neigungen habe? Mal so, mal so. Und alle wissen das. Also habe ich hier meine Ruhe, außer ich will etwas anderes.«

Colette trank und versteckte ihre Nervosität hinter der herausfordernden Maske, die sie immer aufsetzte, wenn ihr etwas zu viel wurde.

Es dauerte kaum fünf Minuten, bis eine junge Frau auf sie zukam und Charlotte mit Handschlag begrüßte. »Lotte Kinceler, lange nicht gesehen. Wie geht es dir?«

Sie wirkte selbstbewusst und handfest. Eine Flut kastanienbrauner Ringellocken rieselte ihr über den Rücken.

»Ich kann nicht klagen.« Charlotte wandte sich Colette zu. »Das ist Sylvaine, die beste Tischlerin unter der Sonne. Und hier, Sylvaine, lernst du Madame Willy kennen.«

Sylvaines Augen weiteten sich. »Wirklich? Du bist das? Von den Willys spricht die ganze Stadt.«

Colette grinste wider Willen geschmeichelt.

Ein fester Händedruck bekräftigte ihre Bekanntschaft. Sylvaine setzte sich und begann angeregt mit Charlotte zu plaudern, wobei sich ihre eckige Hand wie zufällig auf Colettes Arm stahl und ihn sanft zu reiben begann. Sie rückte heran, bis sich ihre Beine berührten und ihr langes moschusduftendes Haar Colettes Gesicht streifte. Colettes Herz klopfte aufgeregt. Es bestand kein Zweifel. Diese Frau begehrte sie.

Sylvaine konnte nicht ahnen, dass der weibliche Teil des berühmten Pärchens im Ernstfall ziemlich spröde sein konnte. Und das, obwohl sich Colette über alle Maßen nach Berührungen sehnte. Henry hielt sie kurz und verteilte seine Liebkosungen wie Bonbons zur Belohnung. Ihr Körper reagierte auf das unverhohlene Angebot von Sylvaines Seite. Ihre Brüste fühlten sich schwer an, die Haare auf ihren Armen stellten sich auf, und die empfindliche Stelle zwischen ihren Beinen begann zu pochen. War sie bereit, sich verführen zu lassen und mit Sylvaine die Dinge zu tun, die Henry ihr abwechselnd anbot und verweigerte wie Zuckerbrot und Peitsche? Nicht ganz. Noch nicht.

Als sie das Lokal gegen Mitternacht verließen, winkte sie Sylvaine noch einmal zu und ging Arm in Arm mit Charlotte zu der Droschke, die sie nach Hause brachte.

»Dann also nicht«, sagte Charlotte, als sie vor der Tür des Hauses in der Rue Jacob standen. »Willy lässt dich doch am langen Arm verhungern oder etwa nicht?«

»Lotte!« Colette sah sich nach allen Seiten um und boxte ihr lachend in die Seite. »Es ist mal so, mal so.«

Die Kleine runzelte die Stirn. »Du hattest die Gelegenheit, etwas Wichtiges über dich zu lernen. Und unverbindlich noch dazu, so läuft das für Sylvaine und ihresgleichen.«

Colette schüttelte den Kopf. »Ich bin noch nicht so weit.«

»Dann eben nicht!« Lotte hüpfte wie ein kleiner Vogel mit zerrupften Federn davon. Ihr leichtes Humpeln ließ sie noch energiegeladener wirken.

~ KAPITEL 14 ~

Colette schrieb weiter an ihrem Roman, ließ ihre Rotzgöre
Claudine eine Grenze nach der anderen überschreiten und bekam
Spaß an der Provokation. Überhaupt war es herrlich, beim Schreiben in den eigenen imaginären Welten herumzuspazieren. Henry
verlieh seiner Begeisterung in einigen Essays Ausdruck, in denen er
sich lobend über die Frische und Authentizität ihrer Texte ausließ.
»Aber das reicht noch nicht«, sagte er.

Und so entschieden sie, im Mai zu Recherchezwecken nach
Saint-Sauveur zu fahren. Colette kehrte mit einer Mischung aus
Sehnsucht und Beklemmung in ihr Heimatdorf zurück, das sie
seit mehreren Jahren nicht mehr besucht hatte. Noch immer lag
es wie hingegossen am Hang, und um den Sarazenenturm kreisten
die Raben. Mademoiselle Olympe Terrain jedoch glänzte durch
Abwesenheit, lud das prominente Paar aber im Sommer zur Ab-
schlussfeier in die Schule ein. Also machten sie sich im Juli noch
einmal nach Saint-Sauveur auf, waren bei der offiziellen Abschluss-
feier anwesend und überraschten Lehrerinnen wie Schülerinnen
nach dem Fest mit spritzig präsentierten Duetten am Klavier.

Gerne nahmen sie die Einladung an, in der Schule zu über-
nachten. Henry machte es sich im Lehrerzimmer bequem, während Colette sich auf dem Boden des Mädchenschlafsaals ein Lager
einrichtete. Sie schlief unruhig, denn es war hart und unbequem,
und die Schülerin auf der Pritsche neben ihr schnarchte wie ein
Metzgergeselle. Im Morgengrauen erwachte sie vom Konzert der

Vögel und wollte sich gerade wieder in ihre dünne Decke kuscheln, als es klopfte.

»Guten Morgen, ihr Schlafmützen.« Vor der Tür stand Henry in seinem wadenlangen Nachthemd und wedelte mit einer großen Tüte. Seine Wangen waren gerötet, und seine Augen funkelten.

»Na, wer möchte?« Er griff in die Tüte und warf Hände voller Bonbons und Lakritzen in den Raum. Colette, die sich verschlafen rekelte, hätte nicht gedacht, dass ein Schlafsaal aus dem Stand erwachen konnte. Im Nu hüpften die Mädchen in ihren langen Leinennachthemden kreischend über die Betten, sammelten die Süßigkeiten ein und nutzten die Gelegenheit für eine Kissenschlacht, bei der die Federn nur so flogen. Die Empfindlichen niesten herzhaft.

»Henry, lass das!«, rief Colette gegen den Lärm an, doch er tat so, als hätte er sie nicht gehört. Im Grunde verstand sie die Schülerinnen. Sie sehnten sich nach ein bisschen Spaß und Süßigkeiten.

»Hey, ihr könnt hier nicht so …« Sie hielt eins der Mädchen am Ärmel fest, doch das riss sich los und entwischte ihr geradewegs in Henrys Arme, der der Kleinen einen Kuss auf die Lippen drückte. Colette schlug die Hand vor den Mund. Das würde Konsequenzen haben. Und ihr Mann steckte mittendrin und genoss seine Rolle als Advocatus Diaboli in vollen Zügen. Er hob die Arme. »Ruhe! Silentium!«

Die wilde Bande hielt inne und schwieg.

»Setzen, aber unverzüglich!«

Sie kicherten und gehorchten ihm alle. Colette nahm auf einer Pritsche Platz, neben ihr, das Nachthemd über beide Knie gezogen, ein kleiner Lockenschopf mit Zahnlücken.

Henry schob ächzend zwei Pritschen aneinander, so dass eine Art Bühne entstand, und rieb sich die Hände. »Und jetzt, meine süße, jugendliche Damenwelt …«

Colette verdrehte die Augen zum Himmel.

Er kratzte sich am Kopf. Sein Bart, den er sonst nachts mit einer Bartbinde trimmte, sträubte sich. »Und jetzt werde ich eine von euch zur Königin der …? Ja, was denn nun? Ich hab's.« Sein Zeigefinger wuchs steil in die Höhe, als sei ihm ein Geistesblitz gelungen, was in gewisser Weise ja auch stimmte. »Zur Königin der Arbeit krönen, denn die macht unsere Gegenwart und Zukunft aus, findest du nicht, Füchslein? Und für die Schulabgänger allemal.«

Er zwinkerte ihr zu. »Colette schüttelt zwar den Kopf, aber … Du da. Komm her!« Er griff nach dem Arm eines etwa zwölfjährigen Mädchens mit langen blonden Zöpfen. »Wie heißt du?«

»Geneviève«, antwortete die Kleine eingeschüchtert. »Aus Saint-Sauveur.«

»Du bist meine Königin der Arbeit.« Willy hielt die Kleine, die sich widerstrebend wand, genussvoll in den Armen. »Und jetzt hopp!«

Die Schülerin strampelte, als er sie auf seine improvisierte Bühne hievte. »Ganz schön schwer!«

Die anderen Mädchen lachten schadenfroh.

»Geneviève, stell dich aufrecht hin! Und jetzt, warte …« Er kletterte neben sie, setzte ihr einen Kranz aus Lorbeerblättern auf den Kopf, küsste sie und begann zu klatschen. »Applaus für unsere kleine Königin der Arbeit. Was ist dein Papa von Beruf?«

»Schneider.«

»Sehr gut, ganz ehrbar.«

Die Mädchen applaudierten johlend, und Colette nahm den kleinen Lockenkopf neben sich spontan in die Arme.

»Was ist hier los?« Es wurde mit einem Schlag still. In der Tür stand Mademoiselle Olympe Terrain, die Schulleiterin, und ihre strenge Stimme hallte durch den Raum.

Nach diesem Debakel verließen die Willys Saint-Sauveur Hals über Kopf.

»Da können wir uns vorläufig nicht mehr blicken lassen«, sagte Henry zufrieden, als sie im Zug von Auxerre nach Paris saßen. Draußen rauschte die hügelige Landschaft vorbei.

Colette stimmte ihm zu. »Warum musst du immer solchen Unfug anstellen?« Manchmal fühlte sie sich, als sei sie die Ältere von ihnen beiden.

Er griff nach ihren Händen und drückte sie. »Mein zweiter Name ist Schabernack.« Er glückste vor Lachen. »War das nicht köstlich? Der ganze Schlafsaal hörte auf mein Kommando. Und die Mädchen hatten ihren Spaß.«

Sie wusste, dass das nicht alles war. Die Art, wie er das Mädchen berührt hatte, deutete auf ein weniger harmloses Begehren hin. »Aber was werden die Leute sagen und Mademoiselle erst? Und die Kleine war so verdammt jung.«

Henry prustete in seinen Bart. »Aber das war doch alles nur Theater. Vergiss nicht, dass wir für dein Manuskript recherchiert haben. Und du bist auch nicht ohne. Immerhin konnte ich dich gerade noch davon abhalten, hineinzuschreiben, dass die Apfelbonbons im Krämerladen von Montigny nach Erbrochenem schmecken.«

Er schlug seine Beine übereinander und öffnete die raschelnde Zeitung. »*Mercure de Paris*, so ziemlich die einzige Zeitung, für die ich nicht schreibe. Man will ja auch mal was Neutrales lesen.«

»Aber es stimmt«, beharrte sie.

Er blickte auf. »Was?«

»Das mit den Apfelbonbons in Saint-Sauveur und das mit Mademoiselle. Sie wird mir auf ewig böse sein.«

Henry klappte seine Zeitung zu und nahm ihre Hände. »Schon gut, Füchslein. Wenn mich ein Streich reizt, gehen die Pferde mit mir durch. Mich wundert, dass du dich daran noch nicht gewöhnt hast.«

»Vielleicht solltest du lieber darüber nachdenken, welche Konsequenzen deine Schandtaten nach sich ziehen. Zum Beispiel für andere Leute.« Colette sah aus dem Fenster. Der Zug ratterte durch eine grüne Landschaft, die eine einzige Verheißung des Sommers war.

Aus Paris schrieb sie Mademoiselle Terrain einen Brief. *Claudine ist haargenau so, wie ich zum Zeitpunkt meines Schulabschlusses war*, erläuterte sie und bat um Entschuldigung für Henrys schlechtes Benehmen. Doch wie erwartet antwortete Mademoiselle nicht.

Der Sommer ließ Colette wenig Zeit zum Nachdenken. Nachdem sie im Jura Henrys Eltern besucht hatten, reisten sie nach Bayreuth zu den Wagner-Festspielen. Bayreuth war unterhaltsam, und das nicht nur, weil Henry, der mit Cosima Wagner befreundet war, sämtliche Opernaufführungen besuchte.

Willy weint vor Ergriffenheit wie eine junge Kuh, schrieb Colette an Schwob. *Ich bin da viel robuster.*

Im Herbst kehrten sie nach Paris zurück, wo Colette sich Hals über Kopf zurück in Claudines Welt stürzte. Ihre Heldin war ihr ähnlich und gleichzeitig auch nicht. Die dreiste Göre wollte das Leben mit allen Mitteln auskosten. Sie manipulierte ihre Mitschülerinnen und Lehrerinnen gnadenlos und mischte sich mit wechselndem Erfolg in deren Liebesgeschichten ein. Ihre eigenen Ambitionen mit der süßen Aimée verflüchtigten sich schnell, weil diese sich als falsche Schlange entpuppte, die ihre Verehrerinnen kaltherzig abservierte. Gleichzeitig war Claudine so ehrlich und loyal, wie es nur jemand ohne anerzogene Moralvorstellungen sein konnte. Eine Tahitianerin wie Colette. Sie war sehr zufrieden mit sich, denn der Stapel aus vollgeschriebenen Heften wuchs täglich.

Eines Abends saß Colette vor dem Spiegel in ihrem Schlafzimmer und bürstete sich die Haare. Sie dunkelten am Ansatz nach, doch die Längen waren noch immer so blond wie in ihrer Kindheit. An den Spitzen kräuselten sie sich wie das goldene Vlies aus der griechischen Sage. Colette seufzte und betrachtete sich im Spiegel. Lange Haare brauchten so viel Pflege. Was wäre, wenn sie sie schneiden ließ? Nein, dafür reichte ihr Mut nicht aus, und das nicht nur, weil Sido an die Decke gehen würde, wenn sie ihnen zu Leibe rückte. Aber sie würde etwas anderes versuchen.

Sie sprang auf und lief in Henrys Arbeitszimmer, wo sein Sekretär Marcel Boulestin im Schein einer Lampe am Schreibtisch saß. »Willy ist ausgegangen.«

Sie raffte den Ausschnitt ihres Morgenmantels zusammen und fand wieder einmal, dass das Schicksal ihn mit seiner schlanken Figur, den seelenvollen Augen und dem dunklen Haar allzu großzügig beschenkt hatte.

»Mich zu verführen können Sie sich sparen, Madame!«, sagte er pikiert. »Meine Neigungen liegen anderswo.«

Sie verkniff sich ein Lachen. »Als ob ich das nicht wüsste? Marcel, könnten Sie mir vielleicht mit einer Hose und einem Männerunterhemd aushelfen?«

Er hob den Kopf. »Und weshalb, wenn ich fragen darf?«

»Weil ich etwas ausprobieren möchte.« Colette verdrehte die Augen. Homosexuelle konnten so unglaublich blasiert sein. »Sie und ich, wir haben nahezu die gleiche Statur. Vielleicht könnten Sie mir zusätzlich mit einer Jacke dienen?«

Marcels Augenbrauen hoben sich bis unter seinen Scheitel, der von Pomade glänzte. Dann zog ein Grinsen über sein Gesicht. »Wie Sie belieben, Madame. Warten Sie!«

Er verließ das Zimmer und kehrte mit einem Arm voll Kleidungsstücke zurück. »Verwandeln Sie sich in einen Matrosen, Madame. Und machen Sie mir Ehre.«

Sie nahm die Sachen mit ins Schlafzimmer, schlüpfte aus ihrem Rock, der Bluse und dem Fischbeinkorsett und zog Marcels dunkle Hosen über ihre wadenlange Unterhose. Ein Gürtel regulierte die Weite. Das gestreifte Hemd passte einigermaßen, wenn sie es in die Hose steckte. Zuletzt zog sie die Jacke an, die ihr, zugegeben, viel zu groß war, und trat vor den Spiegel, wo sie sich die Haare flocht und unter einer Ballonmütze mit Bommel versteckte. Einige vorwitzige Locken ringelten sich darunter hervor und fielen ihr verwegen in die Stirn.

Die Person, die ihr da ebenso schüchtern wie herausfordernd entgegenblickte, war auf eine bemerkenswerte Weise sie selbst. Doch wer war sie? Gabrielle, Colette, Claudine oder eine weitere Person, die sie unter all den Schichten entdecken würde wie die Zwiebel unter ihren Schalen? Was aber, wenn da gar kein Kern war abgesehen von Sidos und Henrys Vorstellungen, denen sie verzweifelt nachzukommen versuchte?

Marcel trat ein und stellte sich hinter sie. »Sehr schön. Darf ich?« Er nahm ihren Kajalstift und zog zuerst ihr und dann sich selbst einen Strich auf den unteren Augenlidern. »Jetzt siehst du genauso aus wie ich.«

In der Tat ähnelten sie sich im Spiegel auf überraschende Weise. Sie waren beide schmal gebaut, Marcels Haare waren dunkel, Colettes blonde waren unter der Kappe verborgen, die Augen umrandet, so dass sie verrucht leuchteten.

»Warte!« Auf ihrem Frisiertisch lagen die großen Klipse mit den falschen Rubinen. Sie steckte sie Marcel an die Ohrläppchen. »Voilà.«

Was waren sie? Zwei Menschen auf einer unsichtbaren Grenze, die weder auf die eine noch auf die andere Seite gehörten?

»Mach mir keine Schande!« Er kam ihr so nahe, dass sie sein exquisites Rasierwasser riechen konnte. »Und verleugne die Wahrheit nicht länger, Colette, ich bitte dich. Sei du selbst.«

Charlotte Kinceler, die sie am nächsten Sonntag besuchte, war von Colettes Verwandlung begeistert. »Das ist zauberhaft.«

Sie warf sich auf die Chaiselongue, dass die Federn nur so krachten, und machte sich über eine Schale Crème brûlée her, die vom Abendessen übrig geblieben war. Der kleine Jacques lugte zwischen den Decken hervor, aus denen er sich unter dem Tisch eine Bude gebaut hatte, und grinste schelmisch. Die Willys mussten mehr und mehr um die gemeinsamen Sonntage kämpfen, denn Colettes Schwiegermutter Laure behauptete, dass sie ihren wohlerzogenen Enkel verdarben. Colette ignorierte sie und ließ ihm alle Freiheit. Auch jetzt hätte er, statt zu spielen, schon längst an seinen Hausaufgaben sitzen müssen.

»Ich wusste ja, dass ein androgyner Engel in dir steckt, Colette«, sagte Charlotte.

»Ich dachte, ein Engel ist ein Junge im Nachthemd«, wandte Jacques ein. Colette und Charlotte prusteten los.

»Engel sind immer sowohl Mann als auch Frau, Jacques. So wie deine Petite Maman.« Charlotte legte die Beine auf einen Stuhl und leckte hingegeben ihre Schüssel aus. Colette verdrehte die Augen. Wieder etwas, was Jacques sich besser nicht abschauen sollte.

Lotte stellte die Schüssel auf den Tisch. »Du musst unbedingt in dieser Verkleidung ausgehen, Colette. Es fragt sich nur, wohin?«

Sie schüttelte den Kopf. »Für diesen Aufzug brauchte ich eine offizielle Erlaubnis vom Polizeipräfekten.«

»Sonst wird meine Petite Maman von den Flics abgeführt«, krähte Jacques vergnügt. »Und dann fragen sie, ob sie ein Junge ist. Das ist lustig.«

Henry kam in den Salon und schenkte sich Whisky ein. »Du brauchst nur eine Genehmigung, wenn du damit in die Öffentlichkeit gehst. In privatem Rahmen nicht.« Er ließ sich in den Sessel fallen, auf dessen Lehne Colette saß. »Ich bin mit dir einig, Lotte. Sie muss sich unbedingt so zeigen. Und ich weiß auch, wer noch begeistert sein wird: Madame Arman.«

Er zog Colette auf seinen Schoß und vergrub seine Hände unter ihrem gestreiften Hemd. »Mein Schiffsjunge und ich, wir erobern Paris. Mit uns beginnt die Zukunft. Freie Liebe, wenn ihr versteht, was ich meine. Und wer uns etwas anderes einreden will, der soll sich nur mit mir anlegen. Kein Korsett …« Seine fleischigen Hände strichen über Colettes Haut. »In diesem Aufzug kannst du Bücher schreiben, Liebling, Bäume ausreißen und es mit allen alten Haudegen auf einmal aufnehmen. Und mit dir, Lotte, mein Zwerglein, dem zähesten aller Haudegen auf jeden Fall.«

Er winkte Charlotte zu sich, die sich gerade noch neben ihn quetschen konnte.

»Und mit mir!«, rief Jacques, sprang auf und tanzte um sie herum. »Ihr seht aus wie die Sardinen in der Büchse. Das ist zum Schießen komisch.« Er wurde rot und schlug sich die Hand vor den Mund. »Entschuldigung!«

»Du musst dich nicht entschuldigen, Jacques.« Colette zog ihn in die Arme. »Egal, was Großmutter Villars sagt: Bei uns darfst du lustig sein. Und du musst keinen Katechismus auswendig lernen.«

»Niemals?«, fragte er hoffnungsvoll.

»Niemals«, bestätigte Henry.

Colette entschied sich für das Abenteuer und wagte in ihrem Matrosenaufzug beim nächsten Salon von Madame Arman ihren großen Auftritt.

Als sie das Foyer betrat, stieß diese einen spitzen Schrei aus und fasste sich an die Brust. »Bezaubernd, Kindchen. Und Respekt. Sie sind so mutig, Ihre Beine zu zeigen.« Sie drückte Colette an sich und zog sie in den Kreis der Gäste, die ihr begeistert applaudierten.

Wenige Wochen später jedoch schlossen sich für die Willys die Türen von Madame Armans Salon für immer. Als sie zu einem der exklusiven Mittwochdiners eintrafen, verweigerte ihnen der Butler stoisch den Einlass, so dass sie unter den Augen der ankommenden Gäste umdrehen mussten.

»Aber weshalb nur?«, fragte Colette irritiert. »Das ist so was von peinlich, Henry.« Sie hob die Stimme. »Madame Arman. Ich bin es doch, Ihre Colette!« Aber Madame ließ sich nicht blicken.

Zwei Diener näherten sich in eindeutiger Absicht.

»Sie machen ernst. Schnell! Bevor Madame uns rausschmeißen lässt.« Henry bugsierte Colette in eine Droschke, die sie auf dem schnellsten Weg zurück nach Hause brachte. Die Hufe donnerten nur so über das Pflaster. Colette setzte sich und schloss ein paar Knöpfe an Marcels Jacke.

»Ich war es nicht, die uns bei Madame Arman blamiert hat. Was hast du wieder angestellt? Rede, Henry! Und wage es nicht, mir Ausflüchte zu präsentieren!«

»Nun …« Er griff nach ihrer Hand. »Du weißt gar nicht, wie schön du bist, wenn der Zorn dich packt. Wie deine Augen glitzern. Und diese roten Apfelbäckchen. Wie ein Vulkan kurz vor dem Ausbruch.«

»Schweif nicht ab!«

Henry sah aus dem Fenster, wo die hohen Häuser von Montparnasse an ihnen vorbeirasten. »Jeanne ist eine attraktive Frau.«

»Welche Jeanne?« Die Wahrheit sickerte so langsam in Colette ein, dass ihr für einen Moment der Mund offen stehen blieb. »Du hast dich doch wohl nicht an Madames Schwiegertochter herangepirscht?«

Sie hatten den jungen Monsieur De Caillavet und seine Frau zweimal zu sich eingeladen. Colette war beeindruckt gewesen, wie gut sich die beiden verstanden. »Henry! Hast du oder hast du nicht?«

Röte zog sich über sein Gesicht und seine verlängerte Stirn. »Natürlich nicht. Aber das tut nichts zur Sache, Füchslein. Es kommt darauf an, dass Madame den Verdacht hegt und dass ihre hübsche kleine Jeanne nun ein wenig kompromittiert ist. Als ob ihr das schaden würde. Im Gegenteil.«

Colette beugte sich ungläubig vor. »Diese Blamage … Du hast mit Absicht riskiert, dass man uns vor die Tür setzt?«

»Nun, ich habe zumindest mit dem Feuer gespielt.« Er erlaubte sich ein boshaftes Lächeln. »Es kommt darauf an, im Gespräch zu bleiben. Das müsstest du an meiner Seite doch inzwischen gelernt haben, Füchslein.«

»Aber es bringt uns in Verruf«, zischte sie. »Ebenso wie Jeanne und ihren Mann. Egal, was die Wahrheit ist, es wird an uns hängen bleiben wie Gassendreck.« Mühsam widerstand sie der Versuchung, ihm das Gesicht zu zerkratzen.

»Aber das soll es doch. Dafür ist ein handfester Skandal nun einmal gut. Warum fällt es dir so schwer, das zu begreifen? Und du? Du rufst noch wie eine Bittstellerin nach Madame Arman. Wie peinlich. Hör mir zu, das sage ich nur einmal: Ich verlange unbedingte Loyalität. Blamier mich nie wieder, oder du wirst es bereuen!«

Sie setzte sich wutschnaubend zurück und sagte den Rest der Fahrt kein Wort. Auf Bel-Île hatte er ihr verschwiegen, dass Louise gestorben war, und nicht verhindert, dass sie Schwob Kummer bereitete. Schwob hatte ihr zwar verziehen, aber es ließ sich nicht von der Hand weisen, dass Henry ihre Freundschaften zerstörte, wann immer es ihm in den Kram passte.

In den nächsten Wochen versuchte sie vergeblich, Madame Arman zum Einlenken zu bewegen, die felsenfest davon überzeugt war, mit den Willys ein paar Schlangen an ihrer Brust genährt zu haben. Schließlich wandte sich Colette verstärkt ihrer willensstarken Heldin Claudine zu und setzte nach weiteren Wochen harter Arbeit das Wort »Ende« unter den fertigen Text. Das Manuskript umfasste ganze 656 Seiten. Henry, der ihr versprochen hatte, für die Veröffentlichung seine zahlreichen Kontakte spielen zu lassen, schickte es an zwei Verlage. »Es wird schon klappen, Füchslein«, sagte er zuversichtlich.

Colette glaubte fest an sich. Deshalb traf es sie umso härter, als Henry sie einige Wochen später ins Arbeitszimmer rief. Tiefe Enttäuschung erfasste sie, als sie den mitgenommen wirkenden Papierstapel auf dem Tisch liegen sah.

»Auch der zweite Verlag hat das Manuskript mit einer fadenscheinigen Begründung abgelehnt.« Henry zuckte mit den Schultern. »Ich muss mich wohl geirrt haben, Kleines. Vielleicht ist die Geschichte doch nicht stark genug. Wer will schon das Geschwätz junger Mädchen lesen, und mag es noch so witzig sein.«

Er packte den Stapel in das unterste Fach seines Schreibtischs und nahm sie in die Arme. »Es tut mir leid. *Claudine* ist nicht zu veröffentlichen.«

Wie fühlte es sich an, wenn Träume wie Seifenblasen zerplatzten? Colette fühlte sich hohl und leer.

Wenige Wochen später zog sich Charlotte Kinceler von ihr zurück. Colette machte sich bewusst, dass Lotte Pausen brauchte. Exzentrisch war sie auch, und so wunderte sie sich nicht, als sie sich plötzlich der katholischen Kirche annäherte. Ja, sie wurde selbst dann nicht misstrauisch, als Charlotte sie bat, ihr ihre Krankheit zu schildern, die sich von Zeit zu Zeit noch durch eine übergroße Empfindlichkeit der Augen bemerkbar machte.

»Immer noch nichts von Lotte gehört?«, fragte Henry eines Morgens und schlug seine Zeitung auf.

Colette schüttelte den Kopf. »Etwas stimmt nicht mit ihr. Wir sollten nachsehen.«

»Du hast recht.« Henry klappte seine Zeitung zusammen und nahm eine Droschke, während Colette im Salon auf und ab tigerte und den Schwingungen des Unheils nachspürte, das sich über ihnen zusammenbraute. Schließlich hielt sie es nicht mehr aus, folgte Henry mit dem Pferdebus und keuchte die gewundene Gasse zum Montmartre hinauf. Vor dem Kräuterladen hatte sich eine Gruppe von Schaulustigen versammelt. Die einäugige Katze saß auf dem Gehsteig und putzte sich, als sei nichts geschehen. Colette drängte sich bis zu einem Polizisten durch, der den Eingang bewachte. »Was ist passiert?«

»Ermittlungen, Mademoiselle. Wir dürfen Ihnen nichts sagen. Bleiben Sie bitte draußen.«

Colettes Magen fühlte sich an wie ein Stein. Fast hätte sie ihm ihr Frühstück vor die Füße gespuckt.

Kaum hatte er sich umgedreht, schlich sie die Treppe hinauf und fand Henry totenblass im Treppenhaus. Die Tür zur Wohnung im Zwischengeschoss stand offen, Polizisten liefen treppauf, treppab an ihnen vorbei.

»Du bist es.« Er drückte ihre Schulter. »Geh lieber nicht hinein, Füchslein, ich bitte dich.«

»Ich muss.« Sie trat ein. Die Wohnung war so aufgeräumt wie immer. Auch hier machten sich die Flics breit, vermaßen den Raum und sammelten Beweisstücke. Colette drängte sich durch, bis sie vor der Wand neben dem Fenster stand, über die sich ein Muster aus roten Tropfen zog. Malerisch umrahmten sie einen ausgedehnten amöbenartigen Fleck, der sich obszön auf der weiß gekalkten Wand breitmachte. Darunter stand die Couch, auf der sie oft herumgelümmelt und sich über Henrys Spielchen lustig gemacht hatten.

Colette wurde schwarz vor Augen. Henry hielt sie, als ihre Beine unter ihr nachgaben.

»Was ist passiert?«

»Sie hat sich mit der Pistole ihres Vaters in den Kopf geschossen, wegen ihrer Krankheit vermuten sie.« Henry zog sie in die Sicherheit seiner Arme. Gierig sog sie seinen Geruch nach Tabak und feuchter Wolle ein und weigerte sich, in diese Welt zurückzukehren.

Er strich ihr sanft über die Haare. »Es war ihre Entscheidung, hörst du? Wie bei Paul Masson.«

Auch er hatte sich in diesem Jahr das Leben genommen. Neben der Syphilis griff die Todessehnsucht unter ihren Freunden um sich wie eine ansteckende Krankheit, der viele nicht entgehen konnten. Aber warum ließen die Menschen, die sie liebte, sie ohne eine Antwort zurück?

»Wir hätten ihr helfen müssen«, murmelte sie an seiner Schulter.

»Wo ist sie jetzt?«

»Sie haben sie schon weggebracht. Aber, Colette, hör mir zu. Wenn die Syphilis voranschreitet ... dann erreicht sie das Nervensystem, und dann ... Das ist kein Vergnügen, glaub mir. Und Charlotte hätte sich nichts von uns sagen lassen, eigensinnig, wie sie ist.«

Sie löste sich aus Henrys Armen, blinzelte ins Licht und sah, dass der Käfig des Kanarienvogels offen stand. Bevor Charlotte gegangen war, hatte sie Arnaud freigelassen. Er würde sich den Himmel erobern, den Katzen und den dreckstarrenden Schornsteinen von Paris zum Trotz.

ᥫ KAPITEL 15 ᥫ

Sommer 1898

N
a los, Füchslein, zeig, was du kannst!« Henry nutzte den Sonntagnachmittag im Parc Monceau, um Colette das Fahrradfahren beizubringen.

Er zwinkerte ihr zu. »Es hat ganz schön geschwankt, als ich zum ersten Mal aufgestiegen bin, aber du bist ja sportlich.«

Fahrrad zu fahren war en vogue. Wer etwas auf sich hielt, gondelte mit den Zweirädern durch die Stadt. Kein Wunder, dass Henry, der die beiden Drahtesel zufällig gewonnen hatte, seinen Ehrgeiz daran setzte, sie so schnell wie möglich nutzen zu können.

Die Velos lehnten am Stamm eines Ahornbaums, dessen Laub Schattenspiele auf die Allee zeichnete, die Colette an die Klöppelspitze der Bretoninnen erinnerten. Im Juli war der Park erfüllt vom Schreien und Kreischen der Kinder, die mit ihren Nannys auf der Wiese spielten, während ihre Eltern picknickten. Ein Paar, er mit Zylinder und schwarzem Anzug, sie im rosa Seidenkleid, ging Arm in Arm an ihnen vorbei.

Sie blinzelte zweifelnd, als Henry nach dem kleineren der beiden Räder griff und zu dozieren begann. »Das ist deins, Schatz. Schau mal, es hat einen Rennradlenker, den sogenannten Randonneur, und luftgefüllte Reifen. Die steigern seine Geschwindigkeit um dreißig Prozent. Sogar der Zar fährt Rad, und der Emir von Kabul lässt seine Haremsdamen auf dem Velo durch die Gegend flitzen.«

Colette runzelte die Stirn. »Wie die sich in ihren Schleiern aufs Rad schwingen können, ist mir allerdings ein Rätsel.«

Obwohl Fahrrad fahrende Frauen auch hierzulande die Sitten-wächter auf die Barrikaden trieben, entwickelte sich das Radeln gerade zum Volkssport. Colette trug blickdichte Strümpfe und eine Pumphose unter ihrem wadenlangen Rock, dazu eine weiße Bluse mit Schinkenärmeln, eine schwarze Krawatte und einen Strohhut.

»Gib schon her!« Todesmutig griff sie nach dem Lenker, schob sich auf den Sattel und stützte den linken Fuß auf den Boden. Den rechten setzte sie auf die Pedale, gab Schwung und rollte los.

»Und jetzt, allez hopp!«, rief Henry.

Sie zögerte. Den Kontakt zum Erdboden aufzugeben war gar nicht so leicht. Sie rollte noch ein paar Sekunden, aber dann wanderte ihr linker Fuß wie von selbst auf die zweite Pedale, und sie trat zu. Der Rennradlenker war so niedrig, dass sie sich bücken musste. Es war eine wackelige Angelegenheit, und doch fühlte es sich ein bisschen wie Fliegen an. »Jippie! Das ist ja leicht!«

»Gut machst du das, Füchslein! Und hör nicht auf zu treten, dann hältst du die Balance. Aber nicht so schnell, hörst du!« Henrys Stimme verklang in ihrem Rücken.

Sie umrundete einige Spaziergänger, bevor die Allee offen und schnurgerade vor ihr lag. Ein Glücksgefühl erfasste sie, als sie Fahrt aufnahm und der Wind in ihren Ohren zu singen begann. Henry hatte unrecht. Je schneller sie trat, umso besser hielt sie das Gleich-gewicht.

Nur, wie sollte sie die Geschwindigkeit reduzieren? Hatte Henry ihr die Bremse gezeigt? Während sie dahinsauste, dachte sie fieberhaft darüber nach. In diesem Moment kullerte kaum fünf Meter vor ihr ein Ball auf den Weg, dem ein kleiner Junge hinter-herlief.

»Weg mit dir!«, rief sie, aber er bückte sich genau vor ihr, so dass ihr nichts anderes übrig blieb, als zur Seite zu lenken und in voller

Fahrt vom Rad zu springen. Sie flog über den Lenker und landete auf der Wiese, das Velo halb über sich, dessen Räder sich munter weiterdrehten, während der Bub mit dem Ball in der Hand unbeschadet im Gebüsch verschwand.

»Herrgott Kruzifix noch mal!« Sie versuchte, das schwere Rad hochzudrücken, schaffte es aber nicht. Henry lief keuchend auf sie zu.

»Geht es, Füchslein?« Er hob das Rad von ihr weg. Das schlechte Gewissen stand ihm ins Gesicht geschrieben.

»Einigermaßen. Das wird ein paar blaue Flecke geben, sonst nichts.« Mühsam stellte sie sich auf die Füße. Ihre Hüfte und ihre Knie schmerzten. Ihr Rock war zerrissen, aber die Pumphose hatte sie vor Schlimmerem bewahrt. Zorn erfasste sie, und sie trat einmal kurz gegen ihr schönes, neues Fahrrad. Der letzte Schrei, pah! »Wo, verdammt noch mal, ist bei diesem vermaledeiten Ding die Bremse?«

Henry biss sich auf die Lippe. »Es hat keine.«

»Was?«

Sie sah sich um, fand ihren Hut ein paar Meter entfernt auf der Wiese und setzte ihn auf. Die schönen Strohblumen waren zerdrückt.

Henry kaute auf seiner Unterlippe herum. »Nur das größere Rad hat eine Bremse, das kleinere nicht.«

»Deins hat eine Bremse und meins nicht?« Sie rieb sich über ihre schmerzenden Knie und zweifelte, ob sie richtig gehört hatte.

»Im Ernst.« Seine Stimme war voller Entrüstung. »Ich hab damit gerechnet, dass du schön langsam hinter mir hergondelst. Wie konnte ich wissen, dass du mir wie ein wild gewordener Drache davonrast?«

Schweigend nahm sie ihm das Rad ab, das wie durch ein Wunder keinen Schaden genommen hatte. Sie hatte es so satt. Wie immer sah Henry den Fehler allein bei ihr. Sie stieg auf und rollte langsam den Weg entlang.

»Warte, Colette!« Er setzte sich in Bewegung, um sein Rad zu holen.

Die letzten Jahre waren aufregend gewesen. Henry hatte eine größere Wohnung in der Rue de Courcelles 93 gemietet und ihr darin einen Turnsaal mit Reckstangen und Ringen eingerichtet. Täglich trainierte sie in ihrem »Eichhörnchenkäfig«, bis ihr Körper so stark und gelenkig wie in ihren Mädchenjahren war. In der neuen Wohnung führte sie auch einen eigenen literarischen Salon, wo sich ihre Freunde zu hitzigen Diskussionen trafen. Marcel Schwob war jetzt mit Marguerite Moreno zusammen. Colette gönnte ihnen ihr Glück von Herzen.

Sie bog gerade in die Rue de Courcelles ein, als sie hinter sich ihren Namen hörte. Henry, der auf dem Trottoir fuhr, sah auf seinem Rad aus wie ein Elefant auf Urlaub, ein betrunkener gar, der Schlangenlinien fuhr, so dass ein paar Passanten alarmiert zur Seite sprangen. Sie konnte sich ein Grinsen nicht verkneifen, als er mit quietschenden Bremsen neben ihr zum Stehen kam und seinen Körper vom Rad hievte.

»Das sieht bei dir ganz schon halsbrecherisch aus.«

»Ich bin leider ein wenig fett geworden. Es tut mir leid, Füchslein. Aber ich mach es wieder gut. Ich habe nämlich eine Überraschung für ... Oh, verdammt. Was ist denn hier los?«

Vor dem Haus hatte sich eine Reihe von Schaulustigen versammelt, die beobachteten, wie das Mobiliar aus der Wohnung der Willys getragen und auf dem Gehweg gestapelt wurde. Gerade setzten die Möbelpacker die Chaiselongue ab. Colette umklammerte erschrocken den Lenker, während die Concierge neben dem Möbelwagen stand und schimpfend die Hände rang, weil man sie am heiligen Sonntag störte.

»Was hat das zu bedeuten?«, fragte Colette.

»Wir sind pleite und werden gepfändet.« Henry sah sie Abbitte heischend an. »Selbst am Sonntag machen diese Aasgeier vor dem berühmten Autor und Journalisten Willy nicht halt.« Er holte tief Luft. »Im Ernst. Ich wusste nicht, wie schlimm es steht. Das musst du mir glauben. Die Rennpferde ...«

Colette schnaubte. »Fressen dir die Mistviecher etwa die Haare vom Kopf?« Sie konnte sich nicht bremsen. Vor Kurzem hatte Henry in den prestigeträchtigen Pferdesport investiert und zwei Gäule gekauft, für deren Unterkunft, Pflege und Betreuung sie Unsummen zahlten.

»Man kann sehr viel Geld mit ihnen verdienen, wenn sie mal gewinnen«, sagte er kleinlaut.

In diesem Moment trugen zwei Möbelpacker Henrys Schreibtisch auf die Straße hinaus. Ihnen folgte der Gerichtsvollzieher mit dem amtlichen Bescheid.

Henry sprang mit überraschender Behändigkeit auf ihn zu und riss ihm das Schreiben aus der Hand. »Nicht meinen Schreibtisch! Auf keinen Fall! Unterlassen Sie das, Sie ungehobelter Klotz, Sie!«

»Ich fürchte, das kann ich nicht verhindern«, antwortete der Gerichtsvollzieher gleichmütig.

Henry rang die Hände. »Warten Sie! Dadrin sind die Unterlagen für meine Werke. Ich bin Schriftsteller, verstehen Sie.«

»Also dann machen Sie, aber schnell!«

Unter den neugierigen Augen der Gaffer kniete sich Henry auf den Boden und räumte die Fächer und Schubladen aus, bis seine Papiere sich auf dem Trottoir stapelten. Zuletzt kam Colettes Manuskript zum Vorschein, ein Blätterstapel, der im Wind davonzufliegen drohte. Sie legte ihr Rad ab, sammelte die losen Seiten ein und presste sie an sich. Tränen sammelten sich in ihren Augen.

Wie viel Arbeit steckte in ihrem Text und wie viel Herzblut. Aber was passé war, war passé.

»Was gibt es da zu glotzen?«, fuhr sie die Gaffer an, während ihr Mobiliar auf den Leiterwagen geladen und davongefahren wurde.

Henry klaubte seine Papiere zusammen und trug sie in ihre Wohnung. Colette stellte erst die Räder in den Hausflur und folgte ihm dann mit dem Manuskript von *Claudine erwacht*. Die Wohnung war kahl und leer. Im Salon traf sie überraschend Schwob und Marguerite Moreno an, die Händchen haltend und mit dem Rücken an der Wand auf dem Boden saßen.

»Freunde in der Not. Auf euch kann man sich verlassen.« Henry tätschelte ihnen jovial die Schultern.

»Wir dachten zuerst, sie würden uns auch wegräumen.« Schwob deutete auf die weißen Wände. Die Anrichte fehlte, die Chaiselongue und ein paar Bilder, nichts Teures, nur eins von Degas und eins von Toulouse-Lautrec, der es nicht lassen konnte, die Tänzerinnen des Moulin Rouge abzubilden. »Irgendwie befreiend, diese Leere. Das hat fast etwas Meditatives. Und wir können das Leben ja auch auf dem Boden feiern, nicht wahr, Marguerite?«

Sie nickte. Die schöne Schauspielerin mit den glänzenden Augen und dem glatten dunklen Haar war inzwischen Colettes Freundin geworden. Auch ihr hatte das Leben übel mitgespielt. Der kleine blonde Junge, den sie Catulle Mendès geboren hatte, war an Meningitis gestorben.

Schwob stellte sich auf die Füße. »Unterhaltung hatten wir genug, vor allem als sie uns das Sofa unter dem Po weggezogen haben. Wie wäre es mit etwas zu trinken auf den Schreck, Lolette, Süße? Oder hat man euch die restlichen Flaschen auch gepfändet?«

»Nein, nein.« Sie drückte Henry ihr Manuskript in die Hand, holte ihre letzte Flasche Rheinwein aus der Küche und goss allen ein. »Wenn wir untergehen, dann mit Stil. Zum Glück haben sie meine Gläser mit Goldrand verschont. Die aus Saint-Sauveur.« Ihre Stiele waren so fein wie Blumenstängel. Wenn man nicht aufpasste, zerbrachen sie in der Hand und ließen einen bluten.

Sie tranken sich zu bis auf Henry, der auf einer Kiste saß und sich in ihr Manuskript vertiefte.

»Schatz?«, fragte sie.

»Gönnst du mir bitte Ruhe.« Er überflog Seite um Seite und legte die jeweils fertigen achtsam neben sich aufs Parkett.

»Also lassen wir ihn am besten.« Colette setzte sich neben Marguerite an die Wand und zog Kiki auf ihren Schoß, die ihr um die Beine gestrichen war. »Nehmen wir den Mangel an Möbeln doch mit Humor. Francine wird sich freuen. Dann muss sie weniger putzen.«

Sie unterhielten sich eine Weile und lachten über Marcel, der die Leere des Salons mit der in ihren Köpfen verglich. Darüber vergaßen sie beinahe den noch immer fieberhaft lesenden Henry.

»Was bin ich nur für ein Volltrottel!«, unterbrach er sie plötzlich. Seine Augen glitzerten, seine Wangen waren gerötet, sein Bart gesträubt.

»Was ist denn?«, fragte Colette.

»Das geht ja auf keine Kuhhaut, geht das nicht«, gab er von sich, ehe er sich hochstemmte und ohne Erklärung mit dem Manuskript von *Claudine erwacht* aus dem Raum stürmte.

»Was hat den denn gepackt?«, fragte Schwob.

»Er sah aus, als würde er kurz vorm Herzinfarkt stehen«, merkte Marguerite an.

»Ich habe keine Ahnung.«

Schwob hielt Colette sein leeres Glas hin, die aufstand und es nachfüllte.

»Wie auch immer. Lassen wir ihn ziehen.« Schwob prostete ihnen zu. »Auf eure Gesundheit, meine Schönen, und vergesst nicht, dass wir nur dem Heute Tribut zollen sollten. Die Zukunft liegt im Dunkeln, und der gestrige Tag ist für immer vorbei. Also: carpe diem, Myladys. Lasst uns die Leere mit Geistesblitzen füllen oder an der Stille ersticken.«

»Darauf ein Prosit!« Colette nippte spöttisch an ihrem Wein.

Nachdem sie noch eine Weile geplaudert hatten, machte sich das Paar zum Aufbruch bereit. Henry versäumte es, sie zu verabschieden, und blieb verschwunden.

Gegen Mitternacht rüttelte er Colette sanft an der Schulter. »Wach auf, Füchslein! Ich bitte dich, kehre mir zuliebe aus den Gefilden der Träume in das Reich des Lebendigen zurück.«

»Was ist denn?«, murmelte sie verschlafen.

Er zog sie auf den Bettrand und legte ihr den Morgenmantel über die Schultern. »Komm einfach mit. Es geht um dein Buch.« Das Manuskript lag in seinem Arbeitszimmer auf einer Kiste, die er zum provisorischen Schreibtisch umfunktioniert hatte.

»Was ist damit?« Colette wurde ungern an ihre Niederlage erinnert, schon gar nicht nachts.

»Du darfst mich ohrfeigen.« Henry hielt ihr seine Wange hin.

Sie konnte sich ein Grinsen nicht verkneifen. »Ich habe ja Gründe genug, aber warum zu so später Stunde?«

Henry setzte sich auf eine weitere Kiste und zog sie auf seinen Schoß. »Ich habe mich getäuscht. Deine Geschichte ist grandios. Sie ist so gut, dass ich alle Hebel in Bewegung setzen werde, damit sie veröffentlicht wird. Und glaub mir, Willy hat diesbezüglich einiges auf Lager. Aber zuvor …«

Den Rest der Nacht verbrachten sie damit, den Text ein weiteres Mal zu lektorieren, wobei Colette Henrys Änderungen fast vollständig übernahm.

Früh am nächsten Morgen, die Sonne stieg gerade über die Dächer, und Juliette servierte ihnen Kaffee und Croissants am Küchentisch, setzte er seinen Namen schwungvoll auf den Einband. *Willy.*

»Kannst du das Buch nicht unter meinem Namen anbieten?« Colette versteckte ein Gähnen hinter ihrer geöffneten Hand. »Schließlich bin ich die Autorin.«

Er runzelte seine Augenbrauen mit einem Anflug von Zorn, der sicher der schlaflosen Nacht geschuldet war. »Natürlich nicht! Du hast dich an die Spielregeln der Werkstatt zu halten, Füchslein. Auf allen unseren Büchern steht mein Name. Und überhaupt. Als Unbekannte hast du keinerlei Chancen auf dem Markt, da steht dir leider dein Geschlecht im Wege.«

Colette zuckte mit den Schultern, als er mit dem Manuskript in der Hand triumphierend das Haus verließ. Er würde mit allen Mitteln um Claudine kämpfen, das wusste sie. Und wessen Name auf dem Buch stand, wenn es je eins geben sollte, war ja letztlich egal.

Nach ihrem Misserfolg war Colette nicht untätig geblieben. Sie engagierte sich mit ganzer Kraft in Willys Werkstatt. Zusammen mit Curnonsky, Veber, Jean de Tinan und den anderen Lohnschreibern entwarf sie den pikanten und satirischen Inhalt seiner Bücher und lachte schallend, wenn die anderen sie in ihren Figuren verewigten. Das war nicht ungewöhnlich. Auch Henry ließ seine Alter Egos und die seiner Mitmenschen nach Herzenslust in seinen Büchern herumspazieren, wobei er die Kunst perfektionierte, seine Feinde in der Öffentlichkeit der Lächerlichkeit preiszugeben.

Die jungen Schriftsteller profitierten von diesem Arrangement. Wenn Henry nicht gerade pleite war, entlohnte er sie großzügig. Außerdem gönnte er jedem Buch ein ausgiebiges Lektorat, mit dessen Hilfe sie sich stilistisch verbessern konnten. Colette selbst verfasste Theaterrezensionen für *La Critique* und war seit 1897 Redakteurin der feministischen Zeitschrift *La Fronde*, die ausschließlich von Frauen geschrieben und gedruckt wurde.

Sie stellte ihre Kaffeetasse ab und dachte nach. Wenn es kein Manuskript zu korrigieren gab, hatte der Tag eindeutig zu viele Stunden. Sie konnte in ihrem Turnraum trainieren oder lesen. Nein. Heute würde es sonnig und warm werden. Wie wäre es, wenn sie ihre Fähigkeiten als Radfahrerin perfektionierte? Henry hatte sicher nichts dagegen, denn sie ging streng genommen ja nicht aus, sondern fuhr Velo.

Als sie ihren Hut holte, stolperte sie fast über Kiki, die mit vorwurfsvoller Miene neben der Tür saß. »Du Arme. Hast nicht mal mehr die Chaiselongue, um dich darauf zu rekeln.« Colette fackelte nicht lange und setzte die Katze in ihren Fahrradkorb.

Kiki blickte stoisch geradeaus, während Colette über die Trottoirs in Richtung des Jardin du Luxembourg radelte. Zum Glück war der montags nicht so überfüllt wie der Parc Monceau am Sonntag und bot Platz genug, um das Velo durch die Alleen rollen zu lassen. Während die Sonne Reflexe aus grünen Lichtern und schwarzen Schatten auf den Weg zauberte, ließen sie sich den Wind um die Nase wehen.

Mittags rasteten sie an einem verwunschenen, von Seerosen überwucherten Teich. Colette legte sich ins Gras, kreuzte die Arme unter dem Kopf und blickte durch das Blättergewirr zum Himmel auf, über den weiße Wolken zogen. »Wer den Müßiggang erfunden hat, der verdient einen Orden, nicht wahr, Kiki?« Doch die Katze hörte nicht zu, sondern jagte den Libellen hinterher, die über dem Wasser tanzten.

Charlottes Freitod hatte alles verändert. Colette vermisste sie unendlich. Irgendwann war sie nach Châtillon geflohen, hatte mit Sido gesprochen, Mélie und Dominic mit ihren Kindern besucht und wieder Grund unter den Füßen gewonnen. Auch daheim gab es Veränderungen. Achille hatte sich vor Kurzem mit der jungen Jeanne de La Fare verheiratet, die aus bestem adligem Hause stammte. Léo, der sein Pharmaziestudium aufgegeben hatte, arbeitete inzwischen als einfacher Buchhalter in der Nachbarstadt. Und Henry? Er ignorierte sie seiner wechselnden Launen wegen oft wochenlang, bis sie sich wie eine Blume fühlte, die aufgrund mangelnden Lichts einging. Wenn sie ganz am Boden war und das Gefühl hatte, sich aufzulösen, begann er sie wieder zu beachten, und sie nahmen ihr Leben als Teil der Bohème auf. Dann wurden sie erneut zu den »Willys«, dem Avantgardepärchen, das von den anderen beneidet wurde.

Colette wusste schon lange, dass sie etwas an ihrem Leben ändern musste. Inzwischen stand sie dazu, dass sie sich auch zu Frauen hingezogen fühlte. Doch wenn sie diese Neigung je ausleben würde, dann nicht mit Henry als Zuchtmeister in ihrem Bett. Was ihn anging, war Colette noch immer glühend eifersüchtig. Was tat er, wenn er ausging und die ganze Nacht über fortblieb? Doch seine Arbeit bei der Zeitung machte Nachtarbeit erforderlich. Also hatte sie sich irgendwann vorgenommen, ihm zu vertrauen.

Aber Henry hatte auch eine andere Seite. Er war witzig, geistreich und auf seine spezielle Art fürsorglich. Sie liebte sein dröhnendes Lachen und seine schmutzigen Scherze und schlief nachts im Schutz seiner Arme ein. Wohin hätte sie auch vor den ganzen Ungewissheiten fliehen sollen? Nach Châtillon? Sido ihre Niederlage einzugestehen, würde sie niemals fertigbringen.

Als der Park sich am frühen Nachmittag mit Nannys und Kleinkindern zu füllen begann, machte sich Colette auf den Heimweg. »Kiki, wo steckst du?« Sie stand auf, glättete ihre Pumphose und suchte nach der Katze, die zufrieden über einem erlegten Falter hockte. »Alte Jägerin.«

Colette setzte sie in ihren Korb und fuhr besonnen an, nicht dass eine unwägbare Situation sie wieder zum Anhalten zwingen würde. In diesem Moment sah sie in der Ferne einen Reiter auf seinem Pferd. Sie fuhr rechts ran und stieg vom Sattel, um ihn vorbeizulassen.

Das Klappern der Hufe wurde lauter. Das Pferd war ein Vollblüter, grau, mit seinen schmalen Fesseln und dem geschwungenen Hals sicher von arabischem Geblüt. Der Reiter näherte sich in gemessenem Trab und saß in perfekter Haltung auf seinem Pferd. Er war groß und kräftig gebaut, mit kurzen aschblonden Haaren, sein Reitanzug eine exquisite Maßanfertigung. Colette konnte ihre Augen kaum von ihm lassen.

Und dann geschah alles gleichzeitig. Pferd und Reiter waren fast auf ihrer Höhe, als eine alte Dame eine Tüte mit Brotkrumen ausschüttete, um die Tauben zu füttern, die sich im Schwarm rund um sie niedergelassen hatten. Dieser Anblick war zu viel für Kiki. Sie sprang in hohem Bogen aus dem Korb und landete geradewegs zu Füßen des Gauls, der scheute, stieg und seinen edlen Kopf derart zurückwarf, dass der Reiter ihn kaum zügeln konnte.

»Nicht, nein, Kiki!« Colette warf ihr Fahrrad ins Gebüsch und setzte ihrer Katze nach, die zwischen die Tauben preschte, drauf und dran, ein Massaker anzurichten.

Während sich der Schwarm rauschend in die Luft erhob, schnappte sich Colette die strampelnde Kiki, entschuldigte sich bei der Dame mit den Brotstückchen und ging zu ihrem Fahrrad. Der Reiter war inzwischen abgestiegen und strich seinem Wallach, der schnaubend mit den Hufen stampfte, beruhigend über die Nüstern.

»Sch, Tristan.« Sein kühler, blauer Blick traf Colette. »Täuschen mich meine Augen, oder sind Sie in der Tat mit Ihrer Katze auf dem Fahrrad unterwegs?«

Colette holte tief Luft. »Und Sie? Müssen Sie ausgerechnet jetzt ausreiten, wo sich Menschen und Katzen zuhauf hier tummeln?« Kiki zappelte in ihren Armen und verlegte sich darauf, sie zu kratzen.

Das Gesicht des Reiters verzog sich zu einem schiefen Lächeln. »Katzen sind unberechenbar. Im Gegensatz zu Pferden, diesem Muster an Gelassenheit.«

Colette schüttelte den Kopf. »Katzen verschenken ihre Gunst freiwillig, was sie umso kostbarer macht. Und Gelassenheit, na ja. Ihr Gaul wäre Ihnen beinahe durchgegangen.«

Der Reiter lachte. »Ihr Stubentiger weiß eben, wo seine Futterquelle sitzt.«

»Kiki war ganz brav, bis Sie mit diesem Riesenvieh gekommen sind«, beteuerte Colette kampflustig.

»Kiki?« Der Reiter legte den Kopf in den Nacken und lachte so herzhaft, dass Colette nicht anders konnte, als mit einzustimmen. Obwohl? Etwas war seltsam an ihrem Gegenüber. Seine Stimme klang ein wenig heiser, und sein Gesicht war trotz des schmallippigen Mundes und der kühnen Nase eine Spur zu weich. Ein wenig wie Henry, der Gewölbte, und doch ganz anders. Schweigen breitete sich zwischen ihnen aus, als Colette die Wahrheit erfasste. Der Reiter war eine Frau. Sie streckte ihr die Hand entgegen, die für einen Mann deutlich zu gepflegt war. »Es war schön, Sie kennenzulernen.«

Etwas an ihrem Blick brachte eine Saite in Colette zum Klingen, die sie sonst oft verleugnete. Die Einsamkeit in ihren Augen spürte sie auch in sich selbst. Nie zuvor hatte sie so etwas erlebt. Es war, als ob sie im Gleichklang atmeten.

Am selben Abend ging Colette in das Etablissement auf dem Montmartre, das sie zum ersten Mal mit Charlotte Kinceler besucht hatte und danach ein paarmal, um zu trauern. Da sie mit Sylvaine verabredet war, konnte sie der Türsteherin das Codewort »Maulwurf« problemlos nennen. Die Tischlerin saß an der Theke und unterhielt sich angeregt mit einigen anderen Frauen. Woran erkannte man, dass sie sapphische Vorlieben pflegten? Colette sah genauer hin. Einige kleideten sich ungeniert in Anzug und Krawatte, andere trugen Frauenkleidung und waren durch nichts von ihren heterosexuellen Geschlechtsgenossinnen zu unterscheiden. Oder doch? Lachten sie zu laut? Waren ihre Schultern zu breit? Einige trugen Monokel. Aus Spaß oder als geheimes Erkennungszeichen? Waren sie frei, weil sie lesbisch waren, oder waren sie lesbisch, weil sie frei sein wollten? Und wo stand sie, Colette, in diesem Panoptikum aus Begierden und geheimen Botschaften?

»Colette!« Sylvaine sprang von ihrem Barhocker und begrüßte sie mit Küsschen auf beide Wangen.

»Sylvaine.« Auch wenn sie sich hin und wieder trafen, war ihre Beziehung noch nicht weiter gediehen. Colette wusste nicht, was sie davor zurückschrecken ließ, mit ihr die Nacht zu verbringen.

»Was heckt Willy wieder aus?«

»Ach nichts. Er versucht nur noch einmal, *Claudine* an den Mann zu bringen.«

»Oder an die Frau. Wart's ab, das Buch schlägt ein wie eine Bombe, wenn die Mädels es in die Finger kriegen.«

»Oder die Männer.« Colette lachte. »Wie schön, dass du an mich glaubst. Aber es wird sicher wegen seiner erotischen Stellen angefeindet oder verboten.«

Sylvaine grinste. »Aber vorher wirst du erst einmal exkommuniziert. Die pissen sich bei der Lektüre doch in die Soutane, die Pfaffen.«

»Wie gut, dass Willy darauf bestanden hat, dass es unter seinem Namen erscheint.«

Sie stießen miteinander an und spielten danach eine Runde Billard. Es hatte eine Weile gedauert, bis Sylvaine sich damit abgefunden hatte, dass Colette nicht mehr als ihre Freundin sein wollte, aber jetzt kamen sie gut miteinander aus.

Tief in der Nacht verließen sie das Etablissement und spazierten Hand in Hand zur Kirche Sacré-Cœur, die wie eine überdimensionierte Zuckerbäckertorte auf ihrem Hügel thronte. Sie setzten sich auf die Stufen, über sich die Sterne, die es schafften, den Dunst der Stadt zu durchdringen. »In Saint-Sauveur siehst du sie alle«, sagte Colette. »Hier ist zu viel Rauch in der Luft.«

»Lenk nicht ab!« Sylvaine schüttelte den Kopf. »Gib zu, du hast noch immer nicht mit einer Frau geschlafen, obwohl es dich danach gelüstet!«

»Ich will es nicht von Willys Gnaden tun.«

»Wenn ich nicht deine Freundin wäre, müsste ich jetzt wohl beleidigt sein. Wegen der Brotkrumen, die du mir immer zuwirfst.«

»Ach, Sylvaine.« Freundschaftlich legte Colette ihren Arm um Sylvaines Schultern. Die Tischlerin trug ihre Arbeitskleidung, eine weite Hose mit Hosenträgern und ein Leinenhemd, doch bei ihr wirkte die Männerkleidung zweckmäßig und ganz anders als bei der Reiterin.

Colette küsste sie zärtlich auf den Mund. Sylvaine erwiderte den Kuss mit der ihr eigenen Leidenschaft. Nach einer Weile ließen sie voneinander ab. »Sag mal, kennst du in euren Kreisen eine Frau, die einem Mann zum Verwechseln ähnlich sieht? Ich meine, einem richtigen Mann.«

Sylvaine strich sich eine kastanienbraune Locke hinters Ohr. »Wollen wir das nicht alle? Und was richtig oder falsch ist, bestimmen immer noch wir.«

Colette errötete. »Das war blöd. Entschuldige. Ich meine nicht wie Rachilde. Ich meine auch nicht deinen Arbeitsanzug.«

Sylvaine lachte. »Der ist einfach praktisch, weißt du?«

»Ich habe sie mit ihrem Pferd im Park getroffen und sie im ersten Moment für einen Mann gehalten.«

Sylvaine zündete sich eine Zigarette an und inhalierte den ersten Zug. »Pass auf, Colette. Ich erkläre dir das mal. Einige von uns sind einfach Frauen, die Frauen lieben. So wie ich und …«

»Andere lieben Männer und Frauen«, fiel Colette ihr ins Wort.

»So wie du.« Ein wenig Asche fiel auf die Marmorstufe und verglühte. »Andere, meistens Männer, sind Transvestiten, die es aufregend finden, sich als das andere Geschlecht zu verkleiden. Aber einige wenige wollen mit ganzer Kraft ein Mann sein und leiden unendlich darunter, dass sie es nicht können. Sie ist eine von ihnen. Mit Sicherheit hast du die Marquise Mathilde de Morny getroffen oder Missy, wie sie sich gerne nennen lässt.«

»Wirklich?«

Sylvaine nickte. »Außerdem ist sie adelig bis unter die Fußnägel. Ihr Vater war der Halbbruder von Napoleon III., ihre Mutter eine uneheliche Zarentochter. Einer ihrer Ahnen war König Ludwig XV. Außerdem ist sie märchenhaft reich und schart einen Zirkel von Frauen mit sapphischen Vorlieben um sich.«

Colette war wider Willen fasziniert.

Gegen Mitternacht erwartete Marcel Boulestin sie am Fuße des Montmartre und begleitete sie in der Droschke nach Hause. Henry und Colette hatten dieses Arrangement getroffen, um den Anstand zu wahren, wenn sie nachts allein ausging. Sie gestand sich ein, dass sie sich an Marcels Seite sicherer fühlte, und das sogar, wenn er sich die ganze Fahrt über mit blasiertem Gesicht die Fingernägel feilte.

ᕲ KAPITEL 16 ᕲ

Als sie zurück in ihre leer geräumte Wohnung kam, war Henry nicht da, das Doppelbett verwaist, die Laken kühl. Colette schlief tief und traumlos und erwachte, als die Sonne schon ins Zimmer schien, von zwei männlichen Stimmen, die sich in der Küche unterhielten. Es war Henry mit irgendeinem Fremden. Brachte er Nachricht, wie sie ihre Möbel auslösen konnten? Hastig schlüpfte sie in ihr Tageskleid und schloss die Knöpfe.

Die Küche war von Kaffeeduft erfüllt. Ihre Köchin Juliette stand am Spülstein.

»Da bist du ja, mein Füchslein.« Henry rieb sich zufrieden die Hände.

»Bonjour, Madame! Gießen Sie sich selbst ein?« Juliette klapperte mit den Tellern, ihre Arme steckten bis zu den Ellbogen im heißen Seifenwasser.

»Natürlich.« Colette nahm sich Kaffee und trank einen Schluck. Auf dem Tisch stand ein Käfig, aus dem es ausdauernd fiepte. Daneben saß ein Mann mit Schirmmütze und abgewetzten Kleidern, der einen Münzstapel in seiner Geldbörse verschwinden ließ.

Sie blinzelte verwundert, aber Henry setzte sein Lausbubengesicht auf. Was hatte er ausgeheckt? »Henry, du hast doch nicht …?«

»Voilà.« Er deutete auf den Käfig. »Da ist sie, deine Überraschung.«

»Wir haben kein Geld, wenn dir das entgangen sein sollte.« Sie wunderte sich, wie leicht es ihr fiel, Eiseskälte in ihre Stimme zu legen.

Er errötete bis über beide Ohren. »Ach, das darfst du nicht zu eng sehen. Auf ein paar Centimes mehr oder weniger kommt es nicht an. Vergiss nicht, ich habe sie zusammengekratzt, um dir eine Freude zu machen.«

Colette starrte stirnrunzelnd auf das Corpus Delicti.

Der Händler schloss eilig seine Geldbörse. »Er ist ein Rassehund aus bester Zucht und schon drei Monate alt. Das müssen Sie mir glauben.«

Sie bückte sich und spähte zwischen den Metallstangen in den Käfig. An der Rückwand saß ein winziges schwarzes Hundekind, das sie aus großen Froschaugen anblickte. Ihr Herz schmolz, und der Preis für dieses arme Würmchen war ihr auf einmal vollkommen egal.

»Öffnen Sie! Sofort!«

Der Tierhändler schob schulterzuckend den Riegel beiseite, und Colette zog die Handvoll Hund vorsichtig heraus und setzte ihn auf den Tisch.

»Ist der allerliebst!« Juliette klatschte in die Hände, dass die Seifenflocken nur so flogen.

»Er muss noch etwas wachsen.« Vorläufig zitterte das Hundekind am ganzen Leibe, hinterließ eine Pfütze auf der Tischplatte und landete mittendrin, weil ihm die Beinchen seitlich wegrutschten.

Und dennoch. Das kleine Gesicht mit der eingedellten Nase, die hervorstehenden Augen und die seidigen Fledermausohren deuteten darauf hin, dass aus ihm bei guter Pflege eine Französische Bulldogge werden würde. Wie Toutouque, die sie noch immer schmerzlich vermisste. Aber drei Monate war der Welpe sicher nicht alt. Man würde sich um ihn kümmern müssen.

»Warte, Kleiner.« Colette füllte eine Untertasse mit gesüßter Milch und stellte sie vor ihm hin. Das Hündchen zögerte kurz.

Dann versenkte es seine Schnauze darin und begann hungrig zu schlabbern, während Juliette nachsichtig die Pfütze wegputzte.

»Wie heißt er denn?«, fragte Colette.

»Ich dachte an Toby«, erwiderte Henry.

»Also gut, Toby-chien. Willkommen bei Familie …« Sie hatte Colette sagen wollen, entschied sich aber im letzten Augenblick anders. »Gauthier-Villars.«

»Toby Willy.« Henry strich mit seinem Daumen über die Nackenfalte des Kleinen. »Deine Petite Maman kennt sich mit Hunden aus, ach, was sage ich, mit Kindern, Männern, Frauen, allen Tieren. Also allem, was kreucht und fleucht. Was für ein Glück.«

Colette wartete, bis sich das Hundekind satt getrunken hatte. Dann suchte sie Kiki, die es sich auf der Fensterbank des leer geräumten Salons bequem gemacht hatte.

»Salut, meine Schöne.« Die Katze sprang auf den Boden, streckte ihre Vorderläufe und gähnte demonstrativ gelangweilt. »Darf ich dir unseren neuen Hausgenossen vorstellen?«

Colette kniete sich mit dem Kleinen in der Hand vor sie hin.

»Das ist Toby-chien.«

Alarmiert legte die Katze die Ohren an und trat einen Schritt zurück.

»Du musst keine Angst vor ihm haben, Kiki. Er ist gewiss nicht gekommen, um dich zu entthronen.«

Kiki legte sich auf den Bauch, robbte heran und fauchte, als wolle sie der Konkurrenz beizeiten beibringen, wer hier das Sagen hatte. Das Hundekind fiepte und strampelte verängstigt in Colettes Hand.

»Nicht, Kiki!«, ermahnte Colette sie. »Toby ist dein Freund.«

Das sah Kiki anders. Der Kleine wich erschrocken zurück, als sie ihre Tatze hob, die Ohren anlegte und die Eckzähne zeigte. Colette seufzte. Sie würde Toby nicht alleinlassen können. Also steckte sie ihn tagsüber in ihre Rocktasche, fütterte ihn mit den ausgesuchtesten Leckereien und ließ ihn nachts im Körbchen an ihrer Seite schlafen. Er gedieh prächtig, und alle Hausgenossen verliebten sich auf der Stelle in ihn. Kiki blieb das einzige Problem. Colette widmete ihr viel Zeit und schaffte es schließlich, dass die Katze Toby ignorierte.

Eines Tages setzte Colette den Kleinen in ihren Fahrradkorb und nahm ihn auf einen Ausflug mit. Mehr als ein Augenpaar folgte der Radlerin und der schwarzen Bulldogge mit der roten Schleife um den Hals. Toby döste in seinem grenzenlosen Vertrauen zu ihr ein und begann zu schnarchen. Sachte fuhr Colette bis zum Jardin de Luxembourg. Doch sosehr sie auch nach der Reiterin Ausschau hielt, sie blieb verschwunden.

Im September hatten die Pariser ihre Sommerfrische beendet, und die Willys besuchten den Salon von Jeanne Muhlfeld, der seine Türen täglich zum 17-Uhr-Tee öffnete.

Der Raum war berstend voll. Abendgarderobe war nicht erwünscht. Madame Muhlfeld legte großen Wert auf eine legere Atmosphäre. Da sie an einer Arthritis der Hüfte litt, lag sie mit einer Hermelindecke auf ihrer Chaiselongue und begrüßte sie freundlicher, als Madame Arman es je getan hatte. Nach ein paar höflichen Worten warfen sich die Willys ins Bad der Menge. Henry rieb sich tatkräftig die Hände. »Sehen wir mal, ob wir Lucien nicht für *Claudine* begeistern können.« Jeannes Ehemann Lucien Muhlfeld verfügte über die besten Kontakte in die Literaturszene.

»Du brennst ja für mein Manuskript.«

»Unser Manuskript«, verbesserte er sie. »Das sollte ich auch, Füchslein. Eine Veröffentlichung würde uns aus unserer brenzligen Lage befreien.«

Er drückte ihren Arm und strebte auf Lucien zu, der, vertieft in ein Gespräch mit Kollegen, am Kamin stand.

Colette nahm sich ein Glas Champagner, sah sich um und lauschte den Pianoklängen, die den Raum erfüllten. Es war Debussy, der versunken am Klavier saß.

»Welch geballte Langeweile heute Abend.« Verdutzt blickte Colette einer jungen Frau ins Gesicht, die sie schelmisch angrinste. »Kommen Sie doch mit mir! Bei uns ist es viel lustiger.«

Sie war groß und schlank. Ihr Haar bauschte sich wie eine blonde Wolke um ihr Gesicht, und ihr Kleid musste ein Vermögen gekostet haben. »Mein Name ist Natalie Clifford Barney. Auch ich betreibe einen Salon, wie jeder, der etwas auf sich hält. Aber meiner wird seine Türen nur für Frauen öffnen. Männer haben schon genug Protektion, finden Sie nicht, Madame?«

»Nennen Sie mich Colette.«

Natalie legte ihr eine Hand auf den Arm. »Ich kenne Sie. Sie sind Willys Muse. Ihr Ruf eilt Ihnen voran.«

Der Schalk in ihren Augen hielt Colette davon ab, zu protestieren. Nathalie zog sie zu einer Damengruppe, die sie an einen Schwarm Flamingos erinnerte, der in einer Wolke exquisiter Düfte badete.

»Darf ich vorstellen, meine Lieben, das ist Madame Willy alias Colette.« Natalie legte ihren Arm um eine klapperdürre junge Frau im Frack. »Meine Freundin Renée Vivien ist Dichterin und sehr begabt.«

Die beiden tauschten einen sanften Kuss. Zwei andere vertieften sich nach einer kurzen Begrüßung wieder in ihr Gespräch. Die Fünfte in der Runde jedoch zwinkerte Colette charmant zu. Sie war rothaarig und so hübsch, dass Colette kaum den Blick von ihr wenden konnte.

»Ich sollte mich vorstellen, nicht wahr?« Ihr schelmisches Grinsen offenbarte zwei Grübchen in ihren Wangen. »Georgie Raoul-Duval. Du meine Güte. Ich muss mich gleich vorab für mein derbes Französisch entschuldigen. Ich stamme ebenso aus den USA wie Natalie.«

»Ihr Akzent ist ganz reizend«, beeilte sich Colette zu sagen, »und kaum zu bemerken.«

»Oh my goodness!« Georgie lachte leise. »Wir können nicht verleugnen, dass unsere kulturlose Herkunft an uns klebt wie der Lehm aus der Prärie an den Stiefelsohlen der Cowboys.« Ihr Händedruck war fest, ihre Haut seidenzart, und ihre Augen grüner als die Smaragde, die sie um den Hals trug. Colette war verzaubert.

»Mein Name ist Sidonie-Gabrielle Colette.«

»Wie schön, dich kennenzulernen. Habe ich dich jetzt etwa geduzt?« Georgies Augen weiteten sich, und sie berührte Colette federleicht an der Schulter. »Das ist bei uns in den USA so üblich. Aber die französische Zurückhaltung ist natürlich viel höflicher.«

»Wir können gerne beim Du bleiben.« Irrte Colette sich, oder klang ihre Stimme ein wenig heiser? Georgie gefiel ihr so gut. Pass auf dein Herz auf, Gabri!, erklang Sidos mahnende Stimme in ihrem Innern. Ach was, sie würde es großzügig verschenken.

Georgie jedenfalls wusste genau, was sie tat. »Du bist so graziös, Colette. Sprech ich deinen Namen richtig aus?« Ihr Blick traf sie voller List und Zärtlichkeit von der Seite, als sei diese kleine Zwiesprache ein geheimes Ritual zwischen ihnen. »Und überhaupt, Natalie, unsere kleine Möchtegern-Pariserin. Sie hat einen Gedichtband geschrieben. *Sonnets des femmes* oder etwas in der Art, jedenfalls soll er im nächsten Jahr bei Ollendorff erscheinen. Jetzt aber droht ihr Vater, die ganze Auflage aufzukaufen und einzustampfen, weil sie darin sapphische Vorlieben auf nicht ganz jugendfreie Art beschreibt, wenn du verstehst, was ich meine. Geld genug hat er ja.« Georgie holte tief Luft. »Bevor sie mit dieser ätherischen Renée liiert war, dem Hungerhaken – sie isst wirklich nur Salatblätter –, da hatte sie was mit Liane de Pougy, der Kurtisane, verstehst du?«

Colette nickte stirnrunzelnd, während Georgie sich umsah und dann vertraulich flüsterte. »Sie hat versucht, sie von ihrem Gewerbe abzubringen, aber Liane wollte nicht und hat daraufhin einen Bestseller über ihre Beziehung geschrieben. Liebe zwischen Frauen, das holt selbst die langweiligsten Fettwänste hinter dem Ofen hervor. Fettwanst, was für ein Wort! Gibt es das überhaupt?«

Colette lachte hell auf über diesen Redeschwall, während sich weitere elegante Damen um sie scharten. Natalie hatte einen ganzen Hühnerhof verschworener Weiber am Start. Sie wandte sich Colette zu. »Mein Salon. Ich schaffe gerade eine Plattform für die Kunst von Frauen. Tänzerinnen, Autorinnen, Schauspielerinnen werden bei mir auftreten.«

Colette nickte beeindruckt. »Was für eine interessante Idee.«

»Ich würde Sie gerne einladen, Colette.«

Colette errötete vor Freude. »Ich bin Journalistin und vielleicht … irgendwann Autorin.«

»Aber veröffentlicht haben Sie noch nichts?«

Aber womöglich bald, hätte sie fast hinzugefügt, bevor ihr einfiel, dass *Claudine erwacht*, wenn überhaupt, unter Willys Namen erscheinen würde.

»Es gibt einige kleinere Texte von mir. Musikkritiken.«

»Wunderbar«, sagte Natalie zufrieden. »Sie beschäftigen sich mit Literatur. Lesen Sie Ihre Miniaturen, Ihre Einkaufslisten oder die Giftmixturen, die Sie Ihrer Schwiegermutter verabreichen wollen, egal was.«

Georgie musste so kichern, dass sie sich an ihrem Champagner verschluckte. Sie stellte das Glas ab und verschränkte ihre zarten Finger mit Colettes.

»Nur damit unsere Besucherinnen sehen, was eine Frau alles erreichen kann«, fügte Renée Vivien hinzu und reckte ihren schwanengleichen Hals.

»Ich überlege mir etwas«, versprach Colette.

Die Damen, die sie da so unverhohlen bewunderten, ahnten nicht, in welcher Zwickmühle sie steckte. Sie hatte einen Roman geschrieben, der ihr nicht gehörte. Niemals würde sie unter ihrem eigenen Namen daraus lesen können.

In diesem Moment gesellte sich Henry zu ihnen. »Was sehe ich da? Mein Füchslein hat sich von einer Göttin erobern lassen.« Er hauchte einen Kuss auf Georgies freie Hand. »Aber jetzt sollten wir nach Hause. Meine Kleine braucht ihren Schönheitsschlaf und das Hundekind seine Mami.«

Georgie ließ Colette bedauernd los. »Ich melde mich, Süße«, flüsterte sie ihr zu, bevor Henry Colette mit sich zog und sie zielstrebig in Richtung Garderobe bugsierte.

»Da hast du dich ja mit den Goldhühnern vergnügt.«

»Goldhühner? Sie sind alle so unbeschwert. Liegt das an ihrer Herkunft aus Amerika?«

Henry strich seinen Bart glatt und grinste. »Ich glaube eher, dass es dem Vermögen geschuldet ist, auf das sie sich im Ernstfall berufen können. Ihre Väter sind milliardenschwere Öl- oder Eisenbahnmagnaten, die ihre Töchter auf Bildungsreise nach Paris schicken in der Hoffnung, dass sie sich einen reichen Adligen angeln. Sogar wenn sie über die Stränge schlagen, wie diese stadtbekannte Lesbe Natalie Barney. Georgie Raoul-Duval ist eine geborene Urquhart und übrigens verheiratet, nur dass du es weißt.«

Colette nickte. Wen störte das? Georgie sicher nicht.

Henry setzte seinen Zylinder auf. »Während ihr Mann um die Welt reist, um Ölvorkommen aufzutun, amüsiert sich seine Frau prächtig, hat Affären und bringt Bücher heraus.«

»Wirklich? Unter ihrem eigenen Namen?« Colette hob erstaunt die Augenbrauen.

»Ja, aber welcher Anspruch steckt dahinter? Kein allzu hoher, würde ich sagen.«

Henry ließ sich Colettes Kappe und Jacke aushändigen. Die Droschke war schon bestellt. Er hielt ihr die Tür auf, und sie kletterte hinein. »Wieder einmal hast du eine lohnende Bekanntschaft gemacht, Füchslein, auch wenn ihren Vätern vor Entsetzen die Zylinder hochgehen würden, wenn sie wüssten, mit welcher Inbrunst ihre Töchter von Sapphos Wonnen kosten. Ich gratuliere dir.«

Sapphos Wonnen. Versonnen blickte Colette während der Fahrt aus dem Fenster. Sie wollte Georgie unbedingt wiedersehen. Sollte sie in Natalies Salon aus ihren Texten lesen? Nein! Der Gedanke traf sie wie ein Blitz. Was wäre, wenn sie bei dieser Gelegenheit etwas Neues ausprobieren würde? Etwas, was ihre Grenzen sprengen ließ. Sie griff nach Henrys Hand. »Darf ich Tanzstunden nehmen, mein Lieber? Ich meine, wenn das Geld dafür reicht?«

KAPITEL 17

11. Januar 1899

Den Winter über bekam Colette Henry nur selten zu Gesicht. Er steckte seinen ganzen Ehrgeiz in die Veröffentlichung von *Claudine erwacht* und arbeitete einen Verlagstermin nach dem anderen ab. An einem kalten Nachmittag im Januar lud er überraschend ihre Freunde Marcel Schwob und Marguerite Moreno zu einem Picknick in ihr Wohnzimmer ein, in dem noch immer gähnende Leere herrschte.

Henry ging mit Eifer zur Sache. Mit Toby auf dem Arm beobachtete Colette, wie er die verbliebenen Seidenkissen auf dem Boden verteilte, eine Decke ausbreitete und sie mit einer Zitronentarte von Juliette, einer Käseplatte, einer Schale voller Muskatellertrauben und drei tiefgrünen Flaschen Champagner bestückte. Dann baute er eine Art Zelt aus Tüchern auf und zündete einen Kerzenleuchter an, der im Durchzug rußte und flackerte. »Damit es orientalisch wirkt. Das soll nämlich ein Beduinenzelt sein. Wo sind die Gläser?«

Er nickte zufrieden, als Colette ihre Weingläser aus dem Schrank holte, und stellte eine der Flaschen in einen Sektkühler.

»Veuve Clicquot Ponsardin? Haben wir etwas zu feiern?« Colette konnte sich nicht erinnern, wann sie sich zum letzten Mal einen teuren Champagner gegönnt hatten.

Er faltete die Hände und blickte scherzhaft zur Decke. »Heute lassen wir es krachen, kleine Spielverderberin! Das macht am meisten Spaß, wenn das Geld geliehen oder ergaunert ist.«

»Aber warum?«

»Psst.« Henry legte den Finger auf die Lippen.

Draußen herrschte Schneeregen. Marguerite und Marcel kamen, schüttelten die Flocken von ihren Schirmen und traten ein.

»Was für eine extravagante Idee, mitten im Winter ein Picknick zu veranstalten.« Marguerite glitt anmutig auf die Decke. Marcel setzte sich neben sie, legte den Arm um sie und zog Toby auf den Schoß. »Komm her, du kleines schwarzes Monster. Dürfen wir gespannt sein? Oder weshalb servierst du uns das Gesöff der Witwe Ponsardin, Henry?«

»Auf euer Wohlergehen!« Henry goss ein, der Champagner schäumte über, sie prosteten sich zu und ließen die Gläser aneinander klingen.

»Nun mach es nicht so spannend!«, drängte Marcel. »Wir kommen um vor Neugier.«

»Und Colette wahrscheinlich auch, denn es geht ja sicher um sie«, warf Marguerite hellsichtig ein.

»Das kann man wohl sagen.« Henry zwinkerte ihr zu.

Colettes Herz begann wild zu klopfen. Das konnte nur eins bedeuten, oder? Freude erfasste sie, schäumende, perlende Freude, für die es keinen Champagner brauchte.

»Also gut.« Henry wandte ihr den Blick zu. »*Claudine erwacht* wird veröffentlicht. Lucien Muhlfeld ist es gelungen, Ollendorffs Lektor Pierre Valdagne für das Manuskript zu begeistern.«

»Wirklich?« Sie sprang auf, zog Henry auf die Beine und tanzte mit ihm im Kreis, wenn man sein ungelenkes Hüpfen als Tanzen bezeichnen konnte. Wie lange hatte Colette das Gefühl vermisst zu fliegen? Seit sie als Kind vom Rabenturm ins Zentrum von Saint-Sauveur gerannt und bei jedem Schritt abgehoben war?

»Meine Knie, meine Knie.« Henry lehnte sich schwer atmend ans Fenster, hinter dessen schwarzer Scheibe noch immer Schneeregen niederging. »Ja, Füchslein. Ollendorff findet die Beschreibungen der Landschaft ausgesprochen reizvoll, aber wem sage ich das. Du weißt ja, dass der Text sprachlich ausgezeichnet ist, ja, revolutionär.«

»Und der Inhalt?«, fragte Schwob. Mehr als einmal hatten sie über Claudine und ihre Freundinnen gesprochen, deren erwachende Sexualität Colette unverblümt geschildert hatte.

Henry prostete ihnen zu. »Der Rest wird einschlagen wie eine Bombe, glaubt mir. Ach, was sage ich, sie werden das Buch nicht mehr aus der Hand legen können!«

»Nachschub.« Marcel hielt ihm sein Glas hin, Henry goss ein. »Ein Stück Tarte, Colette?«

Sie verteilte Juliettes Kuchen auf vier Teller. Während sie aßen, sprachen sie aufgeregt durcheinander.

»Und was das Beste ist«, sagte Henry triumphierend. »Ich habe mit Ollendorff sagenhafte 3000 Exemplare für die Erstauflage vereinbart.«

Marcel blickte von Henry zu Colette. »Und bei wem liegen die Rechte? Bei dir oder bei Colette?«

Betretenes Schweigen breitete sich zwischen ihnen aus.

»Natürlich liegen die bei mir«, versicherte Henry dann. »So ist das, wenn ein Buch in der Werkstatt entsteht. Außerdem weiß jeder, wer Willy ist, und Colette, nun ja …«

Colette biss sich auf die Lippen. »Ich bin ganz unbekannt.«

Ein Teil von ihr hätte am liebsten aufbegehrt, aber sie brachte ihn zum Schweigen. Was würden Sido oder Achille zu dem Buch sagen?

»Aber … ist das denn richtig?«, zweifelte Marguerite.

Henry drohte ihr scherzhaft mit dem Zeigefinger. »Ich bin der Kopf hinter der Werkstatt. Ohne meine Expertise und meine Kontakte würde es das Buch nicht geben. Außerdem habe ich

Wochen in das Lektorat gesteckt, und viele Ideen stammen von mir. Ist es nicht so, Füchslein?«

Colette stimmte ihm schweren Herzens zu.

»Aber geschrieben hast es doch du!«, rief Marguerite.

»Sch!« Henry legte sich den Finger auf die Lippen. »Besser, wir vergessen diese zweifelhafte Tatsache, meine liebe Moreno. Ich bitte euch um konspiratives Schweigen. Trinken Sie lieber mit uns. Auch du, Füchslein. Marcel.« Er prostete ihnen zu. »Und dann lasst alle Zweifel fahren.«

Er schob sich auf die Füße, öffnete die zweite Flasche, die gehörig überschäumte, und goss ihnen nach. »Es ist besser so, glaubt mir. Colette, ich habe übrigens etwas für dich.« Neben der Tür stand ein zierliches Möbelstück, über dem ein Bettlaken hing.

»Was ist das?«

»Entferne das Tuch, ich bitte dich.«

Sie tat, was er verlangte. »Mein Sekretär! Du hast ihn ausgelöst. Danke!« Tränen traten ihr in die Augen, als sie über das ramponierte Familienerbstück aus Saint-Sauveur strich.

»Den Rest hole ich auch noch zurück«, versprach Henry. »Und wenn nicht, kaufen wir alles neu.«

Claudine erwacht erschien am 10. März 1899 im Verlag Paul Ollendorff. Den Umschlag zierte die Abbildung eines kleinen Mädchens in einem Cape, das hingebungsvoll in ein Tagebuch schreibt. Sie war viel zu jung für ihre durchtriebene Claudine, fand Colette. Von Willy, der als Autor angegeben wurde, stammte auch das Vorwort, in dem er das Buch als Tagebuch eines jungen Mädchens auswies, das ihm zugespielt worden sei.

Zunächst hielt sich der Erfolg in Grenzen, dann aber erschienen, verfasst von Henrys Freunden, einige Rezensionen, die die Neugier der Pariser weckten. Als auch Rachilde eine Kritik ankündigte, wusste Colette, dass sie etwas unternehmen musste. Sie stürmte mit Toby an der Leine in die Redaktion des *Mercure de France*. Draußen war einer dieser windigen weißblauen Tage, die den Frühling ankündigten.

»Wie gut, dass ich Sie antreffe.«

Die Journalistin saß hinter ihrem Schreibtisch. Ihre kurzen Haare lagen wie ein glänzender Helm um ihren Kopf. Sie bückte sich und streichelte Toby. »Was für ein reizender Besuch. Er wächst ja, der Kleine, dann hat Ihre Katze ihn wohl noch nicht gefressen. Aber Colette …« Sie grinste. »Sie hätten nicht kommen müssen. Die Rezension gelingt mir auch ohne Ihre tatkräftige Hilfe.«

Colette setzte sich. »Ich will nur etwas klarstellen.«

»Schießen Sie los. Was führt Sie zu mir? Wollen Sie vielleicht als freie Redakteurin beim *Mercure* anfangen? Darüber ließe sich reden.«

»Nein, im Moment nicht.« Colette holte tief Luft. »Sie denken sicher, ich hätte *Claudine* geschrieben. Aber das trifft nicht zu.«

Rachilde setzte sich zurück. »Oh, haben die Spatzen da etwas von den Dächern gepfiffen?«

Colette räusperte sich. »Vielleicht.«

»Nun.« Rachilde legte ihre Fingerspitzen aneinander und musterte sie. »Das Buch ist aus der Perspektive eines jungen Mädchens geschrieben, einer Mischung aus Unschuld vom Lande und durchtriebener kleiner Schlange, neugierig, unverfroren und voller Lust auf das Leben und die Liebe, genauso wie Sie und ich im Alter von fünfzehn Jahren waren. Wie sollte Willy über diese Dinge Bescheid wissen? Und außerdem. Wurde die Schule von Saint-Sauveur nicht wie die im fiktiven Montigny neu erbaut, als Sie in Claudines Alter waren?«

Colette errötete und zog Toby auf ihren Schoß. »Sie haben das Buch gelesen und sich erkundigt. Aber so einfach ist das nicht.«

Rachilde schwieg einen Moment. »Uns Frauen wird nichts leicht gemacht, Colette. Freiheit gibt es nicht einmal auf dem Papier. Also erklären Sie es mir.«

Die verdammte Wahrheit musste ans Licht. Colette beugte sich über den Tisch und begann zu flüstern, auch wenn sie es am liebsten vermieden hätte. »Sie wissen doch, wie das in der Werkstatt so läuft.«

Rachilde nickte. »Natürlich weiß ich, dass Willy Lohnschreiber beschäftigt, obwohl er das gar nicht nötig hätte, scharfzüngig, wie er ist. Curnonsky tut es ihm ja nun gleich. Aber Sie, Colette, sind so begabt. Sind Sie sich nicht zu schade für Willys Spielchen? Angenommen, Sie sind die Autorin dieses Buches und die Schöpferin dieses kleinen Strolchs Claudine, die so unverblümt schreibt, was sie denkt? Es wäre ein grandioses Debüt. Wovor haben Sie so viel Angst? Claudine hätte das nicht. Oder fürchten Sie, dass Willys System zusammenbricht? Die Romane, die die Werkstatt zusammenschustert, sind nett mit den gezielten kleinen Spitzen, die sie gegen die Pariser abfeuern, aber *Claudine* ist ein Stück große Literatur.«

Colettes Herz begann zu klopfen. Sie suchte Halt, indem sie ihre Füße fest auf dem Boden verankerte.

»Was auch immer Sie tun wollen. Verschonen Sie uns bitte mit Ihren Vermutungen. Unser Ruf steht auf dem Spiel.« Sie stand auf, setzte Toby ab und legte ihn an die Leine.

»Colette! Ich verstehe, dass Sie Willys System stützen wollen oder müssen. Sie denken sicher, Ihnen bleibt nichts, wenn Sie das unterlassen.«

»Sie verstehen gar nichts«, erwiderte sie leise. »Willy ist mein Mann. Und ich bin nur seine Frau.«

Rachilde schüttelte resigniert den Kopf. »Ja und Sie sind wirtschaftlich abhängig von ihm. Außerdem würde Ihre Familie die erotische Freizügigkeit, die Sie beschreiben, nicht unbedingt gutheißen. Aber ist es Willys Wohlwollen wirklich wert, dass sie ihm die Urheberschaft an *Claudine* abtreten? Man hört so einiges über ihn.«

»Was denn?«, wisperte sie.

Rachilde ging nicht darauf ein. »Wie auch immer: *Claudine* ist das Aufregendste, was ich in den letzten Jahren gelesen habe. Und Sie, Colette, sind auf eine so großartige Weise begabt, dass Sie, wenn Sie nur wollten, diesen Kleingeist Willy weit hinter sich lassen könnten.«

»Ohne meinen Willy bin ich nichts.« Colette nahm den bebenden Toby auf den Arm und verließ fluchtartig die Redaktion.

»Eines Tages, das prophezeie ich Ihnen ...«, hörte sie hinter sich, »... werden Sie gehen und sich Ihr eigenes Leben aufbauen. Sie werden um Ihre Identität kämpfen, gerade so wie ich.«

Sie lief die Treppe hinunter aus der Tür und lehnte sich schwer atmend an eine Hauswand. Die Passanten strömten an ihr vorbei und beachteten sie nicht. Toby leckte ihr mitleidig das Gesicht. Colette ließ die letzten Worte in sich nachklingen, dann schüttelte sie den Kopf. Vielleicht hatte sie sie auch nur geträumt.

Natürlich verfasste Rachilde die Kritik, die sie verfassen wollte. Diese Frau ließ sich weder durch Zwänge noch durch Bitten korrumpieren. Sie war unbestechlich.

Als Buch ist Claudine *das Ungewöhnlichste, was sich aus der Feder einer Debütantin ergießen könnte, und es verspricht ein wenig mehr als nur Ruhm für seinen Autor: ein Martyrium, denn nie wird es genug Steine geben, die man nach ihr werfen, oder Dornenkronen, die man ihr aufsetzen könnte.*

Damit war einigen Lesern klar, dass eine Frau das Buch verfasst haben musste. Und wer sich auf die Suche nach der Wahrheit machte, der konnte nicht umhin, über Colettes Namen zu stolpern.

Der Siegeszug des Buches begann noch im Mai. Sein Erfolg war auch den Diskussionen geschuldet, die sich liberale und konservative Kräfte lieferten.

»Wenn man uns exkommunizieren könnte, würde man es tun«, urteilte Henry und rieb sich zufrieden die Hände.

Colette entzog sich der Aufregung, indem sie nach London fuhr und ihren Stiefsohn Jacques im Internat besuchte. An einem schönen Tag im Juli kam sie direkt von der Fähre zurück in die Rue de Courcelles. Kaum hatte der Hausdiener die Koffer durch die Tür bugsiert, hörte sie Henry rufen. »Komm zu mir, Füchslein.«

Sie trat in den Salon. Toby raste auf sie zu, bellte und rieb seinen Kopf an ihren Knien. Henry, der mit einem Glas Whisky an ihrem neuen Esstisch saß, stand auf. »Da bist du ja wieder.« Seine Augen glitzerten unternehmungslustig.

Finger um Finger streifte sie ihre feinen Lederhandschuhe ab. »Jacques geht es im Internat sehr gut. Er lässt dich grüßen. Was ist denn los? Du wirkst so aufgekratzt.«

Henry trat auf sie zu, fasste sie um die Taille und schwenkte sie im Kreis herum. »Wir sind reich. Das ist los. Wir sind reich! Kinder, was kostet die Welt? Füchslein, ich kaufe sie dir.«

Sie musste so lachen, dass sie sich verschluckte. »Aber wie … und was?«

»*Claudine*«, sagte er. »Das Buch hat sich in zwei Monaten 40 000 Mal verkauft.«

∼ KAPITEL 18 ∼

Sie verbrachten die Sommerfrische bei Colettes Familie in Châtillon, ließen Gott einen guten Mann sein, schliefen viel, aßen reichlich und gingen zum Schwimmen und Angeln an den Loing. Colette nahm ihre einsamen Wanderungen wieder auf. Wie sehr hatte sie das Landleben vermisst, die Vögel, die Pflanzenwelt und die Stille, die in ihr einkehrte, wenn sich die Erde unter ihren Füßen langsamer zu drehen schien.

An einem wolkenlosen Sonntagnachmittag traf sie sich mit Sido und ihrer Schwägerin Jeanne zum Tee im Garten unter dem Walnussbaum. Henry war mit Léo zum Angeln gegangen, Achille machte einen Krankenbesuch, und Hauptmann Colette hatte sich für einen ausgiebigen Mittagsschlaf zurückgezogen.

Colette hielt ihre kleine Nichte Geneviève auf dem Schoß und wedelte von Zeit zu Zeit mit der Hand, um die Wespen zu vertreiben, die den Pflaumenkuchen belagerten. Toby lag dösend unter dem Tisch und zuckte von Zeit zu Zeit mit den Ohren. Colettes Schwägerin Jeanne trat mit der Teekanne in der Hand an den Tisch heran und goss ihnen ein.

»Nicht, dass die Gerüchte wahr sind.« Jeanne war hübsch, obwohl sie zur Fülle neigte. Sie trug eine gestärkte Schürze und hatte ihre dunklen Haare zu einem ordentlichen Knoten aufgesteckt.

»Welche Gerüchte?« Colette war ganz verliebt in ihre Nichte. Die Kleine gluckste, als sie sie auf ihrem Schoß auf und ab hüpfen ließ.

»Na, dass du die heimliche Schöpferin dieses Machwerks *Claudine* bist. In der Stadt reden sich die Leute die Köpfe darüber heiß.«

Colette seufzte. *Dünkelhaftigkeit, dein Name ist Jeanne.* Warum hatte sich ihr Lieblingsbruder nur in diese Adelstochter verlieben müssen?

Sido verdrehte ihre Augen zum Himmel. »Willy hat *Claudine* geschrieben. Über etwas anderes wollen wir gar nicht nachdenken.« Sie war so energiegeladen wie immer. Nur die grauen Strähnen in ihren Haaren ließen ihr Alter erkennen.

Jeanne setzte sich. »Wenn es nur so wäre. Es ist eine Schande, dass Gabrielle überhaupt mit diesem sittenlosen Buch in Verbindung gebracht wird.«

Colette legte den Kopf in den Nacken und lachte. »Sittenlos? Das musst du gerade sagen. Oder vielmehr Achille.«

Es war ein offenes Geheimnis, dass Achille mit einer jungen Frau aus Châtillon einen unehelichen Sohn hatte.

Colette beobachtete, wie eine Wespe sich auf dem Kuchen niederließ und sich Zuckerkrümel einverleibte. »Wenn es nach euch ginge, dürfen Männer also Sex haben und über Sex schreiben und wir Frauen nicht. Oder hast du dich etwa in Claudine wiedererkannt, Jeanne?« Sie konnte nicht umhin, sie ein wenig zu necken.

Jeanne wurde so weiß wie ihre Schürze. »Ganz sicher nicht. Ich habe das Machwerk nicht einmal gelesen.« Colette wusste es besser. Das Buch lag unter Jeannes Kopfkissen versteckt.

»Könntest du uns bitte noch den Schlagrahm holen, ma chère?«, fragte Sido zuckersüß.

Jeanne seufzte und ging ins Haus, während Sido sich zurücksetzte und mit zierlich abgespreiztem kleinem Finger ihre Tasse hob. »Natürlich hast du das Buch geschrieben, Minet-Chérie. Wer denn sonst?« Der Schalk blitzte ihr aus den Augen.

Hitze flutete über Colette hinweg. »Wie hast du das erkannt?«

»Ich bin deine Mutter.« Sido stellte ihre Tasse ab. »Nur du weißt so gut über die Schule in Saint-Sauveur Bescheid. Außerdem kommen deine Mitschülerinnen Alice und Doudouche darin vor und Mademoiselle. Sie geht sicher an die Decke bei dem, was du ihr da unterstellst.«

»Mademoiselle ist ohnehin schon sauer auf mich. Da kommt es darauf nicht mehr an.«

»Zu verdenken ist es ihr nicht.« Sido nickte. »Ich kenne ja auch deine Tagebücher. Aber sag …« Sie lehnte sich begierig vor. »Ich hätte den Distriktskandidaten erwürgt, wenn ich gewusst hätte, dass er damals seine dreckigen Finger nicht von euch lassen konnte.«

Colette lachte. »Das bleibt dann besser mein Geheimnis.«

»Also stammt das Buch wirklich von dir?«

Colette übergab Sido die kleine Geneviève und küsste sie auf die Stirn. »Bewahre bitte Stillschweigen, Maman.«

»Ich wusste doch, dass du begabt bist«, sagte Sido zufrieden. »Ich habe mir immer gewünscht, dass aus euch etwas wird und vor allem aus dir. Aber leider hat es nicht bei allen geklappt. Achille ist Arzt und du Schriftstellerin, aber Juliette ist in ihrer Ehe unglücklich, und Léo gibt sich mit einer Anstellung als einfacher Buchhalter zufrieden. Sag, was wirst du als Nächstes schreiben?«

»Das muss erst in mir wachsen, wenn überhaupt.«

Sie leinte Toby an und verließ den Garten. Während der Loing träge durch sein Bett strömte, steuerte sie mit schnellen Schritten Châtillons verschlafene Stadtmitte an. Die Ahornbäume warfen ihre lichten Schatten auf die Allee. Colette nickte den entgegenkommenden Spaziergängern zu, von denen einige ihren Gruß nicht erwiderten. Claudines wegen? *Und dennoch*, dachte sie. *Ich bin Schriftstellerin.* Sie hatte die Chance, dieses unsichtbare Geflecht aus Liebe und Hass in Worte zu fassen, das die Menschen miteinander verband.

Der Sonntagnachmittag war sicher der beste Zeitpunkt für einen Besuch bei Mélie und Dominic. Sie hörte selten von den beiden, wusste nur, dass ihre Freundin vor einigen Wochen ihr viertes Kind entbunden hatte.

Das Licht in der Schmiede schimmerte unter der Tür hervor, der Hammer klang glockenhell auf dem Amboss. Colette spähte in den Raum, der von den lodernden Flammen des Schmiedefeuers erhellt wurde. Hitze wärmte ihr das Gesicht. Dominic stand in einer Lederschürze am Feuer, zog ein glühendes Eisenstück hervor, legte es auf den Amboss und formte es mit dem Hammer schnell und geschickt zu einem Haken, bevor er es an seinen Vater übergab. Es zischte, als der alte Schmied das fertige Eisen in einen Wasserbottich tauchte. Nachdem Colette sie eine Weile beobachtet hatte, ging sie zum Haupthaus, klopfte und wartete.

»Ich komm ja schon, ich komm.« Mélie öffnete. Auf ihrer Hüfte saß ein kleines Mädchen mit einem dunklen Lockenkopf und blauen Augen. Im Hintergrund hörte man Babygeschrei. »Du bist es, Gabri? Komm doch herein! Aber schnell. Annie ist aufgewacht. Aber zuerst … meine Bengel.«

In der Küche setzte Mélie ihre kleine Tochter auf den Boden, bevor sie sich ihren Söhnen zuwandte. Philippe, der älteste, saß auf der Brust seines jüngeren Bruders und bearbeitete dessen Gesicht mit Faustschlägen.

»Himmelherrgott noch mal.« Während das Baby in seiner Wiege weiterschrie, zog Mélie Philippe am Kragen hoch und stellte den kleinen Gaston auf die Füße, über dessen Gesicht sich Tränenspuren zogen. »Du sollst ihn doch nicht immer verhauen, Philippe, schon gar nicht, wenn er schon am Boden liegt. Wer hat angefangen?«

»Der da!«

Colette unterdrückte ein Grinsen, als die beiden Jungen gleichzeitig auf den jeweils anderen zeigten.

Mélie schüttelte Philippe wie ein nasses Kaninchen. »Also los, vertragt euch! Tante Gabrielle ist da. Was soll sie nur von uns denken?«

Nach der halbherzigen Versöhnung der beiden Kampfhähne schickte sie beide mit einem Ball vor die Tür, nahm den Säugling aus der Wiege und legte ihn an ihre Brust. Himmlische Ruhe kehrte ein. Erst jetzt bemerkte Colette, dass Mélies Schwiegermutter auf dem Sofa lag und sie aus leeren Augen anstarrte. Ein feiner Speichelfaden rann aus ihrem linken Mundwinkel.

»Was ist denn mit der passiert?«

»Du musst nicht flüstern. Wir wissen nicht, ob sie uns überhaupt noch hören kann. Ihre linke Seite ist gelähmt. Sie ist eines Morgens so aufgewacht. Achille sagt, sie hatte einen Schlaganfall.« Mélie legte das Kleine an ihre andere Brust. »Darf ich vorstellen: Annie. Und die Mademoiselle da unten ist Adeline.«

Mélies zuckersüße Zweitjüngste hatte die dunkle Lockenpracht von ihrer Mutter geerbt. Sie krabbelte auf Toby zu und streckte ihre Hand nach ihm aus. Colette bückte sich, nahm die kleine Hand und strich damit vorsichtig über seinen fetten Nacken. Noch beäugte er sie nur misstrauisch. »Das da ist Toby-chien, Adeline. Der ist zwar lieb, aber aufpassen musst du trotzdem, denn er ist ein Hund.«

»Der Kleine sieht aus wie Toutouque in Schwarz«, merkte Mélie an.

»Toby ist auch so gutmütig wie Toutouque. Aber Mélie, hast du denn gar keine Hilfe?« Vier Kinder in sechs Jahren und dazu eine pflegebedürftige Schwiegermutter, die keinen Schritt mehr allein tun konnte. Colette wurde flau im Magen, wenn sie sich das ausmalte.

Mélie holte tief Luft. »Philippe geht ja schon zur Schule. Während der Woche kommt Dominics junge Cousine. Aber sie ist ziemlich ungeschickt.« Sie legte sich den Säugling über die Schulter und ließ ihn aufstoßen. Ein Schwall saure Milch ergoss sich über das Windeltuch, mit dem sie ihre Bluse schützte.

»Und Dominic? Hilft der nicht?«

»Hast du das Licht in der Schmiede nicht gesehen? Sie arbeiten jetzt auch am Sonntag, obwohl der Herr Pfarrer sich schon über unsere Sittenlosigkeit beschwert hat.«

Bitterkeit klang in Mélies Stimme durch. Und ja, da waren ein paar feine Linien um ihren Mund und zwei oder drei Silberfäden in ihrem Haar, die Colette beim letzten Mal nicht aufgefallen waren. »Natürlich brauchen wir das Geld, aber manchmal denke ich, die Männer fliehen vor unserem heimischen Chaos.«

Adelines kleine Hand bewegte sich verstohlen auf Tobys Schnauze zu.

»Nicht!«, rief Colette alarmiert. »Sonst schnappt er zu. Hunde darf man nie auf die Schnauze fassen, Adeline, hörst du!« Die Kleine setzte sich auf ihren Po und sah sie mit großen Augen an.

»Manchmal würde ich am liebsten weglaufen«, sagte Mélie düster.

Colette zog das zappelnde Kind auf ihren Schoß. »Aber du kannst nicht fliehen, Mélie. Wie schaffst du das nur?«

Eine feine Röte breitete sich auf Mélies Wangen aus. »Überhaupt nicht. Das Schlafzimmer liegt voller Wäsche. Und zum Essen gibt es die Suppe von gestern. Aber warum sollte dich das interessieren? Du bist immer schon was Besseres gewesen, Gabrielle, eine richtige Lebedame. Und jetzt, wo ihr so viel Geld mit dem Buch verdient, sind solche Sorgen für dich Geschichte.«

Es hatte sich also herumgesprochen.

Colette holte tief Luft. »In drei Teufels Namen. Ich interessiere mich für dich, weil du meine Freundin bist. Zum Kochen bin ich nicht zu gebrauchen. Aber bei der Wäsche kann ich dir helfen.«

Mélies Röte vertiefte sich. Sie nickte starr.

»Und Adelinechen nehme ich mit. Die will sowieso bei Toby sein.« Kurz entschlossen setzte sie sich die Kleine auf die Hüfte und entführte sie ins Schlafzimmer, wo sich die Wäsche auf dem Doppelbett türmte. Eine Stunde lang faltete sie Windeln, Kinderhosen, Bettwäsche und Handtücher, denen man die lange Nutzung ansah, und stopfte unbeholfen einige schadhafte Stellen. Toby unterhielt derweil die kleine Adeline.

Währenddessen begann es aus der Küche nach gebratenem Fleisch mit Zwiebeln zu riechen. Tröstlich, dass Mélie sich doch noch entschlossen hatte, einen Sonntagsbraten aufzusetzen.

Die Tür öffnete sich. Mélie trat ein, den Säugling über der Schulter. »In Paris musst du dich mit solchen Dingen nicht beschäftigen?«

Colette errötete. »Wir haben Dienstboten.«

Mélie schnaubte. »So ein Leben hast du also. Ich frage mich nur, wie du es anstellst, nicht schwanger zu werden. Vielleicht hast du ja ein Rezept für mich.« Sie drehte sich auf dem Absatz um, knallte die Tür zu und verschwand in der Küche.

Obwohl ihre Hände zitterten, arbeitete Colette verbissen weiter und achtete darauf, dass Adeline Toby nicht an den Ohren zog. In diesem Moment war sie dankbar für die Tatsache, dass sie und Henry nur noch selten miteinander schliefen.

Eine Stunde später versammelte sich die Familie um den Tisch. Dominic trug einen Bart wie sein Vater und roch nach billigem Rotwein, wahrscheinlich bunkerten sie in der Schmiede ein paar Flaschen. Der alte Schmied fütterte die kranke Schwiegermutter, während Mélie ihre Buben suchte und zum Händewaschen an den Spülstein zwang. Trotzdem war der Braten köstlich wie alles, was Mélie kochte.

Nach dem Essen nahm sie Colette bei der Hand und führte sie zu einer Bank vor dem Holzstapel, neben der ein gelber Rosenbusch blühte. Auf dem Hackklotz lag eine rot-weiße Katze und hob alarmiert den Kopf, als sie Toby erkannte, der es sich zu Colettes Füßen bequem machte. »Aber hast du denn Zeit, um dich mit mir davonzustehlen?«

»Pah«, machte Mélie. »Die nehme ich mir. Annie schläft, und Nick soll ruhig seine Söhne bespaßen und auf seine wilde Hexentochter aufpassen. Stell dir vor, Gabri, Adeline hat die gleichen Augen wie Loisine.«

Colette nahm Mélies Hand. »Adeline ist ein wunderbares Kind. So vorwitzig. Du hast schon recht. Meine Probleme sind nicht ansatzweise so groß wie deine.«

»Aber sag. Bist du denn glücklich?«

Colette zögerte. »Im Grunde weiß ich nicht, was Henry den ganzen Tag so treibt. Und so habe ich ständig Angst, ihn zu verlieren. Außerdem schlafen wir kaum noch miteinander.«

»Aber du bist doch so hübsch.« Mélie legte ihr den Arm um die Schultern. »Wie kann dein Mann dich da nicht mehr attraktiv finden?«

»Er hat wohl genug von mir. Ihm wird schnell langweilig.« Colette hörte die Bitterkeit in ihrer Stimme.

Mélie nahm eine Rosenblüte und zerdrückte sie in ihrer Hand. »Es tut mir leid, wie ich mich dir gegenüber verhalten hab. Aber ich bin manchmal so verzweifelt.« Sie wandte sich um und legte ihre Stirn an Colettes. »Man sollte nicht urteilen, wenn man nicht genau Bescheid weiß, entschuldige.«

Colette setzte sich zurück, den süßen Duft der Rosen in der Nase. »Henry ist unberechenbar. Mal ignoriert er mich wochenlang, um mich für irgendein Vergehen zu bestrafen, aber dann ist er wieder mein bester Freund und Komplize.«

Mélies Augen wurden groß. »Wie hältst du das nur aus? Warum verlässt du ihn nicht?«

Colette hatte sich diese Frage auch schon gestellt. »Das kann ich nicht. Was soll Sido von mir denken, was Papa? Und diese ehrenkäsige Jeanne. Henry verwaltet auch unser ganzes Geld.«

»Oje«, seufzte Mélie. »Aber *Claudine*. Ich habe so gelacht, weil ich die Leute darin alle kenne. Das hast doch du geschrieben, oder?«

Colette schüttelte standhaft den Kopf. »Henry ist der Verfasser.«

Die Katze sprang elegant vom Hackklotz, hob den Schwanz und stolzierte davon. Toby, der sie wachsam beobachtet hatte, legte sich auf Colettes Füße.

»Das ist er nicht. Erzähl mir keinen Unsinn!«

Colette holte tief Luft. »Aber Mélie, die meisten Leute wissen, dass wir zusammenarbeiten. Außerdem schreibt Henry die ganzen Gegendarstellungen zu den schlechten Kritiken und hält die Moralisten in Atem. Daran hat er einen teuflischen Spaß.«

Mélie legte den Arm um sie. »Dennoch klingt das, was du erzählst, wie eine einzige Tortur. Was, wenn es zu schlimm wird?«

Colette schüttelte frustriert den Kopf. »Ich weiß es nicht. Aber sag, liebst du Dominic noch immer?«

Mélie lachte mutwillig. Ihre dunklen Augen glitzerten. »Ja und wie. Ich liebe ihn so sehr, dass ich schon einen dicken Bauch kriege, wenn ich ihn nur ansehe.«

Im Haus setzte ohrenbetäubendes Kindergeschrei ein. »Ist das Annie?« Mélie sprang auf. »O nein, das ist Adeline. Ich muss rein. Hoffentlich hat sie nicht die Ofentür geöffnet.«

Ein paar Tage später fuhren Colette und Henry in Achilles brandneuem »Vis à Vis Victoria« der Marke Benz & Cie. nach Osten. Sie brachen bei Sonnenaufgang auf und durchmaßen gemächlich die spätsommerliche Landschaft mit ihren Wäldern, Wiesen und Feldern voller Sonnenblumen. An den Hängen reifte der Wein.

»Wohin fahren wir eigentlich?« Missmutig hielt Colette ihren Strohhut fest, den eine Böe fast davongetragen hätte.

»Das wirst du dann schon sehen.« Henry saß am Lenkrad und sah auf seine Uhr. »Ein bisschen musst du dich noch gedulden. Wir haben noch ungefähr 200 Kilometer vor uns.«

»So weit noch? Und das bei diesem Tempo?«

Henry zwinkerte ihr zu. »Aber am Ziel, das schwöre ich dir, wartet eine Überraschung erster Güte auf dich.«

»Was du so Überraschung nennst.«

Seine Hand legte sich auf ihre. »Wir gehen es geruhsam an, ja?«

»Es bleibt uns ja wohl nichts anderes übrig.« Sie froren, obschon das Automobil so langsam war, dass es von den meisten Fuhrwerken überholt wurde. Colette trug eine Jacke gegen den frischen Wind und hüllte Toby, der auf ihrem Schoß lag, in eine Decke. Der Motor tuckerte vor sich hin, und jede Unebenheit ließ sie unterhaltsam in die Luft hüpfen. Colette verdrehte die Augen zum Himmel.

Henry lachte leise. »Genieß es einfach, Füchslein. Dieser Tag gehört uns. Du musst nichts anderes tun, als dich von mir durch die Gegend kutschieren zu lassen.«

Auf halber Strecke kehrten sie in einem Landgasthof unter Kastanienbäumen ein und aßen Schinken, von dem Toby die besten Stücke stibitzte. Danach bestand Colette darauf, den Rest der Fahrt selbst zu fahren. Kaum saß sie am Steuer, hatte ihr Überdruss ein Ende. Begeistert überholte sie einen Pferdewagen voller Fässer, der von einem alten Bauern gelenkt wurde. Entsetzt starrte er sie an, als sie mit einem riskanten Manöver wieder rechts einscherte. »Zut alors, Saubande von Städtern!«

»Entschuldigen Sie, Monsieur! Meine Tochter fährt heute zum ersten Mal. Da ist sie besonders rasant.« Henry drehte sich feixend zu Colette um. »Dem ist gerade vor Schreck die Pfeife über Bord gefallen.«

Sie umklammerte das Steuer. »Aber Henry. Du lügst ja. Ich habe schon Auto gefahren, wenn auch nicht so lange. Und deine Tochter bin ich schon lange nicht.«

Henry tätschelte ihr den Nacken. »Woher soll er wissen, dass das nicht stimmt? Wärst du nicht gerne meine Tochter, meine verdorbene Kleine?«

Colette sah stur geradeaus und ignorierte sein Kichern. »Nein, verflixt! Man nimmt seine Tochter nicht mit ins Ehebett.«

Sie fuhr den Rest der Strecke bis Besançon ohne Unterbrechung und übersah beinahe die Ausfahrt.

»Rechts ab, schnell!«, rief Henry.

Colette nahm gerade noch die Kurve und bog auf eine Zufahrt zu einem Landhaus ein, das auf einem Hügel lag. Es war im Directoire-Stil erbaut und besaß sechs Fensterachsen. Der Eingang bestand aus einem dekorativen Säulenportikus, zu dem eine kleine Freitreppe führte. Sie stellte den Motor ab, stieg aus und setzte Toby auf den geharkten Boden. »Was wollen wir denn hier?« Neugierig betrachtete sie das Haus.

»Das ist das Landgut Les Monts-Boucons.« Henry stieg aus und streckte sich.

»Wer wohnt hier?«

»Du, wenn du willst.« Er grinste siegesgewiss.

»Ich?« Ungläubig sah sie sich zwischen Blumenrabatten und baumbestandenen Wiesen um. »Das ist für mich? Der Garten auch? Das ist ja zu schön, um wahr zu sein!«

Henry nickte. »Ja, mein Füchslein. Hast du dir nicht schon immer ein Haus auf dem Land gewünscht? Ich habe die Domäne Les Monts-Boucons am 2. September gekauft.«

»Für mich? Weil ich das Landleben so sehr vermisse?« Colette kamen die Tränen. »Danke! Danke! Danke!« Sie fiel Henry um den Hals, der ihr väterlich den Rücken klopfte. »Dann werden wir unsere Sommerfrische nicht mehr mit deiner Verwandtschaft im Jura verbringen?«, flüsterte sie in seine Hemdbrust hinein.

Henry schüttelte den Kopf. »Nur noch über meine Leiche. Hierher kannst du jederzeit fahren, wenn es dich nach Landluft und Ruhe gelüstet. Und sieh mal, wer da ist! Wir müssen nicht darben.«

Juliette stand in ihrer weißen Schürze im Eingang und winkte ihnen zu, während Kiki um ihre Beine strich und Toby herablassende Blicke zuwarf. »Madame, Monsieur! Haben Sie es endlich geschafft?«

Henry zwinkerte Colette zu. »Nichts soll zu deinem Glück fehlen.«

Colette lief anmutig die Freitreppe hinauf und schloss zuerst Juliette und dann Kiki in die Arme. Aus der Küche roch es verlockend nach Rindfleischsuppe.

»Und, wer bin ich für dich?«, brummte Henry, der ihr mit Toby gefolgt war.

»Mein bester Kater von allen.« Sie küsste ihn auf seine bärtige Wange.

»Das will ich doch hoffen.« Er legte ihr den Arm um die Schultern und führte sie in den Salon, wo der Tisch für zwei gedeckt war.

Colette liebte das Landgut Les Monts-Boucons vom ersten Augenblick an. Am nächsten Morgen erkundete sie die Umgebung. Zu dem Haus aus dem 18. Jahrhundert gehörten knapp sechs Hektar Land, dazu kam ein ausgedehnter Park mit einem geheimnisvollen Amphitheater, das, wenn man den Gerüchten Glauben schenkte, schon von Druiden genutzt worden war. Die Räumlichkeiten waren beengt. Das Erdgeschoss vereinte einen kleinen Salon, ein Arbeitszimmer und ein Esszimmer. Oben lagen fünf kleine Schlafzimmer. Der geringe Komfort, den sie boten, reichte Colette und ihren Freunden vollkommen aus.

Gleich nach ihrem Einzug begann sie mit der Umgestaltung des Gartens, dem ihrer Meinung nach vor allem Luft und Sonne fehlten. Dabei leisteten ihr ihre Eltern Gesellschaft, denn Henry reiste nach wenigen Tagen ab. Sie vermisste ihn schmerzlich und fürchtete, dass er seine sturmfreie Bude in Paris nutzen würde, um sie zu betrügen. Aber selbst für ihre Eifersucht war das Leben auf dem Land das beste Heilmittel.

Sido half ihr beim Gärtnern, während der Hauptmann auf der Terrasse ein Nickerchen hielt. Henry kam und ging, wie es ihm beliebte. An einem Abend im Herbst, nachdem ihre Eltern nach Châtillon zurückgefahren waren, rief er Colette zu sich ins Arbeitszimmer. »Komm, setz dich!« Er räumte einen Stapel Zeitschriften von dem Stuhl vor seinem Schreibtisch.

Colette, die noch ihre lehmigen Gartenschuhe trug, nahm Platz und fragte sich, was er wohl von ihr wollen könnte.

Er strich sich über seinen Bart. »Kommst du gut voran mit dem Garten?«

»Ja.« Mehr noch, die Gartenarbeit machte sie glücklich. »Was hast du mir zu sagen?«

»Das wird in der Tat ein ernstes Gespräch, Füchslein.« Er stützte seine Ellenbogen auf und legte seine Fingerspitzen aneinander. »Wir sind noch nicht aus dem Schneider, weißt du.«

»Wie meinst du das?«

»Finanziell natürlich. Ich zahle das Gut in Raten ab.«

Das hatte sie nicht gewusst. »Aber wir haben doch mit *Claudine* sehr gut verdient.«

Er stand auf und begann auf und ab zu gehen. »Das haben wir. Dennoch sollte ein zweiter Band her. Ollendorff würde ihn uns aus den Händen reißen. Und wir müssen schnell sein, hörst du? Der Literaturbetrieb ist ein kurzlebiges Geschäft, in dem man flugs in Vergessenheit gerät.«

Colette dachte einen Moment nach. »Reden wir doch mal Klartext. Du willst, dass ich einen zweiten Band schreibe.« Sie schüttelte den Kopf. »Aber das kann ich nicht auf Kommando. Eine Geschichte braucht Zeit, um sich zu entwickeln.«

Er legte ihr die Hand auf die Schulter. »Ach, Füchslein. Du machst mal dies, mal das, verzettelst dich, gräbst den Garten um und verbringst Stunden träumend im Park. Dabei habe ich dir das Gut einzig und allein zu dem Zweck gekauft, dir Ruhe zum Schreiben zu verschaffen. Wie wäre es, wenn du einfach anfangen würdest? Pierre Veber sagt auch immer, dass die Texte ihm erst aus den Fingern strömen, wenn er sich zum Schreiben zwingt.«

Sie schüttelte seine Hand ab. »Nein, Henry. Bei mir läuft das anders. Ich bin nicht Pierre. Ich brauche Inspiration.« Sie stand auf und wollte gehen, doch Henrys schneidende Stimme holte sie ein. »Bleib da und hör dir an, was ich zu sagen habe! Mit *Claudine erwacht* haben wir einen Erfolg gelandet, aber um das zu wiederholen, müssen wir nachlegen. Denk über eine Fortsetzung nach, ich bitte dich!«

»Ich werde schauen, was sich machen lässt.« Colette verließ den Raum und holte im Gang tief Luft. Henry setzte ihr das Messer auf die Brust. Wie könnte die Geschichte von Claudine weitergehen? In dieser Nacht schlief sie kaum, sondern brütete über den Erzählsträngen und Charakteren ihrer Fortsetzung.

Frühmorgens setzte sie sich an den Schreibtisch im Arbeitszimmer und kaute an ihrem Bleistift. Vor ihr lagen etliche leere Hefte, deren weiße Seiten sie angähnten. Oje! Das Leben wartete auf sie und ihr Garten, in dem es so viel zu tun gab. In der Küche klapperte Juliette mit den Tellern und schalt Toby, der sich ein Wurstende geklaut hatte.

»Wo zieht es dich hin, Claudine? Du willst die Welt erobern, nicht wahr?« Nachdem Colette sich ein paar Notizen gemacht hatte, sprang sie auf, um Rosen und Hartriegel zu pflanzen.

Als sie in den Salon kam, stand Henry an der Tür und deutete vorwurfsvoll auf die Standuhr. »Das war gerade mal eine halbe Stunde. Aber du musst schreiben!«

»Ach, lass mich in Ruhe!« Sie schubste ihn beiseite, ging über die Terrasse ins Freie und arbeitete den ganzen Nachmittag im Garten.

Am nächsten Tag belegte sie wieder das kleine Arbeitszimmer. Eine Kanne Tee stand bereit. Sie goss sich eine Tasse ein, bevor sie einige Ideen aufschrieb. Claudine würde Montigny in Richtung Paris verlassen, wie es auch Colette getan hatte. Und dort, ja, was? Dort würde sie den vierzigjährigen Renaud und seinen homosexuellen Sohn Marcel kennenlernen, für den ihr Marcel Boulestin und ein paar Bekannte Pate stehen würden. Das reichte doch für heute. Sie wollte gerade aufstehen, als sie hörte, wie sich der Schlüssel im Schloss drehte. Entsetzt stürzte sie zur Tür und rüttelte daran. Sie war verschlossen. Hitze überflutete sie. »Henry?«

Ihr Kerkermeister stand hinter der Tür und lachte leise.

Colette beruhigte sich nur mühsam. »Woher hast du gewusst, wann ich rausgehen würde?«

Henry räusperte sich. »Weil du den Stuhl zurückgeschoben hast? Weil ich unter einer gewissen Form von Hellsichtigkeit meinem lieben Füchslein gegenüber leide? Weil deine Aufmerksamkeitsspanne nicht länger als bei einem Eichhörnchen ist? Wenn kleine Mädchen nicht gehorsam sind, müssen sie bestraft werden.«

»Henry!« Sie hörte ihre Stimme durch das Erdgeschoss hallen. »Das kannst du doch nicht mit mir machen!«

»Und ob ich das kann. Denn schließlich biete ich dir ein Luxusleben im eigenen Landhaus. Täglich vier Stunden Disziplin, Füchslein, mehr verlange ich ja gar nicht von dir. Damit sich die Partys im Winter lohnen.«

Sie atmete tief durch und lehnte sich an die Wand. War sie wirklich eine verwöhnte Salonlöwin, die sich nicht an regelmäßige Arbeitszeiten gewöhnen konnte?

Resigniert vertiefte sie sich erneut in ihre Notizen zu Claudine, Renaud und Marcel. Es dauerte geschlagene drei Stunden, bis Henry sie freiließ, nachdem sie ihm die geschriebenen Seiten gezeigt hatte.

Von diesem Tag an schloss er sie immer vormittags in das Arbeitszimmer des Landguts ein. Doch das war nicht alles. Nach ihrer Rückkehr nach Paris führte er diese Praxis fort und zahlte ihr dafür eine Leibrente von 300 Francs im Monat. Colette akzeptierte die Maßnahmen zähneknirschend, denn Henry hatte recht. Sie brauchte die Disziplin, um zu schreiben. Doch ihre Liebe und ihr Vertrauen zu Henry hatten mehr als je zuvor gelitten.

❦ KAPITEL 19 ❧

Sie stand bei Redfern auf einem Hocker und ließ sich ihren neuen Rock anpassen, dessen schwarzer Wollstoff ihre Körperformen perfekt umspielte. Zufrieden musterte sie den Raum mit seiner Stuckdecke und den Kronleuchtern, während die Schneidermamsell vor ihr kniete und den Saum auf der Höhe ihrer Knöchel absteckte. Redfern entwarf vor allem Modelle für die ›sportliche Frau‹, die sich ihre Zeit mit Reiten, Segeln, Tennisspielen und Fahrradfahren vertrieb. Die Dependance des Londoner Couturiers war der letzte Schrei bei der modebewussten Damenwelt von Paris. Entsprechend hoch lagen die Preise. Ich gehöre dazu, dachte sie. Selbst wenn sie heute auf Pump kaufte, war sie ein Teil der besseren Gesellschaft von Paris.

In diesem Moment legte ihr jemand von hinten zärtlich eine Hand auf die Hüfte. »Du solltest dir ein Jackenkleid schneidern lassen, Colette, ein wenig androgyn und passend zu deiner schlanken Silhouette. Das würde dir ausgezeichnet stehen. Right?«

»Georgie.« Colette freute sich unbändig. Sie hätte diese Stimme unter Tausenden erkannt.

»Halten Sie still, Madame!«, befahl ihr die Schneidermamsell.

Georgie Raoul-Duval lachte glockenhell. »Ich würde ihr gehorchen, sonst piekst sie dich noch ins Bein. Ich warte auf dich.« Während sie sich unter die Kundschaft mischte, Seidentücher befingerte und mit der einen oder anderen Dame Konversation machte, suchten ihre blaugrünen Augen immer wieder Colettes

Blick. Und schließlich, als die Mamsell sie endlich aus ihren Krallen ließ, sprang sie geradewegs in Georgies Arme. Die Kundinnen starrten sie so perplex an, dass sie sich beide vor Lachen ausschütten mussten.

»Sie denken sicher, Madame Willy sei verrückt geworden«, brachte Colette mit Mühe heraus. »Und vielleicht haben sie recht.«

»Bei den Willys kommt es auf einen Fauxpas mehr oder weniger nicht an.« Georgie hakte sie unter und zog sie vor die Tür. »Apropos Redfern. Ich kaufe auch hier. Charles Poynter ist so *up to date*. Die Damenwelt liebt ihn und seine *creations*.«

Es war ein trüber Herbstnachmittag. Der Himmel war grau, die Stadtbäume schon kahl. Colette und Georgie fielen in Gleichschritt.

»Ich hab so viel an dich denken müssen das ganze letzte Jahr über«, gestand Georgie. »Aber jetzt bist du ja unter die Schriftsteller gegangen.«

Colette lachte ertappt. »Nicht ich, sondern Willy hat *Claudine* geschrieben.«

»Das kannst du deiner Großmutter erzählen.«

Sie tauschten ein verschworenes Grinsen, sahen sich um und überquerten flink die Avenue, auf die sich, zwischen Droschken und Pferdebussen, auch ein paar knatternde Automobile verirrt hatten.

»Puh, die stinken ja mehr als unser Kutschpferd, wenn es kackt.« Georgie hielt sich die Nase zu, während sie an den Fronten piekfeiner Geschäfte vorbeigingen.

»Sag, was hast du das letzte Jahr über gemacht?«, fragte Colette.

Georgie drückte ihre Hand. »Um die Welt gereist, was sonst? Ein wenig Tennis in Saint-Tropez, zwischendurch London und New York, einige Tempel in Ägypten und eine verstaubte Sphinx mit einer ausgesprochen sexy Reiseleitung betrachtet, wenn du verstehst, was ich meine. Also alles getan, was dem maximalen Vergnügen dient. Dafür bin ich auf der Welt.«

»Und dein Mann?«

Georgie lachte verschwörerisch. »Wir haben da so ein Arrangement: Ich ignoriere seine Machenschaften, und er achtet nicht auf meine Missetaten. Schließlich ist er gut beraten, mich bei Laune zu halten. Sonst könnte ich ja mal freimütig erzählen.«

So viel Nonchalance machte Colette für einen Moment sprachlos. Vielleicht brachten Georgies Milliarden dieses Selbstbewusstsein mit sich. Dennoch strahlte sie eine große Einsamkeit aus wie ein Kind, das sich nach Liebe sehnte und überall nur Bonbons bekam. Sie blieben stehen, weil aus einem Bistro im Hintergrund Kaffeeduft und Akkordeonklänge klangen. Da wurde Musettewalzer gespielt.

»Willst du etwas trinken?«, fragte Georgie.

»Ich glaube nicht.« Colette konnte die Augen kaum von der anderen Frau wenden. Auf ihrem Pelzkragen glänzten Regentropfen wie Diamanten, rotblonde Strähnen lugten unter ihrer Samtkappe hervor, und ihre rosafarbenen Lippen waren eine einzige Verheißung. Am liebsten hätte Colette ihre Fingerspitzen über die seidige Haut ihrer Apfelbäckchen gleiten lassen. Und dann würde sie ihre Grübchen küssen und ihren süßen Atem trinken. »Ich wäre gern mit dir allein.«

»Ich auch.« Georgie nahm ihre Hand, verschränkte ihre Finger mit Colettes und schwenkte sie in der Luft. »Wie Claudine mit Aimée, der falschen Schlange.«

Eine halbe Stunde später erreichten sie das Ritz, wo Georgie dauerhaft eine Suite gemietet hatte. Auf einem Servierwagen standen Austern mit Champagner bereit. Sie stießen an und machten sich über die Austern her. Der Champagner perlte in Colettes Kehle.

»Komm!«, sagte Georgie heiser.

Kichernd lösten sie sich gegenseitig die Knöpfe ihrer Blusen und die Verschlüsse ihrer Korsetts. »Männer verheddern sich immer in den Schnüren. Einer Frau muss man nichts erklären. Warst du schon mal mit einer zusammen?«

Colette schüttelte den Kopf. »Du bist meine erste.«

»Welche Ehre.« Georgie löste Colettes Haare und umfasste ihre Brüste mit ihren kühlen Händen. »Ob du es glaubst oder nicht: Das wollte ich vom ersten Moment an tun.«

Sie ließen sich nach hinten auf das Bett fallen und küssten sich ausgiebig. Danach schob Georgie Colettes Seidenhemd mit einer Selbstverständlichkeit über ihre Schenkel, die ihr den Atem stocken ließ. Zwischen ihren Beinen begann es zu pochen.

»Wie schön du bist, Süße«, raunte Georgie. »Ich bete dich an. Wir haben alle Zeit der Welt.«

Sie hauchte zarte Küsse in Colettes Achselhöhlen und auf ihre Handflächen und saugte ausgiebig an ihren Brustwarzen. Schließlich, Colette war schon in Wonne versetzt, verschwand sie zwischen ihren Schenkeln. Colette bäumte sich auf und zerfloss in einem Funkenregen.

Georgie lachte triumphierend. »Schrei doch nicht wie eine kleine Katze! Was sollen die Leute nebenan denn von uns denken?«

»Ich lerne schnell. Lass mich jetzt das Gleiche für dich tun.« Colettes geschickte Finger und ihre Zunge verschafften Georgie eine solche Lust, dass sie noch weniger an sich hielt als Colette zuvor.

»Drüben platzen sie vor Neid«, raunte Colette ihr zu. Ihre roten und dunkelblonden Haare mischten sich auf dem Kissen wie Seetang. »Das will ich immer und immer wieder mit dir erleben.«

»Dem steht nichts im Wege.« Georgie stand auf und goss ihnen neuen Champagner ein. »Du sagst, dass du Männer und Frauen liebst. Warum hast du so lange gewartet, bis du deine Lust mit einer Frau teilst?«

»Vielleicht ist Henry der Grund.« Colette trank einen Schluck. »Am liebsten würde ich zufrieden mit ihm in Les Monts-Boucons leben, wie ein altes Ehepaar.«

»Willy?« Georgie schnaubte. »Der hält dich im Bett viel zu kurz, sonst wärst du nicht so ausgehungert gewesen.« Sie ließ sich auf den Bettrand fallen. »Oh my goodness! Kann es sein, dass du ihn noch immer liebst? Bist du dir sicher, dass er dir treu ist?«

»Darüber will ich nicht nachdenken.« Colette errötete und fragte sich zum ersten Mal, was wäre, wenn sie ihn verlassen würde. Aber nein. Das konnte sie nicht. Es widersprach allen Konventionen, und Sido so zu enttäuschen, würde sie nicht fertigbringen. Außerdem liebte sie ihn in der Tat noch immer. Also wandte sie sich Georgie zu und bettete sie inmitten ihrer roten Haarpracht auf das Kopfkissen. »Lass es uns gleich noch einmal tun, ja? Bevor ich es verlerne.«

Von da an trafen sie sich täglich. Georgie war unersättlich, was Sapphos Freuden anbetraf. Darüber hinaus ließ sie sich von Colette auf allen Wegen begleiten, sei es zum Schneider, zur Modistin, zum Tee bei Natalie Barney oder zum Ausreiten in den Park. Und Colette betete sie an.

Bei so viel Enthusiasmus konnte es nicht ausbleiben, dass Henry Wind von der Sache bekam. Eines Nachmittags im Januar bestellte er sie zu sich in den Salon. Juliette servierte gerade den Tee mit Gurkensandwiches.

»Was ist los?« Colette setzte sich und strich Toby über den Kopf. »*Claudine in Paris* geht doch gut voran.«

Henry zwinkerte ihr zu. »Ich bin mir bewusst, dass aus dir dank meiner einschneidenden Maßnahmen eine halbwegs fleißige Schriftstellerin geworden ist. Es geht um etwas anderes. Kannst du dir nicht denken, was es ist?«

Colette verbrannte sich den Mund an einem Schluck Earl Grey.

»Ich bin euch sozusagen auf die Schliche gekommen.« Er lehnte sich zurück und faltete seine Hände über seinem Bauch. »Mich stört gar nicht, dass du dich von diesem rothaarigen Gift vernaschen lässt. Im Gegenteil. Es gefällt mir recht gut. Allein die Vorstellung, wie ihr zwei euch in den seidenen Laken wälzt. Aber die Leute fangen an, über euch zu reden. Das ist ja schön und gut, solange es meinen Geschäftsinteressen nützt. Nur wenn sie sagen, dass Colette ihren Herrn und Gebieter Willy zum Hahnrei macht, schadet es uns. Letztens habt ihr euch in der Droschke vergnügt, ist es nicht so? Die Vorhänge waren geschlossen und blieben es für eine Weile. Jeanne Muhlfeld hat euch gesehen.«

»… und es gleich weitergetratscht.« Colette atmete tief durch. Die Pariser Bohème tolerierte vieles, aber eine offen ausgelebte lesbische Beziehung unter verheirateten Frauen ging selbst in ihren Kreisen zu weit.

Henry grinste kumpelhaft. »Und darum habe ich vorgesorgt. In Zukunft steht euch für eure Treffen eine Wohnung in der Avenue Kléber zur Verfügung, ganz in der Nähe von Georgies Zuhause.«

Hitze überflutete Colettes Gesicht. »Ein höchst diskretes Liebesnest?«

»So kannst du es auch sehen.« Er wandte sich wieder seiner Zeitung zu, als sei damit alles gesagt.

Wie betäubt stand sie auf, verließ den Salon und ging an den Schreibtisch, wo sie eine Weile untätig auf ihr Heft starrte. Toby folgte ihr und legte sich unter den Tisch. Zunächst wusste sie nicht, warum sie sich so gedemütigt fühlte. Dann aber fiel es ihr wie Schuppen von den Augen. Genau diese Art von lesbischen

Seitensprüngen hatte Henry ihr erlaubt. Ihre Liaison mit Georgie war kein Ausdruck von Freiheit, sondern fand von seinen Gnaden statt. Noch immer war er der Puppenspieler, der sie nach Gutdünken tanzen ließ. Im verqueren Weltbild seiner Kreise bewahrte er seinen guten Ruf, denn sie setzte ihm nur Hörner auf, wenn sie ihn mit einem Mann betrog. Eine ›Pensionatsfreundschaft‹ unter Frauen, und sei sie noch so erotisch, zählte nicht, vorausgesetzt, man bemühte sich um Diskretion.

Sie griff nach ihrem Bleistift, spitzte ihn an und begann zu schreiben. Nach und nach hatte sie gelernt, diszipliniert zu arbeiten. Henry musste sie dafür nicht mehr einschließen, auch wenn es ihr nicht immer leichtfiel. Wer diese Tätigkeit als Liebhaberei einschätzte, irrte sich. Oft musste sich Colette jedes Wort abringen, um ihren eigenen Ansprüchen zu genügen. In *Claudine in Paris* verfiel das junge Mädchen dem fünfundzwanzig Jahre älteren Renaud, der ihr gleichermaßen Vater, Geliebter und Ehemann war. Er formte und beschützte sie und zeigte ihr die Welt. Gerade so, wie Henry es für Colette getan hatte.

Sie kam schnell voran und stellte das Buch in weniger als einem Jahr fertig.

»So machen wir das in Zukunft immer«, sagte Henry zufrieden.

∽ KAPITEL 20 ∽

Er trat in den Turnsaal, als sie gerade trainierte. Sie schaukelte auf ihrem Trapez und betrachtete ihn von oben. Seine Glatze glänzte vor Schweiß.

»Ollendorff giert nach deinem Roman. Er würde ihn mir am liebsten aus den Fingern reißen und verspeisen, Füchslein! Und er hat gleich einen dritten Teil bestellt, bevor ihm jemand zuvorkommt. Wir müssen nachlegen, damit das Interesse der Leute nicht abflaut.«

Colette seufzte. Henry ließ sich auf einen Stuhl fallen, während sie Schwung nahm und mit einem Salto vom Trapez sprang. Sie war nicht einmal außer Atem. Ringe, ein Barren, eine Kletterwand, sie hatte alles, was sie zum Trainieren brauchte. Und schreiben würde sie auch wieder. Es blieb ihr gar nichts anderes übrig.

»Du und ich. Wir haben Wiedererkennungswert. Dich will man sehen, weil du ein so hübscher Käfer bist, eine Muse par excellence. Und mich? Meine Markenzeichen sind außer meiner lockeren und vielfältigen Schreibe mein Bart und mein Zylinder.«

»Und dein dicker Bauch.«

Henry lachte glucksend und zog sie auf seinen Schoß. »Kann sein.« Seine Faszination von sich selbst war ungebrochen, was sich auch in der kleinen Druckgraphik in Form eines Kreuzes zeigte, in dessen Mitte sein Konterfei prangte. Er nutzte sie gern auf Briefpapier. »Es ist alles ein Riesenspaß, verstehst du? Ironie vom Feinsten. Wir verulken die ganze Welt.«

Colette zog sich ihre Schnürstiefeletten an und verkniff sich zu fragen, wie viel Spaß ihm die Scharen von blutjungen Verehrerinnen bereiteten, die Claudines Papa um ein Autogramm baten.

Vor einigen Monaten waren sie in der Rue de Courcelles umgezogen und bewohnten jetzt das 2. Obergeschoss des Palais des Fürsten Bibesco im Haus Nr. 177. Die Wohnung war groß und repräsentativ. Doch obwohl Henry ihr im Dachgeschoss eine zusätzliche kleine Junggesellenwohnung eingerichtet hatte, war Colette nicht mit allem zufrieden.

Claudine in Paris erschien bei Ollendorff und stellte den ersten Band noch in den Schatten. Die Bücher verkauften sich wie geschnitten Brot, sagte Henry.

Also konnten sie es sich leisten, im Sommer zu den Festspielen nach Bayreuth zu fahren. In diesem Jahr spielte man den *Fliegenden Holländer*, den *Ring des Nibelungen* und *Parzival*.

Spät dran, wie sie waren, hatten sie nur noch ein Quartier in der Familienpension Mader mieten können.

»Ich hoffe, du kannst dich in diesem Jahr mit etwas weniger Komfort zufriedengeben, Füchslein.« Henry stieß die Tür zu ihrem Zimmer auf, das nichts weiter als eine Dachkammer war.

Colette trat ein und stellte ihre Tasche ab. Die Wände waren dunkel vertäfelt, und das Bett hatte einen Holzrahmen. »Das sieht ja aus wie ein Sarg.«

»Es ist ein wenig schmal und eng«, räumte Henry ein.

»Und kurz. Wir werden im Sitzen schlafen müssen.« Auch das geschnitzte Kopfteil mit seinen Herzen und Rosen machte das Bett nicht größer. »Da fehlt nur noch eine Dornenkrone.«

Sie stiegen die knarrenden Treppenstufen hinunter, um sich dem Ehepaar Mader vorzustellen. Die beiden saßen in der Küche am Tisch, Frau Mader mit Lockenwicklern im Haar, Herr Mader in Hemdsärmeln, einen Teller Suppe vor sich. Sie unterbrachen ihre Mahlzeit, um ihnen ein wenig herzliches »Grüß Gott« zu-zurufen. Herr Mader hatte seine Füße auf den Stuhl gegenüber gelegt; in seinem Schnauzbart klebte eine Nudel.

»Sieh es als Lektion in Völkerkunde an«, empfahl Henry, bevor sie sich zu Cosima Wagners Empfang in der Villa Wahnfried aufmachten, zu dem er als Musikkritiker geladen war. »Und vergiss nicht, dass du dem alten Drachen Cosima gegenüber nicht erwähnen darfst, dass du die Autorin der *Claudines* bist.« Er legte seinen Arm um Colette und führte sie in den erleuchteten Festsaal, in dem sich Damen in Ballkleidern und Herren im Frack beim Walzer drehten.

»Madame und Monsieur Willy. Herzlich willkommen in unseren heiligen Hallen.« Cosima Wagner kam mit erhobenen Händen auf sie zu. Die hochgewachsene Dame mit der strengen Frisur sprach fließend Französisch. Seit Wagners Tod 1883 leitete sie die Festspiele mit eiserner Hand. Colette wusste, dass sie einer Liaison zwischen Franz Liszt und einer französischen Gräfin entstammte. An Liszt erinnerte sie bei der Leiterin der Festspiele vor allem die prominente Nase in dem schmalen Gesicht.

»Es ist mir eine Ehre, Sie wiederzusehen, meine Liebe.« Henry hauchte einen Kuss auf ihre Hand.

»Mein lieber Willy, ich hoffe, dass Sie geistvollere Kommentare zu unserer Musik abgeben.«

»Aber sicher.« Damit würden nicht nur er, sondern auch die Scharen von Lohnschreibern, die ihn begleiteten, vollauf beschäftigt sein.

Cosima ging ihnen zum Büfett voran und belegte für Colette eigenhändig eine Scheibe Weißbrot mit einem Löffelchen Kaviar. »Sie sind viel zu dünn, meine Liebe. Und verzeihen Sie die Indiskretion, sind Sie immer noch nicht schwanger? Will es nicht klappen?«

Colette verschluckte sich und hustete, woraufhin ihr Henry gut gelaunt den Rücken klopfte. »Colette fürchtet um ihre schlanke Taille.«

Sie funkelte ihn wütend an. »Das ist nicht der Grund.«

Henry lachte. »Colette ist eine ganz bezaubernde Hundemama für unseren Toby.«

Sie holte zornig Luft. Wie auch immer er die Sache begründete, ein Kind passte weder in ihre noch in seine Pläne. Sie wollte schreiben, erkannte sie mit plötzlicher Klarheit.

Cosima Wagner lachte. »Nur gut, dass Sie Prioritäten setzen. Glauben Sie, ich weiß, wovon ich rede, Kindchen. Schließlich habe ich fünf Söhne und Töchter aus zwei Ehen aufgezogen, einen ganzen Stall voll wilder Rangen. Immer dieser Streit und diese Eifersüchteleien. Aber ...« Sie beugte sich vertraulich vor. »Wie ich höre, sind Sie unter die Schriftsteller gegangen, meine liebe Colette. Mit den *Claudine*-Büchern ist Ihnen ein kleines literarisches Meisterwerk gelungen. Oder sind Sie etwa nicht dafür verantwortlich?« Die Frage schwebte in der Luft. Henry sog hörbar den Atem ein.

»Das Lob gebührt allein Willy«, beteuerte Colette. »Er ist der Schöpfer der Romane.«

»Ach, wirklich?«

»Ja.« Colette blinzelte. Sie log so schlecht. Cosima Wagner maß sie mit einem argwöhnischen Blick und wandte sich dann ihren anderen Gästen zu.

»Puh.« Henry wischte sich über die Stirn. »Das war knapp. Dieser alte Drachen. Bevor du dich verplapperst, mach dir klar, dass du von einem lukrativen Familienunternehmen profitierst, dessen Konzept zusammenbrechen würde, solltest du es verraten.«

In der folgenden Nacht stahl ihnen nicht nur das kantige Betthaupt mit den Rosen und Herzen den Schlaf, an das sie sich des knapp bemessenen Platzes wegen lehnen mussten. Zu allem Überfluss begann es um 2.30 Uhr im Erdgeschoss zu rumoren.

»Himmelherrgott noch mal.« Henry tapste in Nachthemd und Bartbinde die Treppe hinab und kam nach einigen Minuten zurück. »Da unten schmeißt ein Bäcker gerade seinen Ofen an.«

»Dann gibt es morgen früh frische Semmeln.« Colette gähnte.

»Wenn wir noch ein Auge zutun können«, brummte Henry.

Colette schlief erst gegen Morgen ein, als der Duft von frischem Gebäck schon verlockend durchs Haus zog. Sie frühstückten die knusprigen Brötchen, zu denen Frau Mader Schinken und Eier servierte. Danach gingen sie Arm in Arm spazieren, wobei sie an nahezu jeder Ecke Bekannte trafen. In diesem Jahr schien es halb Paris nach Bayreuth verschlagen zu haben.

Als sie zur Pension zurückkehrten, stand eine Frau in einem grünen Sommerkleid vor der Tür und winkte ihnen zu. Der Koffer neben ihr war fast so groß wie sie. »Juchhu! Kinder!«

»Das ist Georgie!« Colette lief auf ihre Herzensfreundin zu, schloss sie in die Arme und sog ihren exquisiten Duft ein. Es war »Fleur d'Italie« von Guerlain und fast so süß wie Georgie selbst. »Wie schön, dass du da bist! Aber was führt dich so plötzlich her?«

Georgie strahlte. »Ich bin für meine spontanen Entscheidungen bekannt. Da ich noch eine Sommerfrische brauchte, dachte ich, Bayreuth wäre ideal. Auch wenn es sich hier …« Sie rümpfte beim Anblick der Pension Mader ihre kleine Nase. »… beileibe um kein Luxushotel handelt.«

»Aber es ist zünftig hier«, wandte Henry ein.

»Stimmt. Und heute Abend esse ich Schweinsbraten mit Knödeln.« Georgie hakte sich bei Colette unter, während Henry ihren schweren Koffer die Treppe hinaufwuchtete. Fast wäre Colette das Zwinkern entgangen, mit dem sie ihn bedachte. Hatte er etwas mit ihrer plötzlichen Ankunft zu tun? Egal. Sie freute sich riesig.

Georgie plapperte unentwegt, während sie ihre Garderobe in dem muffigen Schrank mit den quietschenden Türen verstaute. Beim Essen im Biergarten nahm sie mit spitzer Zunge die anderen Gäste aufs Korn. »Schaut mal, wenn der noch mehr trinkt, kippt er vom Stuhl, und das mit bayrischem Bier, der dünnen Brühe. Die Enden seines Schnauzbarts sind schon ganz nass. Er muss sie eingetunkt haben.« Colette lachte so, dass sie sich den Bauch halten musste.

Wie immer vertrieb Georgie jede Art von Langeweile mit einem lässigen Winken ihrer Hand. Nur für die Liebe fanden sie keinen geeigneten Ort. Die Betten waren für zwei einfach zu eng.

»Wie zeugen die Leute hier bloß ihre Kinder?« Colette runzelte die Stirn.

»Im Heu!«, rief Georgie, und sie warfen sich vor Lachen hintenüber auf die Matratze, obwohl sie sich am hölzernen Bettrahmen die Kniekehlen stießen. Erfinderisch, wie sie waren, probierten sie es schließlich sitzend auf der Kommode, und siehe da, es klappte, obwohl sie unentwegt kichern mussten.

Colette bewunderte alles an ihrer Freundin. Wenn Georgie sich nicht an Schweinsbraten mit Knödeln gütlich tat, hielt sie eine strenge Diät aus Obstkompott, Salat und Gurken, die Colette ebenfalls probierte. Täglich beobachtete sie fasziniert, wie Georgie sich vor dem Spiegel die Haare öffnete und ausbürstete, bis sie ihr wie ein rotes Fell über die Schultern fielen. Dabei lächelte sie Colette auf so hinreißende Weise zu, dass sie beinahe wieder schwach geworden wäre.

Nur Madame Mader betrachtete die beiden misstrauisch, als seien ihre geheimen Aktivitäten ihr nicht geheuer.

Nach der Aufführung des *Fliegenden Holländers* zeigte sich, dass Colette ihrer Freundin in musikalischen Belangen weit überlegen war. Sie konnte sich jede Melodie merken und trällerte die Arien einfach von vorne bis hinten nach.

»Du bist so unglaublich musikalisch.« Georgie riss die Augen vor Bewunderung auf. »Hast du nicht darüber nachgedacht, Sängerin zu werden?«

»Die Gelegenheit hat sich wohl nicht ergeben.«

Georgie knabberte nachdenklich an ihrem Daumennagel. »Ich habe eine Idee. Du könntest dich als Tänzerin versuchen, denn durchtrainiert bist du ja auch. Natalie würde sich sicher über einen Auftritt von dir freuen. Die ist für jegliche Debüts offen.«

»Ich denke darüber nach«, antwortete Colette diplomatisch. »Ja, vielleicht, in der Tat.« Sie musste ihr ja nicht verraten, dass sie genau dafür Unterricht in Ballett und Ausdruckstanz nahm.

An diesem Nachmittag platzte Henry in einer krachledernen Hose in Georgies Zimmer und tanzte einen Schuhplattler. Sie amüsierten sich köstlich, auch wenn das fränkische Bayreuth nicht zum bayrischen Kernland gehörte.

Nach einiger Zeit jedoch begann die Stimmung zu kippen. *Georgie ist kapriziös,* schrieb Colette an ihre Freundin Jeanne Muhlfeld. *Und Henry, der ein großer Bewunderer Wagners ist, verliert sich ganz in der Musik.*

Zum Glück endeten die Festspiele, bevor sie sich ernsthaft streiten konnten. Danach begleiteten sie Georgie nach Österreich, wo sie von ihrem Mann erwartet wurde. In Salzburg schlossen sie sich dem Kreis um den Grafen Boni de Castellane und seiner Frau, der amerikanischen Milliardärin Anna Gould, an.

»Diese Leute können uns noch auf die eine oder andere Weise nützlich sein«, raunte Henry Colette zu.

Sie wohnten im gediegenen Hotel Sacher, von dem aus sich der Blick auf die Salzach und die Altstadt öffnete. Nachdem Monsieur Raoul-Duval abgereist war, belegte Georgie die luxuriöse Suite ganz für sich allein. An einem schönen Septembertag erwartete sie Colette in ihrem Kimono aus weißer Seide und den Pantoffeln mit Schwanenfedern. »Willkommen, meine Schöne. Tritt ein.«

Colette küsste sie sanft auf den Mund. Georgie zwinkerte ihr zu und pustete ihr ihren süßen Atem in die Halsbeuge. »Bei so viel Zartgefühl fragt man sich doch, warum man sich noch mit Kerlen treffen sollte.« Sie streifte ihren Kimono ab und entblößte ihren schlanken Körper mit der seidenweichen Haut.

»Niemand könnte dir widerstehen. Du bist das schönste Wesen auf der Welt.« Colette schlang sich Georgies langes Haar ums Handgelenk und ließ sich mit ihr aufs Bett fallen. Es war weich und breit genug, gerade richtig für jemanden, der so hemmungslos wie Georgie war. Wenn sie sich im Zustand höchster Ekstase befand, überzog sich ihr Hals und ihr Dekolleté mit zartem Rosa. Colette liebte es, diese Freuden mit ihr zu teilen.

Hinterher saßen sie nebeneinander im Bett und aßen Mozartkugeln.

»Marzipan ist fast so süß wie du«, sagte Georgie mit vollem Mund. »Aber jetzt beiße ich dem Wolferl in den Kopf. Willst du auch eine?«

»Na klar.« Das Praliné schmolz auf Colettes Zunge. Georgie knüllte das Silberpapier zusammen und warf es quer durch den Raum.

An diesem Abend ging Colette mit Henry und einigen Bekannten zum Essen in eine Gartenwirtschaft am Fluss. Es gab Wiener Schnitzel und zum Nachtisch Salzburger Nockerln.

»Wenn ich aufstehe, muss ich mich ins Hotel rollen, so viel habe ich gegessen.« Colette streckte sich und zog ihr Umschlagtuch fester. Die Kühle der Nacht hatte sich auf den Platz am Fluss gesenkt, und die bunten Papierlaternen in den Bäumen schwankten im Wind.

»Hauptsache, du hast es verdaut, wenn du wieder zu schreiben beginnst.« Henry nahm ihren Arm und winkte seinen Mitarbeitern noch einmal zu. »Der dritte Band mit Claudine wird noch erotischer als seine Vorgänger.«

»Geht das denn überhaupt noch?«, fragte Curnonsky.

In der Tat hatte sich Colette einige kleinere und größere Prüfungen für Claudines und Renauds Eheglück ausgedacht. »Woher weißt du davon?«, fragte sie Henry.

»Entschuldige, Füchslein, aber ich konnte meine Finger nicht vom Manuskript lassen.« Henry zuckte mit den Schultern. »Ich mache mir halt so meine Gedanken, was man noch verbessern könnte. Unsere Leser sind schließlich erwachsen.«

Sie verließen den Biergarten und gingen ein Stück an der Salzach entlang, die neben ihnen schwarz durch ihr Bett rauschte.

»Aber ich weiß natürlich, dass du die Autorin bist, keine Sorge.«

Sie hakte sich bei Henry unter. »Hier riecht es so gut.«

In die Düfte nach blühendem Geißblatt und klarem Wasser mischte sich etwas Köstliches, das sie zunächst nicht einordnen konnte. Dann aber überlief es sie kalt. Es war Georgies Parfüm. Spielte ihre Erinnerung ihr einen Streich? Nein. Sie schnupperte noch einmal. Der exquisite Duft ging von Henrys Bart und seinem Hals aus. Es war »Fleur d'Italie« von Guerlain.

»Du verdammter Mistkerl!« Sie löste sich und ging mit schnellen Schritten davon.

»Aber Füchslein! Was ist denn?«

Sie drehte sich nicht um, wollte nicht, dass Henry sie weinen sah. Er holte sie ein und griff nach ihrer Schulter.

»Musste das sein?«, fragte sie. »Georgies Parfüm klebt an dir wie die Suhle an einem Schwein.«

Er brauchte einen Moment, um sich zu fassen. Dann lief er scharlachrot an. »Es ist nicht gut, dass du immer noch so eifersüchtig bist, Colette, hörst du? Wir sind Avantgarde. Warum sollten wir uns um Konventionen scheren?«

»Es sind nicht meine Regeln, nach denen du spielst.« Sie holte aus und ohrfeigte ihn rechts und links. »Und Georgie ist *meine* Freundin.«

Henry rieb sich die Wange. »Ich denke, das Luder weiß genau, wem sie ihre Gunst schenkt und weshalb.«

»Aber du!« Colette schnaubte. »Du bist verdammt noch mal mein Ehemann und solltest zumindest versuchen, mir treu zu sein. Du hättest ihre Avancen ablehnen können.«

Henry sah sie mit seinem Hundeblick an und seufzte. »Du bist mir ja auch nicht treu.«

»Wann?«, fragte sie kühl.

Er druckste einen Moment herum. »Heute, eine Stunde nachdem du bei ihr warst.«

»Und vorher? Wie lange geht das schon?«

Henry zögerte so lange, dass er allein damit alles zugab. Er sah zerknirscht aus.

»Also schon eine ganze Weile. Dann hast du wohl auch Georgies Besuch in Bayreuth organisiert?«

Auch das stritt er nicht ab. Wieder einmal hatte er seine Puppen mit Vergnügen tanzen lassen. »Ich musste dich doch bei Laune halten.«

Colette steuerte auf das Hotel Sacher zu. Henry hielt nur mühsam mit ihr Schritt und bekam, als sie eintrat, beinahe die Schwingtür an den Kopf. »Aber ihr hattet doch viel Spaß miteinander.«

Nichts davon zählte angesichts dieses ungeheuerlichen Verrats. Während Henry ihr keuchend folgte, lief sie hinauf in den ersten Stock und klopfte an Georgies Tür. Händeringend holte er sie ein. »Es ist spät, Füchslein, wollen wir das nicht lieber morgen klären?«

Sie drehte sich um und starrte ihn mit aller Kälte an, die ihr zur Verfügung stand.

Henry war sehr blass. »Mon dieu. Mörderisch! Dir möchte ich nicht im Dunkeln begegnen.«

Hinter der Tür begann es zu rumoren. »Einen Moment, bitte.«

Colette stellte sich vor, wie Georgie in ihrem weißen Kimono schwanengleich zur Tür schwebte. Nie wieder, dachte sie, würde sie einer Fremden so bedingungslos vertrauen.

Die Tür öffnete sich. Georgie riss erstaunt die Augen auf, als sie sie erkannte. »Ihr seid es, meine Lieben, kommt doch herein. Was führt euch denn jetzt noch zu mir?«

Da war nur eine Spur von Misstrauen in ihrer Stimme. Colette drängte sich an ihr vorbei ins Zimmer. »Warum schläfst du mit meinem Mann?«

Georgie hielt einen Moment inne. »Ach das.« Sie lachte auf, klammerte sich an den kleinen Sekretär und zog den Kimono über ihren Brüsten zusammen. »Weil es Spaß macht und ein wenig Nervenkitzel bringt. Und dann. Willy ist so leicht rumzukriegen. Es war ein Kinderspiel. Er ist heißblütig und lässt keine Gelegenheit aus. Das weißt du doch, mein Schatz.«

»Ich bin nicht dein Schatz.« Wut stieg in ihr hoch. Wie konnte Georgie sie nur derart verraten?

»Aber Liebling.« Georgie schüttelte den Kopf. »Diese Eifersucht musst du dir unbedingt abgewöhnen. Sie bringt uns nicht weiter.«

»Das sind genau meine Worte«, mischte sich Henry ein, der an der Tür stehen geblieben war. »Colette ist so eifersüchtig, dass sie immer einen Revolver mit sich führt. Und sie legt liebend gern auf ihre Nebenbuhlerinnen an.« Das stimmte nicht, aber wenn es so gewesen wäre, hätte es Colette in diesem Moment mehr als gut gefallen.

»Was?« Georgie ließ ihre schönen Augen auf ihr ruhen. »Aber auf mich würdest du doch nicht schießen oder, Colette? Dann schon eher auf Willy, den zu verführen ich mir übrigens hätte sparen können, angesichts seiner … zweifelhaften Leistungen.«

Henry wurde knallrot. »Das tut überhaupt nichts zur Sache. Niemals würde Colette auf mich schießen. Wir sind doch die besten Freunde.«

»Hach!« Georgie lachte spöttisch. »Ihr spielt uns das glückliche Avantgarde-Paar doch nur vor. In Wahrheit betrügst du Colette nach Kräften, und sie lässt es sich einfach gefallen, will es nicht einmal wahrhaben. Glaubt mir, das Problem liegt ganz bei euch.«

»Jetzt mach mal einen Punkt, Georgie!« Colette drehte sich um und steuerte die Tür an.

Henry folgte ihr, aber Georgie stellte sich ihnen in den Weg. »Du *willst* die Wahrheit ja gar nicht wissen, Colette.« Ihr Busen hob und senkte sich im Rhythmus ihres Atems. »Weißt du was? Ich war deine Erste und durfte dir in puncto der lesbischen Liebe die Unschuld nehmen, aber als du anfingst, mich zu hofieren, da langweilte ich mich irgendwann. Ich brauche Eroberungen, damit mein Leben nicht seinen Reiz verliert.«

Colette schnitt jedes Wort tief in die Seele. »Du tust mir leid, Georgie. Und jetzt lass uns durch!«

Georgie trat zur Seite und wirkte auf einmal so wie ein Kind, das sein liebstes Spielzeug verloren hat. In ihren grünblauen Augen standen Tränen.

Colette holte tief Luft. »Du erstickst ja an deiner inneren Leere.«

Die Tür fiel hinter ihnen ins Schloss, und sie standen im Flur. Sie atmete schwer.

»Puh.« Henry strich sich über seinen Bart. »So ist das mit den verschenkten Herzen. Irgendwann tritt sie jemand mit Füßen.

Und Georgie? Da fühlt man sich ja, als würde man in Zuckerwasser ertrinken. Wie konnten wir dieses rothaarige Gift nur reizvoll finden, Füchslein?«

Sie wirbelte herum. »Wie konntest *du* nur? Ich habe mich so sehr danach gesehnt, dir vertrauen zu können!«

Er blinzelte sie voll gespielter Unschuld an. »Was meinst du?«

»Wie konntest du dich so bereitwillig verführen lassen?«

»Colette.« Er wollte ihr den Arm um die Schultern legen, doch sie trat außer Reichweite. »Entschuldige mal. Du hast dich zuerst mit ihr in den seidenen Laken gewälzt.«

»Mit deiner ausdrücklichen Erlaubnis. Du wolltest, dass ich mich mit Frauen abgebe.«

»Ich schaffe es eben nicht, gegen meine Natur anzugehen.« Henry zuckte mit den Schultern. »Verführen musste ich da nichts. Sie hat mich quasi auf die Bettkante gezogen. Und außerdem sind wir Bohème. In unseren Kreisen ist das üblich. Insofern hat sie recht mit ihrem Einwand, du solltest dir deine mörderische Eifersucht abgewöhnen.«

»Du hattest mir Treue versprochen.« Colette schnaubte.

»Diese Tugend wird im Allgemeinen überschätzt.« Henrys blaue Augen wurden undurchdringlich wie Kiesel. »Vergiss nicht, Füchslein. Wir beide sind auf Gedeih und Verderb aneinandergeschmiedet. Wir teilen das Geheimnis um *Claudine* und ziehen unsere Vorteile daraus. Von unserem Verdienst bezahle ich deine Rechnungen bei Redfern und die Raten für dein Landgut. Der Hund leckt die Hand, die ihn füttert und die ihn schlägt.«

Er nickte ihr noch einmal zu, bevor er sich in ihre Suite zurückzog und im Schlafzimmer verschwand. Colette folgte ihm in den Salon und setzte sich neben das Fenster, das auf die Salzach hinausging. Dort blieb sie bis zur Dämmerung. Egal, was er getan hatte. Henry war ihr Mann.

Im Osten rötete sich der Himmel, als sie ins Schlafzimmer ging und ihn an der Schulter rüttelte.

»Was gibt es, Füchslein?« Er setzte sich verschlafen auf. »Guten Morgen, übrigens.« Da war dieser Anflug von Wachsamkeit in seinen Augen, der sie sprechen ließ.

»Ohne mich wärst auch du nichts.« Sie atmete tief ein. »Ich schreibe deine erfolgreichsten Romane. Wenn unsere produktive Zusammenarbeit weitergehen soll, verlange ich in Zukunft nur eins …«

»Was?«

Kriech nur zu Kreuze, Henry! Sie sah ihn an. Das graue Licht des Morgens lag auf seinen gerundeten Schultern in dem weißen Nachthemd, auf den weichen Händen und den schweren Tränensäcken, die von einem zu guten Leben zeugten. »Ich wünsche mir absolute Offenheit von dir. Keine Alleingänge mehr. Keine Intrigen, die ich ausbaden muss.« Sie schluckte. »Wenn du fremdgehst, dann will ich in Zukunft wissen, mit wem.«

Er wurde blass. »Das ist deine Bedingung? Gib mir Bedenkzeit.«

Er rollte sich in seine Decke und schlief wieder ein. Colette legte sich an das andere Ende des Doppelbetts und holte eine Mütze Schlaf nach. Beim Frühstück hing das Schweigen schwer zwischen ihnen. Danach zog Henry sie an die Seite. »Ich habe über deine Forderung nachgedacht. Ich stimme zu.«

Colette verbarg ihre Überraschung hinter einem knappen Nicken.

Sie lenkte sich ab, indem sie an ihrem Manuskript von *Claudine in der Ehe* weiterarbeitete. Auch wenn Renaud Henrys Boshaftigkeit vollkommen abging, wusste sie, wie sich eine junge Frau an der Seite eines Mannes fühlte, der die Mitte des Lebens überschritten hatte. Und Claudine? Sie stürzte sich in eine Affäre mit der lebenshungrigen Rézi, der Frau mit dem wallenden Goldhaar, deren Name »nach Himbeeren duftet«. Claudine war hingerissen von ihr.

Eines Abends trat Henry hinter Colette und las über ihrer Schulter in ihrem Manuskript.

»Gibst du mir den Text über Nacht mit? Ich bitte dich.«

Sie stimmte zu. Am nächsten Morgen saß er noch immer an seinem Schreibtisch.

»Hast du überhaupt nicht geschlafen?«

Er gähnte und sah dabei sehr zufrieden aus. »Das macht nichts. Bringst du mir Kaffee, Füchslein?«

Nachdem sie ihn mit einem großen Café au Lait und einem Croissant versorgt hatte, vertiefte sie sich in das Manuskript, dessen Ränder von seinen Änderungen nur so strotzten. Entsetzt sah sie auf. »Was hast du getan?«

Henry zuckte mit den Schultern. »Heiß war es ohnehin schon. Dafür hast du einige sapphische Freuden zu viel eingebaut.«

Colette holte tief Luft. »Aber du hast Rézi in Georgie verwandelt. Warum musst du immer mit dem Feuer spielen? Sie wird vor Zorn in die Luft gehen.«

Er biss in sein Croissant und sprach mit vollem Mund: »Was unsere Bücher angeht. Niemand kann sich sicher sein, ob er nicht dem öffentlichen Klatsch preisgegeben wird. Das sollte sich Georgie ruhig merken.«

Colette blinzelte. Henry hatte sich auch an Madame Arman gerächt, indem er sie in einem Buch lächerlich machte. »Aber Claudine ist zu kostbar für solche Spielchen.« Mit Sicherheit würde Henry einen vierten Band von ihr verlangen.

Claudine in der Ehe war Colettes bisher erotischstes Werk. Schon vor seinem Erscheinen zog es sowohl vernichtende Kritik als auch inbrünstiges Lob auf sich. Aus Furcht vor der Zensur lehnte Ollendorff im Februar 1902 eine Veröffentlichung ab. Daraufhin bat Colette ihren Freund Lucien Muhlfeld, sich für das Manuskript einzusetzen. Ollendorff gab nach. Doch als das Buch in Druck gegangen war, erfuhr Georgie, dass sie zum Objekt von Henrys Rache geworden war, und schlug dem Verleger vor, die ganze Auflage auf ihre Kosten einstampfen zu lassen. Er ließ sich auf die Idee ein.

Henry, der händeringend nach einer Alternative suchte, fand sie, als Alfred Vallette sich bereit erklärte, das Buch in der literarischen Edition des *Mercure de France* herauszubringen. Vor der Veröffentlichung verschärfte Henry weitere Passagen, so dass Georgies Ruf endgültig in Mitleidenschaft gezogen war. Vallettes Frau Rachilde und andere Freunde lobten das Buch für seine sprachliche Qualität, doch die Hüter der Moral protestierten heftig, was nur zur Folge hatte, dass die Verkaufszahlen in die Höhe schnellten.

Wieder saßen sich Rachilde und Colette in der Redaktion des *Mercure* gegenüber, und wieder beschwor Rachilde sie, sich als Urheberin des Buches zu erkennen zu geben. Doch sie wiegelte ab. »Willy ist sein alleiniger Schöpfer.«

»Ich kann nur noch einmal betonen, wie wenig ich Ihnen das glaube.« Misstrauisch von Toby beäugt, fütterte Rachilde eine ihrer weißen Mäuse mit einem Kekskrümel. »Willy verdient sich eine goldene Nase und hält Sie mit einer Leibrente aus.«

»Sch.« Colette blickte sich um und hoffte, dass niemand sie belauschte. Warum hatte sie Rachilde unbedingt erzählen müssen, dass Henry ihr monatlich 300 Francs bezahlte?

»Ich habe recht«, fuhr Rachilde fort. »Und das wissen Sie auch. Wenn Sie Pech haben, verkauft Henry die Urheberrechte an *Claudine* eines Tages nach seinem Gutdünken ohne Ihr Einverständnis.«

Colette schüttelte den Kopf. »Das würde Henry nie tun.«

»Sind Sie sich da so sicher?«

War sie das? Sie wollte Rachilde nicht an ihren Zweifeln teilhaben lassen. »Bleiben Sie mir gewogen, bitte.« Sie nahm Toby und ging.

Am nächsten Morgen saß sie gerade beim Frühstück, als Henry mit einem Brief in die Küche kam. Er legte ihn auf den Tisch und glättete ihn mit den Händen. »Da will so ein unsäglicher Sesselpupser Strafanzeige gegen mich erstatten. Oder halt. Es handelt sich um eine …« Er las vor. »… Liga für das öffentliche Wohl.« Seine Stimme triefte vor Spott.

Juliette, die gerade ein Huhn rupfte, sah auf. »Von denen habe ich schon gehört. Die sind gegen die Suffragetten. Nicht, dass ich was für die übrighätte. Aber ein paar Rechte kann man uns Frauen doch wohl nicht versagen.«

Colette schubste Toby sanft von ihren Füßen, stand auf und goss Henry Kaffee ein. »Wer versteckt sich dahinter?«

Er ließ sich schwer auf einen Stuhl fallen. »Ein Senator Berenger, glaube ich. Und weißt du, was er schreibt?«

Henry machte eine Pause und genoss, wie gebannt sie ihm lauschten. »Er schreibt, *Claudine* sei gefährlicher als die Suffragetten, die das Wahlrecht wollen.«

Die Köchin schüttelte den Kopf. »So ein Spinner.«

»Und weshalb sieht er unsere Claudine als gefährlicher an?« Henry gab sich die Antwort selbst. »Weil sie, frech, wie sie ist, für Frauen das Recht auf Vergnügen einfordert, auf Genuss, der nur den Männern zusteht. Das jedenfalls schreiben diese Crétins und finden weibliche Erotik höchst verwerflich. Frauen haben nur als Mütter oder als heilige Jungfrauen zu existieren.«

Er sah Colette nachdenklich an. »Und du, Füchslein, kannst froh sein, dass das Pseudonym Willy dich schützt. Stell dir vor, die Kritik würde den Text als ganz und gar autobiographisch einstufen.

Wie man dich als Frau für solche Worte steinigen würde. Deine Schwägerin würde vom Glauben abfallen.«

Die bitterböse Kritik des Senators Berenger änderte nichts daran, dass die Verkaufszahlen der drei Bände von *Claudine* in die Höhe schnellten. Im Gegenteil. Henry setzte sich mit ganzer Kraft dafür ein, dass es so blieb.

∾❧ KAPITEL 21 ❧∾
Herbst 1901

Es war frühmorgens. Colette saß im Negligé an ihrem Schminktisch und löste gerade ihren Zopf, als es an die Schlafzimmertür klopfte. »Ja?« Sicher war es Francine, die ihr beim Frisieren helfen wollte.

Die Tür sprang auf. Das Gesicht, das weit oben im Spalt erschien, war jung und umrahmt von blonden Haaren. Porzellanblaue Augen musterten sie hungrig. »Ist Monsieur Willy nicht da?«

Neugierig ließ die Blondine ihre Augen über das ungemachte Bett und die Fläschchen und Tiegel schweifen, die auf dem Tisch standen.

Colette sprang auf. »Den finden Sie hier nur nachts, wenn überhaupt. Und jetzt raus hier!«

Die Fremde verzog enttäuscht den Mund und verschwand, als Colette ihr die Tür vor der Nase zuschlug.

Der überwältigende Erfolg von *Claudine* hatte Henry auf die Idee gebracht, die Geschichte auf die Bühne zu bringen. Zusammen mit seinen Freunden Aurélien Lugné-Poe und Charles Vayre begann er, *Claudine in Paris* zu dramatisieren, und ergänzte die Fassung durch einen Prolog aus *Claudine erwacht*. Nachdem bekannt geworden war, dass das Stück im Théâtre des Bouffes uraufgeführt werden sollte, verbreitete sich die Nachricht, dass dringend eine Hauptdarstellerin gesucht wurde, wie ein Lauffeuer in der Stadt. Die weibliche Jugend von Paris sprach die Willys auf der Straße und im Restaurant an und belagerte sogar ihr Treppenhaus. Normalerweise ließen die Bediensteten die Bewerberinnen nicht in die Wohnung. Heute aber musste etwas schiefgegangen sein.

»Die da ist es auf jeden Fall nicht«, sagte Colette leise zu Toby, der auf dem Bettvorleger faulenzte. Ihre Claudine war keine blonde Bohnenstange, sondern eine kleine dunkelhaarige Temperamentsbombe. Seufzend wandte sie sich wieder ihrem Spiegelbild zu, flocht den Zopf neu und steckte ihn auf. Auch wenn ihre Haare nur noch bis zur Taille reichten, was war das für ein Umstand jeden Morgen!

»Auf geht's, Toby!«

Im Vorraum drängten sich Scharen von schnatternden jungen Gänsen, darunter die Blonde, die errötete, als sie Colette erkannte. Einige liefen auf und ab und deklamierten Passagen aus *Claudine* laut vor sich hin. In die Vielzahl von billigen Duftwässern mischte sich der Odem ungewaschener Füße, weil einige ihre Schuhe abgestreift hatten, um sich bequem auf den Boden zu setzen. Alle musterten sie ungeniert.

»Madame Willy«, wisperte eine kleine Rothaarige beeindruckt.

Colette straffte den Rücken und hob das Kinn. O ja, die Gänse würden Madame Willy gleich kennenlernen. »Warten Sie auf einen Vorstellungstermin?«

Die Mädchen nickten. Allesamt trugen sie knielange schwarze Schulmädchenkleider mit dem weißen *Claudine*-Kragen, denn Colettes Heldin hatte sich im Handumdrehen zu einem Typus entwickelt. Doch auch wenn Henry Devotionalien wie Zigaretten, Seife, Parfüm und Bonbons mit entsprechenden Motiven herausbrachte, reichte es nicht, um die Löcher in ihrer Geldbörse zu stopfen. Die Willys waren wieder mal bankrott und hofften auf den Erfolg ihres Theaterstücks.

Colette öffnete die Tür zu Henrys Arbeitszimmer. Er hatte die Füße auf seinen Schreibtisch gelegt, zog an einer kubanischen Zigarre und betrachtete die beiden jungen Mädchen, die vor ihm standen, mit Genuss. Die eine war blond, die andere brünett, und sie hielten einander an den Händen. Beide trugen Schleifen im Haar und waren ein wenig außer Atem, was darauf hindeutete, dass er seine Puppen soeben hatte tanzen lassen.

Henry legte die Zigarre sorgsam auf den Rand des Aschenbechers. »Was würdet ihr sagen, wenn ihr eurem Herrn und Meister begegnen würdet?«

»Bonjour, Herr und Meister«, tönten zwei hohe Stimmen. »Wie geht es Ihnen heute?« Die Mädchen knicksten brav. Colette verdrehte die Augen.

»Bravo, meine Lieben, bravo!« Henry klatschte, bevor er sich ihr zuwandte. »Was willst du?«

»Ich gehe aus.«

Er nickte ungeduldig und verabschiedete sowohl Colette als auch die Bewerberinnen mit einem Schwenk seiner Hand. »Ihr könnt ebenso gehen wie Madame Willy. Schickt mir die nächsten beiden rein.«

»Nicht doch!«, rief Colette. »Damit ist jetzt Schluss.«

»Was hast du vor?« Kaum hatte er seine Füße vom Schreibtisch gezogen, hatte sie die beiden Bewerberinnen schon in den Vorraum geschoben und scheuchte sie mitsamt ihren Konkurrentinnen ins Treppenhaus. »Abmarsch! Vite, vite!«

Aufgeschreckt suchten die Mädchen ihre Habseligkeiten zusammen, Schuhe, Jacken, aufgeschlagene Bücher und Parfümfläschchen, und verschwanden im Handumdrehen.

Henry folgte ihr händeringend. »Was hast du getan? Verdirbst mir einfach den Spaß! Es war vollkommen harmlos, das schwöre ich dir.«

Sie stemmte die Hände in ihre Seiten. »Was ist schon harmlos bei dir? Ich dulde keine dummen Gänse in meiner Wohnung, die meinen Mann bezirzen. Wenn du denkst, eine von diesen Amateurinnen würde die Rolle ergattern, irrst du dich.«

»Aber du kriegst sie auch nicht.« Henry ging zurück in sein Arbeitszimmer und schlug die Tür hinter sich zu.

Genervt zog Colette Mantel, Schirm und Hut vom Haken und verließ das Haus. Es stimmte, dass sie die Rolle der Claudine gern selbst gespielt hätte. Nur so zum Zeitvertreib. Sie wusste nicht, weshalb sie sich das zutraute, aber es war so. Schließlich entsprach Claudine zumindest zum Teil ihrem früheren Ich. Doch Henry hatte ihren Vorschlag mit der Begründung, er suche eine Professionelle, abgelehnt und sich über seinen Witz kaputtgelacht. Statt Colette auch nur in Betracht zu ziehen, lud er diese Schulmädchen ein, von denen keine eine reelle Chance auf die Rolle hatte. Wie er es genoss, im Mittelpunkt zu stehen und sich bewundern zu lassen!

Colette seufzte und lauschte dem Regen, der auf ihren schwarzen Schirm prasselte. Die Fuhrwerke und die wenigen Autos rauschten durch die Fahrrinnen auf den Boulevards. Die Fassaden mit den schmiedeeisernen Balkons verschwammen in grauem Dunst. Es gab schönere Tage in Paris.

Sie nahm eine Droschke und stand bald darauf bei Marguerite Moreno und Marcel Schwob in der Rue Jacob auf der Schwelle.

»Lolette? Was führt Sie denn so früh her?« Schwob griff gerade nach seinem Mantel. »Marguerite schläft noch. Sie hatte gestern Vorstellung.« Er unterdrückte einen Hustenanfall. »Was meinen Sie, brauche ich einen Schirm?«

»Unbedingt.«

»Also dann.« Er griff nach einem Exemplar, das Ähnlichkeit mit einer zerrupften Krähe aufwies, und ging. Erst im Treppenhaus gestattete er es sich, zu husten. Colette blickte ihm besorgt hinterher. Nichts half gegen sein Lungenleiden. Sie wusste, dass Marguerite Angst um ihn hatte.

»Tritt ein, meine Liebe!«, hörte sie aus dem Salon. »Ich bin zwar noch nicht ausgehfertig, aber durchaus in der Lage, dich zu empfangen.«

Beklommen erinnerte sich Colette an ihren ersten Besuch vor knapp zehn Jahren. Da hatte Louise noch gelebt. Sie trat ein. Die Wände waren noch immer mit Bücherregalen voller Klassiker gepflastert; die roten Vorhänge dämpften das Licht.

Marguerite lag im seidenen Negligé auf der Chaiselongue. »Nimm Platz, meine Liebe.« Sie setzte sich auf und klingelte nach ihrer Hausdame Anne, die ihnen Sherry und Kekse servierte. Mit ihren glatten dunklen Haaren und dem ebenmäßigen Gesicht war Marguerite so schön, dass Colette sich ganz befangen fühlte. Früher hatte sie sich eine erotische Beziehung mit ihr ausgemalt und geahnt, dass Marguerite dem nicht abgeneigt gewesen wäre. Heute lebte Colette dieses Bedürfnis in wilden Affären aus, unter anderem mit Sylvaine. Ihre Freundschaft zu Marguerite war zu kostbar, um sie durch ein flüchtiges Abenteuer zu riskieren.

Sie legte Hut und Mantel ab und nahm Platz. »Ich muss mich entschuldigen. Ich wollte dir nicht die Nachtruhe stehlen.«

Seit den 1880er-Jahren feierte Marguerite Moreno große Erfolge als Teil der renommierten Comédie-Française. Wenn sie am Abend zuvor einen Auftritt gehabt hatte, war der Morgen danach eigentlich tabu für einen Besuch.

»Keine Ursache.« Marguerite knabberte an einem Keks. »Für dich bin ich immer zu sprechen, selbst nach einer Vorstellung. Was brennt dir auf der Seele, Kleines?«

»Ich würde dich gern etwas Fachliches fragen.«

Marguerites schmale Augenbrauen hoben sich. »Schieß los!«

Colette holte tief Luft. »Wie du weißt, bringen wir gerade *Claudine* auf die Bühne. Ich würde die Rolle am liebsten selbst spielen. Aber Henry hat Nein gesagt. Stattdessen lädt er scharenweise junge Mädchen zum Vorsprechen ein. Ich komme mir schon vor wie auf einem Hühnerhof.«

Marguerite seufzte. »Henry ist Henry. Er kann es nicht lassen, mit dem Feuer zu spielen. Aber du als Claudine?« Sie schüttelte den Kopf. »Nein. Und zwar nicht, weil ich dir das nicht zutraue. Natürlich entsprichst du dem Typus, und den Text wirst du auch können. Aber du bist ihre Schöpferin. Etwas Distanz muss sein, um in eine Rolle zu schlüpfen, glaub mir.«

»Hast du denn eine Idee, wer für die Rolle geeignet sein könnte?«

Marguerite dachte einen Moment lang nach. Dann legte sie ihren Finger an die Unterlippe. »Doch, ja. Ich wüsste jemanden.«

»Wen denn?«

»Erinnerst du dich an Polaire?«

»Sicher.« Aus dem Sternchen mit der überaus schmalen Taille war eine gefeierte Varieté-Sängerin geworden.

Marguerite trank einen Schluck Sherry. »Sie feiert einen Erfolg nach dem anderen und bezirzt die Männer nach Kräften. Max Lebaudy hat ihr eine Mondsichel aus Diamanten und Perlen geschenkt. Auguste Hériot, der Kaufhauserbe, stand ihm mit einem diamantbesetzten Gürtel nicht nach. Und Émilienne d'Alençon, die Rennstallbesitzerin, ließ neulich einen Blumenstrauß in Form und Größe eines Pferdes bei ihr vorbeibringen. Sie lebt auf Kosten eines Bankiers mit dem Namen Jules Porgès in der Avenue du Bois, obwohl sie das gar nicht nötig hätte, denn sie verdient in den Folies Bergères 150 Francs pro Abend. Wenn die Gerüchte stimmen, gibt sie reichlich Geld an ihre jugendlichen Liebhaber weiter. Sieh sie dir an, meine Liebe. Sie würde nicht nur den Typus, sondern auch den Charakter Claudines perfekt verkörpern. Gerade so wie du.«

Colette prustete los. »Pardon! Sie ist also ein Star. Warum sollte sie sich für die Rolle interessieren?«

»Warum nicht?« Marguerite setzte sich auf. »Es geht das Gerücht, dass ihr Agent bereits bei Henry vorgesprochen und er sie abgelehnt hat.«

Colette zog erstaunt die Augenbrauen hoch. »Ach wirklich, weshalb?«

»Das, meine Liebe, musst du ihn schon selbst fragen.« Marguerite hob ihr Glas und prostete ihr zu.

Colette verabschiedete sich kurz darauf und stattete Redfern einen Besuch ab, um ihre neue Jacke abzuholen.

Als sie in die Rue de Courcelles zurückkehrte, saß Henry mit seinen Mitautoren Aurélien Lugné-Poe und Charles Vayre am Tisch, vor sich eine Whiskyflasche und drei Gläser. Toby, der ihm zu Füßen gelegen hatte, trottete auf sie zu. Sie nahm ihn auf den Arm. »Ich wüsste jemanden, der die Rolle der Claudine übernehmen könnte.«

»Ach ja?« Henry musterte sie zweifelnd.

Sie ignorierte, dass er sie wie ein unmündiges Kind behandelte. »Es ist Polaire.«

Die drei Männer am Tisch warfen sich wissende Blicke zu.

»Die haben wir schon abgelehnt«, sagte Vayre vorsichtig. »Ihr Agent Pierre Mortier ist auf uns zugekommen, aber sie erfüllt unsere Anforderungen leider nicht.«

»Weshalb?« Colettes Hand glitt über Tobys Fledermausohren.

»Nun, Füchslein …« Der Blick, den Henry seinen Freunden zuwarf, drückte aus, was er von ihr dachte. »Wenn du dich ein bisschen für die Theaterwelt interessieren würdest, wüsstest du, dass die kleine Göre keinerlei Schauspielerfahrung hat. Sie ist Sängerin im Varieté. Sicher würde sie nur ihre Knöchel und ihre schmale Taille zeigen wollen. Und drittens haben wir uns schon für eine andere entschieden. Es ist Hélène Reyé.«

»Aber Eva Lavallière wäre besser geeignet«, fuhr ihm Lugné-Poe dazwischen.

Beide waren arrivierte Schauspielerinnen, aber, wie Colette fand, deutlich zu alt für die Rolle.

»O nein! Ich beharre auf dem Vergaberecht«, sagte Henry. »Mein Entschluss steht fest.«

Lugné-Poe funkelte ihn über den Tisch hinweg zornig an.

Ein Tumult im Vorzimmer unterbrach ihr Geplänkel. Colette horchte auf. Da schien sich jemand lauthals mit Marcel Boulestin zu streiten. »Erwartet ihr noch jemanden?«

»Lassen Sie mich rein!« Die Stimme war hoch und durchdringend. Colette glaubte schon, eine weitere Schülerin habe sich zu ihnen verirrt, als die Tür aufsprang.

Polaire, gut zehn Zentimeter kleiner als Colette, aber dafür umso aufrechter, stolzierte in den Raum, gefolgt von Marcel Boulestin, der sich ihr entgegenstellte und »Halt!« rief. Die Sängerin würdigte ihn keines Blickes. Stattdessen pfefferte sie ihr Exemplar von *Claudine in Paris* auf den Tisch zwischen die Whiskygläser. Colette und die drei Männer starrten sie an. Ihre dunklen Augen flammten, und ihr Atem ging stoßweise, was sicher dem Korsett geschuldet war, das ihre Taille auf Henrys Halsumfang reduzierte. Chuzpe hatte die Kleine zweifellos.

»Was fällt Ihnen ein, sich hier unerlaubt Zutritt zu verschaffen?«, ereiferte sich Henry.

Polaire setzte in aller Ruhe ihren blumengeschmückten Hut ab und fuhr sich durch die dunklen Locken, wobei sich ihre Wangen zornig rot färbten, was außerordentlich gut zu ihrem Ensemble in Altrosa passte.

Sie holte tief Luft. »Wie Sie wissen, möchte ich mich für die Rolle der Claudine bewerben. Heute kam ein Billett von Marguerite Moreno, in dem sie mir dringend dazu rät, aber mein Agent teilte mir mit, dass Sie mich bereits abgelehnt hätten.«

»In der Tat, und zwar endgültig.« Henry schien eher verdutzt als erzürnt.

»So geht das nicht.« Polaire lenkte ihren Blick von einem zum anderen. »Was, meine Herren, disqualifiziert mich für die Rolle?« Vayre errötete, und Lugné-Poe zündete sich mit zitternden Fingern eine Zigarre an.

»Stellen wir die Frage lieber andersherum«, begann Henry. »Was qualifiziert Sie denn für eine Bewerbung bei uns? Sie sind Sängerin und Tänzerin und haben keinerlei Schauspielerfahrung.«

Colette schüttelte den Kopf. Die Bühnenfassung von *Claudine* würde von Gesangsstücken nur so strotzen.

»Das denken Sie? Aber Sie irren sich. Ich *bin* Claudine.« Mit einem gezielten Wurf beförderte Polaire ihren Hut auf die Chaiselongue, nahm das Buch vom Tisch und rezitierte den Anfang von *Claudine erwacht* so gekonnt, dass Colette sich fragte, wieso sie jemals eine andere für die Rolle in Betracht gezogen hatten. Danach verneigte Polaire sich und zeigte zwei charmante Grübchen.

»Ihr Bewunderer, Mademoiselle!« Lugné-Poe sprang auf und klatschte begeistert.

»Das haben Sie sehr gut gemacht«, pflichtete Vayre ihm bei. »Ich bin beeindruckt.«

»Genug, genug!« Henry hob die Hände und stöhnte tief und theatralisch. »Was meinst du, Füchslein? Sollen wir sie nehmen? Wenn wir uns auf die junge Dame einigen könnten, würde sich damit auch unser Streit um die Reyé von ganz allein erledigen.«

»Wir versuchen es«, befand Colette und wandte sich an Polaire. »Die Proben beginnen morgen. Seien Sie pünktlich!«

Die Sängerin nickte knapp, nahm ihren Hut und warf die Tür hinter sich zu.

»Temperament hat sie«, kommentierte Vayre.

Colette lief zum Fenster und beobachtete, wie Polaire in eine Kutsche stieg, vor die zwei Schimmel gespannt waren.

»Wegen des Geldes macht sie es auf keinen Fall.« Henry trat hinter Colette und legte ihr die Hände auf die Schultern. »Aber sie war gut.«

Darin waren sie sich endlich einmal einig.

Am nächsten Tag begannen die Proben im Théâtre des Bouffes-Parisiens. Gespannt verfolgte Colette von ihrem Platz am Klavier, wie sich das Ensemble auf der Bühne versammelte. Mit dem weißbärtigen Maurice Lenhard hatten sie den passenden Darsteller für die Rolle des Renaud gefunden, ein junger Mann mit Namen Laurent verkörperte seinen Sohn Marcel. Colette war nicht überrascht, dass Polaire den Text schon auswendig konnte und die Rolle voller Verve und Leidenschaft darstellte, so dass die Schauspieler und die Bühnenarbeiter zuletzt frenetisch Beifall klatschten. Zum Schluss verbeugte sie sich lässig, sprang von der Bühne und setzte sich neben Colette auf den Klavierhocker. »Und Sie, warum geben Sie sich dafür her, diese Hilfsdienste zu verrichten? Kann sich Willy keine musikalische Begleitung leisten?«

Colette spielte einen kleinen Lauf. »Wir brauchen Geld und kommen nicht umhin, es uns selbst zu verdienen.«

Polaire schlug ein Bein über das andere. »Ich dachte, Willy habe *Claudine* allein der Kunst wegen geschrieben.«

»Ausgerechnet!« Colette zwinkerte Polaire zu. »Ich für mein Teil mache hauptsächlich meinen Gläubigern eine Freude, indem ich das Stück auf die Bühne bringe.«

»Feierabend, Mädels.« Ein Bühnenarbeiter löschte die Lichter und verwies sie in Richtung des Ausgangs.

Polaire stand auf. »Ich könnte einen Kaffee vertragen. Begleiten Sie mich noch in ein Bistro, Colette?«

Polaire führte sie zu einem kleinen Café am Montmartre, aus dessen Auslagen ihnen jede Menge Törtchen und Macarons entgegenlachten. Sie seufzte und drückte ihre Nase an der Schaufensterscheibe platt. »Ich könnte für Eclairs mit Creme sterben.«

»Bitte erst nach der Premiere.« Colette lachte. »Aber im Ernst. Warum gönnen Sie sich die nicht?«

»Von nichts kommt nichts.« Polaires feingliedrige Hände strichen von ihrer unglaublich schmalen Taille bis zu ihren zart gerundeten Hüften. »Normalerweise begnüge ich mich mit Salat.«

Colette schüttelte den Kopf. »Ich versage mir nichts, habe sogar eine Vorliebe für deftiges Essen und Süßigkeiten.«

»Ach ja.« Polaire seufzte neidisch. »Wenn ich nur daran denke, gehe ich auf wie ein Hefekloß. Aber heute wird unsere Zusammenarbeit gefeiert.«

Sie hakte sich bei Colette ein und zog sie in das kleine Bistro. Hinter der Theke stand eine ältere Dame mit grauem Knoten und einer rüschenbesetzten Schürze, die sie freundlich begrüßte. Es roch nach Kaffee.

Nachdem sie in einer Nische Platz genommen hatten, streifte sich Polaire verstohlen ihre Schuhe von den Füßen. »Immer eine Größe zu klein … Ich darf doch du sagen, oder? Schließlich kenne ich dich seit diesem Abend im Café d'Harcourt vor ewigen Zeiten, weißt du noch? Marguerite Moreno war auch dabei. Ich habe mich gleich mit euch verbunden gefühlt – als seien wir Schicksalsgefährtinnen.«

»Da standen wir noch ganz am Anfang«, stellte Colette wehmütig fest.

»Und? Bist du angekommen, wo du hinwolltest?«

War sie das? Colette dachte kurz nach. »Ich gehe endlose Irrwege in meinem Labyrinth. Immer, wenn ich glaube, ich hätte mein Ziel erreicht, kommt eine neue Herausforderung auf mich zu. Und ja, oft fühlt es sich an, als würde ich im Kreis laufen.«

»Aber du bist mutig aufgebrochen. Und Willy? Der hält dich in Atem, oder?«

Colette lachte ertappt. »Es ist schwierig. Aber er ist mein Freund, jedenfalls in unseren guten Zeiten.«

Die Patronin servierte, und sie schwelgten in Kaffee, Törtchen und Likör, bis sich Polaires Zunge löste und sie von ihrer Kindheit in Algerien zu erzählen begann. Getauft war sie auf den Namen Émilie Marie Bouchaud, stammte aus Algier und war ihrem Bruder, einem Schauspieler, mit vierzehn Jahren nach Paris gefolgt. Sie schwor Stein und Bein, französischer Abstammung zu sein. »Wir waren arm. Du kannst dir nicht vorstellen, wie es sich anfühlt, mit sieben Geschwistern am Tisch zu sitzen, und alle bekommen nur eine Kelle Suppe in den Teller. Wie ich jeden Löffel genossen habe und danach mit knurrendem Magen aufgestanden bin. Und heute ...« Sie lachte auf. »Da darf ich mich immer noch nicht satt essen. So was Blödes aber auch!«

Colette dachte an ihren reich gedeckten Tisch daheim in Châtillon. »Soll ich dich Polaire oder Émilie nennen?«

»Bleib bei Émilie, ich bitte dich.« Sie trank einen Schluck Kaffee. »Dann kam Paris. Mein Bruder sagte, ich sei hübsch. Also nahm ich mir vor, dass ich es schaffen werde. Ich sang zuerst für einen Hungerlohn im Européen und im Ambassador, bis sich mir wie von Zauberhand die Tore der Folies Bergère öffneten. Aber stell dir vor! Noch heute drehe ich jeden Sou dreimal um, bevor ich ihn ausgebe. Wie gewonnen, so zerronnen. Ich will auf keinen Fall in einer Absteige in Algerien enden.«

»Wie bist du denn zu deinem Künstlernamen gekommen?«

Émilie lächelte. »Als ich eines Nachts vom Theater nach Hause ging, hab ich am Sternenhimmel den Polarstern gesehen, der von Algerien nach Paris zeigte, und – voilà … Und du? Was machst du, außer Madame Willy zu sein, was ich bei dem Mann eine enorme Leistung finde?«

Colette errötete. »Ich verbringe den Sommer auf meinem Landgut, pflanze Stauden und koche Marmelade. Ansonsten genieße ich mein Leben nach Kräften.«

Émilie grinste süffisant. »Bei sapphischen Freuden?«

Colette lachte. »Ertappt. Ich erobere mir gerade die Nacht.«

»Sag mal.« Émilie beugte sich vor. »Wer hat eigentlich *Claudine* geschrieben? Sie ist doch definitiv weiblichen Geschlechts. Wie soll Willy wissen, was sie denkt?«

»Ein junges Mädchen hat Willy seine Tagebücher zugespielt.«

»Das behauptet er?« Émilie lachte hellauf. Colette seufzte tief.

»Claudine hat mich beeindruckt. Sie nimmt sich, was ihr zusteht.« Émilie griff nach einem zweiten Cremetörtchen. »Zur Feier des Tages. Aber denk nicht, du kriegst mich ins Bett. Ich wildere nicht am selben Ufer wie deine Heldin.«

Colette blieb gelassen. »Und Willy? Wirst du ihm eine Abfuhr erteilen, wenn er dich zu verführen versucht?«

»Mokka! Herrlich.« Émilie stach ein Stück vom Eclair ab, schob es sich in den Mund und rollte genüsslich mit den Augen.»Willy? Der ist überhaupt nicht mein Typ und außerdem mein Impresario. Da verbietet es sich, auch nur daran zu denken.«

Colette nickte beruhigt. Sie und Henry hatten angesichts ihrer Geldprobleme ihren Zwist beigelegt. Mitgehangen, mitgefangen. Außerdem hielten sie sich an die Regel, sich gegenseitig ihre jeweiligen Affären zu beichten.

Die Bühnenfassung von *Claudine* feierte am 22. Januar 1902 Premiere. Kurz vor Beginn der Vorstellung sprachen Colette und Henry hinter der Bühne ihrer Hauptdarstellerin Mut zu, die vor Lampenfieber fast umkam. »Ich kann das nicht. Mir klappern die Zähne. Meine Knie sind aus Pudding, und ich muss schon wieder aufs Klo.«

»Das gibt sich, sobald du auf der Bühne stehst. Halt durch, Polaire!« Henry drückte ihre Hand, während aus dem Zuschauerraum rhythmische Sprechchöre zu hören waren. »Polaire, Polaire, Polaire!« Émilie wurde aschfahl. »Ich glaub, ich muss kotzen!«

Nachdem der Gong zum zweiten Mal erklungen war, kehrte erwartungsvolles Schweigen ein.

»Es ist so weit.« Colette strich Émilie über die Wange, die aussah, als würde sie gleich in Ohnmacht fallen. »Viel Glück, mein Schatz!«

»O nein, o nein, o nein! Ich kann da nicht raus.«

»Doch, du kannst.« Henry schubste Émilie ohne viel Federlesens auf die Bühne, wo sie prompt über ihre eigenen Füße stolperte. Die Sprechchöre nahmen einen deutlich spöttischen Unterton an.

»Diese Banausen hoffen, dass sie hier das gleiche Püppchen gibt wie im Varieté«, murmelte Colette. »Aber sie ist um Klassen besser.«

»Sie bekommen Claudine. Die pfiffigste literarische Figur, die in den letzten Jahren geschaffen wurde«, raunte ihr Henry zu. »Nur Polaire ist in der Lage, sie zu verkörpern.« Er hob die Stimme. »Mach schon, Polaire! Achte nicht auf diese Crétins. Und ihr da. Gebt endlich Ruhe, damit sie anfangen kann!«

Das Publikum verstummte, und ein Ruck ging durch Émilie. Sie räusperte sich und setzte mit dem Prolog ein.

»Ich heiße Claudine. Ich lebe in Montigny. Hier wurde ich 1884 geboren, hier werde ich aller Voraussicht nach nicht sterben.«

Ihre hohe Stimme trug ihre Worte bis in den letzten Winkel des Zuschauerraums. Ja, sie steckte ihr ganzes Gefühl in die Rolle und spielte sie voller Inbrunst.

»Es ist unvergesslich, was sie aus Claudine macht«, sagte Colette hingerissen.

Nach dem Ende der Vorstellung trug der rauschende Applaus Émilie und den Rest der Truppe mehrmals auf die Bühne. Danach fiel sie zuerst Colette und dann Henry um den Hals. »Geschafft!«

»Wer hätte das gedacht?« Zufrieden ging Henry die Einnahmen abrechnen, die alle Erwartungen überstiegen.

KAPITEL 22

Kommt!«

Sylvaine öffnete die Luke und zog zuerst Colette und dann Émilie auf das Dach des Stadthauses hoch über Paris. Tagsüber nutzten die Hausbewohner die Fläche zum Trocknen der Wäsche. In der Nacht jedoch gehörte sie dem Wind und den Katzen. Colette sah sich in dem Wald aus Schornsteinen um, der rund um sie emporwuchs. Über ihnen wölbte sich nur noch der Sternenhimmel.

»Das ist nichts für Leute mit Höhenangst.« Émilie hielt sich an einem Mauervorsprung fest. »Wart ihr schon mal hier?«

»Ich noch nie.« Colette hakte sie unter. In den letzten Monaten war die Sängerin ihre Freundin geworden. Manchmal erinnerte sie sie mit ihrer Zähigkeit und Disziplin an die verstorbene Charlotte Kinceler.

»Aber ich schon oft«, sagte Sylvaine. »Nie fühle ich mich freier, als wenn mich der Wind fast vom Dach fegt.«

Émilie schauderte. »Gruselig.«

Das hielt sie nicht davon ab, Hand in Hand an das schmiedeeiserne Geländer heranzutreten, unter dem das Dach schräg abfiel, bevor es schwindelerregend in die Tiefe ging. Der Blick über die Stadt war atemberaubend. Die großen Boulevards warfen Lichtspuren in die Schwärze der Nacht. Brücken wölbten sich in rhythmischen Arkaden über die schwarze Schlange der Seine. Stolz stach der Eiffelturm aus dem Häusermeer hervor. Nur das Schreien der Raben und der Wind störten die Stille.

»Nachts sind alle Katzen grau.« Colette zupfte eine Fluse von Émilies Tweedjacke, die einem Straßenjungen alle Ehre gemacht hätte. Sie hatten sich verkleidet, denn nur in Männerkleidung konnten sie die Spelunken und geheimen Winkel von Paris frei erkunden. Genau das hatten sie getan, Colette und Sylvaine zum wiederholten, Émilie zum ersten Mal. Sie hatten getrunken, geraucht, und sich davongemacht, bevor Émilie ihre Gegner beim Kartenspiel gnadenlos abzocken konnte und ihre Verkleidung aufflog.

Sylvaine und Colette hatten Erfahrung mit dem nächtlichen Paris. Für Émilie jedoch war das alles neu und ein großes Abenteuer. In ihrer Hose von Sylvaine sah sie aus wie ein halbwüchsiger Junge. Hosenträger verhinderten, dass sie ihr von den Hüften rutschte. Das gestreifte Hemd und die karierte Jacke standen ihr ebenso gut wie die kecke Mütze.

»So könntest du eigentlich bleiben«, sagte Colette versonnen.

»Nie im Leben.«

Sie ließen sich im Schneidersitz auf dem Boden nieder und tranken Wein aus der Flasche. »Santé! Auf die neue Zeit, in der wir Frauen uns frei bewegen dürfen.«

»Du träumst wohl, Colette«, wisperte Émilie. »Diese Zeit wird niemals kommen. Wenn ich allein in der Stadt unterwegs bin, gelte ich als Flittchen.«

»Aber nur, weil du dir das gefallen lässt.« Sylvaine ballte die Fäuste. »Raus aus der Abhängigkeit, jawohl! Wozu brauchen wir noch Männer?«

»Die lesbische Liebe ist nicht für alle Frauen eine Alternative«, merkte Colette an. »Ehefrauen sind finanziell abhängig. Unsere Männer bestimmen über unser Leben, auch rechtlich.«

Émilie schnaubte. »Das ist der Grund, warum ich nie im Leben heiraten werde. Da würde ich mir ja meinen Kerkermeister ins Bett holen.«

»Bei dir ist es andersherum. Du hältst deine Liebhaber aus«, wandte Sylvaine ein. »Du wärst viel freier, wenn du dich deinem eigenen Geschlecht zuwenden würdest.«

»Ich finde Frauen aber langweilig«, bekannte Émilie. »Stattdessen habe ich …«

»René, Nicolas, Auguste, Carlos, und wie sie alle heißen.« Sylvaine lachte über Émilies Leidenschaft für muskulöse junge Männer.

Röte ergoss sich über Émilies Gesicht. »Ich brauche Abwechslung. Einer allein reicht mir nicht, zumal er auf die Idee kommen könnte, Ansprüche zu stellen.«

Zeit, das Thema zu wechseln, fand Colette. »Mein Großvater Landoy war Schokoladenfabrikant. Er hat seine Tafeln nachts auf seinem Dach in Paris trocknen lassen, und die Katzen haben mit ihren Pfoten Blütenblätter hineingestempelt.«

Émilie lachte. »Colette verwandelt sogar Dreck in Poesie. Gib mir die Flasche!« Sie trank, verschluckte sich und ließ sich von den anderen lachend den Rücken klopfen.

»Bedauerlicherweise gibt es hier keine Schokolade, sondern nur Taubenkacke«, fügte Sylvaine angesichts der zahlreichen grauen Fladen hinzu. »Prost!«

»Wieso erlaubt dir Willy eigentlich deine lesbischen Beziehungen?«, fragte Émilie. »Hat er keine Angst, Hörner aufgesetzt zu bekommen?«

Colette stellte die Flasche ab, die inzwischen fast leer war. »Pensionatsfreundschaften stellen seiner Ansicht nach keine Gefahr für seine Ehre dar. Nicht einmal, wenn Georgie Raoul-Duval uns beide vernascht.«

Sylvaine lachte auf. »Was ist das denn für eine verquere Logik?«

»So ist er eben. Er macht sich die Welt, wie sie ihm gefällt. Mädels, es wird kalt.« Colette stand auf.

»Und warum lässt du dir das gefallen?«, fragte Émilie.

Colette dachte einen Moment nach. »Er ist nicht treu, aber ich auch nicht. Es funktioniert nur, weil wir uns Offenheit gelobt haben und uns weitgehend daran halten.«

»Hoffentlich«, kommentierte Sylvaine.

Unterhalb der Dachluke blinkten aus dem Nichts zwei blanke Augen auf.

»Was ist das?«, wisperte die abergläubische Émilie.

»Kein Geist.« Colette ging auf die Erscheinung zu, die sich als gestreifter Kater entpuppte. Sie sprach sanft auf ihn ein, bis er Vertrauen fasste und sich von ihr auf den Arm nehmen ließ.

»Dieser Monsieur hat auch keine Höhenangst.« Sie strich ihm über den Kopf, woraufhin er prompt zu schnurren begann. »Und wisst ihr was? Ich liebe Henry.«

Sylvaine schnaubte. »Dieses Ekel? Was deinen Mann betrifft, läufst du mit Scheuklappen durch die Welt. Was hält dich eigentlich bei ihm?«

»Vertrauen? Er ist mein bester Freund und Beschützer. Wir zwei gegen den Rest der Welt.«

»Vertrauen? Ausgerechnet in ihn?« Émilie zog ihre Joppe enger. »Ich finde, dass er dir die Luft abdrückt. Zum Glück hast du begonnen, dir die Nacht zu erobern. Warum machst du dir nicht den Tag zu eigen, dein Leben, ach was, die ganze Welt?«

»Das werde ich. Und wisst ihr was? Ich habe sogar schon einen Auftritt als Tänzerin.« Sie sah sie nacheinander an und lächelte. »In Natalie Barneys Villa in Neuilly.«

»Bei den Geldlesben«, sagte Sylvaine verächtlich. Sie hielt wenig von den Damen, die ihrem ebenso luxuriösen wie langweiligen Leben im Männeranzug, mit Monokel und zwei Pudeln an der Leine zu entkommen suchten. »Wo du sicher die schöne Georgie wieder antriffst.«

Colette drückte ihre Hand. »Du bist doch sonst nicht so eifersüchtig.«

»Ich will dir nur die Augen öffnen. Sag, hast du eigentlich die Marquise mal wieder gesehen?«

»Wen?«, fragte Émilie.

»Die Marquise de Morny«, erklärte Sylvaine. »Sie ist so blaublütig, dass sie statt Blut Tinte in den Adern hat.«

»Leider nicht.« Colette musste oft an die Reiterin denken. Sie hatte ihr Herz berührt.

Émilie war häufig in der Rue de Courcelles zu Gast. Am Tag nach ihrem Ausflug aufs Dach trafen sie sich im Salon, einem Raum, den Colette ganz in Weiß gehalten, durch eine Schranke geteilt und mit Sidos flandrischen Möbeln luxuriös möbliert hatte.

Sie lümmelten mit untergeschlagenen Beinen auf der Chaiselongue herum, während Colette Émilie ihr Manuskript zeigte. »Schau mal. Ich habe dich im Text verewigt. Claudine trifft Polaire auf der Straße in Bayreuth.«

Émilie lachte hellauf. »Ach was? Da war ich noch nie. Lies!«

Colette räusperte sich und begann. »Originalton Claudine: In Polaires Blick hingegen, den schönsten Berberaugen, die ich jemals sah – liegt der ganze Zauber von Tausendundeiner Nacht.«

»Komplimente hört man immer gerne.« Émilie rückte näher heran.

Colette fuhr fort. »Aber Claudine, eine riesige Cremeschnitte in der bloßen Hand, redet eifrigst mit einem seltsamen kleinen Geschöpf ...«

»Ha! Cremeschnitte!«

Colette las weiter. »›42 Zentimeter Taille‹, träumt Claudine. Das ist eine Schuhgröße, kein Gürtelmaß!«

»Doch meins! Obwohl, bei so vielen Cremeschnitten werden es

demnächst 44.« Émilie legte den Kopf in den Nacken und lachte lauthals.

»Mich hat Colette auch mal wieder verewigt«, brummte Henry, der am Tisch saß und sich gerade ein geschlagenes Ei mit Weinbrand genehmigte. »Als versoffenen Waldschrat und Schwerenöter namens Henri Maugis.«

»Du selbst hast die Figur entwickelt, vergiss das nicht«, insistierte Colette. »Und dabei voll ins Schwarze getroffen.«

»Man tut, was man kann«, versicherte Henry. »Wir haben keine andere Wahl, als weiterzuschreiben. Sonst wird es wieder knapp.«

Die Tantiemen für ihren Überraschungserfolg hatten ihre Finanzen saniert, aber nicht verhindern können, dass sie weiterhin über ihre Verhältnisse lebten. Colette wusste nicht genau, weshalb das immer so war. Und dann ging ihr auf, was sie an seinem letzten Satz störte. »Wir« hatte er gesagt, dabei war *Claudine* ganz allein ihre Schöpfung. Warum sträubten sich ihr plötzlich die Nackenhaare bei der schon lang akzeptierten Tatsache, dass Henry seinen Namen unter ihre Werke setzte?

»Aber Colette ist doch die Schöpferin von …«, mischte sich Émilie ein.

»Schweig still!« Henry legte einen Finger an seine Lippen. »Das will ich in diesem Haus nicht hören.«

Und dann waren sie plötzlich da, die Worte. Diese Geheimniskrämerei musste ein Ende haben.

»Aber sie sagt doch die Wahrheit!«, rief Colette.

»Halt den Mund, Colette«, erwiderte Henry kalt. »Vergiss nicht, dass ich deine Texte lektoriere, alle Verlagskontakte knüpfe und das Geschäftliche regele. Ohne mich wärst du ein Nichts. Eine unverheiratete Lehrerin in der Provinz oder die Frau eines kleinen Beamten, der deinen Extravaganzen mit der Peitsche begegnet.«

Émilie rutschte auf Colette zu und legte ihr mitfühlend den Arm um die Schultern. »Dafür würde ich Henry erwürgen.«

Henry zog die Augenbrauen hoch. »Das will ich überhört haben, Polaire. Wie auch immer. Wir kommen nicht umhin, weiterhin die Werbetrommel zu rühren, wenn wir die grandiosen Verkaufszahlen halten wollen.«

Der Wind blähte die Gardine und trug den Gesang der Vögel in den Raum. Sonst herrschte Grabesstille. Das Viertel lag nahe an den Befestigungsanlagen der Stadt und war zu wohlhabend für ihren tröstlichen Lärm, die keifenden Dienstmädchen, die Handwerker und Droschkenkutscher, die knatternden Autos und den Musettewalzer aus dem kleinen Bistro gegenüber. Colette hatte nicht gewusst, wie sehr sie das pralle Leben vermisste.

Sie saß noch immer Arm in Arm mit Émilie auf dem Sofa. Henry hatte ihren Einwand nicht ernst genommen. Er musterte sie schweigend, trat auf Émilie zu und fuhr ihr mit der Hand durch die kurzen Haare. »Wisst ihr eigentlich, dass ihr zwei euch ähnlich seht? Der gleiche dickköpfige Blick. Colette und Polaire gegen den Rest der Welt. Ihr könntet fast Zwillinge sein –« Er dachte nach. »Das ist es. Wo lässt du dir die Haare schneiden, Polaire?«

»Bei Lenthéric«, erwiderte sie verwundert.

»Also beim renommiertesten Friseur der Stadt.«

Émilie nickte. »Mein Coiffeur Pierre hat mir zu der Frisur geraten, weil meine Haare immer so schnell kraus werden, vor allem im Regen. Und für die Rolle der Claudine passt es perfekt.«

Henry wandte sich Colette zu. »Wie wäre es, wenn du sie dir ähnlich schneiden ließest, Füchslein?«

»Ich? Warum?« Sie legte ihre Hände an den schweren Chignon, den zu schlingen heute Morgen nur Francine gelungen war.

Henry verdrehte die Augen über so viel Begriffsstutzigkeit. »Weil wir noch keine zweite Besetzung für Claudine haben. So könntest du zumindest im Notfall einspringen. Außerdem wäre das ein Werbegag sondergleichen. Willy mit seinen beiden Mädels, die sich zum Verwechseln ähnlich sehen.«

»Wirklich?« Colette atmete tief durch und verbat sich den Gedanken an Sidos Reaktion. Ihre Mutter würde die Wände hochgehen, wenn sie davon erführe.

Émilie sprang auf. »Was für ein Heidenspaß, Colette! Das machen wir jetzt sofort. Auf geht's!«

Und dann ließen sie sich mit Émilies Victoria zum Salon von Guillaume Lenthéric in der Rue Saint-Honoré 245 kutschieren. In dem luxuriösen Friseurgeschäft roch es berauschend wie auf einer Blumenplantage, denn der Inhaber hatte vor Kurzem begonnen, eigene Parfüm- und Kosmetikkreationen zu verkaufen. Kundinnen in knisternder Seide füllten den Salon mit ihrem Gezwitscher und bewunderten die Auslagen voller Cremes und edlen Düften.

Émilies Coiffeur Pierre geleitete Colette zu einem Spiegel, öffnete die Haarnadeln, die ihren Chignon hielten, und drapierte die Strähnen über ihre Schultern.

»Was kann ich für Sie tun, Süße?« Ihre Augen trafen sich im Spiegel. Sie blinzelte. War er nicht neulich bei Marcel Boulestin zu Gast gewesen, der seine homosexuellen Freunde ungeniert in der Rue de Courcelles empfing? Colette war sich nicht sicher. Aber er duftete so gut, und seine Nägel waren perfekt maniküt.

»Schneiden Sie meine Haare kurz! Ich bitte Sie!«

»Sie will aussehen wie ich«, erläuterte Émilie.

»Was? Diese prächtigen Haare sollen der Schere zum Opfer fallen?« Pierres Hände legten sich um ihren Kopf. »Haben Sie sich das gut überlegt? Ich könnte Ihnen auch nur die Spitzen schneiden und ein paar Tipps für moderne Hochsteckfrisuren geben.«

Colette sah in den Spiegel. Ein schmales Gesicht mit großen kajalumrandeten Augen blickte ihr entgegen, dazu ihr etwas zu klein geratener Mund und drumherum Haare, Haare, Haare, taillenlang und duftig wie eine Wolke. Wie oft hatte Sido sie gewaschen und mit Kamillentee gespült, damit sie ihre helle Farbe behielten. Die Längen waren noch blond wie in ihrer Kindheit, doch am Ansatz hatten sie eine dunklere Farbe angenommen. Jeden Morgen wartete sie entweder auf Francine, die sie frisierte, oder behalf sich selbst mit Spangen und Nadeln. Wie würde die neue Frisur sie verändern? Wer würde sie sein, Colette, Claudine oder eine Unbekannte, die es noch zu entdecken galt?

»Ich bleibe bei meiner Entscheidung.«

»Sind Sie sich wirklich sicher?«, fragte Pierre pikiert. »Ankleben kann ich die Haare nämlich nicht.«

»Fangen Sie einfach an!« Colette schloss die Augen.

»Also gut! Halten Sie still.« Er seufzte theatralisch und setzte die Schere an, deren Griff sie kühl im Nacken spürte. Nach und nach glitten die Strähnen zu Boden. Schnipp, schnapp, schon waren die alten Zöpfe ab. Wie leicht ihr Kopf sich plötzlich anfühlte! Danach stufte er die Haare auf Kinnlänge durch und schnitt ihr einen Pony. Ihr Herz klopfte vor Erwartung. Zum ersten Mal seit ihrer Kindheit würde sie ohne Haarnetz schlafen können.

»Voilà«, sagte er schließlich.

Colette wagte einen Blick in den Spiegel. Das Ergebnis war verblüffend. Nicht nur, dass sich ihre Haare wild über ihren Ohren ringelten; auch ihre Farbe hatte sich endgültig in ein mittleres Kastanienbraun verwandelt. Das Schulmädchen war verschwunden und hatte einer jungenhaften Person Platz gemacht, der man alles zutrauen konnte. Colette blinzelte sich verwundert zu.

»Du ähnelst Claudine mehr, als ich es je könnte.« Irrte sie sich, oder klang da Neid in Émilies Stimme durch?

»Ich bin nicht Claudine.« Aber wer sie war, wusste sie auch nicht.

Sie zahlten, bedachten Pierre mit einem reichlichen Trinkgeld und fuhren in die Rue de Courcelles zurück, wo sie sich vor Lachen kaum halten konnten, denn sowohl Francine als auch Marcel Boulestin erkannten Colette nicht. Nur Toby lief auf sie zu und hätte sicher mit dem Schwanz gewedelt, wenn er einen gehabt hätte.

»Wenigstens er hält mich nicht für eine Fremde.« Colette nahm ihn auf den Arm und fütterte ihn mit einem Stück Wurst. »Ich bin's.« Sie wedelte mit ihrer Hand auf und ab.

»Ach, herrje«, sagte Marcel tonlos. »Du bist ein junger Mann, Colette!«

»Das sieht nur so aus.«

Francine schlug die Hand vor den Mund. »Madame! Wie Sie sich verändert haben.«

Colette legte ihr den Arm um die Schultern. »Du solltest dich freuen. Schließlich musst du mich morgens nicht mehr frisieren.«

In diesem Moment trat Henry aus seinem Arbeitszimmer und nahm hastig seine Zigarre aus dem Mund. »Unglaublich! Ihr seht in der Tat wie Zwillinge aus.« Ein breites Grinsen zog über sein Gesicht. »Warum bin ich da nicht eher draufgekommen? Kommt mit!«

Er führte sie in sein Arbeitszimmer, goss ihnen Portwein ein und erläuterte ihnen seine Pläne.

Am nächsten Morgen gab Henry eine identische Garderobe für sie in Auftrag, zwei schwarze Schulkittel à la Claudine, zwei Reiseensembles aus kariertem Stoff und zwei Sommerkleider aus hellem Musselin. Ab diesem Zeitpunkt traten sie zu dritt auf. Beim nächsten Pferderennen im Hippodrome de Longchamps nahmen sie Henry in die Mitte und neigten die Köpfe zwischen bunten Hüten, Rüschenröcken und Fräcken grüßend mal in diese, mal in jene Richtung. Wieder einmal spielten sie den Leuten etwas vor.

Die Blicke der Umstehenden brannten in Colettes Rücken. Auch Émilie fühlte sich sichtlich unwohl, nur Henry war ganz in seinem Element.

»Da wird die Gerüchteküche brodeln«, raunte er ihnen zu. »Das Verwirrspiel hat begonnen. Vor allem weil niemand weiß, ob ich nicht mit euch beiden etwas habe. Der Papa mit seinen Zwillingen.«

Eine Woche später vereinbarte er einen Termin bei dem berühmten Fotografen Nadar. Zuerst posierten sie zu dritt, Henry in der Mitte, Colette und Émilie links und rechts neben ihm. Danach ließen sich Henry und Colette als Paar ablichten. Auf einer Aufnahme zeichnete sie ihren Mann, den Nadar hellsichtig auf einem Sockel platziert hatte.

»Wie einen Halbgott, den man anbetet.« Henry zwinkerte ihr zu. Eine weitere Fotografie zeigte Colette neben Henry, der den mit einer Krawatte ausstaffierten Toby auf dem Arm hält. »Lord Toby«, sagte Henry.

Ihre Aktivitäten trugen Früchte. Die Vorstellungen im Théâtre des Bouffes waren ausverkauft, und die Devotionalien, die Henry auf den Markt gebracht hatte, fanden reißenden Absatz. Seit Kurzem konnte man neben Claudine-Zigaretten, Seife, Parfüm und Lotion auch Willy-Reispuder fürs Gesicht erstehen. Nicht nur, dass im Katalog von La Samaritaine weiße Kragen »à la Claudine« feilgeboten wurden, es gab auch einen von Lewis entworfenen Hut. Auf Sektkübeln und Sockenhaltern prangte Willys Name, und Colette, der ein Ruf als Suffragette vorauseilte, bekam einen Reklamevertrag für ein Gymnastikprogramm.

Im Frühsommer verbrachten sie einige Tage auf ihrem Landgut Les Monts-Boucons in der Franche-Comté. Sie waren im Obstgarten, wo die Kirschen ihnen fast in den Mund wuchsen, während die Johannisbeeren leuchtend rot an den Büschen reiften.

Henry lag in Hemdsärmeln in der Hängematte. Toby döste zwischen seinen Beinen, während Colette an der Mauer den Efeu schnitt, der sich unkontrolliert ausbreitete.

»Was könnten wir denn sonst noch verkaufen?«, überlegte Henry. »Wie wäre es mit Pfefferminzpastillen? In einer Metalldose und mit meinem Konterfei obendrauf?«

»Wenn du willst.« Colette senkte die Schere in den Efeu. Schnipp, schnapp. Einige Blätter segelten zu Boden.

»Hast du es schon läuten hören?«

»Was?«

Er lachte leise. »Deine unmoralische Göre hat jetzt auch die Puffmütter inspiriert. In jedem Etablissement in Paris bietet seit Neuestem eine Claudine im kurzen Rock ihre Dienste an.«

Colette betrachtete Henry. Seine Hosenträger spannten sich über seinem Bauch, und seine nackten Füße baumelten zu beiden Seiten der Hängematte. Er war ein Bild der Selbstgefälligkeit. Wie ein großer Tanzbär. Aber nein, dachte sie. Sie sollte nicht so missbilligend sein. In den letzten Wochen hatten sie ihre Differenzen beigelegt, arbeiteten an neuen Projekten und verstanden sich gut. Warum hatte sie dann das Gefühl, dass die Efeuranken sich um ihren Hals legten und sie langsam erstickten?

Sie legte die Schere beiseite und sah ihn an. »Ich möchte, dass mein Name auf meinen Büchern steht.«

»Das geht nicht, mein Füchslein«, erwiderte Henry. »Und du weißt sehr genau, warum.«

Colette holte tief Luft. »In Paris ist vielen Leuten durchaus klar, dass ich die Autorin von *Claudine* bin. Rachilde zum Beispiel. Selbst Polaire ist es nicht entgangen.«

»Solange es nicht die Spatzen von den Dächern pfeifen.« Henry setzte sich auf und stützte seine Füße auf den Erdboden. »Irgendwann wird mich dieser Senator Berenger wegen deiner Frivolitäten vor Gericht zerren. Er sagt, dass *Claudine* die öffentliche Moral untergräbt. Willst du wirklich für die erotischen Eskapaden deiner Göre geradestehen? Vor Sido und deiner bigotten Schwägerin? Nur zu!«

Henry machte sich über Jeanne lustig, wann immer er konnte, was besonders pikant war, weil ihr seine Ironie vollkommen entging.

»Ich werde die Verantwortung für Claudine übernehmen. Schließlich ist sie meine Schöpfung.«

»… und spiegelt dich zum Teil wider, meine verdorbene Kleine.« Henry wackelte zufrieden mit den Zehen. »Aber weißt du was? Wir müssten längst nachlegen. *Claudine geht* ist bald fertig. Was kommt danach?«

Colette griff nach der Gartenschere und machte sich so zornig über den Efeubusch her, dass Toby vor Schreck aus der Hängematte sprang.

Henry schüttelte missbilligend den Kopf. »Vorsicht. Du erschreckst ihn doch. Wie wäre es, wenn du diese Geschichte über Minne etwas ausweiten würdest? Du weißt schon, das junge Mädchen, das beinahe auf die schiefe Bahn gerät.«

»Nein!« Colette hatte den Text als Erzählung konzipiert. »Ich hasse es, wenn ich etwas auf Teufel komm raus ausweiten muss. Außerdem würdest du doch wieder nur deinen Namen daruntersetzen.«

Henry legte sich zurück in die Hängematte und baumelte mit den Beinen. »Der Name ist nur ein Schriftzug, Füchslein. Es kommt einzig darauf an, wie sich unsere Bücher verkaufen.« Er blinzelte nachdenklich. »Wenn du etwas Eigenes fabrizieren willst, dann schreib doch einen Dialog zwischen Kiki-la-doucette und Toby-chien. Schließlich sind die beiden wie Hund und Katze.« Seine Augen glitzerten boshaft. »Das wäre doch eine schöner, ganz deiner Weiblichkeit entsprechender Text, und vielleicht würde ich dir ja sogar gestatten, ihn mit deinem Namen zu signieren.«

»Das ist alles, was du mir bietest?« Zornig kehrte sie die Efeublätter zusammen.

Henry zwinkerte ihr zu. »Es bleibt dir keine andere Wahl, als dich zu fügen. Denk an das luxuriöse Leben, das du führen darfst. Damit ist alles gesagt.«

Wie immer lenkte Colette sich durch ihre Arbeit ab. Die Werkstatt brachte eine Publikation nach der anderen heraus. Sie koordinierte die Projekte und hielt den Kontakt zu den Lohnschreibern aufrecht, denen Curnonsky vorstand. Außerdem bot die Wohnung in der Rue de Courcelles Platz für einen neuen wöchentlichen Salon. Dort führten die Willys den Cakewalk ein, einen Tanz, der in der Mitte des 19. Jahrhunderts auf den Plantagen des amerikanischen Südens von schwarzen Sklaven erfunden worden war und nun Europa eroberte. Sie richteten sogar einen Wettbewerb aus, den Colette mit einer roten Nelke hinter dem Ohr gewann. Die Willys bestimmten die Moden in der Stadt. Doch diese Tatsache änderte nichts daran, dass Colette verzweifelt ihren eigenen Standpunkt suchte. Wer war sie außerhalb von Willys System?

~ KAPITEL 23 ~

Natalie Barneys Soireen fanden im Park ihres luxuriösen Anwesens in Neuilly statt. Colette war sehr aufgeregt, denn an diesem Sonntag im Juni würde sie zum ersten Mal vor Publikum tanzen.

Émilie begleitete sie durch das Gartentor in Natalies verwunschene Welt voller Rosenbäumchen, Rasenflächen und weiß gestrichener Pavillons. Vor dem Säulenportal des Hauses blieben sie stehen.

»Dieser Natalie sind die Milliarden einfach so in die Wiege gepurzelt.« Émilie seufzte. Natalies Vater war ein Eisenbahnmagnat, der Geld nur so scheffelte. »Andere Leute müssen ums Überleben kämpfen.«

»Meine Familie ist auch nicht reich«, gestand Colette. »Aber du und ich, wir haben es trotzdem geschafft.«

Émilie kickte einen Stein aus dem Weg. »Es war ein weiter Weg, das kannst du mir glauben. Und jetzt starren mich diese Weiber an, als wüssten sie, dass ich aus der Gosse stamme. Glaub mir, der Geruch verliert sich nie.«

»Das bildest du dir nur ein.« Colette hakte sich bei ihr ein. »Sie platzen vor Neid, weil du die hübscheste Mohnblüte weit und breit bist. Kopf hoch und nicht verzagen!« Arm in Arm gingen sie auf die Gäste zu.

Damen in hellen Sommerkleidern lustwandelten zwischen Blumenbeeten und antik anmutenden Statuen und bedienten sich am Champagner und an den liebevoll arrangierten Häppchen, die Kellnerinnen in schwarzen Uniformen herumreichten. Viele Gäste gehörten der Oberschicht an, wie die Marquise Boni de Castellane, geborene Gould, die Colette kannte. Henry hatte diese Frauen als Goldhühner tituliert, Sylvaine als Geldlesben. Ob sie nun zu den Amazonen gehörten, die sich dem lesbischen Liebeskarussell widmeten, oder Natalies Soiree nur aus Langeweile besuchten, Zeit hatten sie im Überfluss.

Émilie nahm sich ein Kanapee und biss hinein. »Hier gibt es ja gar keine Männer«, sagte sie mit vollem Mund. »Wie soll ich mich dann schön fühlen?«

»Indem die Damenwelt dich neidisch beäugt? Morgen stehen sie alle bei Redfern Schlange und lassen sich dein Kleid nachschneidern.« Colette sah sich um. Die Frau mit den feuerrot lodernden Haaren, die sie aus der Ferne musterte, hatte auffallende Ähnlichkeit mit Georgie. Möge Venus sie von ihrer Gegenwart verschonen!

In diesem Moment trat Natalie Barney auf Colette zu und küsste sie auf beide Wangen. Ihre Haare waren eine blonde Wolke. »Wie schön, dass Sie sich für einen Auftritt bei uns entschieden haben, Colette. Ich freue mich sehr. Ihre Gegenwart verleiht meiner Soiree Glanz.« Sie küsste sie auf die Wange. »Und ein wenig Verruchtheit.«

Colette musste lachen. Die kurze, intime Beziehung, die sie mit Natalie gehabt hatte, ging niemanden etwas an. Sie hatten sich im Bois de Boulogne näher kennengelernt, wo Colette Kiki und Toby ausgeführt hatte, und sich danach ein paarmal diskret in einem Hotelzimmer getroffen.

Natalie wandte sich Émilie zu. »Fühlen auch Sie sich herzlich willkommen, Polaire. Sie sind Stadtgespräch durch ihren Erfolg mit *Claudine*. Wissen Sie das?«

Émilie errötete flammend und stotterte eine Erwiderung. Natalie trug einen Frack und überragte die kleine Algerierin um einen Kopf. Hinter ihr stand ihre Geliebte Renée Vivien. Colette wusste, dass sie gerade die Liebesgedichte Sapphos aus dem Griechischen übersetzte, obwohl die meisten Gelehrten nicht glaubten, dass sie sich an Frauen richteten.

»Wann soll mein Auftritt sein?«

Natalie sah auf ihre Taschenuhr. »Ihr Tanz folgt auf die Darbietung der Musen. Vielleicht ziehen Sie sich am besten jetzt um. Der Wintergarten steht Ihnen als Garderobe zur Verfügung.«

Colette nickte, obwohl ihr das Herz bis zum Hals klopfte. Natalie und Renée verließen sie, um ein paar Neuankömmlinge zu begrüßen.

Émilie sah ihnen hinterher. »Die beiden sind ganz schön extravagant in ihrem Aufzug.«

»Halb so wild.« Colette hielt Ausschau nach Georgies rotem Schopf. Keine Spur. Entweder hatte sie sich in Luft aufgelöst, oder sie hatte sich ihre Gegenwart nur eingebildet. Doch was war das? Zwischen den pastellfarbenen Kleidern der Damen schimmerte dunkel ein Frack hervor, der den Mann, der sich hierher verirrt hatte, wie einen Raben zwischen Flamingos wirken ließ. Oder die Frau? Colette sah genauer hin und schnappte nach Luft. Es war die Marquise de Morny.

»Du bist aschfahl«, stellte Émilie fest. »Soll ich dein Korsett lockern, bevor du umkippst?«

»Nicht nötig.« Wenn sie sich heute blamierte, dann vor den falschen Leuten. Georgie war ihr egal, aber die Reiterin nicht. Sie wusste nicht, warum ihr überhaupt etwas an dieser Frau lag, schließlich hatten sie nur wenige Worte gewechselt. Sie holte so tief Luft, dass sich die Fischbeinstangen ihres Korsetts in ihre Rippen bohrten.

Irgendwo erhoben sich die Klänge einer Trommel und einer Lyra. Sechs junge Frauen traten auf die Terrasse hinaus und schritten auf ein Podest zu, auf dem sich einige Damen mit Lorbeerkränzen zu einem lebendigen Bild formiert hatten.

»Was ist das?«, raunte Émilie.

»Keine Ahnung«, flüsterte Colette. »Vielleicht stellt es Sappho oder irgendeine Göttin mit Gefolge dar.« Was hatte Natalie gesagt? »Die Frauen in der Schlange sollen jedenfalls die Musen sein.«

»Dann bist du die Nächste und musst dich umziehen.« Émilie zog sie durch die offene Terrassentür in den Wintergarten mit seinen Palmen und Orangenbäumchen. Colette steuerte auf den letzten freien Stuhl zu, legte Schuhe, Kleid und Korsett ab und schlüpfte in einen durchsichtigen Anzug und das griechisch inspirierte Schleiergewand. Sie würde nach dem Vorbild ihrer Lehrerin, der Ausdruckstänzerin Caryatis, barfuß und leicht bekleidet tanzen.

»Du traust dich was«, kommentierte Émilie.

»Alles für die Kunst.« Colette zwinkerte ihr zu. »Und darum brauche ich zur Ermutigung … einen kleinen Schluck.« Begierig griff sie nach einem Glas Champagner und trank es in einem Zug leer. Sie hatte keine Probleme damit, sich zu zeigen, o nein, das nicht. Und Georgie? Die würde sie einfach ignorieren.

Erwartungsvolle Stille kehrte ein, als sie, geblendet von der tief stehenden Sonne, auf die Terrasse hinaustrat. Wie lange hatte sie von dieser Möglichkeit geträumt, hatte trainiert und Tanzstunden genommen. Die Musik erzählte von Pan und seinen Nymphen, die im Wald ein Fest feiern.

Getragen von den sphärischen Klängen Debussys, schritt Colette die Treppe hinab und auf den Rasen hinaus, hob ihre Arme und setzte die Füße im Tanz voreinander, so frei und selbstvergessen wie das kleine Mädchen aus Saint-Sauveur, das sich die Welt eroberte. Wärme und Freude durchdrangen sie bis in ihre Zehenspitzen, als sie zum Klang der Musik zwischen den Zuschauerinnen herumwirbelte und eins mit den Naturwesen wurde, die sie darstellte. Ein Gefühl der Leichtigkeit erfüllte sie von Kopf bis Fuß. Ach, hätte sie doch immer tanzen können.

Als die Musik endete, hielt Colette schwer atmend inne. Applaus setzte ein, und sie fiel in eine tiefe Verbeugung. Émilie lief auf sie zu und umarmte sie, und die Zuschauerinnen umringten sie wie ein Schwarm zwitschernder Vögel. »Wie schön Sie getanzt haben, Madame Willy. Wie begabt Sie sind.«

Die rothaarige Frau war tatsächlich Georgie. Als sie auf sie zukam, traf ihre Missgunst Colette wie ein kalter Luftzug. »Finden Sie nicht, meine Damen, dass Madame Willy ein wenig zu bodenständig ist? Ihre ländliche Herkunft kann sie nicht verleugnen. Vielleicht sollte sie lieber Polka tanzen.«

Einige quittierten ihre letzte Bemerkung mit einem spöttischen Lachen, bis die Marquise de Morny an Colettes Seite trat und ihr ein gebügeltes Männertaschentuch reichte, mit dem sie sich verblüfft über die Stirn fuhr. »Liebe Madame Raoul-Duval, falls Ihnen diese Kunstform nicht gegenwärtig ist. Das war Ausdruckstanz und kein Ballett. Ist es möglich, dass Ihnen das Fachwissen fehlt, um beides auseinanderzuhalten?«

Georgie errötete unvorteilhaft. »Solange Colette nicht den Mund aufmacht, ist es gut. Sie spricht nämlich derben burgundischen Dialekt.«

»Seien Sie vorsichtiger mit Ihren Äußerungen«, donnerte die Marquise. »Sie haben Ihren amerikanischen Akzent ebenfalls nicht abgelegt.«

Georgie ignorierte sie und ließ ihren Blick geringschätzig auf Émilie ruhen. Colette bemerkte, wie die Kleine sich aufrichtete. »Wie ich sehe, hast du dein schwarzes Betthäschen mitgebracht, Colette. Was für ein niedlicher Käfer diese Polaire doch ist. Da würde ich auch nicht Nein sagen.«

»Wie bitte?«, protestierte Émilie lautstark. »Hören Sie auf der Stelle auf, über mich statt mit mir zu reden! Ich bin reinblütige Französin und, zut alors, weder ein Betthase noch ein Käfer.«

Georgie hob ihre Nase. »Den kleinen algerischen Teufel sieht man dir doch aus hundert Metern Entfernung an, Polaire. Colette übrigens, falls es dir noch nicht aufgefallen sein sollte, zieht alles in ihr Bett, was nicht bei drei auf den Bäumen ist.«

Georgie tippte Émilie mit ihrem Fächer vor die Brust, bevor sie Colette so nahe kam, dass sie ihr Parfüm riechen konnte. Fleurs d'Italie. »Ich würde zu gern wieder das Bett mit dir teilen, jetzt, wo wir uns so aufregend streiten … Das wäre doch pikant, oder? Willy schreibt mir übrigens hin und wieder. Hast du das gewusst?«

Colette schnaubte entrüstet. Nein, das hatte sie nicht. »Du wirst uns nicht auseinanderbringen, Georgie. Ich kann mich auf Henry verlassen. Wir haben uns Offenheit gelobt.«

»Kannst du das? Sei dir da nicht so sicher.« Georgie drehte sich auf dem Absatz um und verschwand.

Émilies Atem ging stoßweise. »So eine falsche Schlange. Wie sie mich beleidigt hat.«

»Sie ist nur neidisch auf deinen Erfolg, deine Schönheit und deine Jugend, all das, was ihr nach und nach abhandenkommt.« Colettes nahm ihre Hand und zog sie in Richtung des Wintergartens, wo Natalie ein Büfett aufgebaut hatte. Durstig leerten sie zwei Gläser Champagner und füllten ihre Teller mit Kaviarschnittchen, als sich die Marquise de Morny erneut zu ihnen gesellte. Mit ihrem Männerhaarschnitt und dem gut sitzenden Anzug wirkte sie stark und schüchtern zugleich, wie ein vollendeter Kavalier, der nicht genau wusste, wo sein Platz zwischen all den Stühlen war. Colette spürte Wärme, wenn sie sie nur ansah.

»Sie sind die Katzenfrau«, sagte die Marquise langsam. »Ich habe lange auf eine Begegnung mit Ihnen gehofft. Wie war noch einmal Ihr Name?«

»Nennen sie mich Colette. Ich habe Sie auch nicht vergessen.«

Ein Leuchten zog über das verschlossene Gesicht der Marquise. »Dann besuchen Sie mich doch bei Gelegenheit in der Rue George Ville.« Sie drückte ihr ihre Karte in die Hand und verschwand in der Menge.

Émilie sah ihr nach. »Das war also das Mannweib, von dem du auf dem Dach erzählt hast. Was verbindet dich denn mit der?«

Colette löffelte sich Kaviar auf ein Stück Baguette. »Etwas Besonderes. Ich weiß nur noch nicht, was.«

Eine Woche später gingen sie mit *Claudine* auf Tournee nach Südfrankreich. Colette, die noch nie an der Côte d'Azur gewesen war, genoss das Licht, die Palmen und die Theaterwelt in vollen Zügen. Jeden Tag lernte sie eine neue Stadt und neue Menschen kennen und durfte auf der Bühne in Geschichten schwelgen.

Marseille mit seinen Märkten, seinen engen Gassen voller flatternder Wäsche und dem Hafen voller Ozeanriesen faszinierte sie besonders.

Am ersten Tag traf sich das Ensemble am Fischereihafen zum Lunch. Es war herrlich rustikal. Sie versammelten sich um einen langen Tisch, der mit Brotkörben und Wein in Korbflaschen gedeckt war. Hinter der Mole, an der sich gelbe und blaue Fischernetze türmten, dümpelten Fischkutter vor sich hin. Auf einer Werft kletterten Mechaniker auf einem Schiff herum und warfen sich arabische Wortfetzen zu.

»Tausendundeine Nacht«, sagte Colette augenzwinkernd.

»Ich weigere mich, sie zu verstehen«, murmelte Émilie. »Hauptsache, ich bin weit weg von dieser dreckigen, bunten Welt.«

»Mir würde sie gefallen«, raunte ihr Colette zu. »Wie alles Wilde und Fremde.«

»Das meinst du nicht ernst. Ich wollte immer nur weg. Und ich habe mir vorgenommen, jeden Atemzug zu genießen, solange mir das Glück hold ist. Ksch!« Émilie verscheuchte eine Möwe, die sich neben ihr niedergelassen hatte und auf Leckerbissen lauerte.

Die Kellner trugen das Essen auf. Émilie hatte einen Berg blauschwarze Muscheln bestellt. »Herrlich.« Sie presste Zitronensaft über die Meeresfrüchte, aß sie genüsslich mit Baguette und trank einen kühlen Weißwein dazu. »Du weißt gar nicht, was du verpasst.«

»Ich habe etwas Besseres gewählt.« Colette genoss ihre duftende Ratatouille mit Lammfleisch. Nach dem Essen sprach Henry einen Toast auf seine Zwillinge aus. Émilie sprang spontan auf, hob ihr Glas und warf es über die Schulter. »Auf uns! Das bringt Glück«, jubelte sie, als es klirrend auf dem Boden zerbrach.

An diesem Abend war das Theater restlos ausverkauft. Während sich der Zuschauerraum langsam füllte, warteten sie hinter der Bühne vergeblich auf die Hauptdarstellerin.

Henry sah auf seine Taschenuhr. »Ihr Frauen. Warum müsst ihr immer so ewig mit der Puderquaste wedeln? Polaire im Besonderen.«

Colette schüttelte den Kopf. »Sie ist normalerweise pünktlich.«

»Aber heute anscheinend nicht.« Im Zuschauerraum erhob sich ungehaltenes Geraune.

»Wo bleibt sie denn?«, fragte der weißbärtige Maurice Lenhard, der Renaud verkörpern würde. Neben ihm stand Laurent, der Darsteller seines Bühnensohns, und sah ziemlich ratlos aus.

»Das sieht ihr gar nicht ähnlich«, sagte Marcel Boulestin, der sie auf der Tournee begleitete.

»Fragt sie lieber, wann sie endlich ihr Lampenfieber in den Griff kriegt«, beschwerte sich Henry.

»Ich sehe mal nach ihr, kommst du mit, Marcel?« Zusammen mit Boulestin arbeitete sich Colette durch die labyrinthartigen Katakomben des Theaters und klopfte an Émilies Garderobentür.

»Émilie?«

»Ich sterbe. Geh lieber.«

Colette drückte auf die Klinke und trat mit Marcel ein. In dem fensterlosen Raum roch es erstickend nach Erbrochenem. Émilie hockte auf dem Boden, hing über der Waschschüssel und brach alles aus, was sich in ihrem Magen befand. Marcel schlug sich die Hand vor den Mund, bevor er mit aschfahlem Gesicht in den Gang floh.

»Ach du meine Güte.« Colette kniete sich neben Émilie und hielt ihr die Schultern, bis sie sich schwer atmend auf ihre Fersen setzte.

»Ich kann unmöglich auftreten.« Ihre Augen waren blutunterlaufen, ihr Gesicht kalkweiß und schweißüberströmt, ihr Lippenstift verschmiert. »Mir war noch nie in meinem Leben so schlecht.«

Colette strich ihr die feuchten Haare aus dem Gesicht. »Ist es immer noch dein Lampenfieber? Oder bist du etwa schwanger?«

»Um Himmels willen, weder – noch«, flüsterte Émilie. »Es sind die Muscheln.« Wie als Beweis beförderte der nächste Schwall grünliche Flüssigkeit mit rosa Bröckchen in die Schüssel.

»Ich glaub, ich kippe um.« Ihre Augen verdrehten sich, doch Colette hielt sie fest. »Emilie, komm! Nicht in Ohnmacht fallen!« Sie klopfte ihr die Wangen, angelte nach einem Tuch, mit dem sie ihr den Mund abwischte, und goss ihr ein Glas Wasser ein.

»Was tun wir jetzt? Ich kann so nicht spielen.« Émilie sah Colette verzweifelt an.

»Du musst dich erholen. Wir lassen uns etwas einfallen.«

Aber was? Das hier war eine waschechte Lebensmittelvergiftung. Nachdem Colette Émilie beim Aufstehen geholfen hatte, wies sie Boulestin an, ihr auf keinen Fall von der Seite zu weichen. Dann kehrte sie zu Henry zurück. Aus dem Zuschauerraum ertönten die ersten Sprechchöre. »Claudine! Claudine! Polaire! Polaire!«

Henry strich sich nervös über den Bart. »Wo bleibt sie denn?«

»Polaire kann nicht spielen. Sie kotzt sich die Seele aus dem Leib.«

Henry spähte durch den Vorhang. »Aber sie muss. Die Reihen sind voll, die Leute warten. Die Ersten gehen schon … Und wenn wir sie auf die Bühne zerren müssen, hol sie, schnell!«

Colette schüttelte den Kopf. »Sie kann wirklich nicht. Die Muscheln waren nicht mehr frisch. Wenn du sie zu ihrem Auftritt zwingst, spuckt sie den Leuten in der ersten Reihe in den Schoß und kippt anschließend um.«

Henry stöhnte auf und legte sein Gesicht in seine Hände.

»Wir sagen die Vorstellung ab‹, schlug Colette vor. »Schließlich ist die Hauptdarstellerin krank. Das ist Grund genug.«

Henry schüttelte den Kopf. »Auf keinen Fall. Wir sind auf die Einnahmen angewiesen.« Er musterte sie lauernd. »Dann musst du eben ran. Als Zweitbesetzung.«

»Ich?« Colette wurde gleichzeitig heiß und kalt. Henry verlangte nichts weniger von ihr, als dass sie aus dem Stand die Rolle der Claudine übernahm. *Spring auf den Tisch, kleine Gabri, mach einen schönen Knicks und sing Alouette!*

Henry sah sie unbeugsam an. »Wer denn sonst? Du kannst die Rolle doch. Außerdem hast du dir die Haare extra dafür schneiden lassen.«

Colette schnappte nach Luft. »Du meinst das ernst?«

»Es bleibt uns nichts anderes übrig. Aber glaub ja nicht, dass du immer für Polaire einspringen kannst. Das ist nur eine Notlösung.«

Nachdem sich die Kostümbildnerin ein zweites Schulmädchenkostüm aus dem Ärmel gezaubert hatte, kämpfte Colette um ihre Fassung. Wenn sie sich nur nicht versprach! Aber nein, es würde schon gehen. Sie hatte den Text geschrieben und die Proben von Anfang an begleitet.

»Zeig, was du kannst, Füchslein. Schließlich wolltest du die Rolle selbst, wenn ich mich recht erinnere.« Henry nahm ihre Hand und wandte sich Maurice und Laurent zu. »He da, ihr zwei. Colette übernimmt Polaires Part. Kann sie sich eurer Unterstützung sicher sein?«

Maurice nickte und zog Laurent mit, der seine Zweifel kaum verbergen konnte. Colette verstand ihn gut. Sie nahmen sie in ihre Mitte und traten mit ihr auf den geschlossenen Vorhang zu.

»Du schaffst das schon, Colette«, sagte Maurice.

Sie rang nach Luft. Während des Prologs würde sie allein auf der Bühne stehen. Schon jetzt klang ihr das Johlen des Publikums entgegen, das ungeduldig nach Polaire rief. Es gab keinen Fluchtweg, nur den Weg nach vorn. Sie trat durch den Vorhang, blinzelte ins Licht und begann den Text zu rezitieren.

~ KAPITEL 24 ~

Es war ein heißer Augusttag. Colette und ihre Pariser Bekannte Liette de Serres flanierten über die Maximilianstraße in Bayreuth und betrachteten die Auslagen voller exklusiver Mode und Wagner-Devotionalien.

»Ist es wahr, dass Sie sich auf dieser Tournee in Südfrankreich als Schauspielerin versucht haben, Colette?« Liette sah sie begierig an. Das Licht unter ihrem Sonnenschirm färbte ihr rundes Gesicht rosa, und an ihrem blonden Haaransatz glänzten Schweißtropfen wie Perlen. Colette fühlte sich an ein Schweinchen erinnert.

»Sicher.« Sie lächelte zuckersüß und klimperte mit den Wimpern. »Unsere Hauptdarstellerin Polaire hatte eine Lebensmittelvergiftung und konnte eine Woche lang nicht auftreten. Da habe ich ihren Part übernommen.«

Es war berauschend gewesen und hatte überraschend gut geklappt. Das Publikum hatte sie ohne Zögern als zweite Besetzung akzeptiert, und Colette hatte den Applaus mehr als genossen.

»Aber ich bitte Sie, das Theater. Dass Sie sich nicht zu gut dafür sind ...« Liette schüttelte ihren ondulierten Kopf. »Sie gedenken doch hoffentlich nicht, das beizeiten zu wiederholen?«

»Ach nein. Es war nur so eine Art Liebhaberei.« Als ihre Schwiegermutter Laure und ihre Schwägerinnen von ihren Eskapaden erfuhren, hatten sie die Hände über dem Kopf zusammengeschlagen. Und Henry? Obwohl er die Notlösung begrüßt hatte, würde er ihr nie eine professionelle Laufbahn als Schauspielerin gestatten. Dazu war er zu sehr Großbürger und den ungeschriebenen Gesetzen seiner Klasse verhaftet.

Colette sehnte sich nach dem friedlichen Landleben auf Les Monts-Boucons, aber Henry hatte sich seine geliebten Festspiele auch in diesem Jahr nicht ausreden lassen. »Wir müssen uns dringend erholen, Füchslein. Außerdem können wir das Honorar für die Musikkritiken gut gebrauchen.«

Also waren sie nach dem Ende der Tournee in Begleitung einiger Freunde ins Fränkische aufgebrochen. Darunter waren, neben einigen Lohnschreibern, auch Liette und ihr Mann, der Komponist Louis de Serres.

Liettes weiß gepudertes Gesicht schwebte auf Colette zu wie der Vollmond in einer hellen Sommernacht. Unter ihrem Parfüm versteckte sich schwerer Moschusgeruch. »Und dann Ihr Auftritt bei Natalie Barney. Davon redet die ganze Stadt, ebenso wie von Willys unsäglichem Jux mit den Zwillingen. Müssen Sie sich mit dieser Polaire gemeinmachen? Einer Varietésängerin, ich bitte Sie!«

Colette blieb nichts anderes übrig, als unergründlich zu lächeln.

»Aber Sie dürfen sich das ja erlauben«, sagte Liette pikiert. »Sie gehören zur Avantgarde und haben alle Freiheiten.«

»Aber Liette? Spricht da der Neid aus Ihnen?« Hin und wieder konnte Colette nicht anders, als diese gesegnete Einfalt ein wenig zu verulken. Sie hakte sich bei Liette unter, führte sie zu dem Neptunbrunnen auf dem Marktplatz und bespritzte sie mit einem kühlen Tropfenregen, in dem sich das Licht brach. »Ein wenig Erfrischung brauchen wir doch jetzt beide.«

Liette wehrte sich schimpfend, aber Colette lachte so mitreißend, dass ihr Missmut nicht lange anhielt. Ein Mädchen trieb gerade eine Schar Gänse über den Platz. »Finden Sie nicht, dass Bayreuth manchmal eine Mischung aus Kuhdorf und Weltstadt ist? Und dass die Festspiele sich gleichen, wenn man sie Jahr für

Jahr besucht? Diese Wagner-Verehrung ist wie der Tanz ums Goldene Kalb.«

Liette schüttelte den Kopf. »Sie haben reichlich rebellische Ansichten, Colette. Ist Ihnen der wunderbare Kunstgenuss gar nichts wert? Ich für meinen Teil genieße die Musik über alles.«

»Den Kunstgenuss hatte ich schon so oft, dass ich sowohl den Text als auch die Musik der Opern auswendig kenne.« Colette gähnte ungeniert. Sie musste Liette ja nicht auf die Nase binden, dass sie das buchstäblich meinte. Nur gut, dass Georgie in diesem Jahr nicht in Bayreuth weilte. Da durfte sie sich in Ruhe langweilen.

An diesem Abend wurden *Die Meistersinger von Nürnberg* gegeben. Henry, der an ihrer Seite saß, lauschte ergriffen und mit Tränen in den Augen. Was für ein sentimentaler Trottel! Colette bedauerte, sich nicht bei Marcel Schwob beklagen zu können, der zu einer Reise in die Südsee aufgebrochen war.

Am nächsten Morgen hatte sie sich mit ein paar Freundinnen zu einer Landpartie verabredet. Sie ließen sich in die waldreiche Gegend rund um Bayreuth kutschieren und picknickten gemütlich auf einer Wiese. Das übliche Damenprogramm also, während sich die Herren Musikkritiker ihren Texten widmeten. Liette de Serres hatte sich wegen Unpässlichkeit abgemeldet.

Mittags sollte ihr Ausflug in einem Gartenlokal in Bayreuth ausklingen, als Colette bemerkte, dass sie ihr Cape vergessen hatte. Angesichts der dunklen Wolken, die sich über den Hügeln ballten, würde sie es sicher vermissen. Also ließ sie sich vor dem Hotel absetzen, lief leichtfüßig ins Foyer und bat den Rezeptionisten um ihren Zimmerschlüssel. Den brauche sie nicht, unterrichtete sie dieser, denn Henry halte sich oben auf. Wie seltsam, dachte Colette, wo das Gespräch mit den Lohnschreibern doch bis in den Nachmittag dauern sollte. Sie steuerte nachdenklich auf die

Treppe zu, als Marcel Boulestin ihr aus dem Speisesaal entgegen-kam. »Das ist keine gute Idee, Colette.«

»Ich hole nur geschwind mein Cape!«, rief sie ihm zu und lief weiter. »Es wird regnen.«

»Warte doch, Colette!« Er setzte ihr nach.

Colette nahm auf der Treppe zwei Stufen auf einmal und er-reichte den zweiten Stock in Rekordgeschwindigkeit. In diesem Jahr hatte sich Henry ihren Hotelaufenthalt etwas kosten lassen. Verschnörkelte Messingleuchter reihten sich an den Wänden auf, dicke Perserteppiche verschluckten ihre Schritte.

Sie stand vor der geschlossenen Tür und wollte gerade die Klinke drücken, als Marcel Boulestin sie erreichte. »Tu das nicht, Colette!«

Sie runzelte die Stirn. »Weshalb? Was weißt du, was nicht für mich bestimmt ist? Und warum, zum Himmeldonnerwetter noch mal, hältst du es vor mir geheim?« Schließlich waren sie Freunde, das glaubte sie zumindest.

Er faltete die Hände und sah sie bittend an. »Lass es einfach ru-hen, Colette, ich bitte dich! Ich meine es nur gut mit dir.«

Schwärze flutete am Rand ihres Bewusstseins auf, als sie die Bedeutung seiner Worte erfasste. Nicht schon wieder! Was würde sie im Innern des Zimmers erwarten? Entschlossen drückte sie die Klinke und trat ein.

Henry saß im Sessel. Über ihm hockte mit gespreizten Bei-nen und gerafften Röcken Liette de Serres und bewegte sich rhythmisch auf und ab. Colette sah alles gleichzeitig. Henrys weit aufgerissene Augen und die Scharlachfarbe, die sich bei ihrem Eintreten in Liettes Gesicht und auf ihren nackten Hinterbacken ausbreitete.

Henry suchte nach Worten. »Füchslein, es ist nicht so, wie du …«

»Aber wie ist es dann? Ich habe dir vertraut.« In ihr war alles kalt und leer.

Liette kletterte umständlich von Henrys Schoß, sortierte ihre Röcke und starrte sie so hasserfüllt an, dass Colette nicht anders konnte, als ihr ins Gesicht zu schlagen. Es klatschte ordinär, und Liette rieb sich die Wange, auf der sich die Spuren von Colettes Fingern abzeichneten.

»Provinzgöre!«

»Lass meinen Mann in Ruhe!«, erwiderte Colette.

Liette musterte sie aus schmalen Augen. »Das musst du kleine Schlampe gerade sagen, wo du doch vor keinem Rock halt-machst.«

Colette wandte sich an Henry. »So rechtfertigst du deine Sei-tensprünge also. Wir hatten eine Abmachung, wollten offen mit-einander sein. Sag, wie oft hast du sie gebrochen?«

»Aber Füchslein.«

Wie geschickt er es doch verstand, die Wahrheit zu verdrehen. Er selbst hatte ihre lesbischen Affären gutgeheißen und benutzte sie nun als Rechtfertigung, um sie zu betrügen. Sie wandte sich zur Tür.

»Nein, warte doch!« Während er schwerfällig Anstalten machte, sich zu erheben, redete Liette tuschelnd auf ihn ein. »Bleib, Füchs-lein, ich bitte dich! Wir können über alles reden.«

»Komm mir nicht nach!«

Colette taumelte rückwärts zur Tür, eilte die Treppe hinab ins Foyer, drückte die Glastür auf, wobei sie den Portier unsanft an-rempelte, und stand schließlich auf dem Trottoir. Über ihr lösten sich die Wolken in dicke Tropfen auf, die sie im Nu durchnäss-ten. Sie begann zu zittern, doch die Kälte, die sie durchdrang, kam nicht vom Regen. Marcel Boulestin, ganz wandelndes schlechtes Gewissen, schob sich hinter ihr durch die Tür.

Sie drehte sich brüsk um. »Wusstest du davon?«

Röte breitete sich in seinem attraktiven Gesicht aus. Er senkte die Augen. »Ich wollte nicht, dass du es auf diese Weise erfährst. Er … ist ein schlechter Mensch.«

»Er hat Freude daran, andere zu manipulieren«, vollendete Colette tonlos. Was war gut, was war schlecht? Für Henry war die Welt in Ordnung, wenn sie sich um ihn drehte. »Ich reise ab. Würdest du mir bitte mein Gepäck hinterherschicken?«

Noch am selben Tag nahm sie den Zug nach Frankfurt. Von dort aus fuhr sie über Karlsruhe nach Straßburg und mit dem Nachtzug direkt nach Paris. Es war nicht das erste Mal, dass sie vor Henry flüchtete. Auch wenn sie jetzt den Luxus der ersten Klasse genoss, saß ihr wieder ein Herr im Tweedanzug gegenüber, der sie, während er seine Zeitung umblätterte, unverhohlen musterte und ihr schließlich seine Unterstützung anbot. Sie lehnte entschieden ab, obwohl es wahrscheinlich harmlos gemeint war. Frauen, die allein reisten, waren suspekt, doch was verheiratete Paare im Verborgenen trieben, war in Ordnung, solange niemand davon erfuhr. Colette hatte aufgehört, sich über die grassierende Doppelmoral zu wundern. Ja, sie nutzte sie sogar für ihre Geschichten, in denen sich das Liebeskarussell munter drehte.

Sie drückte ihre Tasche an sich und dachte nach. Das Problem war nicht, dass sie Henry in flagranti ertappt hatte, sondern dass er nicht offen zu ihr gewesen war. Keine Geheimnisse mehr, das war seit dem Zwischenfall mit Georgie ihre Maxime gewesen, und darauf hatte sie sich verlassen. Doch nun hatte Henry dieses Versprechen auf perfideste Weise gebrochen. Henry, der Ränkespieler, der Freude daran hatte, seine Mitmenschen wie Marionetten tanzen zu lassen, sie selbst, Polaire, Georgie, Liette … Und wer wusste schon, wen noch?

Colette dachte an die unzähligen jungen Mädchen, die sich ihm seit dem Erfolg von *Claudine* an den Hals warfen, an die Liebesbriefe voller Rechtschreibfehler, die sich regelmäßig in der Post fanden. Mit welcher kleinen Schlampe betrog er sie wohl hinter ihrem Rücken? Und sie, Colette? Selbst ihre lesbischen Liebschaften fanden von Henrys Gnaden statt. Sie schätzte seine Klugheit und war ihm, nachdem sie ihre Schüchternheit überwunden hatte, eine ebenbürtige Partnerin geworden. Oder hatte er sie das nur glauben lassen? Sie schrieb seine größten Erfolge. Henry war ihr dunkler Spiegel, ein notorischer Lügner, ein Hochstapler, der sich an ihren Fähigkeiten bereicherte. Mitgefangen, mitgehangen. Colette hatte für Willy und sein Geschäftsmodell gelogen und alles dafür getan, dass sie nicht aufflogen. Und wie dankte er ihr das jetzt?

»Alles in Ordnung, Madame?«, fragte der Mann im Tweedanzug.

»Ja, danke der Nachfrage.« Nein, war es nicht. Selbst ihre Tränen schmeckten nach Bitterkeit.

Die Morgendämmerung setzte ein, während der Zug die hügelige Landschaft Burgunds durchquerte. Die Weinberge voller reifender Trauben glühten unter den scharlachroten Wolken auf, die sich am Horizont wie Unglücksboten ballten.

Als der Zug die Gare de l'Est erreichte, erwachte der Morgen über Paris, als sei nichts geschehen. Der Rauch der Lokomotiven vernebelte die Bahnsteige, Gepäckträger spuckten bräunlichen Kautabak auf den Boden. Zeitungs- und Blumenverkäufer priesen lautstark ihre Ware an. Paare verabschiedeten sich nach langen Umarmungen. Dem Mann im Tweedanzug lief eine Frau mit zwei Buben entgegen, mit der er Arm in Arm davonging, während einer der beiden einen Schwarm Tauben aufschreckte, der sich rauschend bis unter das Bahnhofsdach erhob.

Colette nahm eine Droschke und ließ sich in die Rue de Courcelles fahren. Toby lief begeistert auf sie zu, während Kiki sich ausnahmsweise die Blöße gab, zur Begrüßung ihren Kopf an ihrem Knie zu reiben. Juliette trat aus der Küche und putzte sich die Hände an ihrer Schürze ab. »Ach du meine Güte, Madame. Mit Ihnen habe ich gar nicht gerechnet. Ist alles in Ordnung?«

»Ja, natürlich.« Colette warf ihren Mantel auf die Anrichte. Juliette würde die Wahrheit noch früh genug erfahren.

»Soll ich Kaffee machen?«

»Später.« Colette holte ein Küchenmesser aus der Schublade, bei dessen Anblick sich Juliettes Augen weiteten. »Madame?«

»Es ist nichts.«

Gefolgt von Toby, der sich nicht abwimmeln ließ, betrat Colette Henrys Arbeitszimmer und schloss die Tür hinter sich. Sie steckte die Messerspitze in den Spalt des Geheimfachs an seinem völlig überladenen Monstrum von Schreibtisch und rüttelte so lange, bis es aufsprang und ein Haufen Briefe zu Boden segelte. So viel zum Vertrauen, das sie einander entgegenbrachten.

»Toby, mein Schatz. Jetzt wollen wir mal sehen, was dein Herrchen so alles treibt.« Sein Froschgesicht sah so bekümmert aus, wie sie sich fühlte. Colette hockte sich auf den Boden und machte sich an die Durchsicht der Briefe. Einige stammten von seinen jungen Verehrerinnen, von denen manche sich nicht zu gut gewesen waren, ihm Nacktfotos zu schicken. Henry mit seiner Vorliebe für Söckchen statt Strümpfen. Colette zweifelte nicht daran, dass er ihre Avancen genossen und ihnen geantwortet hatte.

Andere Briefe waren gebündelt. Ein ganzer Stapel stammte von Liette de Serres.

»Ach, Toby.« Er legte ihr tröstend den Kopf aufs Knie, während sie sich fragte, warum die ordinäre Mordlust, die sie bei Henrys Seitensprüngen sonst erfasst hatte, heute ausblieb. Ihr Herz war ein Scherbenhaufen aus Eis.

Einen weiteren Stapel zierte eine rosa Schleife. Die Briefe stammten von Madame Chausson, der Frau eines Musikers, die Colette ebenso flüchtig kannte wie Liette. Auch mit ihr hatte Henry sich regelmäßig getroffen. Ein paar weitere waren von Georgie, andere von Natalie, die Henry gebeten hatte, eine Affäre mit Colette anzufangen. Dieser Strippenzieher. Sie stand auf und ließ die Post in wildem Durcheinander auf dem Boden liegen. Henry sollte nur sehen, dass sie ihm auf die Schliche gekommen war.

Noch am selben Tag zog sie in ein Hotel.

~ KAPITEL 25 ~

Wie lange konnte man auf einem seidengedeckten Polsterbett liegen und die Decke anstarren, auf der sich in einem unsagbar kitschigen Gemälde Leda mit dem Schwan rekelte? Stundenlang, tagelang? Vielleicht Monate und Jahre, bis man sich zuerst in eine Mumie und dann in ein Häuflein Staub verwandelte? Sie lag einfach da und ließ ihren Tränen freien Lauf.

Wie hatte sie nur so dumm sein können, Henry zu glauben? Sie gab sich die Antwort selbst. Weil sie nicht wahrhaben wollte, was auf der Hand lag: Ihm war nicht zu trauen.

Jeder Tag verlief gleich. Die Morgendämmerung tauchte den Raum in graues Licht. Tagsüber beobachtete Colette die Wanderung der Sonnenflecken an den Wänden. Des Nachts schlich sie im Schutz der wispernden Schatten zum Fenster und sah auf die regennasse Straße hinaus.

Wochen vergingen, in denen der Sommer langsam verklang und der Herbst sich wie eine Ahnung über die Stadt legte. Die Zimmer waren so hellhörig, dass sie in der Nacht zum Leben erwachten. Das Paar nebenan beendete seinen Streit regelmäßig im Bett, und der Herr über ihr trainierte seinen Bariton, indem er die Nächte hindurch schnarchte. Colette lauschte den Geräuschen und löste sich in ihre Bestandteile auf. Wie hatte sie sich je eine eigene Existenz ausmalen können, wo sie doch nur von Henrys Gnaden existierte? Sie war sein Geschöpf.

Er kam nicht. Sie ließ die Mahlzeiten unangerührt zurückgehen und raffte sich nur auf, um hin und wieder einen Schluck Tee zu trinken. Ihr ganzes Leben basierte auf einer Lüge. Sie hätte wissen müssen, dass er nicht der war, den sie zu kennen glaubte. Schließlich machte er keinen Hehl daraus, aber sie hatte ihre Illusionen nicht aufgeben wollen. Henry hatte nur mit dem Finger zu schnipsen brauchen, dann sprang sie. Viel zu gern hatte sie sich ihrem Herrn und Meister gebeugt und dabei verlernt, selbst zu denken.

Die Zeit verging qualvoll, bis ihr eines Morgens der Duft von Kaffee in die Nase stieg.

»Madame?«

Unwillig hob sie den Kopf. Ein Zimmermädchen schob gerade einen Wagen mit einer Kanne und einem Korb Croissants ins Zimmer. Blaue Augen musterten sie besorgt.

»Was wollen Sie?« Colette ignorierte ihr bohrendes Hungergefühl.

»Sie müssen doch essen.« Die Kleine knickste und deutete auf den Teewagen. »Ich würde gern Ihr Kissen aufschütteln oder besser noch das Bett neu beziehen. Dafür sollten Sie bitte aufstehen.«

»Auf keinen Fall.« Colette wollte sich gerade wegdrehen, als die Tür zum zweiten Mal aufsprang. Resigniert wandte sie ihre Augen zur Decke. Warum gönnte man ihr keine Ruhe?

»Guten Morgen, du Faulpelz!« Émilie trat ein. Sie führte Toby an der Leine, der zu ziehen begann, als er Colette bemerkte.

»Ich hätte dich nicht eingelassen«, wisperte sie.

Émilie hob die Schultern. »Es war nicht abgeschlossen.«

Toby riss sich los und sprang aufs Bett, das unter seinem Gewicht kräftig nachwippte. Das Zimmermädchen verbarg ein Kichern in ihrer geöffneten Hand.

»Nicht doch!« Colette konnte nicht verhindern, dass Toby ihr vor Freude übers Gesicht leckte und sich danach in ihre Armbeuge kuschelte. Wie von selbst streichelte sie seinen Kopf. »Geht bitte, ihr beiden!«

»Haben wir das etwa vor, Toby? Ich glaube nicht.« Émilie ließ sich auf den Bettrand fallen. Sie trug ein knöchellanges schwarzes Spitzenensemble und hochhackige Knöpfstiefeletten. Im Herbst würde man auf den Boulevards ähnlichen Modellen begegnen. Seit Émilie mit Claudine die Bühne eroberte, prägte sie mehr denn je die Modetrends in der Stadt. »Seitdem du fort bist, ist es bei euch daheim unerträglich geworden. Toby heult die ganze Zeit den Mond an, sagt Juliette. Und Kiki stolziert mit erhobenem Schwanz durch die Wohnung und kratzt Henry, wann immer sich die Gelegenheit bietet. Nicht, dass er es nicht verdient hätte …«

Émilie wandte sich an das Zimmermädchen, das auf der Kommode Staub wischte und sich kein Wort entgehen ließ. »Wenn Madame aufgestanden ist, beziehen Sie bitte das Bett. Aber vorher lassen Sie ihr ein Bad ein.«

Das Mädchen nickte und machte sich an die Arbeit.

Colette zog die Decke bis ans Kinn. »Ich werde auf keinen Fall aufstehen.«

»Ich glaube doch.« Émilie öffnete das Fenster und ließ die Pariser Stadtluft mit ihrem typischen Geruch nach Kohlenstaub ins Zimmer.

»Mach das sofort wieder zu! Es ist kalt.« Colette zog die Decke bis zur Nasenspitze. Im Bad prasselte das Wasser in die Wanne.

»Das werde ich nicht tun.« Émilie rümpfte die Nase. »Raus aus den Federn! Du stinkst wie dreitausend Panther und hast bedenklich abgenommen. Man lässt sich nicht so gehen. Schon gar nicht wegen eines Mannes und, hör mir gut zu …« Sie wackelte mit dem Zeigefinger. »Auf keinen Fall wegen des eigenen!«

Colette seufzte und schwang ihre Beine aus dem Bett. Ihre Knie fühlten sich butterweich an. Fehlte ihr das tägliche Training, oder hatte sie in Bayreuth den Boden unter den Füßen verloren?

Widerwillig folgte sie Émilie ins Bad und benutzte die Toilette. Derweil schüttete Émilie eine Menge grünen Badezusatz in die Wanne und rührte um, bis der Schaum sich über den Rand wölbte und sein verführerisches Aroma nach Tannenwald verbreitete. »Los! Rein mit dir!«

Plötzlich konnte es Colette kaum erwarten. Sie ließ ihren Morgenmantel zu Boden gleiten, streifte ihr Nachthemd ab und stieg in die Wanne mit den geschwungenen Löwenfüßen. Das Wasser flutete über sie hinweg und umfing sie mit so herrlicher Wärme, dass sie sich ein wonnevolles Stöhnen nicht verkneifen konnte. Nur nicht denken! »Seit wann betätigst du dich als Engel, Émilie?«

Émilie setzte sich auf den Rand. »Ein Nebenerwerb für den kleinen maghrebinischen Teufel? Vielleicht wachsen mir ja schwarze Flügelchen?« Sie strich über ihre Spitzenärmel. »Henry vermisst dich.«

Colette fühlte sich schwach und schwindlig. »Mich oder meine spitze Feder? Ich kann nicht zu ihm zurück. Er hat mich ausgenutzt und wieder und wieder mein Vertrauen missbraucht. Und er schläft mit einem Schweinchen.«

»Ha! Wenn du Liette meinst, gebe ich dir recht.« Émilie plätscherte mit ihrer Hand im Wasser. »Aber wenn du ihn verlassen willst, solltest du das vorher gut durchdenken, hörst du.« Sie leerte flüssige Seife über Colettes Kopf und begann ihr mit sanften Händen die Haare zu waschen, während Toby an der Tür kratzte und zu jaulen begann. »Du brauchst einen Schlachtplan. Sonst reißt sich Henry noch dein gesamtes geistiges Eigentum unter den Nagel.«

Émilie tauchte sie unter und spülte ihr die Haare mit einer Kanne klarem Wasser. Colette kam prustend hoch.

»Habe ich recht, oder habe ich recht?«, fragte Émilie.

»Also gut. Dann werde ich eben von den Toten auferstehen und für mein Recht kämpfen.« Sie stemmte sich auf den Rand der Badewanne und stieg aus. Und wenn es nur Toby zuliebe war, den sie nicht im Stich lassen durfte. »Weißt du was? Ich brauche Kaffee. Und, Émilie, könntest du mir Johannisbeermarmelade für meine Croissants besorgen?«

Noch am selben Tag ging Colette mit Toby, der sich strikt geweigert hatte, sie zu verlassen, in den Bois de Boulogne. Gierig sog sie den reifen Duft des Spätsommers ein und bewunderte das Licht, das sich auf der rotbraunen Oberfläche der Kastanien brach. Es gab die Welt noch, und sie, die Naturforscherin, war dabei, sie neu zu entdecken.

Der ultramarinblaue Himmel wölbte sich über ihr, unter ihm nahm die Ahornallee einen tiefen Goldton an. Toby begann hingebungsvoll in einem Blätterhaufen zu scharren. Hatte er eine Maus gewittert? Und plötzlich konnte Colette nicht anders, als jauchzend an seine Seite zu springen und händeweise Blätter in die Luft zu werfen, die wie Regen auf sie niedergingen. Wollte sie das Leben zurück oder das Leben sie?

Toby bellte und tanzte übermütig um sie herum. Sie lachte und spürte den Puls der Erde unter ihren Füßen. Sie hatte nicht erwartet, dass sie sich noch immer eins mit allem fühlen konnte. Aber es war so. Nicht einmal Henry konnte die Kraftquelle in ihrem Innern versiegen lassen.

Eine Gruppe Spaziergänger beobachtete sie missbilligend. Wahrscheinlich dachten sie, Madame Willy hätte den Verstand verloren, womit sie ja gar nicht so falschlagen. *Ich bin nicht wie ihr*, dachte sie. Mit ihrer kurzen Frisur, dem Jackenkleid und den bequemen Stiefeletten unterschied sie sich grundlegend von den Damen, die am Arm ihres Gatten hingen. Keine von ihnen konnte durchatmen. Freiheit, dachte sie. Selbst ihr Korsett war dank ihrer Hungerkur erträglich eng geschnürt. Sie konnte laufen, lachen und Blätter in die Luft werfen. Das war zumindest ein Anfang. Doch wie würde der Rest aussehen?

Colette leinte Toby an und strebte zwischen den Passanten hindurch, die vor ihr zurückwichen. Ihre Blicke brannten in ihrem Rücken, als sie eilig davonging.

Es hatte keinen Sinn, sich der Wahrheit zu verschließen. Ihr Eheversprechen hatte sie trotz aller Affären bisher nicht infrage gestellt. Sie war davon ausgegangen, dass Henry wusste, was für sie das Richtige war, und das Beste für sie wollte. Doch wenn sie sich von ihm scheiden ließ, würde man sie wegen böswilligen Verlassens schuldig sprechen. Abgesehen von der Schande, die das für Sido und ihre Familie bedeuten würde, blieben ihr dann nur ihre Mitgift von 3000 Francs und ein paar Ersparnisse. Und mein Landgut, dachte sie hoffnungsvoll. Dennoch brauchte sie ein regelmäßiges Einkommen.

Die Schriftstellerei war auf Dauer keine Option, zumal ihre Bücher unter Henrys Namen erschienen. Die rettende Idee überfiel sie wie eine Windböe. Was, wenn sie zum Theater ginge? Nicht zum Zeitvertreib, auch nicht als gelegentliche Vertretung für Polaire, sondern professionell, um ihren Lebensunterhalt zu bestreiten. Ihr wurde schwindlig. Doch wer würde eine Debütantin von dreißig Jahren engagieren, die noch dazu tiefstes Burgundisch sprach? Georgie hatte recht. Ein Mädchen aus Saint-Sauveur war nichts anderes als eine Bauerngöre.

Colette verschob ihre Überlegungen auf später, ging zurück zum Hotel und gönnte sich im Restaurant ein bluttriefendes Steak, von dem sie Toby einige Stücke abgab.

Am nächsten Morgen stand überraschend Henry vor der Tür. »Darf ich eintreten?« Er drehte seinen Zylinder in den Händen.

»Wenn es sein muss.« Sie machte ihm Platz.

Sein prüfender Blick traf sie. »Hast du abgenommen? Du siehst gut aus.«

»Ich bin von den Toten auferstanden.«

»Ach, wirklich?« Während er sich an ihr vorbei ins Zimmer schob, hob er die Augen zu dem Deckengemälde, auf dem Leda mit dem Schwan turtelte. »Bei dem Anblick rollen sich mir ja die Fußnägel auf. Darf ich mich setzen?« Zumindest ihren Kunstgeschmack teilten sie noch.

»Tu dir keinen Zwang an.«

Er nahm am Sekretär Platz und streckte seine Hand nach Toby aus, der sich prompt wegdrehte. *Bravo, Toby!* »Den Kleinen hast du auch gegen mich aufgebracht.«

»Er weiß, was gut für ihn ist. Lenk bitte nicht ab.« Colette setzte sich auf den Bettrand. »Warum musste es ausgerechnet Liette sein, diese dämliche Schnepfe? Was findest du bei ihr, das ich dir nicht geben kann?«

Henry schnippte ein unsichtbares Stäubchen von seinem Zylinder. »Liette himmelt mich an und ist im Gegensatz zu dir immer folgsam.«

»Sie glaubt dir also all deine Lügen.« Colette holte tief Luft. »Mich hat nicht die Affäre gekränkt, sondern dass du nicht ehrlich zu mir warst. Darf ich dich daran erinnern, dass wir uns radikale Offenheit versprochen hatten?«

Seine blauen Augen musterten sie. »Hatten wir das? Ich würde eher sagen, du hast selbstherrlich und diktatorisch darauf bestanden. Und Liette, das arme Lämmchen. Zugegeben, ich genieße, wie sie mich bewundert. Du kannst nicht behaupten, dass du dazu noch in der Lage bist.«

»O nein. Dazu sehe ich dich viel zu klar. Ich weiß auch von Madame Chausson. Das sind schon zwei Daueraffären.« Diese Verdrehungen, diese Ränkespiele. Sie war ihrer so müde. »Warum hintergehst du mich wieder und wieder? Es ist ein immerwährender Reigen. Und dabei habe ich dir doch alle Freiheit gelassen.«

Henry zuckte mit den Schultern. Die blauen Äderchen auf seinen Wangen und sein Gewicht kündeten von seinem guten Leben und seiner Vorliebe für Sauerkrautgerichte. »Ich kann eben nicht aus meiner Haut. Boshaftigkeit, ja, Hinterlist ist meine Natur. Dich, mein liebes Füchslein, auf die Palme zu bringen macht besonders viel Spaß. Darauf will ich nicht verzichten. Außerdem hatte ich dich gewarnt, dass ich dich verderben könnte. Und schau, was aus dir geworden ist, eine Frau, die vor keinem Rock haltmacht, wie Liette ganz richtig bemerkt hat. Aber ich erlaube dir deine Affären. Mach nur!«

Dass er jetzt ihr die Schuld zuschob … *Chapeau, Henry! Du beweist Talent darin, die Fäden zu einem unentwirrbaren Netz aus Wahrheit und Lüge zu verknüpfen.*

»Warum hast du Natalie Barney geschrieben?«

Henry errötete. »Als ich dir erlaubte, dich mit Frauen abzugeben, wusste ich nicht, welche Büchse der Pandora ich da öffne. Georgie liebt dich noch immer und hätte dich gerne zurück, darum ist sie so eine Giftspritze. Ich war eifersüchtig.«

Colette war einen Augenblick lang fassungslos. »Und da dachtest du …« Sie versuchte, Henrys verwickelte Gedankengänge nachzuvollziehen. »Wenn du Natalie dazu bringst, mich zu verführen, dann hätte Georgie keinen Zugriff mehr auf mich? Rache über fünf Ecken. Auf die Idee muss man erst einmal kommen.«

Henry streckte seine Beine von sich. »Natalie ist wenig wählerisch. Mit ihr wäre der lesbische Reigen in ungefährliche Gewässer gedriftet, denn ihre große Liebe wärst du sicher nicht.« Er schluckte, sein Adamsapfel glitt auf und ab, doch Whisky würde sie ihm keinen anbieten, egal wie trocken sein Mund war. »Lass uns das alles vergessen, bitte! Du kannst dir nicht vorstellen, was es mich kostet, vor dir zu Kreuze zu kriechen. Aber, Füchslein, ich vermisse dich so. Deine schnelle Auffassungsgabe, deine innere Freiheit, deinen Intellekt. Den Spaß, den wir miteinander haben, auf beinahe gleicher intellektueller Ebene.«

»Und vergiss nicht die reichlichen Tantiemen, die dir meine Bücher einbringen.« Colette hörte die Bitterkeit in ihrer Stimme.

»Sag doch so etwas nicht. Ich bitte dich ganz offiziell, zu mir zurückzukehren. Wirst du es dir überlegen?«

Sie ging zum Fenster und sah hinaus. »Geh jetzt!«, sagte sie mit einer Sanftheit, die sie selbst überraschte.

Er stemmte sich schwerfällig in die Höhe. »Vergiss nicht, du bist auch wirtschaftlich von mir abhängig. Es gibt einen Vertrag für den vierten Band von *Claudine*. Den müssen wir einhalten. Und was ist mit *Minne*? Hast du dich endlich entschlossen, die Novelle in einen Roman zu verwandeln?«

»Wenn ich zurückkomme«, begann sie, »dann nicht zu dir, sondern zu unseren Büchern. Denn du bist nicht imstande, mich zu lieben.«

»Touché.« Henry nickte knapp, bevor er sachte die Tür hinter sich schloss.

Colette wunderte sich, dass ihr Zorn sich in Grenzen hielt. Sie dachte an ihre glücklichen Stunden. Da waren die Radtouren im Bois de Boulogne gewesen, die Ferien auf Bel-Île, ihre gemeinsame Arbeit. Sie zwei gegen den Rest der Welt … Doch nun war aus ihrer großen Liebe eine Farce geworden, die sie für die Öffentlichkeit spielten. Oder nein, eine Arbeitsbeziehung, in der sie um jeden Zoll Freiheit kämpfen musste. Henry hatte sie mehr als zehn Jahre lang ausgenutzt, zuerst ihren jugendlichen Charme, der ihm alle Türen öffnete, und dann ihr Talent, mit dem er seine Finanzen sanierte.

Toby kam winselnd auf sie zu. »Ach, Toby.« Sie nahm ihn auf den Arm. »Was hast du dir nur für einen Papa ausgesucht?«

Eine Woche später kehrte sie in die Rue de Courcelles zurück und bezog die kleine Junggesellenwohnung im dritten Stock, die auch ihren Turnsaal beherbergte. Hier konnte sie in Ruhe an *Claudine geht* weiterarbeiten. Der Schluss des Romans stand ihr klar vor Augen. Claudine würde an Renauds Seite nach Montigny zurückkehren. Ihr Alter Ego Annie jedoch würde ihren untreuen Ehemann Alain verlassen, auf Reisen gehen und ihre restliche Zeit auf ihrem Landgut Casamène verbringen, das Les Monts-Boucons zum Verwechseln ähnlich sah.

Colette dachte mit Genugtuung daran. Wenigstens dieser Ort würde ihr bleiben, wenn sie Henry verließ. Zunächst jedoch hielten sie das Bild aufrecht, das die Welt von ihnen hatte. Kaum war der Herbst gekommen, besuchte Henry mit seinen Twins die Eisbahn. Hand in Hand glitten Colette und Émilie in ihren identischen Mänteln über das glitzernde Eis und drehten sich in Pirouetten und Figuren wie der ›Waage‹.

»Wir sehen entzückend aus«, raunte Émilie. »Und das, obwohl deine Nase vor Kälte ganz rot angelaufen ist.«

»Das macht nichts«, sagte Colette spöttisch. »Willy versorgt uns mit Glühwein, wie es einem fürsorglichen Papa zukommt.«

KAPITEL 26

Das Haus der Marquise de Morny lag in einem englischen Garten voll hoher Bäume. Colette stand mit Toby vor dem Tor und spähte durch die kunstvoll geschmiedeten Stäbe. Dunst lastete zwischen den kahlen Zweigen und legte sich feucht auf ihr Gesicht. Ihren ersten Besuch hatte sie sich anders vorgestellt. Das Tor war verschlossen. Nirgendwo schien es eine Möglichkeit zu geben, sich bemerkbar zu machen. Aber so war es eben, wenn man unangemeldet hereinschneite. Sie seufzte frustriert.

»Hallo? Ist da jemand?« Ihre Stimme verhallte im Nebel. In der Ferne schwang ein Mann einen Spaten. Pflanzte er oder grub er ein Beet um?

»Herr Gärtner, guten Abend!« Sie umklammerte die Stäbe und sprang ein paarmal auf und ab. »Ist die Hausherrin auch da?«

Der Fremde legte seinen Spaten beiseite und kam auf sie zu. Er trug ein Tweedsakko, eine Kniehose und eine Schiebermütze, die er abnahm, als er dicht herangekommen war. Es war die Marquise.

Colette stöhnte. Sie hätte es wissen müssen. »Ach, Toby, warum blamieren wir uns bloß immer so?« Toby bellte leise.

»Entschuldigung«, sagte Colette lauter. »Ich springe immer mit voller Kraft voraus in jedes Fettnäpfchen, das sich mir bietet.«

»Das macht nichts. Es ist mir ein Vergnügen, mit meinen Dienstboten verwechselt zu werden.« Die Marquise zwinkerte ihr zu und schloss auf. Ihre Hände waren voller Lehm. »Außerdem freue ich mich sehr über Ihren Besuch, Colette.«

Das Tor schwang quietschend zur Seite. Colette trat ein, gefolgt von Toby, der am ersten Baum sein Bein hob. Von wegen Peinlichkeit … Aber die Marquise reagierte anders als erwartet. Sie ging neben ihm in die Hocke und streichelte ihm die Fledermausohren. »Wen haben Sie mir denn da mitgebracht?«

»Das ist mein bester Freund Toby.«

Der Kleine bellte, stellte seine dünnen Beine auf die adligen Knie und leckte die Hand, die sich ihm entgegenstreckte. »Ein hübscher Kerl, wenn auch ein wenig klein geraten. Ich kenne es größer und weitaus bissiger. Tee?«

»Gerne.« Sie gingen an einer kleinen Orangerie vorbei zum Haus, dessen Konturen in der Dämmerung verschwammen. Toby stöberte jeder Mäusespur nach.

»Was haben Sie gepflanzt, als ich auf so unangemessene Weise in Ihren Garten platzte?«

»Eine Magnolie. Ich bin noch nicht ganz fertig.«

»Auf meinem Gut in der Franche-Comté nimmt mich die Gartenarbeit auch oft in Anspruch. Letztens habe ich ein Pferd vor dem Schlachthof gerettet. Stellen Sie sich vor, es hat Araberblut. Jetzt lebt es zufrieden bei mir.« Um Himmels willen! Sie plapperte ja. Colette beschloss, lieber den Mund zu halten, bis man sie etwas fragte.

Sie traten ein. Hirschgeweihe schmückten die Eingangshalle.

»Die Jagd ist meine Leidenschaft.« Die Marquise führte sie in die Bibliothek, in der deckenhohe Bücherregale voller Klassiker standen. Im Kamin prasselte ein Feuer. Colette legte ihre Jacke auf die Lehne einer lederbezogenen Couch und streckte ihre Hände den Flammen entgegen.

»Maronen?«, fragte die Marquise.

»Da sage ich nicht Nein.« Sie sah zu, wie ihre Gastgeberin die rotbraunen Früchte kreuzweise einritzte, in eine spezielle Pfanne legte und in die Nähe der Glut schob.

Toby legte sich auf den Teppich und starrte sinnierend in die Flammen. Colette setzte sich auf das Sofa und zog die Beine an, während die Marquise ihnen je einen Fingerbreit Whisky eingoss.

»Cheers.« Sie tranken sich zu. Der Alkohol rann heiß und scharf durch Colettes Kehle und wärmte sie von innen.

»Ich hatte mir Ihr Haus anders vorgestellt.«

»Wie denn?« Die Marquise setzte sich neben Colette und schob ihr eine Felldecke zu, die sie sich über die Füße legte.

»Gastfreundlicher.«

»Damenbesuch?« Die Marquise lachte hellauf. »Sollte ich mich ständig mit lachenden Lesben wie Ihnen umgeben, Colette?«

Von wegen dickstes Fettnäpfchen! Sie biss sich auf die Lippe. »Vielleicht? Lesben sind interessant. Die meisten sind auf der Suche nach sich selbst und erheblich klüger als die sonstige Weiberwirtschaft. Aber ich muss etwas klarstellen … ich bin keine Lesbe. Ich liebe Männer *und* Frauen. Mein Ruf geht mir voran.«

Die Marquise lächelte. »Ich weiß. Ich habe mich über Ihre Liebschaften kundig gemacht. Und ja, ich habe oft Besuch und lasse mich häufig in den einschlägigen Etablissements blicken. Nur heute nicht. Was für ein Zufall.«

»Es gibt keine Zufälle.« Als die Maronen ihren bittersüßen Herbstgeruch zu verbreiten begannen, trat die Haushälterin ein, versorgte sie mit Tee und Toby mit einem Rinderknochen, über den er sich mit Genuss hermachte. »Ist alles zu Ihrer Zufriedenheit, Monsieur le Marquis?«

Die Marquise nickte. »Natürlich, Jeanne. Sie können gehen. Um die Maronen kümmere ich mich selbst.«

»Monsieur le Marquis?« Colette hob die Brauen, und die Marquise schenkte ihr ein schiefes Grinsen.

»O ja, man muss schließlich wissen, wer man ist.« Sie nahm die Maronenpfanne vom Feuer, legte die heißen Kastanien auf zwei

Teller und reichte einen davon Colette, die sich beim Schälen fast die Finger verbrannte. Die süßen Früchte zergingen ihr auf der Zunge.

»Köstlich!«, sagte sie mit vollem Mund. »Maronen habe ich zum letzten Mal zu Hause in Châtillon gegessen und zuvor in Saint-Sauveur.«

Die Marquise goss ihnen Tee ein, ließ sich neben sie auf das Sofa fallen und begann zu plaudern. Das Eis zwischen ihnen schmolz. Freundschaft, dachte Colette, war ein Gefühl der Harmonie. Es bedeutete, sich für das, was man war, nicht rechtfertigen zu müssen, aufgehoben zu sein. Geborgenheit. »Wie fühlt es sich an?«

»Was?« Die Marquise starrte in die Flammen. »Im falschen Körper zu stecken?«

Colette bekam heiße Ohren. Warum hielt sie nicht besser den Mund? »Nein, ich wollte eigentlich fragen, wie es ist, von Adel zu sein. Entschuldigen Sie die plumpe Vertraulichkeit, die ich an den Tag lege.«

Die Marquise lachte. »In der Tat fließt eine beeindruckende Mischung blauen Blutes durch meine Adern. Doch meine Herkunft hat mir nie etwas bedeutet, auch wenn mein Vater der Herzog von Morny war, Napoleon III. mein Onkel und meine Urgroßmutter Napoleons Verflossene Joséphine de Beauharnais.«

Colette schlang ihre Arme um ihre angezogenen Knie. »Und Ihre Mutter? Ist die wirklich mit dem russischen Zarenhaus verwandt?«

Die Marquise zog ihre Augenbrauen hoch. »Meine Mutter Sophia Troubetzkoi war eine uneheliche Tochter aus dem Geschlecht der Romanows. Mein Vater heiratete sie, als er Botschafter in St. Petersburg war. Ich war ihr viertes Kind und ihre größte Enttäuschung.«

»Wirklich?« Colette schüttelte ungläubig den Kopf.

»O ja. Sie fand die kleine Mathilde hässlich, und ich tat alles, um sie in dieser Ansicht zu bestärken.« Die Marquise zog ein Album aus dem Regal und schlug es auf. Die Fotografie zeigte eine Gruppe von Mädchen in ihren besten Kleidern. Alle trugen ihre Haare lang bis auf die Jüngste, die vorn links saß und ihren kurz geschorenen Kopf trotzig in Richtung der Kamera streckte. »Das bin ich mit meinen russischen Cousinen. Die Haare hatte ich mir selbst abgeschnitten. Maman schlug die Hände über dem Kopf zusammen und sagte, ich sähe aus, als hätte man sie mir wegen Läusebefall absäbeln müssen.«

»Das tut mir leid.«

Die Marquise lachte bitter. »Das muss es nicht. Es kommt nicht allzu oft vor, dass ein Mädchen von sich behauptet, in Wahrheit ein Junge zu sein. Wie hätte meine Mutter das verstehen sollen?«

»Ich weiß, wie sich Fremdsein anfühlt.«

Die Marquise schüttelte den Kopf. »Nicht so wie ich.«

Colette errötete. »Nein, wahrscheinlich nicht.«

Die Marquise begann zu erzählen, vom Tod ihres Vaters, nach dem die eigenwillige Sophia den Herzog von Albuquerque, José Osorio y Silva, geheiratet hatte. Mathilde war mit ihren Geschwistern in Spanien aufgewachsen. Sophia hatte von Kindererziehung besondere Vorstellungen gehabt. Statt wie Sido ihre Kinderschar mit Liebe zu überschütten, hatte sie ihren Nachwuchs Schikanen ausgesetzt und die ganze Familie schon morgens mit Austern gefüttert, die Mathilde hasste.

»Aber weshalb denn nur, in drei Teufels Namen?«, fragte Colette kopfschüttelnd. »Warum hat sie Sie gequält?«

»Um uns so hart zu machen wie die Kosaken? Ich weiß es nicht.« Sophia war auch nicht eingeschritten, als ihr zweiter Ehemann die kleine Mathilde missbrauchte. Mit achtzehn Jahren wurde Mathilde dann mit dem normannischen Adligen Jacques

Godard, Marquis de Morny, verheiratet, von dem sie sich nach wenigen Jahren scheiden ließ. Seither lebte sie ihre Freiheit aus, ritt, ging auf die Jagd, besuchte die Variétés und scharte einen Kreis von Künstlerinnen und Bewunderinnen um sich, die sie auch finanziell unterstützte.

»Welche Ehre, dass Sie Ihre Erinnerungen mit mir teilen«, sagte Colette. »Ich steckte immer im richtigen Körper. Aber ich kann Ihre Freundin sein, Mathilde, nicht mehr und nicht weniger.«

Die Marquise nahm ihre Hand. »Ist das ein Versprechen?«

Colette drückte sie. »Ja.«

Die Verbindung zwischen ihnen ging weit über die normale erotische Anziehungskraft hinaus. Nach außen hin waren sie die berühmt-berüchtigte Colette, die vor Witz und Charme nur so sprühte, und die adlige Mathilde de Morny, die sich durch nichts in der Welt erschüttern ließ. Doch unter der schillernden Oberfläche steckten zwei Kinder, deren Boot auf dem stürmischen Meer des Lebens zu kentern drohte.

»Und jetzt …« Colette stand auf, ohne die Marquise loszulassen. »… werden wir die Magnolie pflanzen.«

Der Garten lag im Finstern. Während sich der Nebel in kalten Sprühregen verwandelte, nahm die Marquise den Spaten und hob das Pflanzloch weiter aus. Colette hielt mit der einen Hand die Laterne und mit der anderen Tobys Leine, der sein warmes Plätzchen am Kamin ungern aufgegeben hatte. Die Marquise grub und grub. Als das Loch tief genug war, griff Colette nach dem kleinen Strauch, aus dem mit viel Glück ein prächtiger Baum werden würde, befreite seine Wurzeln von überschüssiger Erde und setzte ihn ein. Die Marquise schaufelte das Loch wieder zu und goss den Strauch an. »Man sieht, dass du nicht zum ersten Mal im Garten arbeitest.«

»Das ist meine Leidenschaft.«

Die Marquise begleitete sie noch zum Tor. »Nenn mich doch Missy.«

Colette runzelte die Stirn. Sie konnte sich kaum einen Namen vorstellen, der schlechter zu ihrer neuen Freundin passte. »Wirklich?«

»Diesen Namen benutzen meine Freunde.«

»Also gut. Missy.« Colette drückte ihr die Hand und durchschritt das offene Tor. Toby zog an der Leine, aber sie drehte sich noch einmal um. »Ich werde übrigens Karriere als Schauspielerin machen.«

Missy stand hinter dem schmiedeeisernen Gitter. »Du bist Autorin und eine gute noch dazu. Deine Bücher führen den Frauen vor Augen, was sein könnte. Es geht um nichts weniger als ihre Freiheit. Gib das nicht auf.«

Colette errötete. »Aber vom Schreiben kann ich nicht leben.«

Missy nickte wissend. »Du willst Willy also verlassen. Dann streng dich an, damit es dir gelingt.«

»Das werde ich.« Colette winkte ihr noch einmal zu. Die Straße lag voll regennasser Blätter und führte sie an den hohen Zäunen nobler Grundstücke vorbei. Sie würde ihren Weg gehen, auch wenn sie nicht sehen konnte, was sich hinter der nächsten Biegung verbarg.

Zuerst würde sie Marguerite Moreno einweihen, die ihre unbestechlichste Ratgeberin war. Nach Marcels Rückkehr aus der Südsee war das Ehepaar Schwob auf die Île Saint-Louis gezogen, die wie ein Schiff inmitten der Seine lag. Colette besuchte sie gleich am nächsten Tag. Marcel war ausgegangen, doch Marguerite nahm gerade ihren Kaffee im Wintergarten ein. Der Fluss spiegelte den blauen Himmel, und durch die geöffneten Fenster drang eine frische Brise.

»Wie geht es Marcel?«, erkundigte sich Colette.

»Er ist erschöpft.« Nachdem sein Gesundheitszustand sich auf seinen Reisen nach Jersey und Samoa nicht gebessert hatte, war Marguerite mehr in Sorge um ihn als je zuvor. »Könnten wir von etwas anderem sprechen?«

Jede Art von Sentimentalität lag ihr fern. Sie plauderten über dieses und jenes, bevor Colette mit ihrem Anliegen herausrückte. »Wie kann ich Schauspielerin werden? Ist das überhaupt noch möglich?«

Marguerite stellte ihre Tasse ab. »Wie alt bist du?«

»Dreißig.« Colette fühlte sich jung. Lag das an ihrer Kreativität oder an Henry, der sie wie ein Kind behandelte? »Ich muss mich neu erfinden«, fügte sie kleinlaut hinzu. »Und wenn möglich sollte mein Lebensunterhalt dabei herausspringen.«

»Es ist wegen Henry«, mutmaßte Marguerite.

Colette nickte traurig. »Unsere Beziehung hängt in der Schwebe. Sie ist nichts Halbes und nichts Ganzes. Es wird Zeit, dass einer von uns anfängt, sich zu bewegen.« Ich werde ihn verlassen, dachte sie, sagte es aber nicht laut.

Marguerite nickte. »Dreißig ist ein bisschen alt, aber Colette ist Colette. Wenn du dir etwas in den Kopf gesetzt hast, bist du störrisch wie eine Eselin.«

Colette neigte lächelnd den Kopf. »Danke für das Kompliment. Esel sind freundliche und kluge Tiere, außer man verlangt etwas von ihnen, das ihnen zuwider ist.«

»Also gerade so wie du.« Marguerite sprang auf und lief mit energischen Schritten im Wintergarten auf und ab. Ihr blauer Seidenmorgenrock blähte sich und umwehte sie wie der Mantel einer Zauberin. »Du hast die Musik mit der Muttermilch aufgesogen, sagst du? Sprache ist Rhythmus und Ausdruck zugleich. Musikalität kann da nicht schaden.«

Colette nickte. »Du weißt, dass ich mir Melodien gut merken

kann und halbwegs passabel singe. Außerdem habe ich auf unserer Tournee Polaire vertreten. Es ging gut, obwohl ich sehr aufgeregt war.«

»Dein burgundischer Akzent ist eventuell ein Hindernis. Aber du hast schon jede Menge Tanzstunden genommen, richtig?« Marguerite ließ sich in einen Sessel fallen. »Vielleicht reicht es nicht für die Comédie-Française und die Klassiker. Aber du könntest es mit der leichten Muse probieren.«

Ihre Freundin fand ihren Wunsch zumindest nicht völlig abwegig. Colettes Herz begann zu klopfen. »Was genau meinst du damit?«

»Varieté und Pantomime. Vielleicht ein wenig Gesang, wenn du dir dafür nicht zu schade bist.«

»Warum sollte ich?«

Marguerite musterte sie. »Weil gesellschaftlich hochstehende Kreise, zu denen Henry sich zweifellos zählt, das Theater als vollkommen unter ihrer Würde ansehen.«

Colette dachte an Liette de Serres. »Das schreckt mich nicht, lebenslustig wie ich bin. Im Gegenteil.«

Marguerite kaute nachdenklich auf ihrer Unterlippe. »Du bist sportlich und musikalisch. Und Lust auf viele Abenteuer hast du auch. Warte!« Sie sprang auf, öffnete das geschnitzte Kästchen auf ihrem Sekretär und zog eine Visitenkarte mit Golddruck hervor. »Die ist von Georges Wague, einem der besten Schauspiellehrer, die ich kenne. Er würde dich sicher unterrichten. Und weißt du was? Er erfindet gerade die Kunst der Pantomime neu. Wäre das nicht ideal für dich?«

Colette steckte die Karte ein. »Ist das nicht Tingeltangel?«

»Vielleicht. Aber die leichte Muse zieht mehr Publikum an als alle ernsten Stücke. Und verdienen würdest du damit sicher genug.«

»Es ist zumindest eine Möglichkeit.« Ein Ausweg, dachte sie.

Marguerite ließ sich in einen Sessel fallen und streckte ihre langen Beine aus. »Und Henry? Was sagt der zu deinen Plänen?«

Colette hob die Hände. »Der weiß noch nichts von seinem Glück. Entweder ist er entsetzt, weil ich unseren guten Namen in den Dreck ziehe, oder aber ...«

»Was?«, fragte Marguerite.

»... er ist froh, mich endlich los zu sein.«

∼ KAPITEL 27 ∼

Es hatte keinen Sinn, das klärende Gespräch mit Henry auf die lange Bank zu schieben. Am nächsten Morgen saß er in der Küche am Tisch und las, während er seinen Kaffee trank, einen Brief auf hellrosa Papier, das leicht nach Rosen duftete.

Colette verdrehte die Augen zur Decke. »Wer hat dir denn jetzt schon wieder geschrieben?«

Henry legte den Brief auf den Tisch. »Eine junge Dame aus London. Sie ist erst achtzehn, wie reizend.« Er sah auf den Absender. »Eine gewisse Marguerite Maniez, die sich Meg nennt. Sie will Schriftstellerin werden und wünscht sich meine Expertise.«

»Ach was?«, sagte Colette spöttisch. »Genau im richtigen Alter?« Sie holte tief Luft und schilderte ihm ihre Pläne.

Henry runzelte die Stirn. »Du willst dir diese Theatersache also nicht ausreden lassen? Obwohl du weißt, dass du damit gegen meine Anordnungen verstößt?«

Sie hob das Kinn. »Ich will und ich muss zum Theater. Und zwar professionell. Moreno sagt, dass die leichte Muse zu mir passt.«

Er brachte sie mit einem Wink seiner Hand zum Schweigen. »Schon gut, schon gut. Ich kenne deine Halsstarrigkeit zu Genüge. Du willst also meinen guten Ruf in den Schmutz ziehen, indem du im Varieté auftrittst. Die Massen werden strömen, weil sie Madame Willy auf der Bühne sehen wollen. Weißt du eigentlich, was du mir damit antust? Ich sehe es schon kommen: Colette tanzt

337

nackt wie Eva im Paradies über die Bühne, und ich sitze im Publikum und schlage die Hände vors Gesicht. Außerdem würden sich meine Neider das Maul darüber zerreißen, dass ich dich nicht ernähren kann.«

»Kannst du das denn?« Colette konnte sich ein Grinsen nicht verkneifen. »Du hast doch selbst gesagt, dass jede Aufmerksamkeit wichtig ist, egal ob positiv oder negativ. Und du scheust normalerweise keinen Skandal.«

»Schlag mich nur mit meinen eigenen Waffen.« Seine Augen bekamen einen leidenden Ausdruck. Die blauen Äderchen auf seinen Wangen waren zahlreicher geworden. »Aber deine Extravaganzen müssen sich in Grenzen halten.«

»Du willst also weiterhin ein respektables Mitglied der Bourgeoisie sein?« Colette schüttelte spöttisch den Kopf. »Aber ich nicht. Ich tue, was ich für richtig halte.« Wenn sie zum Theater ging, würde sie einen Teil des Jahres auf Tournee sein. Das Wort Scheidung stand zwischen ihnen, ohne dass sie es aussprachen.

»Du lässt dir deine Flausen ja doch nicht austreiben.«

Colette lachte. »Störrisch wie eine Eselin, sagt die Moreno.«

»Womit sie den Nagel auf den Kopf getroffen hat.« Er trank einen Schluck Kaffee.

»Sie hat mir empfohlen, mich von einem gewissen Georges Wague unterrichten zu lassen.«

Henry nickte anerkennend. »Dem Pantomimen? Den kenne ich. Wenigstens macht er Kunst und keinen Schund. Weißt du, dass er die Cantomime erfunden hat, bei der im Hintergrund jemand singt, während auf der Bühne getanzt wird?«

Colette nickte. Zumindest Wague gegenüber war Henry nicht negativ eingestellt. Ein Anfang war gemacht. »Dann darf ich also Unterricht nehmen.«

»Wenn es denn sein muss.« Henry blätterte umständlich seine

Zeitung auf. »Nimm Stunden hier, nimm Stunden da und fühle dich wichtig. Aber glaub nicht, dass ich zulasse, dass du mitten in Paris über eine Varietébühne hüpfst. Es wäre also nicht schlecht, wenn du dir vorher die Haxen brichst.«

Colette schluckte. »Abwarten«, sagte sie. Sie hatte noch nicht einmal angefangen zu kämpfen.

Henry schlug die Seite um. »Dieser unermüdliche Sittenwächter Senator Berenger hat übrigens seine Drohung wahr gemacht und zerrt mich vor Gericht.«

Colette riss die Augen auf. »Wegen *Claudine*?«

»Nein, nein.« Henry wiegelte ab. »Es geht um mein Buch *La Mâitresse de Prince Jean*.«

»Das ist verständlich.« Colette hatte es Korrektur gelesen. »Es strotzt vor Erotik der besonderen Art.«

Henry grinste geschmeichelt, Agent provocateur, der er war. »Aber die *Claudine*-Reihe steht natürlich mit am Pranger. Die Unterstützer beider Seiten bringen sich bereits für die große Schlacht in Stellung. Und da dachte ich …«

»… dass ich dir den Rücken stärken muss«, vollendete Colette.

Henry nickte. »Immerhin hängst du mit drin. In der Öffentlichkeit sollte es zumindest so aussehen, als würden die Willys zusammenhalten.«

Der Plan war so plötzlich da, dass Colette schwindlig wurde. Ein Hoch auf ihre spontane Idee, mit der sie Henry über den Tisch ziehen konnte, weil er unter Druck stand.

»Natürlich helfe ich dir«, sagte sie listig.

»Das will ich doch hoffen.« Henry vertiefte sich wieder in seine Zeitung.

»Aber es gibt eine Bedingung.«

»Muss das sein, Füchslein? Sag schon, was du willst, du kleine Erpresserin.« Er führte seine Tasse zum Mund.

Sie holte tief Luft. *Nicht patzen, Colette!* Die Situation erlaubte keine Fehler. »Ich unterstütze dich, wenn ich mich als Mitautorin unserer gemeinsamen Werke offenbaren darf.«

Henry verschluckte sich und spuckte einen Regen aus karamellbraunen Kaffeetropfen über den Tisch. Es roch bitter, als er zu husten begann. Sie klopfte ihm den Rücken, bis er sich beruhigte. *Colette, du Scheinheilige!*

Henry schüttelte den Kopf. »Wie oft habe ich dir dargelegt, dass das unmöglich ist?«

»Tausendundeine Nacht lang? Scheherazade will endlich ihre eigenen Geschichten erzählen.« Sie stand neben ihm, den Arm um seine Schultern gelegt. Sein Geruch stieg ihr in die Nase, würzig nach Kaffee, kubanischen Zigarren, Whisky, Magensäure und ein wenig nach altem Mann. »Wie oft habe ich für dich das Unmögliche möglich gemacht?«

Sie waren schon wieder klamm. Die Tantiemen aus mehr als 500 000 verkauften Exemplaren von *Claudine* waren durch Henrys Hände geflossen wie Wasser. Er feierte üppige Feste, unterhielt einige Rennpferde und eine Reihe leichter Mädchen, zahlte mehrere Immobilien ab und lieh seinen Freunden Geld, wann immer sie nachfragten. Dennoch konnte sich Colette nicht erklären, wie es ihm gelang, innerhalb von so kurzer Zeit so viel Geld durchzubringen.

»Jetzt bin ich dran«, sagte sie leise.

»Aber«, warf Henry ein. »Das letzte Wort über deine Theaterkarriere ist noch nicht gesprochen. Ich werde dem niemals zustimmen.«

»Ich will mich von dir trennen.«

»Ich weiß.« Er faltete gelassen seine Zeitung.

Um den Prozess durchzustehen, mussten sie ihre Kräfte bündeln und ihre Streitigkeiten zumindest vorläufig beilegen. Obwohl es nicht um *Claudine*, sondern um Henrys freizügigen Roman *La Maîtresse du Prince Jean* ging, wussten sie, dass ihr Weltbild auf dem Spiel stand.

Wie erwartet bekriegten sich Moralapostel und liberale Geister auf das Heftigste. Die Verhandlung ging zuungunsten Willys aus; er wurde zu 1000 Francs Geldstrafe verurteilt. Die Zeitschrift *La Vie en Rose*, die den Roman in Fortsetzungen veröffentlicht hatte, musste 300 Francs zahlen. Im Satiremagazin *Gil Blas* aber erschien ein Vierzeiler, in dem sich Colette und Henry als gemeinsame Verfasser der *Claudine*-Romane und von *La Maîtresse* zu erkennen gaben:

Wäre ich zum Vergnügen im Schlamm herumgewatet,
des Geldes wegen, meine Wange würde vor Scham erglühen ...
Habe ich, so gut ich konnte, Literatur gemacht,
So entschuldigt. Das ist mein Beruf.

Die Verse waren nicht nur von Willy, sondern auch von Colette unterzeichnet. Wer Augen hatte, um zu lesen, konnte nicht mehr ableugnen, Bescheid zu wissen.

Zum Erscheinen des Hochglanzmagazins *Le Damier* wurde im Spielcasino Gutshof an der Avenue Victor Hugo ein Diner veranstaltet, zu dem alle geladen waren, die in der Pariser Kultur Rang und Namen hatten. Colette und Henry besuchten es gemeinsam mit ihren Mitarbeitern Curnonsky und Toulet sowie Marguerite Moreno und dem noch immer kränklichen Marcel Schwob.

»Sieh dich unauffällig um, Füchslein.« Henry hatte gerade ihre Mäntel abgegeben und nahm ihren Arm. »Sarah Bernhardt ist auch da.«

»In der Tat, und sie ist wunderschön mit ihren langen roten Haaren.«

Colette, die ein knöchellanges weißes Abendkleid und eine elegante Federkappe trug, nickte Rachilde und ihrem Mann Alfred Vallette zu, bevor ihr Blick auf Natalie Barney fiel, die in Begleitung Renée Viviens erschien. Hinter ihnen trat Mathilde de Morny ein. Sie trug Frack und Zylinder und streifte lässig ihre Handschuhe von den Fingern. Colette überlief ein Schauder, als ihr warmes Lächeln sie traf. Wenn nur Georgie Raoul-Duval ihr nicht auf dem Fuße gefolgt wäre.

»Die Goldhühner sind auch da!« Henry nahm Colette fest am Arm und führte sie zur nobel gedeckten Tafel. »Nicht, dass du mich ihnen zuliebe im Stich lässt. Und dann noch dieses Mannweib Mathilde de Morny.«

Sie schwieg eisern und nahm neben Marcel Schwob Platz, der ihr zuzwinkerte. »Wartet die Freiheit oder die Käseplatte auf Sie, meine kleine Lolette?«, fragte er.

»Beides.«

Henry unterhielt sich angeregt mit Curnonsky und beachtete sie nicht weiter. Auf den ersten Gang, eine gebundene Suppe, folgten als Horsd'œuvre Jakobsmuscheln in Sauce. Danach wurde der Fisch serviert, bei dem sich Colette reichlich bediente, Marcel aber kaum etwas nahm. Marguerites besorgter Blick traf ihn.

»Ich habe leider keinen Appetit«, entschuldigte er sich. Er hatte noch mehr abgenommen. Sein Gesicht wirkte durchscheinend und schmal.

In der Pause vor dem Fleischgang ergriff Colette die Gelegenheit und setzte sich zu ihren Freundinnen, die sie mit großem Hallo begrüßten. Missy nickte Colette zu. »Willy sieht aus, als würde er dich erwürgen, wenn du ihm erneut in die Hände fällst. Oder vielmehr uns beide.«

»Er müsste es eigentlich gewöhnt sein.« Seit seiner Affäre mit Liette de Serres tat sich Colette, ihre eigenen Seitensprünge betreffend, keinen Zwang mehr an. Georgie lachte ein wenig zu schrill.

»Euer Prozess hat euch ja wieder in den Mittelpunkt des Interesses gerückt!«, rief Natalie über den Tisch hinweg.

»Hauptsache Willy bleibt in aller Munde«, stimmte Colette ihr zu.

»Endlich hast du dich zu deinen Büchern bekannt,« sagte Renée. »Jedenfalls für Leute, die imstande sind, einen Vierzeiler zu verstehen. Respekt!«

Natalie und sie steckten die Köpfe zusammen und berieten über den Auftritt einer gewissen Mata Hari in Neuilly, die es sich in den Kopf gesetzt hatte, splitterfasernackt auf einem Elefanten einzureiten.

»Endlich mal wieder ein perfekter Skandal!«, amüsierte sich Georgie. »Wo wollt ihr den Elefanten denn ausleihen? Denkt doch nur an seine Hinterlassenschaften. Mit seinen Fladen könnt ihr den Garten düngen.«

Die Frauen am Tisch kicherten so unbekümmert, dass Colette Missys Frage fast nicht verstanden hätte. »Wie steht es um deine Theaterkarriere?«

Colette wurde heiß, als sie daran dachte, welch dorniger Weg vor ihr lag.

»Es … wird schon«, sagte sie. »Ich nehme Pantomime-Unterricht, um bald auftreten zu können.«

»Eher friert die Hölle zu«, raunte eine leise Stimme in ihrem Rücken.

Colette fuhr herum und sah Henry in die Augen. Sein Bart war gesträubt. »Meine liebe Marquise.« In seiner Stimme lag bittere Ironie. »Ich lasse nicht zu, dass sich mein Füchslein auf einer Varietébühne ebenso lächerlich macht wie an Ihrer erlauchten Seite. Es gibt einen Unterschied zwischen Auftritten in privatem Rahmen und solchen, bei denen man sich für Geld zur Schau stellt. Niemals wird sie zur Zierde eines … Etablissements.« Es klang, als hätte er eigentlich »Bordell« sagen wollen. »Colette gehört mir.«

»Wenn Sie sich da mal nicht irren«, gab Missy leise zurück.

Colette sprang auf und funkelte Henry an. »Warum könnt ihr nicht begreifen, dass ich selbst über mein Leben entscheide? Und ja, ich kann sogar für mich selbst sprechen.« Die Goldhühner hoben den Blick, Natalie erstaunt, Georgie mit diesem belustigten Funkeln in den Augen.

Colette nahm allen Mut zusammen und hob ihre Stimme. »Ich werde auftreten, wann, wo und wie ich will. Und wenn es nackt in einem Schleiergewand ist. Und ich werde lieben, wen ich will.«

Die Gäste richteten ihre Augen auf sie, unter ihnen eine entsetzte Marguerite, Marcel aber mit leiser Belustigung. Eine heiße Welle rollte über Colette hinweg, als sie sich einen Moment lang von außen sah, weiß gekleidet wie eine Fee unter schimmernden Kronleuchtern. Dann bemerkte sie, dass Missy noch immer ihre linke Hand hielt.

»Bist du vollkommen verrückt geworden?« Henry griff nach ihrer rechten. »Komm endlich!«

Fasziniert beobachtete das Publikum, wie Missy und er von beiden Seiten an ihr zogen. Colette wurde einen Moment lang schwarz vor Augen, als ihr aufging, dass sie mit diesem Auftritt einen Skandal erster Güte schufen. Die Pariser würden in diesem Jahr etwas zu reden haben, o ja.

»Du hast nicht über mich zu bestimmen!«, rief sie in Henrys Richtung. Atemloses Schweigen senkte sich über den Saal.

»Siehst du nicht, wie du mich zum Narren machst?« Henry sah sich panisch um. »Ich lasse nicht zu, dass mein Ruf in Mitleidenschaft gezogen wird.«

»Das schaffst du durch deine Affären und dein mieses Geschäfts-gebaren schon ganz allein.« Colette bereute ihre viel zu lauten Worte, kaum dass sie heraus waren.

»Bonsoir Mesdames, Messieurs.« Henry verbeugte sich spöttisch in die Runde und ging. Als sich die Tür hinter ihm geschlossen hatte, begannen die Leute zu tuscheln. Der Raum drehte sich um Colette. Irrte sie sich, oder stach Rachildes schmales Gesicht aus der Menge heraus? Die Schriftstellerin nickte ihr grimmig zu.

»Puh, ich dachte, dir quillt gleich Dampf aus den Ohren«, kommentierte Georgie, bevor das Publikum sich angesichts des Eklats demonstrativ mit dem Fleischgang beschäftigte.

»Lass dich nicht beirren«, raunte Missy.

Colette löste ihre Hand. »Gönn mir einen Moment allein, bitte.« Die Blicke der Gäste brannten in ihrem Rücken, als sie zu ihrem Platz zurückkehrte, ihr Glas mit Champagner füllte und es austrank.

»Ach, Lolette.« Marcel hustete in sein Taschentuch und faltete es zusammen, um die roten Flecken zu verbergen, die sich darin abzeichneten.

»Alle Achtung. Das wird man nicht so schnell vergessen«, raunte Marguerite. »Jetzt hat auch der Dümmste mitgekriegt, dass die Trennungspläne der Willys kein leeres Geschwätz sind.«

»Wir sind Stadtgespräch. Das will Henry doch.«

»Aber nicht so«, urteilte Marcel und drückte ihre Hand. »Ich danke dir, Colette.«

Sie riss entgeistert die Augen auf. Nie zuvor hatte er sie geduzt. Und dass er sie beim Namen nannte, war in all den Jahren, die sie sich kannten, kaum vorgekommen. »Aber weshalb? Und warum so feierlich?«

»Weil deine ansteckende Lebensfreude mich so oft gerettet hat.«

»Wovor?«

Marcel zuckte mit den Schultern und lächelte traurig. »Vor mir selbst und der mir innewohnenden Melancholie, wer weiß?« Er stand auf und hauchte einen Kuss auf ihre Hand. »Auf Wiedersehen, meine liebste Lolette, in den Gefilden der Worte, aus denen wir unsere Welten bauen.«

»Du solltest dich besser ausruhen«, mischte sich Marguerite ein. »Ist dir warm genug, mein Lieber? Er hat leichtes Fieber, andauernd leichtes Fieber.«

»Alles ist gut. Ihr wisst, dass ich mir nichts entgehen lassen will.« Marcel ließ sich von Marguerite ein Plaid um die Schultern legen, während sich die Marquise auf den leeren Platz an Colettes Seite setzte, Henrys Platz.

»Du musst dir endlich eine eigene Wohnung suchen, meine Liebe«, sagte sie.

Colette nickte. »Ich weiß. Ich muss meinen Platz finden. Sowohl als Autorin als auch als Frau.«

KAPITEL 28

Fünfzehn Schülerinnen tummelten sich in dem kleinen Ballett-
saal, dessen deckenhohe Fenster direkt auf einen Barockgarten voller Putten und Buchsbäume hinausgingen. Zu Beginn der Stunde
übten sie Pliés und vertieften sich in die fünf klassischen Positio-
nen, um sich aufzuwärmen. Dann studierten sie Techniken ein, die
sich der Improvisation und der körperlichen Präsenz widmeten. Es
war verblüffend, wie sich der eigene Ausdruck verbesserte, wenn
man sich mit einem imaginären Ballon in die Luft schwang oder
nicht existierende Koffer schleppte. Colette hatte dabei schon viel
über ihren Körper gelernt.

Noch war es nicht so weit. Sie legte ihr rechtes Bein auf die
Stange und senkte ihren Kopf über ihr Knie. »Du musst dich deh-
nen, Émilie! Hörst du?«

»Ich weiß nicht, was diese Verrenkungen sollen.« Die kleine Algerierin verdrehte die Augen zum Himmel und stöhnte. Sie begleitete Colette heute zum ersten Mal zu Georges Wagues Panto-
mime-Kurs.

»Wenn du zu faul dazu bist, handelst du dir einen Muskelkater
ein.« Colette nahm seit Jahren Ballettunterricht und kannte sich
aus. »Schlimmstenfalls kannst du dich verletzen.« Auch wenn sich
die Pantomime grundlegend vom klassischen Ballett unterschied,
blieben die tänzerischen Grundlagen gleich. Missmutig ließ Émilie
sich zu ein paar Kniebeugen herab.

Georges Wague klatschte in die Hände. Mit seiner dunklen

Tolle und dem edel geschnittenen Gesicht war er so gut aussehend, dass mehr als eine Schülerin ihn bewundernd ansah. Die Mädchen schoben die Stange zur Seite und nahmen Aufstellung. Wague zwinkerte in die Runde. »Werden Sie zu Kätzchen, Mesdemoiselles! Das dürfte Ihnen doch nicht allzu schwerfallen.«

Die Schülerinnen tauschten ratlose Blicke.

»Miau«, ließ eine verlauten. Der Rest der Truppe kicherte.

»Ohne dabei den Mund zu öffnen!« Wague hob mahnend seinen Zeigefinger. »Wir sind Pantomimen, Mesdemoiselles. Wir agieren lautlos und lassen nur unsere Mimik und Gestik sprechen, diese aber lebendig und ausdrucksvoll.« Er klatschte in die Hände. »Konzentration! Wir haben keine Zeit zu verlieren. Verteilen Sie sich im Raum.«

»Vielleicht ist er ja doch schwul«, flüsterte Émilie.

Colette verkniff sich ein Lachen. »Ist er nicht.«

Im Gegenteil. Wague war frisch verheiratet mit ihrer Freundin Christiane Mandelys. Die junge Frau mit dem dunkelblonden Lockenschopf begleitete sie bei ihren stümperhaften Versuchen an dem blechern klingenden Klavier.

Die fünfzehn Schülerinnen trugen schwarze Trikots, in denen sie sich in alles verwandeln konnten, vom Stuhl bis zum Regenschauer. Es war überraschend anspruchsvoll, etwas nur mithilfe des eigenen Körpers darzustellen. Colette fühlte sich zuerst immer ein bisschen wie im luftleeren Raum. Ratloses Gemurmel hob an.

»Gehe ich recht in der Annahme, dass sich keine von Ihnen bereit für diese Aufgabe fühlt?« Georges Wague hob die Hände. »Mesdemoiselles, konzentrieren Sie sich! Was macht die Spezies Katze aus?«

Die Mädchen schwiegen betreten. Sie kamen entweder aus den Tanzklassen der Oper oder waren Bürgerstöchter, die der allgegenwärtigen Langeweile zu entfliehen suchten. Nur Colette strebte eine professionelle Karriere an.

»Katzen sind unerbittliche Jägerinnen«, sagte sie. »Sicher habt ihr sie schon mit den Mäusen spielen sehen, bevor sie sie fressen. Sie sind grausam.«

»Wenigstens eine lässt sich zu einer Antwort herab«, stöhnte Wague.

»Und sie lieben Tändeleien mit Wollknäueln. Wenn sie klein sind, sind sie unglaublich niedlich.« Colette dachte an ihren Kater Anatole, aus dem einer der größten Raufbolde in Châtillons Katzenpopulation geworden war.

»Meine ist ein Schmusetiger«, warf eine Blondine schüchtern ein. »Sie schleicht sich auf Samtpfoten an. Aber wenn sie zornig ist, macht sie einen Buckel, faucht und kratzt.«

»Na bitte, geht doch.« Wague nickte. »Also tun Sie sich keinen Zwang an und verwandeln sich in ein solch rätselhaftes und vielseitiges Untier. Und schweigen Sie dazu wie die Nacht. Ich will nicht einmal ein Maunzen hören.«

»Die meisten Katzen schlafen mindestens zwölf Stunden am Tag.« Für diesen Einwurf erntete Colette verhaltenes Gekicher.

Wague verdrehte die Augen. »Dann gähnen Sie theatralisch, rollen sich zusammen und verkneifen Sie sich tunlichst zu schnarchen. Allerdings wird das Publikum nach spätestens einer Stunde ebenfalls eingeschlafen sein. Vor Langeweile.«

Diesmal hatte er die Lacher auf seiner Seite, auch Émilie, die eigentlich nur mitgekommen war, um Colette Gesellschaft zu leisten. »Mir wachsen gleich ein Schwanz und ein paar spitze Ohren.« Sie versuchte sich an einem spielerischen Pfotenschlag.

»Und an die Balletteusen unter euch«, fuhr Wague ungnädig fort. »Setzt eure Füße in gerader Linie auf, auch wenn der Maestro euch mit dem Rohrstock eingetrichtert hat, sie zur Seite zu drehen. Vertieft euch in das Wesen der Katze. Es geht los. Jetzt!« Wague schnippte mit den Fingern, Christiane begann zu spielen, und der Haufen verzogener Gören verwandelte sich wenn nicht in vierbeinige Samtpfoten, so doch in etwas, was dem nahe zu kommen versuchte. Colette verharrte stirnrunzelnd. Sie setzte sich mit angezogenen Beinen neben Émilie. »Lass uns zu zwei Katzenjungen werden, die sich balgen.«

»Aber ich weiß nicht, wie die sich bewegen«, flüsterte Émilie.

»Hattet ihr keine?«

»Nein, verflixt.« Die dunklen Augenbrauen zogen sich über den Berberaugen zusammen. »Bei uns gab es nur Straßenkatzen, die im Müll wühlten.«

Colette schwieg betroffen. Wie privilegiert sie doch aufgewachsen war. »D'accord. Dann machst du mir einfach alles nach. Sei mein Spiegel.«

Sie legte nachdenklich den Finger an die Lippen. Wie bei den Menschen gab es Katzen, die großen Wert auf Gemütlichkeit und gutes Futter legten, und es gab boshafte, die ohne Grund bissen und kratzten und mit Absicht ins Regal sprangen, um eine Vase zu Boden zu werfen. Aber es gab auch Bijou, die fürsorgliche Mutter, die ständig ihre Brut suchte, denn die Kleinen versteckten sich überall und nirgends.

Colette streckte sich, als würde sie gerade erwachen. Dann sprang sie in die Höhe, landete geschmeidig auf weichen Pfoten und klopfte Émilie an die Brust, um sie zum Spielen einzuladen. Und siehe da. Die graziöse Sängerin war so begabt, dass sie die Bewegungen einfach aufnahm und umsetzte. Es war wie ein Tanz, der in einer Balgerei endete. Schon lange hatten sie nicht mehr so viel Spaß gehabt.

Wague klatschte in die Hände. »Kommt zum Schluss, meine Lieben.« Er nickte ihnen zu. »Das habt ihr sehr gut gemacht, Zwillinge, vor allem du, Colette, aber auch du …«

»Émilie«, half sie ihm auf die Sprünge.

Colette hielt inne und lauschte ihrem Atem. Sie wusste, dass sie als eine der wenigen Wagues Ansprüchen genügte, eine notwendige Voraussetzung, um professionell als Pantomimin zu arbeiten.

Sie half Émilie auf die Füße und war schon auf dem Weg zu den Garderoben, als Wague sie zurückrief. »Christiane und ich würden dich gern sprechen.«

Der Saal leerte sich bis auf Colette, das Ehepaar Wague und Émilie, die ungeniert lauschte. Die Wagues waren durchweg vertrauenswürdig. Selten hatte Colette sich in Gegenwart zweier Menschen so wohlgefühlt. Sie kannte Christiane flüchtig, seit diese in den 1890er Jahren ihre Schauspielausbildung begonnen hatte. Wague war zwei Jahre jünger als sie und ein echter Pariser Gassenjunge mit einer Leidenschaft fürs Theater. Er setzte sich neben Christiane auf den Klavierhocker und legte ihr einen Arm um die Schultern.

»Wir wollten dich fragen, ob du eine Rolle in unserem Stück übernehmen willst, Colette«, sagte Christiane.

»Unserer Pantomime«, verbesserte Wague sie.

Colettes Herz begann wild zu klopfen. »Wollt ihr mich dabeihaben, weil ich bekannt bin? Dann würde ich das Angebot ablehnen.« Ihr Image als stadtbekannte Skandalnudel musste sie nicht mit Auftritten an der Seite der Wagues aufpolieren.

»Das haben wir nicht nötig«, versicherte Wague. »Du bist gut, und du versprichst dir etwas vom Theater. Es wird Zeit, dass du Routine gewinnst.«

»Um was handelt es sich denn?«

»Wir werden im Théâtre des Mathurins *L'amour, le désir, la chimère* von Francis de Croisset aufführen«, erklärte Christiane. »Madame Georgette Leblanc führt Regie. Es gibt die Rolle eines kleinen Fauns zu vergeben.«

»So richtig mit Hörnern und Flöte?« Colette seufzte sehnsüchtig. Sie wollte zur Bühne, sie wollte schreiben. Sie wollte leben. Am besten alles gleichzeitig. Einen Faun zu spielen, das war schon eine Versuchung.

»Er tritt aber leicht bekleidet auf«, fügte Christiane hinzu.

»Damit habe ich keine Probleme.« Colette holte tief Luft. »Ich würde sehr gerne.«

»Musst du dich mit Henrys Plänen abstimmen?«, fragte Wague.

»Vielleicht.« Auch wenn ihre Ehe nur noch auf dem Papier bestand, veröffentlichten sie noch immer gemeinsam. »Ich lasse von mir hören.«

Colette gesellte sich zu Émilie, die mit einem Handtuch um den Hals auf sie wartete. In diesem Moment öffnete sich die Tür für Missy. Sie wirkte in Frack und Zylinder äußerst respekteinflößend.

»Du wirst von einem Dandy abgeholt, Colette.« Émilie rempelte die Marquise an, drängte sich an ihr vorbei und verschwand in den Garderoben.

Colette sah ihr hinterher. »Was ist bloß in sie gefahren?«

»Das fragst du noch? Sie ist eifersüchtig.« Die Marquise zog Colette in ihre Arme und küsste sie auf den Mund. Jeder sollte sehen, wie glücklich sie waren. »Aber …?«

Missy zog die Augenbrauen hoch. »Du musst nicht mit ihr ins Bett gehen, damit sie sich ausgebootet fühlt. Freundschaft genügt.«

Nachdem Colette Émilie in die Garderobe gefolgt war, schlüpfte sie in eine enge Hose, ein Hemd mit gefälteter Brust und ein maßgeschneidertes Tweedsakko. Schnell noch die Krawatte festziehen. Dann nickte sie sich zufrieden im Spiegel zu.

»Wir können dich mitnehmen«, sagte sie zu Émilie, die schon im Begriff stand zu gehen. Da ihr Kutscher krank war, hätte sie sonst eine Mietdroschke bestellen müssen.

Sie hob eigensinnig ihr Kinn. »Wenn es denn sein muss, zwangsweise.«

Colette ignorierte ihr beleidigtes Schnauben und schob sie entschlossen zwischen sich und Missy auf den Kutschbock. Missy kutschierte selbst, die Zügel strafften sich, und ihre beiden Apfelschimmel reagierten auf jeden Impuls.

»Stimmt es, dass die Pferde Knoblauch und Vanille heißen?«, fragte Émilie missgelaunt.

»O ja.« Missy lachte. »Obwohl ich weiß, dass man damit auch Lesben tituliert, versuche ich nicht, dich zu verführen, Süße.«

Émilie wurde knallrot und schwieg von da an während der gesamten Fahrt. Nachdem sie sichtlich erleichtert an ihrem noblen Stadthaus in der Avenue du Bois ausgestiegen war, lenkte Missy die Kutsche über die Boulevards voller Fuhrwerke, Pferdebusse und knatternder Automobile in die Rue de Courcelles und half Colette vom Kutschbock. »Ich bin sehr glücklich mit dir.«

»Ich auch.«

Manchmal konnte Colette diese Wendung ihres Schicksals kaum fassen. Missy, die in ihrer Güte und Großherzigkeit durch nichts zu erschüttern war, ließ sich von Colette wie ein Schmetterling umtanzen. Kaum hatten sie sich gefunden, hatten sie die einschlägigen Bistros am Montmartre zu besuchen begonnen, wo die Nachricht, dass die Marquise sich in festen Händen befand, einschlug wie eine Bombe. An ihrer Seite trug Colette Anzug und Monokel, oder sie kleidete sich bewusst weiblich in helle Musselinkleider. Nur zu dem Paar ondulierter Pudel, mit denen manche Lesben ihren Lebensstil demonstrierten, hatten sie sich noch nicht durchringen können. Sowohl Natalie Barney als auch Sylvaine hatten Missy sofort akzeptiert. Henry jedoch fand Colettes neue Beziehung mehr als peinlich.

Colette nahm immer zwei Stufen auf einmal und klopfte an die Wohnungstür.

»Wer will denn schon so früh was von …« Die Tür wurde aufgerissen. Da stand ein Mädchen im Backfischalter mit kurz geschnittenen dunklen Haaren und einem knielangen Schulkittel und musterte sie ungeniert. »Was wünschen Sie?«

Colette blinzelte irritiert. Die Kleine war das Ebenbild von Claudine, oder nein, ein Wesen, das dem Spiegel ihrer eigenen Träume und Ängste entstiegen war. »Falls Sie es noch nicht wissen: Ich bin Willys Frau. Noch jedenfalls. Und das hier ist meine beste Freundin, die Marquise de Morny.«

Das Mädchen musterte sie neugierig. »Ach! Dann sind Sie also Colette. Ich wollte Sie schon immer kennenlernen. Kommen Sie doch herein … Papa, du hast Besuch!«, rief sie in den Flur. »Er arbeitet so viel, müssen Sie wissen.«

»Das brauchen Sie mir nicht zu sagen.«

Papa. Es fühlte sich an, als würde sie Feuer atmen, so eifersüchtig war Colette auf diese Halbwüchsige, die sich anmaßte, ihren Mann besser zu kennen als sie. Obwohl. Aus der Nähe betrachtet, sah sie Claudine nicht mehr ganz so ähnlich. Ihr Haar war kastanienbraun und nicht schwarz, und sie war draller, als es Colettes Heldin je gewesen war. Und dennoch. Henry hatte sich Jugendfrische und Folgsamkeit gegönnt, denn dieses Wesen himmelte ihn mit Sicherheit an und hinterfragte keine seiner Taten.

»Komm!« Missy zog Colette entschlossen über die Schwelle.

»Stammen Sie zufällig aus London?«, fragte Colette, als sie der Kleinen in Richtung Küche folgten. Ihrer Küche. Missy drückte ihre Hand.

Die Kindfrau machte große Augen. »Wie haben Sie das erraten?«

Wie hieß Henrys junge Briefpartnerin noch mal? Marguerite Maniez, und sie schrieb Texte, die Henry sicher vermarkten konnte.

»Ich schau mal nach, wo Papa bleibt.« Die Kleine verschwand in Richtung von Henrys Arbeitszimmer. »Warten Sie solange?«

354

Colette wurde einer Antwort enthoben, weil Juliette ihr in die Arme fiel, kaum dass sie in der Küche stand. Außerdem umtanzte Toby sie mit lautem Gebell. »Madame! Da sind Sie ja endlich wieder. Ich habe Sie so vermisst. Und Francine erst. Aber Monsieur setzt uns einfach diese Meg vor die Nase.«

Juliette bewirtete sie mit Schinken, Oliven, Baguette und Wein, von dem sich Colette einen großen Schluck gönnte. Sie sah sich um. Der Herd, auf dem ein köstlich duftender Kalbsbraten vor sich hin simmerte, das Weinregal, das zu bestücken für Henry Ehrensache war. All das gehörte ihr nicht mehr.

Kiki strich mit erhobenem Schwanz um die Ecke, rieb ihren Kopf an Colettes Hand, als wüsste sie, dass man sie trösten musste, und sprang ihr auf den Schoß. Aus der stolzen Kartäuserkatze war eine alte Dame geworden, die fast den ganzen Tag verschlief. Colette kraulte sie, bis sie zu schnurren begann. »Es gibt kein schöneres Geräusch, nicht wahr, Missy?«

Missy, die Colettes Tierliebe teilte, nickte und tätschelte Tobys Nackenfalte. Kurz darauf kam Henry aus dem Arbeitszimmer und ließ sich schwer auf einen Stuhl fallen. Meg goss ihm Wein ein, doch als sie sich auf seine Knie setzen wollte, schob er sie brüsk zur Seite. »Nein, jetzt nicht.«

»Aber Papa«, schmollte sie.

»Nein, habe ich gesagt.«

Colette sah, wie Missy die Augen zur Decke verdrehte, und verkniff sich ein Grinsen.

Henry tat sich Schinken und Baguette auf. »Hast du das Manuskript dabei?«

»Heute nicht.« Auf Henrys Bitte hin hatte sie die ungeliebte Geschichte von Minne doch noch in einen Roman verwandelt. »Nächstes Mal. Und ich werde auch noch einen zweiten Teil schreiben, vorausgesetzt, das Buch erscheint unter meinem Namen.«

Henry schob sich eine schwarze Olive in den Mund und kaute. »Aber ich habe dir doch schon tausendmal erklärt, dass das nicht geht.«

Sie funkelte ihn an. »Aber vielleicht bin ich nicht mehr bereit, das zu akzeptieren.«

»Ich frage mich schon lange, warum es nicht möglich sein soll, Colettes Namen offenzulegen«, mischte sich Missy ein. »Schließlich ist es den meisten Parisern ohnehin bekannt, dass sie die *Claudine*-Romane verfasst hat.«

Henry lief knallrot an. »Füchslein, wir sind unter dem Namen ›Willy‹ doch gut im Geschäft. Ich verstehe nicht, warum du dich beschwerst.«

»Du meinst wohl, *du* bist unter *deinem* Namen gut im Geschäft«, erwiderte Colette mit einer Kälte, die sie selbst erstaunte. Seit wann verstand sie, so knallhart zu verhandeln wie ein Mann?

Henry trank einen großen Schluck Wein. »Beim übernächsten Buch probieren wir es mit deinem Namen, Füchs…, äh, Colette, ich verspreche es dir. Meg schreibt übrigens auch für mich. Sie ist sehr begabt.«

Die Göre warf sich in die Brust. »Ich habe einen Roman mit dem Titel *Les Imprudences de Peggy* begonnen.« Fasziniert ließ sie ihren Blick von Henry zu Colette wandern. »Ihr seid echte Schriftsteller und noch dazu so *bohémien*. Ich vergöttere euch.«

»So.« Colette fragte sich, ob Meg nur naiv oder unglaublich durchtrieben war.

»Weshalb seid ihr denn gekommen?« Henry sah auf die Uhr. »Ich habe zu tun.«

»Wir wollen Toby abholen«, erklärte Colette. Ihr liebes Froschgesicht war abwechselnd bei ihr und bei ihm. »Wo hast du seine Leine und sein Körbchen? Außerdem wollte ich dir mitteilen, dass Wague und Christiane mich gefragt haben, ob ich im Februar in einer Pantomime auftreten will. Ich soll einen Faun spielen.«

»Das ist ja toll!« Meg sprang auf und klatschte in die Hände.

Henry schüttelte den Kopf. »Da ist das letzte Wort noch nicht gesprochen. Du weißt, dass mir dieser ganze Tingeltangel höchst zuwider ist.«

In diesem Moment schrillte das Telefon durch den Raum, ein selten genutztes Utensil, das sie sich zum Einzug geleistet hatten. Während Colette noch überlegte, wer Henry anrufen könnte, erhob sich dieser fluchend und ging ran. Seine Stimme wurde zu einem Raunen im Hintergrund.

Meg probierte einen unschuldigen Augenaufschlag. »Ich habe übrigens an Jacques geschrieben und ihm mitgeteilt, dass er eine neue Schwester hat.«

»Ach!«, entfuhr es Colette. Ihr Stiefsohn hatte seinen Abschluss in einem englischen Internat gemacht und würde demnächst aufs College gehen.

»Er freut sich sicher über den unerwarteten Familienzuwachs«, ergänzte Missy todernst.

Henry kam zurück. »Das war Polaire oder Émilie, wie ihr sie nennt. Ihr neuer Liebhaber schlägt ihr wohl gerade die Wohnung kurz und klein. Ihr wisst ja, was sie sich immer für grenzdebile Schlachtergesellen aussucht.«

Missy stand auf. »Dann müssen wir uns beeilen. Kommst du, Colette?«

Henry schloss sich an, nachdem er der enttäuschten Meg zu verstehen gegeben hatte, dass sie besser daheim bleiben sollte.

So schnell war Missys Zweispänner noch nie durch den Pariser Verkehr gerollt. Sie erreichten die Avenue du Bois in Rekordgeschwindigkeit und liefen zum Haus. Colette fuhr zusammen, als ihnen aus der Wohnung im ersten Stock Lärm entgegenschallte,

Geschrei und lautes Klirren, als ob jemand ein Glas an die Wand warf.

Colette nahm immer zwei Stufen auf einmal und polterte an die Tür. »Wir sind es, Émilie! Mach auf!«

Stille kehrte ein. Colette zählte bis zehn. Dann zog Émilie die Tür auf. Sie sah verheerend aus. Ihr Gesicht war tränenüberströmt, ein Auge blau geschlagen, und ihre Haare standen zu Berge. »Ich …«

Während sie noch nach Worten suchte, stürzte ein muskulöser Mann mit Schnauzbart und bloßem Oberkörper auf sie zu, nahm sie bei den Schultern und schleuderte sie gegen die Wand. »Hab ich es doch gewusst, dass du mich betrügt. Du treibst es mit Männern und Frauen gleichzeitig, du Hure.«

»Jetzt reicht es aber.« Missy versetzte dem Mann einen Stoß vor die Brust, während sich Henry überraschend behände hinter ihn stellte und ihm die Arme auf den Rücken drehte. »Ruf die Gendarmen, Colette!«

»Nein!« Émilie heulte Rotz und Wasser. »Guillaume ist immer so eifersüchtig. Aber ich … vielleicht bin ich ja selbst daran schuld.«

»Natürlich bist du das!«, rief Guillaume, den Henry noch immer festhielt.

»Mistkerl!« Henry trat ihm in die Kniekehlen und schubste ihn mit Missys Hilfe vor sich her in die Wohnung.

Colette stützte Émilie. »Du darfst dich doch nicht verprügeln lassen, hörst du!«

»Aber ich liebe ihn doch«, erwiderte sie leise.

Ihre geräumige Etagenwohnung war ganz in Weiß, Rosa und Gold gehalten wie der in Zucker geronnene Traum einer Prinzessin. An den deckenhohen Fenstern bauschten sich duftige Vorhänge in einer sanften Brise. Doch die Vasen mit den Blumenarrangements, die sonst Tische und Regale schmückten, waren zerborsten, die Rosen und Lilien zertreten. Émilies Graupapageien

Hugo und Antoine saßen erschrocken in ihrem Bambuskäfig und hielten ausnahmsweise den Schnabel.

»So.« Henry dirigierte Guillaume zu einem Stuhl, ohne ihn loszulassen. »Setz dich erst mal hin und beruhige dich.«

Émilie ließ sich aufs Sofa fallen und zog entschlossen die Nase hoch. »Ich brauche etwas zu trinken. Ihr auch? Annie!«

Ihre Hausdame streckte ihren Kopf um die Ecke. »Was wünschen Sie, Madame?«

»Bringen Sie uns bitte Wein und …« Sie zögerte. »Nur zwei Gläser für Guillaume und mich.« Colette zog die Augenbrauen hoch. Trotz allem, was dieser Mann Émilie angetan hatte, schien sie nur Augen für ihn zu haben.

»Ich war dir übrigens treu«, sagte sie in seine Richtung. »Und ich bin nicht lesbisch, auch wenn Colette eine verdammte Versuchung darstellt.«

»Ja, wirklich.« Guillaumes Blick glitt über sie hinweg. Sie spürte, wie ein Schauder sie überlief.

»Am besten wäre es …«, begann Émilie.

»Wenn wir gehen würden, Polaire?« Henry erhob sich schwerfällig. »Damit ihr euch in Ruhe versöhnen könnt. Oder weiter verprügeln? Wir haben schon verstanden. Komm, Füchslein, Marquise …«

»Du kannst doch nicht mit dem da so weitermachen, als wäre nichts geschehen!« Colette funkelte Émilie an. »Was denkst du dir eigentlich dabei? Der Kerl ist gemeingefährlich und gehört ins Gefängnis.«

Émilie stand auf. »Das ist meine Sache.«

Sie ging ihnen voran zur Tür, während Colette vor Zorn und Sorge beinahe umkam.

»Ich danke euch wirklich«, sagte Émilie. »Ich war in Not. Aber jetzt ist alles wieder gut. Guillaume hat sich ja beruhigt.«

»Hat er das wirklich?«, entfuhr es Colette, bevor Émilie sie mit sanfter Gewalt ins Treppenhaus schob.

»Ihr habt mir sehr geholfen.« Sie nickte Missy und Henry zu.

»Aber mit Vergnügen.« Die Marquise verbeugte sich leicht, bevor Émilie die Tür hinter ihnen ins Schloss fallen ließ.

»Er wird sie wieder verprügeln«, sagte Colette düster.

»Sicher«, erwiderte Missy gleichmütig. »Aber manche Frauen wollen es nicht anders. In dieser Hinsicht ist es gut, zwischen allen Stühlen zu sitzen.«

»Meine Hochachtung, Marquise.« Henry zog seinen Zylinder und neigte den Kopf. »Sie kämpfen so kaltblütig wie …«

»… ein Mann?« Missy lächelte maliziös.

»Das habe ich nicht gesagt.«

»Aber Sie haben sich auch nicht schlecht geschlagen«, sagte Missy. »Man merkt uns die Erfahrung an.«

Colette wusste, dass Missy nach ihrer Ankunft in Paris siegreich aus einem Duell mit dem Ehemann ihrer Geliebten hervorgegangen war.

»Du bist ein solcher Snob«, sagte sie zu Henry. »Du zollst Missy erst Respekt, wenn sie sich nicht wie eine Lesbe, sondern wie ein Mann verhält.«

»Mann tut, was Mann kann.« Henry zuckte mit den Schultern und grinste.

Am selben Abend saßen sie in Missys Haus vor dem Kamin. Während draußen der Herbststurm die Blätter von den Bäumen wehte, hockte Colette im Schneidersitz in einem Ledersessel und blickte in die Flammen. Block und Bleistift lagen neben ihr auf der Sessellehne, denn sie hatte sich angewöhnt, ihre Ideen und Gedanken zu notieren, wann immer sie sie überfielen.

Sechs Monate waren sie nun schon zusammen. Auch wenn ihrer

Beziehung die blinde Leidenschaft fehlte, die Colette mit Georgie verbunden hatte, fühlte sie sich, als sei sie endlich angekommen. Sie hatte zwar in der Rue de Villejust, also quasi nebenan, eine eigene Wohnung bezogen, hielt sich aber oft in Missys Haus auf.

»Du hast mein Herz repariert.« Sie streckte ihre Hände den wärmenden Flammen entgegen. Mit Staunen hatte sie begriffen, dass die robuste Missy eine sensible Seele verbarg. Sie war großzügig bis zur Selbstaufgabe und gab immer mehr, als sie bekam. »Was meinst du, wird Henry mir erlauben, als Faun aufzutreten?« Auch wenn Henry noch so sehr gegen seine Familie rebellierte, hatte er die Mentalität des Großbürgertums tief verinnerlicht. »Das Varieté ist vollkommen unter seiner Würde. Ich habe dir ja erzählt, wie die Gauthier-Villars auf meinen kurzen Haarschnitt reagierten.«

Während Sidos Zorn schnell verflogen war, hatte Colettes Schwiegermutter Laure verlauten lassen, ein Unfall mit einer Gaslampe hätte zu dem Malheur geführt.

»Frauen haben sich zu fügen und lange Haare zu tragen«, sagte Missy. »Was aber unter der Oberfläche geschieht, hat niemanden zu interessieren.«

»Wie verlogen.« Colette nahm sich vor, in ihren Büchern künftig die Wahrheit zu sagen. Über Männer und Frauen. Und über diese eine Frau, die sie liebte.

Missy setzte sich auf die Ledercouch, breitbeinig wie ein Mann nach einem harten Tag. »Wenn du erst geschieden bist, wird er dir das Varieté nicht länger verbieten können. Frag dich lieber, wie du es schaffen kannst, deinen Namen zurückzugewinnen.«

Colette schwieg betreten. Sie war so lange Teil von Henrys Werkstatt gewesen, dass sie sich kaum vorstellen konnte, sich aus seiner Umklammerung zu befreien. Es fühlte sich an, als sei sie in einem klebrigen Spinnennetz gefangen.

»Hör zu, Colette«, sagte Missy eindringlich. »Er wird dir nichts, aber auch gar nichts schenken. Du musst mit aller Kraft um die Rechte an deinen Büchern kämpfen.«

»Schließlich hat er keine Zeit verloren und sich diese blutjunge Meg in sein Bett geholt«, fügte Colette bitter hinzu.

»Und er wird sicher versuchen, sie seine neuen Bestseller schreiben zu lassen. Cheers!« Sie prosteten sich zu und tranken Whisky, den Missy sich aus Schottland liefern ließ.

Colette nahm ihre Hand. »Ich bin sehr glücklich mit dir.«

»Ich auch«, sagte Missy leichthin, wie sie es immer tat, wenn ihr etwas naheging. »Dennoch wirst du mich eines Tages verlassen.«

Colette schüttelte den Kopf. »Niemals!«

»O doch, mein Feuerkopf.« Missy zerzauste Colettes Locken. »Möglicherweise sogar für einen Mann. Ich habe gesehen, wie du auf diesen Crétin Guillaume reagiert hast.«

Hitze floss über Colette hinweg. »Was meinst du?«

»Du hast ihn angesehen, wie eine Frau einen Mann ansieht.«

»Ich schäme mich so«, gab sie flüsternd zu. »Er ist ein Schläger. Aber ich fand ihn …«

»… anziehend? Du bist unersättlich, meine Liebe. Vielleicht solltest du lieber anfangen, dich so zu akzeptieren, wie du bist.«

Wie mühelos Missy sie doch durchschaute. Stimmte es? Verzehrte sie sich nach diesem abscheulichen Guillaume? War sie nicht imstande, treu zu sein? Dann würde sie niemals Frieden finden.

Missy hatte recht. Colette musste ein Buch schreiben, das sie unter ihrem eigenen Namen herausbringen konnte. Hatte Henry ihr nicht vorgeschlagen, Tierdialoge zu verfassen, die so unbedeutend waren, dass er sie nicht für sich reklamieren würde?

Colette setzte sich an ihren Schreibtisch. Es war ganz einfach. Kiki, nach Katzenart die Stolze, und Toby, der Unterwürfige, würden sich unterhalten. Sie begann zu schreiben.

Kiki sagt: »Du leckst die Hand, die dich schlägt.« Toby erwidert: »Ich habe nie verstanden, warum du deine tatsächliche Grausamkeit noch sinnlos übertreiben musst … Mich nennst du den letzten Romantiker; bist du vielleicht die letzte Sadistin?«

Colette lachte und schrieb weiter. Der Text endete mit einer Botschaft an Henry:

Ich will tun, was ich will. Ich will Pantomime und Komödie spielen. Ich will nackt tanzen, wenn das Trikot mich beengt und meine Formen demütigt, ich will mich auf eine Insel zurückziehen, wenn mir danach ist, oder mit Damen verkehren, die von ihren Reizen leben. Ich will traurige, keusche Bücher schreiben, in denen nur Landschaften vorkommen, die nur von Blumen, Leid, Stolz und von der Unschuld liebenswerter Tiere handeln, die den Menschen fürchten … Ich will jedem freundlichen Gesicht zulächeln und hässliche, schmutzige, übel riechende Leute meiden. Den, der mich liebt, will ich wiederlieben und ihm alles schenken, was ich mein Eigen nenne: meinen Körper, der nicht teilen will, mein sanftes Herz und meine Freiheit.

~ KAPITEL 29 ~

Den nächsten Sommer verbrachte Colette zusammen mit Émilie und Missy auf ihrem Landgut, wobei Henry und Meg ihnen zeitweise Gesellschaft leisteten.

Im Herbst starb überraschend Colettes Vater. Viel zu lange hatte sie nicht wahrhaben wollen, dass es ihm nicht gut ging. Sie kamen zu spät zu seiner Beerdigung, weil ihr geliehener Wagen auf dem Weg nach Châtillon eine Reifenpanne hatte. Als sie schließlich atemlos und zerzaust auf den Friedhof stürmten, hatte die Zeremonie schon begonnen.

Es war ein weißgrauer Tag im Herbst, an dem die kahlen Äste der Bäume schwarze Zeichen an den Himmel schrieben. Während der Pfarrer sein Weihrauchfass schwenkte und die rituellen Worte murmelte, versammelte sich die Beerdigungsgesellschaft wie ein Schwarm Krähen um das offene Grab. Henry und Colette gesellten sich zu Achille und Jeanne. Juliette stand mit ihrer Tochter Yvonne und ihrem Mann Charles Roché abseits und warf ihnen scheue Blicke zu. Colette hatte seit Jahren nicht mit ihr gesprochen. Auch jetzt hatte sie nur Augen für ihre Mutter, die, gestützt von Léo, einsamer denn je wirkte.

»Ich bin eine schlechte Tochter«, raunte sie Henry zu. »Immer komme ich zu spät.«

»Das stimmt nicht«, erwiderte er überraschend verständnisvoll. »Deine Eltern sind mit Grund stolz auf dich.«

Colette zuckte zusammen. »Papa fehlt mir so.«

Sie drängte sich durch die Menge und schloss Sido in die Arme. »Entschuldige bitte, dass wir so spät dran sind. Unser Auto hatte eine Reifenpanne.«

»Schon gut, Minet-Chérie. Ich dachte schon, ihr hättet ebenfalls einen Unfall gehabt.« Sidos Stimme brach. Colette kramte nach einem Taschentuch und reichte es ihr. Sie warteten die Reden der Honoratioren der wissenschaftlichen Gesellschaften und des Zuavenregiments ab, bevor sie an das offene Grab traten. Der Moment des Abschieds kam, als Colette Erde auf den Eichensarg tief unten in der Grube rieseln ließ. »Auf Wiedersehen, Papa. Wo auch immer.«

Schließlich stellten sie sich in einer Reihe auf und nahmen die Kondolenzwünsche der Gäste entgegen.

»Mein Beileid, Maman.« Henry zog Sido in die Arme.

»Mein zukünftiger Ex-Schwiegersohn«, flüsterte sie ohne Zorn.

Nach den Beileids- und Ehrenbekundungen trafen sie sich in Achilles Haus, wo ein Imbiss angerichtet war. Colette half ihrer Schwägerin beim Tischdecken, während Achille mit seiner jüngsten Tochter auf dem Arm Henry und die Landoys durch den herbstlichen Garten führte.

»Jetzt droht uns von eurer Seite auch noch eine Scheidung«, sagte Jeanne grimmig, während sie mit einem weichen Tuch über eine bereits perfekt geputzte Silbergabel fuhr. »Die ganze Stadt zerreißt sich das Maul über euch. Ist es wahr, dass du professionell im Varieté auftreten willst? Und dass du mit einer Frau zusammenlebst?«

Diese Giftspritze, die nur zum Schein gute Miene zum bösen Spiel machte! Colette war versucht, ihr einmal kräftig mit der Gabel in die Seite zu piksen, ließ es aber bleiben.

»Wenn du mich nicht hättest, müsstest du dich langweilen, Jeanne. Könnte ich dir das je antun?«

Kein Wunder, dass Achille letztens geäußert hatte, er würde am liebsten als Einsiedler im Wald leben. In diesem Moment flog ihre ältere Nichte Geneviève ihr in die Arme. Jeanne schüttelte missbilligend den Kopf, als Colette das lachende Kind hoch in die Luft hob.

»Liest du mir nachher etwas vor, Tante Colette?«

»Natürlich.«

Nachdem die Gäste gegangen waren, folgte Colette der Kleinen in ihre Dachkammer. Es dauerte eine Weile, bis sie ihr das Märchen *Die Schöne und das Biest* erzählt hatte und sie selig lächelnd eingeschlafen war.

Als Colette in die Küche kam, saß Sido allein am Tisch, ein Glas Rotwein vor sich. Im Ofen prasselte ein Feuer. Davor stand der Katzenkorb, in dem wieder eine Katzenmutter mit ihren sieben Jungen schlief.

Sidos Augen lagen in tiefen Höhlen. »Ach, Minet-Chérie. Was soll ich denn jetzt nur tun?«

Colette griff nach ihrer Hand. »Du wirst es schon schaffen, Maman. Schließlich warst du immer die Starke.«

Sido seufzte. »Das glaubst du?«

»Du bist der Steuermann, der unser Familienschiff durch jeden Sturm gelenkt hat.«

Sido schenkte ihr ein bitteres Lachen. »Ich stand vielleicht am Steuer, aber Papa war das Meer. Und wir beide konnten nicht verhindern, dass das Schiff auf Felsen auflief.« Sie trank einen Schluck Rotwein. »Meine Kinder. Was ist nur aus ihnen geworden? Hast du Juliette gesehen? Fromm, dick und verbittert ist sie geworden. Jetzt verdächtigt sie diesen Mistkerl Charles sogar, sich an ihre Tochter Yvonne heranzumachen.«

Colette schlug sich die Hand vor den Mund.

»Und dann Léo … Was für eine Verschwendung.«

»Allerdings. Ihm ist nicht zu helfen.« Léo, der begabte Musiker, arbeitete völlig unter seiner Qualifikation als Buchhalter bei der Stadtverwaltung von Levallois-Perret und nutzte sein überragendes Talent vorwiegend dazu, auf Hochzeiten Akkordeon zu spielen und für Henry Musikkritiken zu schreiben. Colette rümpfte die Nase, als sie an den abgetragenen Anzug dachte, den er auf der Beerdigung getragen hatte. Sie würde Missy fragen, ob sie nicht ein paar abgelegte Hosen für ihn hatte.

Sido seufzte. »Achille ist ganz verbittert. Und dabei habe ich meinem Cher Grand nur das Allerbeste gewünscht. Für ihn sollte es rote Rosen regnen.«

»Er hat sich selbst für Jeanne entschieden«, stellte Colette fest. »Vielleicht kriegt man nicht immer, was man sich wünscht.«

»So wie du.«

Colette nickte. Wie lange hatte sie vergeblich um Henrys Liebe gekämpft. »Ich habe ein paar andere Dinge gewonnen«, sagte sie trotzig. »Überhaupt ist mir viel geschenkt worden.«

»Du bist eine großartige Schriftstellerin. Gib das Schreiben bloß nicht auf.«

»Nein, natürlich nicht.« Besser, sie sagte ihrer Mutter nicht, wie oft sie kurz davor war, ihre Texte in die Ecke zu pfeffern. Die Worte zerrannen ihr zwischen den Fingern. Wenn sie die Wahrheit der Natur und der menschlichen Beziehungen spiegeln sollten, musste sie sich eins nach dem anderen hart erkämpfen.

»Und das Varieté?«

Colette lachte leise. »Das ist reines Vergnügen. Aber Henry hat seinen Widerstand noch nicht aufgegeben.«

Sido schüttelte den Kopf. »Findest du es nicht seltsam, dass er dir deine professionellen Auftritte am liebsten verbieten würde, obwohl du pro Abend 1000 Francs verdienen könntest? Nicht, dass das eure Löcher stopfen würde. Wann wirst du dir endlich etwas Kapital zurücklegen können?«

Colette zuckte mit den Schultern. »Das steht in den Sternen. Henry hasst es, wenn er die Kontrolle verliert. Und das, obwohl er mich bereitwillig mit Sketchen für private Vorstellungen versorgt, zum Beispiel bei meiner Freundin Natalie Barney.« Im Sommer war sie zusammen mit deren amerikanischer Freundin Evelina Palmer in ihrem Garten aufgetreten.

Sido lachte leise. »Im Magazin *Gil Blas* wurde berichtet, dass so eine Holländerin bei Natalie einen Schleiertanz präsentiert hat. Darunter sei sie splitternackt gewesen. Wie lautete noch mal ihr Name?«

»Mata Hari. Und sie trug in der Tat nur durchsichtige Schleier und Perlenketten.« Colette grinste. Die Schöne hatte schließlich auf den Elefanten verzichtet und sich auf ein Pferd geschwungen. »Ihre Nacktänze sind der letzte Schrei in Paris.«

»Und? Wirst du es ihr gleichtun?«

»Vielleicht.«

Sido seufzte tief. »Ich habe euch zur Freiheit erzogen. Was ihr daraus macht, liegt an euch.«

»Ich weiß, Maman. Und ich danke dir.«

Sie saßen da, bis die Kerze heruntergebrannt war und nur noch rostrote Glut im Ofen schwelte.

»Sieh mal!« Sido deutete auf den Katzenkorb. Die Katzenmutter war erwacht und leckte ihren Kindern schnurrend die Köpfe, während sie zu saugen begannen. Das siebte aber kletterte über den Rand des Korbes und wackelte auf Sido zu, die es sanft auf ihren Schoß zog. Ein Lächeln erhellte ihre Züge, doch in ihren Augen standen Tränen. »Auch wenn der Tod uns trifft … die Tiere, die Natur. Das bleibt immer gleich. Vielleicht geht auch mein Leben weiter, irgendwie.«

Colette nickte. »Deine Kinder und Enkelkinder brauchen dich.«

»Und eure Scheidung?«, raunte Sido, während ihre Hände sanft über den Kopf des Kätzchens glitten. »Du scheinst dich ja wieder ganz gut mit Henry zu verstehen.«

»Das sieht nur so aus«, versicherte Colette mit einer Bitterkeit, die sie selbst erstaunte. »Henry hat Meg, und ich habe Missy. Wir raufen uns nur hin und wieder zu einem bestimmten Anlass zusammen. Natürlich wäre es für dich leichter, wenn wir uns nicht scheiden ließen…«

Sido schüttelte den Kopf. »Du meinst, dass die Leute in Châtillon sich dann nicht das Maul zerreißen würden? Ich bin in meinem Leben so oft gegen die Wände der öffentlichen Meinung gerasselt, dass es darauf nicht mehr ankommt.« Sie schwieg wehmütig. »Es ist schon recht, Minet-Chérie.«

»Was meinst du?« Colette streckte sich. Der harte Tag steckte ihr in den Knochen.

Sido hob ihre dunklen Augen. »Ich meine, es ist schon recht, dass du dir deinen Namen zurückerkämpfst. Henry hat dich lange genug ausgenutzt.«

Am nächsten Tag machten sich Colette und Achille daran, das Arbeitszimmer ihres Vaters aufzuräumen. In dem kleinen Raum unterm Dach schien sich nichts verändert zu haben. Es roch nach Staub und altem Papier. Auf dem Schreibtisch türmten sich wissenschaftliche Abhandlungen und Briefe in wildem Durcheinander, und der große Globus stand noch immer auf wackeligen Füßen im Regal.

»Glaubst du, dass Papa glücklich war?« Achille begann die Papiere in einen großen Korb auszusortieren.

»Mit Sido? Auf jeden Fall.« Colette strich über den Globus, auf dem sie als Kind in Gedanken nach Afrika und Südamerika gereist war. »Er war sorglos und konnte sich über alles freuen wie ein Kind.«

»Ich würde eher sagen, verantwortungslos. Wenn sie etwas besser mit Geld umgegangen wären, hätten sie uns vieles erspart. Sie haben unser Erbe durchgebracht. So ist vor allem Juliette die Leidtragende.« Achille öffnete eine große Kiste neben dem Regal. »Die steht hier schon jahrelang herum. Was da wohl drin ist?«

»Lass uns nachsehen.«

Die Kiste enthielt zwölf Bücher, die ihr Vater selbst gebunden hatte. Sie waren mit Titeln wie »Meine Feldzüge«, »Zuavenlieder in Versen« oder »Die Lektion der siebziger Jahre« beschriftet. Jedes einzelne enthielt 200 Blätter in jungfräulichem Weiß. Nur auf einer einzigen Seite war eine Widmung zu lesen: *Meiner lieben Seele Sido von ihrem treuen Gatten Jules Joseph Colette.*

Colette erhob sich traurig. »Er hat so sehr von einer Karriere als Schriftsteller geträumt. Und was hat er hinterlassen?«

»Lauter leere weiße Seiten«, sagte Achille. »Jetzt liegt es an dir, sie zu füllen.«

Bevor sie fuhren, besuchte Colette Mélie und Dominic in ihrem Haus an der Schmiede. Dominic und sein Vater waren bei der Arbeit. Schon von Weitem hörte Colette das Klingen des Ambosses. Funken stoben durch die geöffnete Tür, während ein Bauer mit seinem Fuhrwerk und seinen zwei Gäulen auf den Hufschmied wartete. Colette ging zum Haus, aus dessen Schornstein sich Holzrauch in die neblige Luft schlängelte. Ein kleines Mädchen stand unter der Wäscheleine. Für jedes weiße Betttuch, das die Kleine aufhängen musste, stieg sie auf einen Hocker. Sie hatte einen dunklen Lockenkopf und erinnerte Colette stark an Mélie als Kind.

»Bonjour, Adeline.«

»Bonjour.« Die Kleine nickte mit misstrauisch zusammengezogenen Augenbrauen. Ihre Augen waren so blau wie der Himmel an einem hellen Frühlingstag.

»Warte, ich helfe dir.«

Colette reichte ihr die Laken an, die Adeline sorgfältig fest-
klammerte, bevor der Wind sie wie Segel blähte. Nach getaner
Arbeit sprang sie vom Hocker und putzte sich die Hände an ihrer
Schürze ab. »Willst du mit reinkommen?«

»Na klar.«

Adeline stürmte ihr voran in den Hausflur. »Maman, sieh mal,
wer da ist. Es ist Tante Gabri.«

»Gabri, bist du es wirklich?« Mélie trat in den Gang hinaus und
fiel ihr um den Hals, was gar nicht so einfach war, weil auf ihrer
Hüfte ein weiteres Kind saß. Das wie vielte? Colette hatte irgendwann aufgehört zu zählen. Sie nahm beide in die Arme und vergrub ihre Finger in den Locken ihrer Freundin.

»Komm rein, meine Liebe!«

In der Küche war es so chaotisch wie immer. Colette hatte
von Sido erfahren, dass Dominics Mutter gestorben war. An ihrer
Stelle saß Mélies Bruder Antoine auf dem Diwan.

»Tintin.« Colette schloss ihn in die Arme, bevor Mélie ihm ihr
Jüngstes auf den Schoß setzte. Sie deutete auf eine Wanne voller
goldgelber Quitten.

»Du kannst mir helfen. Vorausgesetzt, du weißt noch, wie es
geht. Sag Tante Gabri guten Tag, Annie!«

»Salut, Tante Gabri.« Mélies Jüngste saß am Tisch und zog
mühsam den Faden durch eine Masche auf der Stricknadel, wobei
sich ihre Zunge in ihren Mundwinkel stahl.

»Sie strickt ja Socken, das arme Kind. Findest du nicht, dass sie
ein bisschen klein dafür ist?«

Mélie schüttelte den Kopf. »Man ist nie zu klein zum Sockenstricken. Weißt du noch, wie man Quitten schält?«

Colette seufzte. »Sieht so aus, als käme ich nicht von dir fort,
ohne zu arbeiten.« Sie griff nach einem der harten Dinger und

senkte ihr Messer hinein. Es fühlte sich ein wenig so an, als würde sie einen Stein schälen. »Quitten einzukochen lohnt sich nur, weil man so köstliches Gelee daraus machen kann.«

Mélie nickte. »Du hast es erfasst. Und genau deshalb vertreiben wir uns die Zeit damit.«

Einträchtig schälten sie die Früchte, schnitten sie in Stücke und warfen sie zum Entsaften in den großen Einmachtopf. Derweil flüsterte Tintin liebevoll auf Mélies jüngstes Kind ein, ihren dritten Jungen, Raoul.

»Tintin ist nach Mutters Tod zu mir gezogen«, sagte Mélie. »Zuerst dachte ich, er wäre eine Last, aber das ist er nicht. Er ist die beste Kindsmagd, die ich je hatte.«

»Ich hab euch gehört«, warf Tintin ein und lachte.

»Das war ein großes Lob, Tintin«, sagte Colette.

Tintin strahlte sie beide an und küsste das winzige Kind auf seinen dunklen Scheitel.

»Weißt du noch, wie wir versucht haben, Äpfel und Quitten am Stück zu schälen?«, fragte Colette.

Mélie lachte. »Und wie wir den Anfangsbuchstaben vom Namen unseres Liebsten daraus gelesen haben? Ich schaffe bis heute kein D.«

»Und ich habe noch nie ein H geworfen. Lass es uns versuchen!«

Kichernd warfen sie die Schalen in die Luft. Mélie gelang ein »O«, das mit viel gutem Willen als »D« durchgehen konnte, Colette aber warf eine Form, die sie selbst als »M« wie Missy, Mélie aber als »H« interpretierte.

»Mit Henry bin ich durch«, flüsterte sie.

Später aßen sie mit Dominic, seinem Vater, Tintin und den Kindern zu Abend. Hatte Dominic immer schon so laut gelacht? Colette staunte über die große Familie, die sich um den Tisch versammelte. Ein Zahnrad setzte ins andere, als Mélie das Essen auftrug. Vier Erwachsene, vier größere Kinder und dazu der Winzling, den sie nebenbei stillte. Colette zollte ihr großen Respekt für ihre Leistung.

»So.« Mélie griff nach ihrem Schultertuch. »Jetzt gehe ich mit meiner besten Freundin spazieren. Die Mädchen räumen die Küche auf, die Jungen hacken Holz und versuchen sich dabei nicht gegenseitig den Schädel einzuschlagen. Und wenn es Ärger gibt, hat Papa das Sagen.« Dominic wehrte lachend ab.

»Es ist doch eindeutig, wer hier die Befehlsgewalt hat«, flüsterte Colette.

»Pst.« Mélie zwinkerte ihr zu. »Das darf ihm nicht zu sehr auffallen. Aber einer muss es ja machen.«

Arm in Arm gingen sie zum Fluss. An den Rändern der Platanenallee türmten sich goldgelbe Blätter. Die Baumstämme waren gefleckt wie Landkarten.

»Hier hat sich fast nichts verändert«, stellte Colette fest.

»Außer uns«, ergänzte Mélie nachdenklich. »Ich bin Mutter geworden. Aber ich schwör dir, Raoul ist mein Letztes.«

Sie gingen im Gleichschritt. Mélie war etwas fülliger geworden, und in ihr Haar hatten sich vorzeitig ein paar Silberfäden geschlichen.

»Da sind wir also wieder.« Colette hakte sie ein.

»Wenn du jetzt ›weißt du noch‹ sagst, erwürge ich dich.«

»Nein, nein.« Colette atmete den Duft der fallenden Blätter ein, der sich mit dem des Flusses vermischte. Klares Wasser mit einem Unterton von Vergänglichkeit.

An diesem Ort hatte ihrer beider Leben eine wichtige Wendung genommen. Hier hatte die große Liebe von Mélie und Dominic ebenso begonnen wie Colettes komplizierte Beziehung zu Henry.

»Ach, Mélie.« Colette seufzte. Wie jung und naiv sie doch gewesen war. Viel zu lange hatte sie das Netz, in dem Henry sie gefangen hielt, mit Liebe verwechselt. Heute wusste sie es besser. Liebe definierte sich dadurch, dass man füreinander das Beste wollte. Henry aber hatte sie bewusst klein und abhängig gehalten, weil er sich dann wertvoller fühlte.

Sie blieben stehen und sahen auf den unaufhörlich dahinströmenden Fluss hinaus.

»Und du willst dich wirklich scheiden lassen?«, fragte Mélie.

»Das Verfahren ist auf den Weg gebracht.«

»Hast du jemand anders?«

»Ich habe eine Frau an meiner Seite, aber sie ist nicht der Grund für meine Trennung von Henry. Wir hatten uns Offenheit gelobt, und er hat wieder und wieder mein Vertrauen missbraucht. Es scheint ihm Spaß zu machen, mich zu hintergehen.«

Sie holte tief Luft und erzählte Mélie von Missy. »Ihr adliger Stammbaum hat sie nicht davor geschützt, im falschen Körper geboren worden zu sein.«

Mélie schüttelte den Kopf. »Was es alles gibt! Mein Leben ist langweilig gegen deines.«

»Aber nicht doch. Deine Kinderschar gibt ihm Sinn.«

»Wenn du meinst«, flüsterte Mélie zweifelnd. »Adeline hat übrigens das zweite Gesicht wie meine Großmutter Loisine. Sie mag dich sehr und sagt, du würdest deinen Weg schon noch finden. Und dass du irgendwann ein Kind haben wirst.«

»Gott bewahre!«, rief Colette entsetzt. »Da irrt sie sich aber. Du musst gut auf sie achtgeben, Mélie.«

Die Freundin nickte grimmig. »Womit verbringe ich meine Zeit? Ich schärfe ihr ein, dass sie am besten den Mund hält, wenn sie etwas sieht, was für andere Augen nicht existiert.«

Colette wusste nicht, was sie darauf erwidern sollte. »Weißt du noch, dass Dominic dich genau hier mit seiner Angel gefangen hat? Einen dicken Fisch hat er sich da geangelt.«

Mélie stupste sie in die Seite. »Hattest du mir nicht versprochen, dass du auf diese Floskel verzichten würdest? Und ›dicker Fisch‹, ich bitte dich. Es können ja nicht alle täglich am Reck turnen wie du.«

»Frieden?« Colette lachte, legte ihr den Arm um die Taille und kniff leicht zu. »Du wirst mit den Jahren nur immer schöner. Ich hoffe, Nick weiß das zu schätzen. Hat er dich eigentlich jemals betrogen?«

Mélie grinste breit. »Nick? Er weiß genau, dass er das nicht überleben würde. Und du? Bist du glücklich?«

Colette ging ein paar Schritte in Richtung des Ufers, hinter dem der Fluss dahinströmte wie Tränen. »Was heißt das schon? Vielleicht hätte ich nie zu schreiben begonnen, wenn mich Henry nicht unglücklich gemacht hätte.«

KAPITEL 30

Colette konnte alles sein, sogar ein kleiner Faun, dessen Hörner die peinliche Tendenz hatten, ihr im falschen Moment vom Kopf zu fallen. O ja, denn sie hatte sich gegen Henrys Willen entschlossen, bei Georges Wagues Pantomime mitzuspielen. Morgen Abend würden sie Premiere feiern.

Nach der Generalprobe trat Colette aus dem Théâtre des Mathurins auf den Gehsteig hinaus und stieß mit Henry zusammen.

»Du?« Mit Frack und Zylinder war er viel zu leicht gekleidet für diesen kalten Tag. Colette atmete tief durch. Sie war erleichtert, nicht mehr für seine Gesundheit zuständig zu sein. »Was willst du?«

Einige junge Ballerinen drängten an ihnen vorbei und musterten sie ungeniert. Die Willys waren immer für einen Skandal gut, besonders wenn sie sich gegenüberstanden wie zwei Kampfhähne.

Henry holte tief Luft. »Ist es nicht unter deiner Würde, öffentlich aufzutreten, Füchslein? Und noch dazu in diesem … Etablissement?«

»Unter meiner oder unter deiner?« Sie kämpfte um ihre Beherrschung. »Ich bin nicht mehr dein gut dressierter kleiner Fuchs, der zu allem Männchen macht.«

Weitere Theaterleute strömten an ihnen vorbei, unter ihnen Georges Wague mit Christiane, die ihr einen besorgten Blick zuwarf. »Alles in Ordnung, Colette?«

»Jaja.« Sie winkte und schenkte ihr ein Lächeln, das ihr Herz nicht erreichte.

»Nichts ist in Ordnung.« Aufgebracht zog Henry sie in den nächsten Hauseingang. »Du hast keine Ahnung, was gesellschaftlich akzeptiert ist und was nicht. Die Grenze ist überschritten, sobald du deine Theaterkarriere nicht mehr als Steckenpferd, sondern professionell betreibst. Warum kannst du nicht begreifen, dass eine Schauspielerin im Varieté nicht besser ist als eine Hure? Nicht umsonst nutzen die Otéro und Liane de Pougy die Pantomime, um nackt aufzutreten. Ihre Negligés stehen danach sogar zum Verkauf!«

Colette lachte spöttisch, obwohl sie im Grunde auch fand, dass die beiden zu weit gingen. »Ich werde mich doch wohl mit den großen Kurtisanen messen dürfen. Reg dich lieber nicht künstlich auf. Schließlich bist du selbst die wandelnde leichte Muse.«

Henry holte tief Luft. »Aber ich ...«

Colette stemmte die Hände in die Hüften. »Du? Hat dich jemals etwas anderes interessiert als Ihre Hoheit Henry le Roi? Du hast mir nichts mehr zu verbieten!« Sie starrte ihn kampflustig an. Wenn er eine Szene wollte, sollte er sie haben.

Sein Gesicht lief rot an. »Ich verstehe mich noch immer als Teil der Bourgeoisie, der staatstragenden Schicht Frankreichs, und du als meine Frau hast dich ihren Konventionen zu beugen.«

»Wenn ich daran erinnern darf ...« Colette spuckte vor ihm auf den Boden. »Ich bin nur noch auf dem Papier deine Frau, mein lieber Möchtegernkatholik. Und auch das nicht mehr lange.«

Henrys Augen wurden groß. »Jetzt reicht's aber, du nichtsnutzige Göre! Sido hätte dir öfter die Hosen stramm ziehen sollen oder dein Papa in seinem Wolkenkuckucksheim. Ich könnte das nachholen.«

»Dafür gibt es ja Meg, oder?« Colette schnaubte. »Deine Familie ist so reich, dass meine Eltern der Versuchung nachgegeben haben, mich dir ins Maul zu werfen. Vergiss nicht, ich bin im Sinne Fouriers erzogen worden. Ich lebe meine Leidenschaften aus und tue nur, was mir gefällt!«

Er wandte sich kopfschüttelnd ab und ging ein paar Schritte, aber Colette war noch lange nicht fertig.

»Weißt du nicht, wie widersinnig dein Verhalten ist?«, rief sie ihm hinterher.

Er kam zurück und nahm sie grob beim Arm. »Sei still, sonst öffnen sich gleich die Fenster. Und Morgen zerreißt sich dann ein Journalist im *Gil Blas* das Maul über uns.«

Sie riss sich los und funkelte ihn an. »Soll er doch. Viel zu lange habe ich dein Spiel mitgespielt. Du selbst hast dir ein junges Mädchen ins Bett geholt, das sich als deine Tochter ausgibt. Und mir willst du verbieten, im Varieté aufzutreten? Verteidige nur deine doppelte Moral, Henry. Hauptsache, du wahrst den Schein. Ich habe es so satt.« Colette stampfte mit ihrem rechten Fuß auf, der in einer Stiefelette steckte, die für ein solches Benehmen viel zu zierlich war.

Er sah sie kopfschüttelnd an. »Du hast meine Art von Nonchalance nicht begriffen. Das hast du noch nie.«

»Nonchalance?« Sie holte tief Luft. »Wie viele Nächte habe ich auf dich gewartet, weil du dich mit einer deiner Geliebten amüsiertest?«

»Warum konntest du meine Seitensprünge nicht einfach übersehen, wie es sich für eine gehorsame Ehefrau gehört?« Henry winkte ab. »Was ist nur aus uns geworden, Füchslein? Aber dennoch werde ich mir deine Premiere nicht entgehen lassen. Ich komme mit Jacques. Der hat gerade Ferien. Und wenn ich recht bedenke …« Mit nachdenklichem Blick fügte er einen Satz hinzu, der ihr für immer im Gedächtnis bleiben sollte: »… bist du die Einzige, die mir gewachsen ist.«

Dann ging er mit schwingendem Spazierstock davon, ein korpulenter Mann in einem etwas zu engen Frack, den Zylinder hoch auf dem Kopf. Sie sah ihm mit gerunzelter Stirn hinterher. Konnte es sein, dass er sie auf seine verquere Art noch immer liebte? Gerade weil sie ihn durchschaute? *Nein! Er hasst mich wie seine Hühneraugen, gerade so wie ich ihn.*

Der nächste Abend kam schneller als erwartet. Neben Henry und Jacques saßen auch Missy, Natalie, Émilie und Georgie im Publikum und warteten ungeduldig auf ihren Auftritt. Letztere, das vermutete Colette zumindest, weil sie sich ihre Blamage nicht entgehen lassen wollte.

Als sie sich in ihrer Garderobe für ihren Auftritt zurechtmachte, klopfte es an die Tür. »Ja?«

Henry schob sich in den fensterlosen Raum, als hätte es ihren gestrigen Streit nicht gegeben.

»Du meine Güte. Sollen das deine Hörner sein?« Seine Hände glitten zu den weißen Spitzen, die sich ihren Weg durch ihre Locken bahnten. »Hat die Kostümmeisterin keinen besseren Haarreifen, der sie hält? Die fallen dir ja gleich vom Kopf.«

Er hatte recht. Die Kostümmeisterin, die alle wegen ihrer mürrischen Art nur Esmeralda die Schreckliche nannten, hatte bisher noch keine Lösung für die wenig standfesten Hörner gefunden.

»Raus mit dir, Henry«, sagte Colette mit einer Sanftheit, die sie selbst erstaunte. »Und tritt bitte nicht auf meine Bambusflöte. Die liegt vor dir auf dem Boden.« Kopfschüttelnd legte er das Requisit auf den Tisch und ging zur Tür. »Hals- und Beinbruch, Füchslein!«

Erleichtert warf sie die Tür hinter ihm ins Schloss und setzte sich vor den Spiegel, aus dem ihr ein dreieckiges Gesicht mit glasklaren Augen entgegenblickte. »Ich beweise dir, dass ich es allein schaffen kann, Henry. Ich werde mein Leben auf die Reihe kriegen, Mistkerl! So viele Jahre habe ich dir geschenkt.«

Sie schluckte an ihrer Bitterkeit. Statt ihr die Liebe zu schenken, die sie verdiente, hatte er sie zu seinem Geschöpf gemacht und sich ihres Talents als Schriftstellerin bemächtigt. Dennoch erinnerte sie sich mit einem Anflug von Nostalgie an die Sanftheit seiner Hände und sein lautes Lachen. Aber heute würde sie einen weiteren Schritt auf dem Weg zur Selbstständigkeit tun.

Ein Faun, dachte sie, wie passend für eine freiheitsliebende Tahitianerin. Sie rückte die Hörnchen zurecht, steckte die Flöte in die kleine Tasche ihrer Tunika, nahm ihren Bogen und ging in Richtung Bühne. Mit diesen Requisiten würde Madame Willy die Revolution wagen, jawohl. Nichts hinderte sie daran, sich ihre Freiheit zu erkämpfen.

Wie bei jeder Premiere herrschte hinter der Bühne geschäftige Aufregung. Colette drängte sich durch die Schar Nymphen, die sich gerade in ihre Kostüme schnüren ließen.

»Colette, gut, dass du kommst!« Esmeralda hielt sie am Arm fest und kontrollierte die Bänder, die ihre knielange Tunika seitlich zusammenhielten. Das Kostüm war sehr gewagt.

»Hoffentlich reißen die nicht ab.«

Esmeralda warf ihr einen prüfenden Blick zu. »Aber nicht doch. Am besten, du erneuerst noch einmal deinen Lippenstift. Der ist ganz verschmiert. Du solltest nicht so viel an deiner Unterlippe nagen.«

»Ach du meine Güte.« Colette lief zurück in ihre Garderobe und zog ihre Lippen nach. Als sie zurückkam, stieß sie mit Georges Wague zusammen, der wie ein Panther im Käfig auf und ab lief.

Er deutete auf ihren Bogen. »Tu es bitte und erschieß mich! Ich halte das Lampenfieber nicht mehr länger aus.«

»Der ist ja fast so schlimm wie Polaire«, unkte Colette.

»Das vergeht. Eine Premiere ist für alle eine Nervenprobe«, erwiderte Christiane. »Mach dir nichts draus.«

»Du hast gut reden.« Colette spürte, wie sich Wagues Nervosität auf sie übertrug. Erschrocken tastete sie ihre Tunika ab. Wo steckte ihre Bambusflöte? Sie musste ihr aus der Tasche gefallen sein. Hatte sie sie überhaupt eingesteckt?

Panisch hastete sie zurück in ihre Garderobe und spähte unter den Tisch und die Regale. Nichts! Nur gut, dass Henry nicht mitbekam, wie jämmerlich sie versagte. Tränen stiegen ihr in die Augen. Und es kam noch schlimmer: Als sie sich frustriert auf den Stuhl vor dem Schminktisch fallen ließ, riss – ratsch! – eine der Schnüre an ihrer Ledertunika ab.

»Was mache ich denn jetzt?« Der Schlitz war so groß, dass er allen Einblick gewährte. Da konnte sie glatt nackt auftreten. Colette biss sich auf die Unterlippe. Hätte sie sich doch beim Essen zurückgehalten. Henry hatte recht. Sie war nicht einmal diszipliniert genug, um vor einer Vorstellung Diät zu halten.

In diesem Moment klopfte es.

»Ja?«

Eine junge Tänzerin schob sich durch die Tür. Sie gehörte zum Corps de Ballet und spielte eine der Nymphen, die den Faun umgarnen sollen. »Gehört die Ihnen, Madame Colette?«

Auf ihren Händen lag wie eine Opfergabe die Bambusflöte. »Sie lag im Gang.«

»Meine Flöte!« Colette zog das Mädchen stürmisch in die Arme und küsste sie auf beide Wangen. »Merci, merci, merci. Du glaubst gar nicht, was mir das bedeutet.«

Sie nahm die Flöte, rannte los, ließ sich von dem schnaubenden Drachen Esmeralda, der nicht mit Kritik an hypernervösen Schauspielerinnen sparte, die Schnur annähen und setzte sich schließlich erschöpft auf den Boden hinter dem Vorhang. Die bemalte Wand, an der sie lehnte, war doch sicher fest installiert, oder etwa nicht?

»Vorsicht!«, rief Christiane.

Colette stemmte sich überrascht hoch, doch es war zu spät. Die Kulisse kippte krachend um. Mitten in der Landschaftsmalerei prangte ein senkrechter Riss. Colette war so entsetzt, dass sie nicht einmal mehr fluchen konnte. »Ich …«, stammelte sie. »Es ist alles meine Schuld.«

»Sch!« Christiane zog sie in die Arme. »Eine Premiere ist immer eine mittlere Katastrophe. Gewöhn dich beizeiten daran.«

In diesem Moment ertönte die Glocke zum zweiten Mal. »Aber es ist nicht meine erste Vorstellung. Ich habe sogar Polaire schon vertreten. Aber jetzt … ich kann da nicht raus.«

»Doch. Du kannst. Das hier ist dein erster offizieller Auftritt ohne Willy. Den willst du nicht versemmeln.«

Colette nickte grimmig. Was hätte Sido gesagt? *Reiß dich zusammen, Minet-Chérie!*

»Auf geht's«, sagte Georges Wague. »Lass uns springen, meine Liebe.«

An seiner Hand stolperte Colette auf die Bühne hinaus und verwandelte sich in einen Faun. Das boshafte Kichern, das ihr aus dem Zuschauerraum entgegenklang, stammte mit Sicherheit von Henry. Missy, das wusste sie, saß in der Proszeniumsloge und fieberte mit.

Die Handlung führte in das antike Griechenland. Der Faun beobachtet zwei junge Mädchen, die einer Statue des Eros huldigen. Eines Tages setzt er sich einfach an deren Stelle und lockt die Mädchen mit seinen Flötenklängen an.

Was für ein Glück, dass die kleine Ballerina das vermaledeite Ding wiedergefunden hatte. Colette nahm sich vor, sie mit reichlich Pralinen zu belohnen.

Die beiden jungen Mädchen aber verschmähen den Faun und lassen sich von zwei Galanen aus Athen retten. Nur die Dienerin bleibt zurück, küsst den Faun und wird von ihm in den Wald zu Pan entführt.

Das Stück ging glatt über die Bühne. Zum Schluss gab es rauschenden Applaus. Colette spürte, wie die Anspannung von ihr abfiel.

Eine halbe Stunde später drängten sich Missy, Natalie, Renée, Émilie und Georgie in der Garderobe und überschütteten sie mit Blumen und Süßigkeiten. Missy köpfte eine Flasche Veuve Clicquot und ließ den Champagner in den Bechern schäumen. »Ich gratuliere dir, Liebes. Das hast du wunderbar gemacht.«

»Fürs erste Mal war es schon ganz passabel.« Der Champagner perlte süß durch Colettes Kehle.

»Das finde ich auch.« Ihr Stiefsohn stand in der Tür und grinste sie schelmisch an.

»Jacques!« Colette sprang auf und fiel ihm in die Arme, obwohl Henry ihm über die Schulter linste und dabei einem Satyr ähnlicher sah, als sie es je könnte. Jacques, der kleine Kerl, der in Châtillon den Katzen hinterhergestolpert war, hatte sich zu einem dunkelhaarigen jungen Mann von sechzehn Jahren gemausert. Colette bat beide herein und versorgte sie mit Champagner. Während Henry sich mit Georgie unterhielt, nutzte Jacques die Gelegenheit und trank drei Becher, was Missy missbilligend die Augenbrauen heben ließ.

»Colette war wunderbar.« Jacques schwang sich auf den Tisch und baumelte mit den Beinen. »Papa fand das auch. Er hat geklatscht und Bravo gerufen. Aber dann hat er mir etwas ins Ohr geflüstert und klang dabei ein wenig gehässig.«

»Ach was«, sagte Colette spöttisch.

»Was hat er denn gesagt?« Émilie stellte sich neben ihn und legte ihm den Arm um die Schultern.

»Vielleicht sollte ich wirklich nicht so viel ...«, begann Jacques, doch Émilie goss ihm trotzdem nach. »Heute wird gefeiert.« Jacques trank durstig.

»Also?« Émilie zwinkerte ihm zu. »Leg los, Kleiner.«

»Papa hat gesagt: ›Dieser sittenlose kleine Faun ist also deine Petite Maman.‹ Und er fügte hinzu, dass Mütter nicht nackt tanzen sollten. Dabei war Colette gar nicht nackt.« Jacques wurde knallrot. »Aber ich fand dich grandios.«

Émilie lachte hellauf.

Nachdem sie Colette gebührend gefeiert hatten, zogen die Gratulanten bis auf Missy und Émilie wieder ab.

Colette setzte sich neben Missy auf den Tisch und vertilgte den Rest Pralinen, der nicht in den Besitz der kleinen Ballerina übergegangen war.

»Findet ihr nicht, dass Willy einen Denkzettel verdient hat?«, fragte Émilie. »Schließlich betrachtet er uns als Schachfiguren, die er nach Gutdünken versetzen und vom Feld werfen kann. Was, wenn wir den Spieß einfach umdrehen und ihn von seinem hohen Ross stürzen?«

»Aber wie?«, fragte Colette zweifelnd. Henry war nicht beizukommen.

Émilie grinste maliziös. »Wartet es ab. Ich lasse mir etwas einfallen. Der Salonlöwe wird Federn lassen oder vielmehr: Ich werde seine Mähne schon rasieren.«

»Was planst du?«, fragte Colette.

»Lass dich überraschen«, sagte Émilie. »Vielleicht klappt es auch gar nicht. Du weißt, dass Missy jetzt auch Pantomimenunterricht bei Wague nimmt. Vielleicht lässt sich das einsetzen, um Willy zu blamieren. Rache ist auf jeden Fall Blutwurst.«

Der Februar des Jahres 1906 verging wie im Fluge. Weil Colette große Erfolge mit ihrem Faun feierte, traf sie die Nachricht über Marcel Schwobs Tod am 26. Februar unverhofft. Henry brachte ihr das Telegramm vorbei. »Es tut mir leid.«

»Wie konnte er sich unterstehen, einfach so zu sterben?« Sie ließ das Schreiben sinken. Da war so viel Wehmut und Schmerz in ihr. Sie hatten gewusst, dass Marcel krank war, doch mit seinem Tod hatten sie nicht gerechnet. Wie auch, wo er doch ein Stück ihres Lebens war? »Wenn Marguerite uns nur früh genug Bescheid gegeben hätte …«

»Vielleicht wollte er es so, Füchslein. Allein gehen, meine ich, und sich von niemandem bemitleiden lassen.« Henry legte ihr mit erstaunlicher Behutsamkeit den Arm um die Schultern.

An einem kalten, grauen Tag folgten sie dem Beerdigungszug auf den Friedhof Père Lachaise hinaus. Colette trat auf Marguerite zu, die blass, aber mit trockenen Augen am Grab stand, und zog sie in ihre Arme.

»Er hat mir immer so viel mehr gegeben als ich ihm«, gestand Colette. »Mit zwanzig habe ich seine königlichen Geschenke angenommen, als würden sie mir zustehen.«

»Wem ging es nicht so?«, raunte Marguerite ihr zu.

⁓ KAPITEL 31 ⁓

Henry gab seinen Widerstand gegen Colettes Bühnenkarriere schneller auf als erwartet. Sicher hatte er eiskalt gegengerechnet, was sich damit verdienen ließ. Als Faun feierte sie große Erfolge. Alle Werbeplakate zeigten ihr Konterfei. Eigentlich hatte sie ihre Berühmtheit nicht ausspielen wollen. Jetzt aber musste sie zugeben, dass es sich auszahlte, die berühmt-berüchtigte Madame Willy zu sein, noch zumindest.

Henry begleitete sie sogar auf ihre Tournee nach Monte Carlo, bevor sie in Renée Viviens Villa in Nizza die Rolle eines Playboys in einer Komödie von Sacha Guitry einstudierte, die im Pariser Théâtre du Palais-Royal aufgeführt wurde.

Den Sommer 1906 verbrachten Colette und Missy in Plage Le Crotoy an der Mündung der Somme. Missys repräsentative »Villa des Dunes« mit ihren Balkons und Erkern stand direkt an der Promenade. Davor dehnten sich nur noch der weite Strand und das unendliche Meer, so dass Colette vom rauschenden Wind und dem Dröhnen der nahenden Flut in den Schlaf gesungen wurde.

Missy führte ein gastfreundliches Haus. Ihre Freundinnen aus Paris-Lesbos besuchten sie, und Émilie, die ihre Abneigung auf Eis gelegt hatte, quartierte sich für einige Wochen bei ihnen ein.

An einem sonnigen Morgen im Spätsommer saßen sie gerade beim Frühstück, als an der Promenade eine Autotür knallte. Colette lief zum Fenster. Da stand ein Wagen mit geöffnetem Kofferraum, vor dem sich Gepäck in wildem Durcheinander stapelte, und dazwischen …

»Henry und Meg sind gekommen!«, rief Colette. »Und sie haben Toby mitgebracht.«

Sie eilte nach draußen und warf sich in Henrys Arme, der sie lachend durch die Luft schwang. »Mein Füchslein.«

Meg stand daneben und hielt den ausgelassen kläffenden Toby an der Leine.

Colette bückte sich, um den Hund zu kraulen, der krampfhaft versuchte, ihr Gesicht abzulecken.

»Ich hoffe, wir kommen nicht ungelegen?« Henry wuchtete Megs Koffer auf den Weg zum Haus.

»Wie könntet ihr?« Colette küsste Meg auf ihre flaumweiche Wange. Manchmal fühlte Colette sich wie ihre ältere Schwester. Vielleicht war sie auch nur zu müde, um zornig zu sein.

»Herzlich willkommen«, sagte sie. Es wäre doch gelacht, wenn sie es nicht schaffen würden, einige harmonische Sommertage miteinander zu verbringen. Schließlich waren sie doch zivilisierte Menschen, oder? Sie gingen ins Haus.

Den Nachmittag verbrachten Colette, Missy und Émilie im Garten an ihren Turngeräten. Colette saß auf dem Reck und baumelte mit den Beinen. Missy schwang sich gekonnt aufs Trapez. »Henry will was von dir, Colette, darauf könnte ich wetten. Sicher braucht er wieder einen Goldesel.«

»I-aah.« Sie legte ihre Hände hinter die Ohren und wackelte mit ihnen. »Ein paar Münzen, die mir aus dem Hinterteil plumpsen, wären ihm sicher recht. Mir übrigens auch.«

»Missy hat schon recht. Du solltest auf jeden Fall wachsam sein.« Émilie hockte mit einem Glas Champagner im Gras. »Bei Henry ist Vorsicht geboten, weil er uns für sein persönliches Eigentum hält. Aber ich kriege ihn schon dahin, dass er sich richtig blamiert. Wartet es nur ab! König Henry kippt schon noch vom Sockel.«

»Aber die beiden sind doch irgendwie Familie«, wandte Colette ein.

»Und die kann man sich wahrhaftig nicht aussuchen«, vollendete Missy.

Es war ein blau-weißer Spätsommertag. Auf der Promenade herrschte reger Betrieb. Paare paradierten in der Sonne auf und ab. Die Damen trugen pastellfarbene Sonnenschirme, die Herren rauchten kubanische Zigarren und zwirbelten ihre Schnurrbärte. Ihnen folgte eine ganze Batterie von Nannys mit hochrädrigen Kinderwagen. Der übrige Nachwuchs steckte in weißen Kleidchen und Matrosenanzügen und sortierte die frisch gesammelten Muscheln.

Eine Gruppe von Spaziergängern trat an die Mauer heran. Ihre Aufmerksamkeit galt nicht Colette. »Ist das wirklich Polaire? Polaire, bist du's?«

»Wartet, ich komm ja schon. Ach, herrje. Es kribbelt wie eine ganze Armee von Ameisen.« Émilie stand so lässig auf, wie es mit eingeschlafenen Füßen ging, zauberte einen Stapel Autogrammkarten hervor und verteilte sie. »Und ja, meine Taille ist wirklich so schmal. Sie dürfen ruhig gucken, nur nicht anfassen. Ansonsten mache ich hier Ferien und möchte in Ruhe gelassen werden.«

Sie zwinkerte den Leuten zu, die sich langsam zerstreuten. Ein junger Mann blieb zurück, dessen unverhohlene Blicke diesmal Colette auf sich spürte. Lasziv glitten seine Augen über ihre Beine hinweg. Vielleicht hätte sie doch keinen so gewagten Badeanzug anziehen sollen. Sie nahm Schwung, sprang vom Reck und trat an die Mauer heran.

»Willst du mich nicht vorstellen, Polaire?« Der junge Mann

zwinkerte Colette zu. Er war mindestens fünf Jahre jünger als sie und mit seinen dunklen Haaren und den braunen Augen sehr attraktiv.

»Ach so, natürlich.« Émilie richtete ihren zierlichen Zeigefinger auf ihn. »Dieser Kerl, der so frech über die Gartenmauer linst und seine Augen etwas zu lange auf dir ruhen lässt, Colette, ist Auguste Hériot, seines Zeichens Playboy, Boxer aus Leidenschaft und überaus reich. Was erbst du noch mal?«

»Die Kaufhäuser am Louvre«, erwiderte er, als gäbe es nichts Selbstverständlicheres.

»So.« Émilie holte tief Luft. »Und das hier ist meine Freundin Colette, Autorin, Pantomimin, Hunde- und Katzenmami und … in Kürze Ex-Frau von Willy.«

»Enfant terrible und Wilde. Suchen Sie sich das Passende aus«, ergänzte Colette sanft. Émilie kicherte in ihre geöffnete Hand.

Der junge Mann strahlte. »Wirklich? Das merke ich mir. Aber vorerst − lassen Sie sich nicht stören.« Als er ging, warf er ihnen eine Kusshand zu.

Colette sah ihm nach. »Woher kennst du ihn?«

Émilie zuckte mit den Schultern. »Wir hatten mal was miteinander. Er hat mir einen Gürtel voller Diamanten geschenkt.«

»Ach, der ist das.« Hatte Marguerite Moreno ihr nicht von den Kostbarkeiten erzählt, mit denen manche Leute Émilie überhäuften?

»Aber ich hatte recht schnell keine Verwendung mehr für ihn.«

Missy stieß sie mit dem Finger in die Seite. »Du hast ja auch mehr für brutale Metzgergesellen übrig.«

»Wenn du es so sagst.« Émilie hob eigensinnig ihr Kinn. »Ich lasse mir Guillaume nicht ausreden. Der ist wenigstens urwüchsig.« Sie lachten über den Spaß, der keiner war, hakten sich unter und gingen zum Haus.

Am nächsten Morgen fand Colette in der Diele einen Umschlag, in dem außer einer goldgeränderten Karte mit dem Namen »Auguste Hériot« eine Einladung zum Essen steckte.

Die Marquise trat hinter sie. »Sieh an, das Bürschchen hält sich für unwiderstehlich. Er macht dir Avancen, obwohl er weiß, dass wir zusammen sind.«

Colette legte ihr den Arm um die Schultern. »Nichts kann uns trennen, Missy.«

Missy löste sich sanft. »Sei dir da nicht zu sicher. Dafür bist du zu leichtlebig. Und er ist jung und feurig. Er wird versuchen, dich mit allen Mitteln zu erobern.«

»Das wird ihm nicht gelingen.« Colette schüttelte standhaft den Kopf. Wer war Auguste Hériot, dass sie ihr hart erkämpftes Glück für ihn aufs Spiel setzte?

Den Nachmittag verbrachten sie am Strand. Colette stand unterhalb der Dünen im Wind, beschattete ihre Augen und betrachtete die Wolken, die sich über dem Horizont in allen Schattierungen zwischen Grau, Violett und Gold ballten. Henry stapfte mit hochgekrempelten Hosenbeinen durch die seichten Wellen, während sich Toby von einem Krebs in die Nase zwicken ließ, woraufhin ihn sein Herrchen schimpfend auf den Arm nahm. Es war beinahe eine Idylle.

Die Frauen hatten sich in den Dünen ein windgeschütztes Lager gebaut. Colette trat auf Meg zu und legte ihr den Arm um die Schultern.

»Wie reizend«, rief Émilie. »Ihr könntet Schwestern sein. Dabei ist das doch mein Privileg. Wartet, ich fotografiere euch.« Nicht umsonst hatte Henry seine Fotoausrüstung mitgebracht. Sie stellte sich hinter das Stativ und richtete die Kamera aus. »Setzt euch Rücken an Rücken und schaut mich an.«

Sie ließen sich kichernd nieder und blickten in die Kamera.

»Schön, bleibt so.« Émilie drückte auf den Auslöser. Es knallte, als das Blitzlicht ihre besondere Freundschaft auf die Platte bannte. Colette war für einen Moment geblendet.

»Ihr seht aus wie Zwillinge.«

Missy näherte sich in ihrem hellen Sommeranzug über den Kamm der Düne. »Mit dir wohl eher wie Drillinge, Polaire«, sagte sie so todernst, dass Émilie einen Lachanfall bekam. »Genau. Wir sind Willys Marionettentheater.«

»Wie meint sie das denn bloß?«, fragte Meg verständnislos.

Colette half ihr auf die Beine. »Keine Ahnung«, schwindelte sie. Meg flüsterte ihr etwas ins Ohr, das der Wind verschluckte.

Colette runzelte die Stirn. »Was hast du gesagt?«

»Ich will mit dir schlafen«, wiederholte Meg lauter. Missy und Émilie blickten erstaunt auf.

Colette verschlug es die Sprache. Verflixt!

Sie zog Meg, die inzwischen puterrot angelaufen war, über den Kamm der Düne in eine Senke voller Disteln und Strandhafer, den einzigen windstillen Platz weit und breit. »Wir beide müssen mal reden.«

»Wenn du meinst?« Kampflustig hob Meg ihr Kinn.

Zeit, ihr den Kopf zu waschen, fand Colette. »Jetzt pass mal auf, Marguerite. Willy hat dir erlaubt, dich Frauen zuzuwenden, oder? Er hat gesagt, er fände es außerordentlich aufregend, wenn du das tätest, oder?«

Tränen traten in Megs Augen. »Papa sagt, ich müsse Erfahrungen sammeln.«

»Mit beiden Geschlechtern?« Colette, die nicht wusste, ob sie lachen oder weinen sollte, hatte plötzlich große Lust, Henry zu versprügeln. »Wenn, dann sollte es deinen Wünschen entsprechen und nicht von Willys Gnaden geschehen. Er könnte dich verderben.«

So wie er es mit mir getan hat, dachte sie bitter. Sie nahm Megs Hand mit den abgebissenen Fingernägeln und drückte ihr einen keuschen Kuss auf die Lippen, die vom Wind spröde und ein wenig salzig waren.

»Hat er dir damals … das Gleiche vorgeschlagen?« Meg sah auf ihre Fußspitzen, die sie fest in den Sand gestemmt hatte.

»O ja. Obwohl die lesbische Liebe meinen Neigungen entspricht, hat er mir mehrfach einen Strick daraus gedreht. Er hat seine Seitensprünge damit begründet, dass ich vor keinem Rock haltmache.«

Meg riss ihre grünen Augen auf. »Aber Papa ist doch nicht so hinterhältig.«

»Ich fürchte doch. Nimm dich vor Henry in Acht. Ich kann dich nur warnen.«

»Aber?«

»Nichts aber.« Sie zog Meg zurück auf die andere Seite der Düne, wo der Wind ihnen die Röcke hochwehte. In der Ferne rauschte das Meer. »Und noch eins, Kleine. Man schläft nicht mit seinem Papa und wenn doch, posaunt man es nicht überall herum.«

»Wirklich nicht?« Meg sah sie kampflustig an. »Vielleicht muss Papa mich gar nicht mehr verderben, weil ich es schon bin. Vielleicht findet er mich gut genug für … besondere Spiele. Er mag es, mich mit meiner Haarbürste zu versohlen. Und ich erst.«

Colette runzelte die Stirn. Sie teilte schon seit vielen Jahre nicht mehr das Bett mit Henry. Georgie hatte nicht verschwiegen, wie unzufrieden sie mit seinen Fähigkeiten als Liebhaber gewesen war. Konnte es sein, dass seine Potenz gelitten hatte? »Du hast dir das Zusammenleben mit ihm anders vorgestellt. Harmonischer, leichter?«

Meg wischte sich über die Augen. »Dieser blöde Wind.«

»Ach, Meg.« Colette legte ihr den Arm um die Schultern. Gemeinsam beobachteten sie, wie Henry mit dem übermütig bellenden Toby zurückkam.

»Ein heißer Grog wäre schön«, keuchte er und ließ sich in den Sand fallen.

Sie packten ihre Sachen zusammen und machten sich auf den Heimweg. Vor dem Eingang der Villa stolperten sie beinahe über ein winziges rabenschwarzes Katzenkind, das auf sie zu warten schien. »Schaut mal.« Colette bückte sich.

»Die ist ja süß«, sagte Meg.

»Sie oder vielmehr er ist vor allem halb verhungert.« Colette strich dem Kätzchen, das sie aus grünen Lampenaugen musterte, über seinen zarten Kopf. Doch als Toby sich näherte, schlug es ihn unversehens mit seinen Krallen auf die Nase und fauchte. Sein weiches Fell sträubte sich wie die Stacheln eines Seeigels.

»Ganz schön frech, der Kleine«, kommentierte Colette. »Aber du, Toby, solltest auch nicht so vertrauensselig sein.«

Sie trug das schwarze Untier in die Küche, wo Missys Köchin gerade die restliche Katzenbande fütterte. Colette und Missy hatten ein offenes Herz für alle Streuner der Gegend.

Colette setzte den kleinen Kater zwischen die anderen an die Futterschüssel, wo er sich rücksichtslos Platz verschaffte und gierig fraß. Schließlich legte er sich mit vollem Bauch neben die Schüssel und verteidigte sie gegen die Konkurrenz.

»Irgendetwas ist unheimlich an dem Tier«, stellte Missy fest. »Wenn der uns nicht noch Ärger macht. Findest du nicht, dass wir ihn besser wieder auf die Straße setzen sollten?«

»Auf keinen Fall«, sagte Colette.

Missy behielt recht. Poum, wie sie ihn nannten, entpuppte sich als Störenfried. Alles Schelten nützte nichts. Als sie sich zum Aperitif im Salon trafen, kickte er lässig eine chinesische Vase von der

Anrichte. Nachmittags ertönte ein zorniger Schrei aus dem Arbeitszimmer. »Hab ich dich!« Henry hielt den strampelnden Kater am Nackenfell, während Tinte vom Schreibtisch tropfte. »Jetzt hat mir dieser Mistkater schon zum zweiten Mal das Tintenfass umgeworfen. Ich ziehe dir noch das Fell über die Ohren, Poum!«

Am folgenden Tag wollte Colette ein Bad nehmen, als sie feststellte, dass Poum sie von der Fensterbank aus ungeniert beobachtete. »Wenn du keine Katze wärst.« Kopfschüttelnd entledigte sie sich ihres Morgenmantels, stieg in die Wanne und tauchte in ihr Schaumbad.

»Herrlich!«, murmelte sie. »Aber nichts für rotzfreche Katzenkinder.«

Poum riss seine grünen Augen auf, sprang mit weit von sich gestreckten Pfoten ins Wasser und ging jämmerlich unter. Colette fischte ihn heraus und lachte Tränen, als sie ihn auf den Boden setzte, wo er sich schüttelte, bevor er mit einer weißen Haube auf dem Kopf davonrannte.

Missy beharrte darauf, dass sie mit Poum gestraft seien, Emilie aber bekreuzigte sich und war sicher, dass sie sich mit ihm einen bösen Geist ins Haus geholt hätten. Am Abend dieses denkwürdigen Tages sprach Missy ein Machtwort und quartierte den Kater in den Garten aus. Nachdenklich besuchte Colette ihn abends in seinem Körbchen auf der Terrasse. »Eines Tages werde ich über dich schreiben, Poum, du kleiner Teufel.«

~❀ KAPITEL 32 ❀~

Weihnachten 1906

Trotz der harschen Kritiken der konservativen Presse eroberte Colette auch mit ihrer nächsten Rolle, der leicht bekleideten Paniska in Charles Van Leberghes *Pan*, Frankreich im Sturm. Im nächsten Jahr würde sie mit Georges Wague und seiner Truppe auf Tournee gehen. Doch zunächst, für Januar 1907, plante sie, in dem Stück *Le Rêve d'Égypte* im Moulin Rouge aufzutreten, dem Olymp der leichten Muse. Darin würde sie eine Mumie spielen, die sich von einem Archäologen wach küssen ließ. Zu ihrer großen Freude hatte Missy diese Rolle übernommen.

An einem regnerischen Tag vor Weihnachten schmückten Colette und Missy im Foyer ihres Stadthauses gerade eine hohe Tanne, als Émilie hereinplatzte und eine Schlammspur hinter sich herzog. »Da bin ich!«

Sie schüttelte ihren Schirm aus. »Wenn es wenigstens schneien würde. Aber das da ist einfach nur Dreckwetter. Ich hoffe, ihr habt einen heißen Glühwein angesetzt. Meine Füße sind eisig kalt.«

In diesem Moment fiel ihr Blick auf den Riesenbaum. »Um Himmels willen. Was ist denn das für ein Monstrum? Habt ihr keine Angst, dass Toby das Ding für sein dringendes Bedürfnis nutzen könnte?«

»Das ist ein Weihnachtsbaum, der letzte Schrei in Deutschland«, erklärte Colette. »Wir haben die Idee aus Bayreuth mitgebracht. Und jede Menge bunte Kugeln dazu. Die stammen aus dem Erzgebirge.« Sie hob eine glänzende blaue Glaskugel hoch, in der sich das Licht brach.

Missy kletterte von der Leiter. »Endlich sind die Deutschen mal zu etwas gut. Obwohl, wenn ich ehrlich bin, hat meine Mutter auch schon solche Bäume geschmückt.«

Émilie schnupperte misstrauisch. »Das Grünzeug riecht nach Wald.«

Colette lachte und drückte Émilies Schulter. »Lass uns eine Pause einlegen, Missy.«

Émilie zog wenig damenhaft die Nase hoch. »Besser, ihr bereitet euch auf eine schlechte Nachricht vor. Dafür, das sage ich euch, brauche ich jede Menge Glühwein oder Rum pur.«

Sie gingen in die Küche, wo Toby ausnahmsweise einträchtig mit Poum unter dem Tisch döste. Sie hatten den kleinen Teufel adoptiert, da Colette ihn in Le Crotoy nicht einem Dasein als Straßenkater aussetzen wollte. Colette goss ihnen heißen Wein ein, der nach Früchten und Gewürzen duftete. Im Herd flackerte ein munteres Feuer. Missys Köchin Marthe servierte Gebäck und hatte ein Auge auf die Bûche de Noël auf der Anrichte, nicht dass sie auf die Idee kämen, sie anzuschneiden.

Colette setzte sich. »Was gibt es denn, Émilie?« Es lag so viel Weihnachtsstimmung im Raum, dass sie sich weigerte, ihren Befürchtungen nachzugeben.

Émilie holte tief Luft. »Du wirst ja im Moulin Rouge spielen. Wenn du einmal dort angekommen bist, lass dich bloß nicht wieder vertreiben. Aber darum geht es mir im Moment nicht.«

Colette runzelte die Stirn. »Ich verstehe nicht ganz, worauf du hinauswillst, Émilie. Du, Missy?«

Diese legte ihre Füße auf einem Stuhl gegenüber ab und zündete sich eine Zigarre an. »Mach es nicht so spannend, Kleine!«

»Also gut.« Émilie zog ein durchnässtes Stück Papier aus ihrer

Tasche und faltete es auf. Colette sah, dass es sich um ein Plakat für ihre Aufführung handelte. »Was ist damit?«

»Schau genau hin, verflixt!«

Missy beugte sich vor und sog scharf die Luft ein.

Jetzt sah es auch Colette. Auf dem Plakat prangte neben dem Titel, Colettes Namen und Missys Pseudonym Yssim das Wappen des Herzogs von Morny.

»Weshalb sind die jetzt schon in Umlauf?«, fragte Missy ungehalten. »Und dann das prominent angebrachte Wappen. Das wird Serjoscha nicht gefallen.«

Colette hielt das, gelinde gesagt, für eine Untertreibung. Missys Bruder Serge war der Träger des Titels der Herzöge de Morny. Er akzeptierte ihre Lebensweise nur, wenn sie sich in der Öffentlichkeit diskret zeigte. Ein Theaterstück der leichten Muse, in dem seine hochwohlgeborene Schwester als Mann verkleidet auftrat, musste seine Toleranz auf eine harte Probe stellen. Deshalb hatte Missy geplant, ganz auf das Wappen zu verzichten und das Plakat erst kurz vor der Aufführung anbringen zu lassen. Es jetzt schon und noch dazu in dieser Form zu veröffentlichen glich einem Spiel mit dem Feuer.

»Serge wird vor Zorn in die Luft gehen«, fasste Colette ihre Befürchtungen zusammen.

»Das wird er sowieso, aber jetzt weiß er viel früher Bescheid und kann sich in Stellung bringen«, erwiderte Missy nachdenklich.

Sie stand auf und begann mit auf dem Rücken gekreuzten Händen auf und ab zu gehen.

»Ich hoffe, ich habe euch nicht das Weihnachtsfest verdorben«, sagte Émilie kläglich.

»Nein, nein.« Die Marquise machte eine wegwerfende Geste. »Die Zeiten sind vorbei, in denen man den Boten für die schlechte Nachricht köpfte. Ich wusste, welches Risiko ich eingehe. Aber das hier … Wer ist dafür verantwortlich? Wer hat die Plakate zu früh in Umlauf gebracht?«

Colette wechselte einen Blick mit Émilie. »Margagne, nehme ich an.« Der windige Kerl war der Leiter des Moulin Rouge. »Der ist sich sicher nicht zu schade für diese Art von Werbung.«

»Da hat er was angerichtet.« Die Marquise holte tief Luft. »Mein Bruder toleriert meine Art zu leben nur, wenn ich mich bedeckt halte und keine Skandale provoziere.«

»Und was sollen wir jetzt tun?« Colette und Émilie blickten sie gespannt an.

»Wir ziehen das ohne Rücksicht auf Verluste durch, was sonst?«

Sie ließen sich ihr Weihnachtsfest nicht verderben, luden Meg und Henry ein und feierten mit Braten, Unmengen von Süßigkeiten und der Bûche de Noël. Henry versicherte inständig, keine Ahnung von den verräterischen Plakaten gehabt zu haben.

»Augen zu und durch« war sein einziger Kommentar, womit er sich ausnahmsweise mit der Marquise einig war.

Die Premiere sollte am 3. Januar stattfinden. Das Moulin Rouge, das seinen Namen der roten Windmühle vor seiner Tür verdankte, galt seit 1889 als bestes Kabarett von Paris. Dort wurde ausgelassen Cancan getanzt und auf Teufel komm raus gefeiert. Es war das erste Gebäude in Paris, das mit elektrischer Energie versorgt wurde, und strahlte auf der Place Blanche zu Beginn jeder Vorstellung wie ein Leuchtturm.

Colette war es schlecht vor Aufregung, denn aus dem Zuschauerraum schallten ihr schon jetzt Sprechchöre und Buhrufe entgegen.

»Wenn ich nur nicht brechen muss.«

»Dann kotzt du der ersten Reihe in den Schoß«, sagte Émilie gleichmütig, die sich mit Lampenfieber auskannte.

Missy lauschte dem Tumult mit erstarrtem Gesicht.

»Das ist kein normales Publikum, oder?«, vermutete Colette.

»Gewiss nicht.« Missy schüttelte den Kopf. »Es sind gedungene Horden von Claqueuren, die mein Bruder angeheuert hat, um mir das Leben schwer zu machen.«

»Meinst du wirklich?« Colette stand auf und legte ihr den Arm um die Schultern. »Du musst da nicht mit mir rausgehen, Liebes.«

»Das stehen wir gemeinsam durch«, erwiderte Missy fest.

»Trinkt!« Émilie goss ihnen Champagner ein, der über den Rand der Gläser perlte. »Das hilft gegen die Aufregung.«

Colette nickte. »Émilie weiß Bescheid. Sie ist bei jeder Aufführung von *Claudine* ein Nervenbündel.«

»Genau. Alkohol hilft, Prost.« Sie trank ihnen zu. »Und wenn die Marodeure Dinge auf die Bühne werfen ... Eier oder Unrat ...«

»Ja, was dann?«, fragte Missy.

»Dann pfeffert ihr sie einfach zurück!« Émilie hob ihr Kinn. »Das hab ich mal mit einem Schuh gemacht und gut gezielt. Ich glaube, ich hab den Werfer am Kopf getroffen.« Sie kicherte champagnerlustig. »Henry und Meg sind übrigens auch da. Ich habe sie in der Loge gesehen. Die Kleine ist ganz blass um die Nase, und Henry schwenkt seinen Spazierstock gegen die Aufrührer.«

»Wenn er Meg mitbringt, erwartet er zumindest keinen Mord und Totschlag«, urteilte Missy.

Wenn sie sich da nur nicht irrte. Während Colette ihre Liebste an ihren Platz hinter der Bühne dirigierte, skandierte das Publikum lauthals: »Nieder mit den Lesben.«

»Ich fürchte um das Leben unserer Freundinnen«, sagte Missy düster.

Sie hatten Freikarten an ihre Bekannten aus Paris-Lesbos verteilt, die sich eingeschüchtert in den Logen versteckten.

»Für Serjoscha ist das die Gelegenheit, endlich gegen mich vorzugehen«, flüsterte Missy erbittert. »Wie konnte ich so dumm sein, mich ihm auf dem Silbertablett zu servieren?«

»Du kannst nichts dafür, dass die Plakate mit dem Wappen so früh kursierten.« Colette drückte sie fest an sich. »Ich weiß, wie sehr du dir gewünscht hast, an meiner Seite zu spielen. Soll ich Georges Wague fragen, ob er für dich einspringt?«

Missy hob den Kopf. »In meinen Adern fließt königliches Blut. Unsereins weiß, wie sich der Volkszorn anfühlt. Ich werde da hinausgehen und spielen.«

Colette nickte. Für Missy war das eine Frage der Ehre. Ahnte sie, wie sehr sie nach den Maßstäben ihrer adligen Vorfahren agierte?

Sie lösten sich erst voneinander, als der Gong ertönte.

Die Bühne lag noch im Dunkeln. Colette lauschte auf den Tumult im Zuschauerraum. Ihre Knie wurden weich. Die Lautstärke, aber auch die Bösartigkeit, die von den Rufen ausging, gruben sich tief in ihre Seele. Um Missys willen, die stoisch in einem Sessel Platz genommen hatte, nahm sie sich vor, mit aller Kraft um ihre Beherrschung zu kämpfen.

Sie stieg in den engen Sarkophag, legte sich auf den Rücken und wünschte sich nichts sehnlicher, als den Deckel über sich zuklappen und in Grabesstille ausharren zu können. Aber nein. Als der Vorhang sich hob, strömte Licht auf die Bühne, und die Sprechchöre gewannen an Lautstärke. Sie hatte die Wahl: Entweder brach sie hier und jetzt in Tränen aus, oder sie stand es durch, wie Missy gesagt hatte. Colette atmete tief und versuchte, sich auf den Fortgang der Handlung zu konzentrieren.

Missy spielte einen Archäologen, der in einem Buch die Formel entdeckte, die Mumien von den Toten erwecken konnte. Die Marquise deklamierte ihren Text unter so lauten und hasserfüllten Rufen aus dem Publikum, dass Colette beinahe ihr Stichwort verpasste. Ihre Auferstehung hatte sie sich glamouröser vorgestellt.

Unter Pfiffen, hämischem Applaus und rhythmischem Klatschen kletterte sie aus ihrem Sarg. Sie streckte sich, schälte sich aus den Binden, die ihren Körper bedeckten, und sammelte Kraft. Wenn sie sich mit ihrem Büstenhalter und dem knappen Rock nur nicht so nackt fühlen würde. Sie holte tief Atem. Entweder sie bekam hier und jetzt einen hysterischen Anfall – oder sie tanzte.

Ich bin Minet-Chérie, bin Bel-Gazou, Gabrielle und Colette, bin Stern, bin Blume, bin Morgentau und Wellenglanz. Sie hob die Arme, setzte Fuß vor Fuß, spürte, dass die Erde sie trug, und wirbelte über die Bühne, tanzte sich in den Kern ihres Wesens und ins Zentrum des Universums. Der Tumult ließ nicht nach.

Er war so laut, dass Colette die Musik der vierzig Musiker im Orchestergraben nicht hören konnte, aber sie spürte die Melodie und den Rhythmus in ihrem Körper.

Wurfgeschosse prasselten auf die Bühne, Äpfel, Knoblauchzehen, Eier, denen sie mit knapper Not entging. Dann jedoch flog ein großer Gegenstand aus Holz auf sie zu und prallte knapp vor ihr auf den Boden. Colette schaffte es mit einem gewagten Sprung darüber hinweg, verdrehte sich aber beim Auftreten den Knöchel. Obwohl es höllisch stach, tanzte sie mit zusammengebissenen Zähnen weiter, wie es sich für einen Profi gehörte.

Die Sprechchöre veränderten sich. Fast schien es ihr, als würde der Spott von einem Unterton verhaltenen Jubels abgelöst.

»Colette, Colette!«

Stammten die Rufe von ihren Schwestern in den Logen, Sylvaine, den Goldhühnern und den vernachlässigten Ehefrauen, die sich in Paris-Lesbos ein Stück Freiheit erkämpft hatten? Für euch, dachte Colette grimmig. Für sie brachte sie den Tanz zu Ende, der sie direkt in Missys Arme führte. Wie in der Handlung verlangt, küssten sie sich so innig, als gäbe es kein Morgen. Zwei Frauen auf der Bühne. Johlen, Pfiffe und Buhrufe untermalten diese Ungeheuerlichkeit.

Nachdem der Vorhang gefallen war, lagen sie sich erleichtert in den Armen.

»Ich habe dich noch nie so wunderbar tanzen sehen«, flüsterte Missy. »Außerirdisch.«

Colette fühlte sich wie im Rausch. Inmitten des Chaos war sie für einen Moment eins mit dem Universum. Sie zog Missy mit sich. »Komm! Weg von diesem Ort des Grauens.«

In der Garderobe erwartete sie neben der aufgebrachten Sylvaine, Natalie, Renée und Georgie auch Auguste Hériot. Er verschwand fast hinter einem Bouquet aus Orchideen und Rosen. Was machte er hier? Sie hatte ihn doch auf Abstand gehalten.

Colette bebte am ganzen Körper und hatte nicht die Nerven, sich über seine Gegenwart Gedanken zu machen. Stattdessen ließ sie sich auf einen Stuhl sinken und stürzte ein weiteres Glas Champagner hinunter. Missy schlang ein feuchtes Tuch um ihren geschwollenen Knöchel, der höllisch zu schmerzen begann.

»Was haben die mir da bloß vor die Füße geschleudert? Ich hätte stürzen und mich ernsthaft verletzen können.«

»Das war ein Schemel aus dem Jockeyclub«, sagte Missy tonlos. »Sie haben auch Spazierstöcke geworfen. Ich hatte recht mit meiner Annahme. Serjoscha hat das Publikum mit seinen Truppen durchsetzt. Es waren seine Diener und seine Kumpane, die hier Unruhe stiften sollten.«

»Das können wir nicht auf sich beruhen lassen.« Natalie ballte ihre Faust. Die anderen Frauen stimmten ihr ebenso zu wie Auguste Hériot. »Ihr habt einflussreiche Freunde.«

»Danke«, erwiderte Missy ruhig. »Das wird ohne Zweifel ein Nachspiel haben.«

Sie stießen grimmig an, als Émilie eintrat. »Henry und Meg haben es knapp bis ins Büro der Theaterleitung geschafft. Sie warten auf uns.«

Colette humpelte an Missys Arm über die Flure und ging als Erstes auf den Theaterleiter Margagne los, der gerade ein paar Häppchen auf einer Platte anrichtete. »Wie konnten Sie das zulassen? Sie haben uns in Gefahr gebracht.«

Margagne schob seelenruhig Brotscheiben hin und her und sparte sich die Antwort.

Colette rüttelte ihn am Arm, versuchte, ihm die Schale mit dem Kaviar an den Kopf zu knallen. »Wir sind Ihre verflixten Hauptdarstellerinnen! Haben Sie sich überhaupt klargemacht, was Sie uns mit ihren Plakaten antun?«

»Für den Aufruhr kann ich nichts«, sagte der Mann kalt.

»O doch!«, zischte Colette.

»Nicht, Colette!« Missy zog sie zu Meg und Henry. »Das Risiko lag bei uns.«

Henry breitete die Arme aus, als er sie sah. »Meine Mädels. Ihr Tapferen. Ich bin ja so stolz auf euch.« Seine Geste schloss sowohl die totenbleiche Meg als auch Missy, Émilie und Colette ein. »Aber auch ihr dürft stolz auf euren Helden sein, der sich soeben den Weg mit dem Spazierstock freigekämpft hat und eine gute Nachricht mitbringt. Als ihr fertig wart, stürmte die Polizei den Laden und nahm einige dieser Schlägertypen fest. Es wurde auch Zeit, findet ihr nicht?«

»Eine Stunde eher hätte das mehr Sinn gemacht«, fand Missy.

Meg aber nickte. »Und als diese Banausen ›Hahnrei, Hahnrei‹ schrien, hast du dich auf die Bühne gestellt und ihnen applaudiert.«

»Ironie, wenn du es nicht gemerkt hast, Colette«, sagte Henry stolz. »Das war ein Bild für die Götter, das für immer in die Annalen der Pariser Theatergeschichte eingehen wird. Wieder einmal haben wir den Gazetten die Schlagzeile geliefert. Und du, meine tapfere Meg, hast mit deinen kleinen Fäusten für mich gekämpft. Alle Achtung.« Er lüpfte seinen Zylinder.

Colette verdrehte die Augen. Musste er immer so pathetisch sein?

»In Wirklichkeit bin ich vor Angst fast gestorben«, gestand Meg.

»Auf deine todesmutige Tat und auf Colettes wunderbaren Tanz müssen wir anstoßen. Das war unvergesslich. Lasst uns in Champagner baden.« Henry köpfte die nächstbeste Flasche und goss ihnen ein. »Nicht wahr, Margagne, alter Halunke. Das hat sich gelohnt, oder?«

Henrys Augen glitzerten, als sich der Theaterleiter ohne ein Wort durch die offene Tür davonmachte.

Colette sah ihm wie betäubt hinterher. Dann aber war es, als würde sich der Schleier vor ihren Augen heben. Jemand hatte die Plakate zu früh der Öffentlichkeit preisgegeben, der Gleiche, der für das aufgedruckte Wappen verantwortlich war. Jemand, der mit Teufeleien aller Art Erfahrung hatte und für sein Leben gern mit dem Feuer spielte.

»Du warst das, Henry.«

»Was war ich?« Das Lächeln gefror ihm in den Mundwinkeln. Er war auf der Hut.

Colette schluckte an ihrem Zorn. »Hast du von den Plakaten mit dem Wappen der Herzöge de Morny Kenntnis gehabt, Henry? Hast du gewusst, dass sie so früh in der Stadt gestreut werden?«

Henry runzelte die Stirn. »Ich verstehe nicht. Was willst du damit sagen?«

»Tu nicht so.« Der Verdacht ließ ihr den Atem stocken. »Hast du durch die Veröffentlichung von Missys Wappen dafür gesorgt, dass ihr Bruder seine Schlägertruppen im Publikum platzieren konnte? Ist diese unheilvolle Idee auf deinem Mist gewachsen?«

»Ach das.« Henry machte eine wegwerfende Handbewegung. »Ich konnte nicht ahnen, dass das Plakat einen solchen Tumult verursachen würde. Und einen Skandal noch dazu. Margagne war übrigens auch dafür.«

Colettes Zorn brach sich Bahn, und sie schüttete ihm den Inhalt ihres Glases ins Gesicht. »Nimm das für meinen verstauchten Knöchel!«

Meg schrie auf und kramte hektisch nach einem Taschentuch, mit dem Henry sich den Champagner aus den Augen wischte. »Touché, mein kleines Füchslein. Aber ich konnte beim besten Willen nicht wissen, was das nach sich ziehen würde.«

»Ich dachte, du würdest auf unserer Seite stehen«, zischte Colette. »Ich dachte, du wärst mein Freund. Aber statt uns zu warnen, hast du uns ins offene Messer laufen lassen. Du hast riskiert, dass ich mich ernsthaft verletze, und sogar Meg in Gefahr gebracht.« Sie legte den Arm um die junge Frau, die sich befreite und an Henrys Seite rückte.

Er zuckte mit den Schultern. »Aber es war doch sowieso klar, dass die Marquise den Archäologen darstellt. Warum sollten wir nicht Kapital aus ihrem traditionsreichen Namen schlagen?«

Colette atmete tief durch. Henry schlachtete jeden Skandal für sich aus und genoss das Rampenlicht aller Gerichtsprozesse, egal wie sie für ihn ausgingen. Auch negative Reklame war Reklame, und was ihn nicht umbrachte, steigerte seine Berühmtheit.

»Mir sagst du, dass du deine großbürgerliche Stellung um jeden Preis behalten willst, aber jetzt hast du darauf geschissen, Henry.« Er war der große Manipulator, der Strippenzieher, der riskierte, dass sie sich die Beine brach. Sie würde sich nicht länger von ihm einwickeln lassen.

Henry sah sie mit plötzlicher Kälte an. »Es geht ums Geld, um nichts sonst. Meg und ich müssen essen. Und du, Füchslein … Diese Show wird dich in ganz Frankreich berühmt machen.«

»Lass uns gehen.« Missy zog Colette mit sich, bevor sie Henry an die Gurgel gehen konnte. Émilie folgte ihnen zu ihrer Kutsche. Bis auf einige Flics, die vor dem Moulin Rouge paradierten, war die Straße menschenleer. Über ihnen wuchsen die engen Gassen des Montmartre den Hügel hinauf. Schnee rieselte hinab, der taute, sobald er den Boden erreichte. Émilie zog ihren Mantel zusammen.

»Damit ist unser Plan wohl hinfällig«, sagte sie müde.

»Welcher Plan?«, fragte Missy.

»Colette und ich haben davon geträumt, Henry einmal so richtig über einen Skandal stolpern zu lassen, aber der stolpert ja mit Vergnügen.«

Colette nickte. »Ihn interessiert nichts als der Stand seines Bankkontos. Je höher die Wogen in der Öffentlichkeit schlagen, umso besser. Dafür lässt er sogar seinen Platz als Teil der Bourgeoisie sausen.«

In Missys Kutsche war es fast so kalt wie draußen. »Lasst uns morgen weiterreden. Ich bin todmüde.«

Am nächsten Tag verklagte die Marquise de Morny den Leiter des Moulin Rouge auf 10 000 Francs Schadenersatz. Der Polizeipräfekt von Paris wollte das Stück *Le Rêve d'Égypte* zunächst absetzen, entschied dann aber, dass George Wague die Rolle des Archäologen übernehmen sollte. Colette tanzte mit geschwollenem Knöchel die Mumie. Die Sprechchöre skandierten weiter.

Auf Henry aber wartete eine Konsequenz seines Verhaltens, die er sich nie hätte träumen lassen. Wegen des Skandals verlor er seine gesicherte Stellung beim *Écho de Paris*. Rache wurde eiskalt serviert, dachte Colette. Und manchmal kamen ihre Folgen unerwartet.

Am Sonntag darauf saßen sie zusammen beim Essen. Die Marquise schnitt den Braten an und tat ihnen allen auf. Sogar Meg, die sonst aß wie ein Vögelchen, ließ sich reichlich vorlegen.

»Wir sind über Nacht unter die armen Kirchenmäuse gegangen.« Sie tupfte sich über die Augen. »Wirklich. Ich weiß nicht mehr, wovon ich Juliette und Francine bezahlen soll. Und Marcel erst. Es reicht kaum noch fürs Baguette.«

»Pass bloß auf, dass du nicht in unsere gute Sauce heulst.« Colette wusste nicht, weshalb sie kein Mitleid aufbringen konnte. »Frag Henry doch, wie viele zwei- oder vierbeinige Pferdchen er gerade am Start hat. Wenn er das eine oder andere abstoßen würde, könnte das eure Einnahmen verbessern.«

Meg holte tief Luft. »Du bist wirklich gefühlskalt, Colette. Aber was meinst du mit dem Begriff ›zweibeinige Pferdchen‹?«

Colette unterdrückte ein hysterisches Kichern. »Das soll Henry dir erklären, wenn er sich dazu in der Lage sieht.«

Er strich sich umständlich über den Bart. »Ich verbitte mir diese Andeutungen.«

»Ach, wirklich?« Colette lehnte sich kampflustig zurück. Ihr Knöchel schmerzte noch immer. »Vielleicht ist es gar nicht so schlecht, dass du diesmal die Folgen deines Handelns tragen musst, Henry.«

Auf diese Bemerkung hin stand er auf, nahm seinen Hut und Meg und verließ Missys Haus.

Um ihren Kopf zu kühlen, ging Colette in den winterlichen Garten. Sie legte ihre Hände um den Stamm der Magnolie, die sie vor einigen Jahren gemeinsam mit Missy gepflanzt hatte. Es war noch zu früh für die ersten Knospen, aber sie freute sich schon auf die rosafarbenen Blüten. Missy folgte ihr und legte ihr ein Schultertuch um.

»Émilie und ich«, begann Colette. »Wir wollten Henry durch einen Skandal zu Fall bringen, weißt du?«

Missy nickte.

»Das ist uns gründlich misslungen. Aber jetzt sieht es ganz so aus, als sei er über seine eigenen Intrigen gestolpert.«

»Diesmal wird er sich nicht wieder erheben«, prophezeite Missy.

Colette holte tief Luft. »Lass uns in diesem Sommer auf mein Landgut in der Franche-Comté fahren. Ich möchte endlich mal wieder frei atmen können.«

∾ EPILOG ∾

Mit Henry ging es weiter bergab. Meg und er hatten die Wohnung in der Rue de Courcelles aufgeben müssen und schlugen sich mühsam durchs Leben. Er hatte seinen Rennstall verkauft und arbeitete fortan als Händler von Kunstwerken ohne Echtheitszertifikat. Colette versuchte ihn, so gut sie konnte, zu ignorieren.

An einem kühlen Morgen im Oktober saß sie gerade schreibend im Salon, als Henry unvermittelt hereinplatzte. Colette fuhr zusammen. »Erschreck mich doch nicht so! Warum hat Marthe dich überhaupt hereingelassen?«

Henry nahm seinen Zylinder ab. »Ollendorff hat mich dein neues Buch vorab lesen lassen, Füchslein. Dieser Taillandy ... Ich bestehe darauf, dass du die Figur entfernst. Es ist zu durchsichtig, dass du mir damit eins auswischen willst.«

Sie dachte fieberhaft nach. In Kürze würde sie ihren neuen Roman *La Vagabonde* veröffentlichen. Er erzählte die Geschichte von Renée Neré, die sich von ihrem Ehemann, dem Maler Taillandy, scheiden lässt, um Schauspielerin zu werden. Zugegeben, in dieser Figur hatte sie Henry ein wenig schmeichelhaftes Denkmal gesetzt. Aber das war nichts Neues, schließlich trieb er sich auch als Henri Maugis in den *Claudine*-Romanen herum.

Colette lächelte honigsüß. »Das wird schwierig. Schließlich ist die Auflage schon gedruckt.«

»Dann eben in der nächsten.« Henry presste die Lippen aufeinander. Seine Augen waren rot gerändert, die Wangen teigig. »Und ich verlange eine öffentliche Entschuldigung von dir.«

Colette schnappte nach Luft. »Aber was ist mit Pimprinette de Folligny?«, drehte sie den Spieß um. »Wenn ich Taillandy rausschmeiße, darfst du mich auch nicht mehr als verschwendungssüchtige und hysterische Zicke porträtieren.«

»Das ist etwas vollkommen anderes.«

»Ist es nicht!«

»Doch.« Sie starrten sich hasserfüllt an. Wenn die Willys miteinander abrechneten, schenkten sie sich nichts. In zahllosen Zeitungsartikeln, Gegendarstellungen und den verschiedensten Buchfiguren zerrten sie ihren Rosenkrieg ans Licht der Öffentlichkeit.

»Patt«, sagte er schließlich. »Du hättest zumindest die Rechnungen von Redfern bezahlen können, die mir ständig ins Haus flattern.«

Colette errötete. »Ich werde sehen, was sich machen lässt. Und sonst so?« Wenn er die Frage nicht als Friedensangebot verstand, was dann?

Henry hob sein Kinn. »Meg schreibt ebenfalls. Sie ist sehr begabt. Ich unterstütze sie bei der Veröffentlichung ihres Romans.«

Meg schrieb über ein junges Mädchen. Meg tanzte, versuchte sich als Schauspielerin und Sängerin und ließ sich im Herrendress ablichten. Es war offensichtlich, dass Henry sie als Colettes Ebenbild inszenieren wollte. Oder sollte man besser Abziehbild sagen?

Colette war nicht danach, ihm Portwein anzubieten. »Ich bringe dich noch zur Tür.«

Als sie im Vorraum standen, kam Toby, beschnüffelte sein ehemaliges Herrchen und verzog sich dann in Richtung Küche.

Henry schnaubte. »Sogar den Hund bringst du gegen mich in Stellung.«

»Das sieht nur so aus. Du hättest ihm ein Wurstende mitbringen sollen.«

»Vielleicht habe ich keins übrig.« Henry griff nach seinem Zylinder, der auf der Kommode lag. »Ist Missy nicht da?«

»Vermutlich nicht. Wir spionieren einander nicht nach.«

Er öffnete die Tür zur Terrasse und ließ einen kalten Luftzug ins Haus. Der Spätsommer hatte sich schmählich verzogen und sie mit Wind und Regen zurückgelassen. »Jetzt schreibst du ja unter deinem eigenen Namen, Füchslein«, begann Henry. »Wirst schon sehen, was du davon hast. Ich weiß noch, wie du dich geweigert hast, für die *Claudines* geradezustehen. Es lag an mir, das gesamte Risiko für die frivole Kleine zu übernehmen. Was habe ich vor Gericht nicht alles ausgestanden.«

»Wie bitte?« Colette stand da wie vom Donner gerührt. Henry war ein Meister darin, die Wahrheit zu verdrehen. Mühsam suchte sie nach dem einen Faden, mit dem sich sein dichtes Gespinst aus Lügen aufdröseln ließ. »Aber du hast mir doch damals empfohlen, nicht unter meinem eigenen Namen zu veröffentlichen. Für weibliche Schriftsteller gäbe es keinen Markt und ihr Ruf sei schnell beschädigt, hast du gesagt.«

Henry lachte gönnerhaft. »Du hättest mir ja nicht glauben müssen. Und das mit dem Ruf hast du ja ohne mein Zutun geschafft.«

Er trat vor die Tür. Ohne sein Zutun? Hatte er nicht jeden ihrer Schritte zu lenken versucht? Colette folgte ihm schaudernd in den kalten Wind hinaus. »Warum musst du alle zerstören, die du liebst?«

Er wandte sich ihr zu. Ein Schatten flog über seine Augen. »Aber das war nie meine Absicht. Ich setze nur kleine Impulse, damit ihr euch verbessern könnt. Manchmal, das gebe ich zu, sind sie vielleicht ein wenig schmerzhaft. Sieh sie als hilfreiche Nadelstiche an. Aber alles, das beteure ich, geschieht nur zu eurem Besten.«

»Und was ist mit Germaine Servat? Hast du sie in den Tod getrieben?«, sagte sie in vollem Bewusstsein, ihn unter die Gürtellinie zu treffen. Rachsucht war auch eine der Eigenschaften, die sie durch ihn entwickelt hatte.

Henry schüttelte ungerührt den Kopf. »Ich habe nichts mit ihrem Tod zu tun. Sie starb an der Schwindsucht. Nichts hat mich je tiefer getroffen.«

»Aber was ist mit mir?« Ihre Stimme hallte durch den Garten. »Warum hast du mir das alles angetan?«

Er stand in Frack und Zylinder unter einem Himmel voller grauer Wolken. Fast hätte sie dem Impuls nachgegeben, seine schief geknöpfte Jacke gerade zu richten.

»Junge Mädchen muss man schleifen wie Diamanten. Wie Meg. Aber du, Füchslein, du warst schon immer perfekt. Du hast so hell geleuchtet, weil du stark und voller Leidenschaft bist. Eine heiße, reine Flamme. Wie konnte ich zulassen, dass du mich übertriffst?«

Sie blinzelte ungläubig. »Du hast mich mit Zuckerbrot und Peitsche getriezt, weil du mich begrenzen wolltest?«

Henry nickte unwillig. »Aber sicher doch. Hast du es endlich erfasst?«

Colette atmete tief ein und aus. Sie würde nicht an ihrem Hass ersticken, o nein. Hier ging es um sie und ihren Seelenfrieden. »Ab jetzt stehe ich sowohl als Schriftstellerin als auch als Frau selbst für mich ein.«

»Na dann, viel Vergnügen.« Henry lachte höhnisch. »Versuch es doch. Du wirst schon sehen, was du davon hast.«

Er lüftete seinen Zylinder, ging beschwingt den Weg entlang und verschwand durch das geöffnete Gartentor.

Die Bedeutung von Henrys letzter Bemerkung sollte sich bei Colettes nächstem Treffen mit ihrem Verleger Ollendorff klären.

Morgens war das Paket mit den Belegexemplaren der jüngsten Auflage von *Claudine geht* gekommen.

»Das kann doch nicht wahr sein!« Colette pfefferte das Buch vor Ollendorff auf den Tisch, der sich umständlich schnäuzte, als wolle er Zeit gewinnen.

»Warum so heftig, Madame Colette?«

»Das wissen Sie ganz genau.«

»Setzen Sie sich doch, setzen Sie sich und beruhigen sich ein wenig.« Der alte Herr mit dem weißen Schnauzbart erhob sich, goss ihr ein Glas Brandy ein und reichte es ihr. Colette stürzte es in einem Zug hinunter, während er wieder auf seiner Seite des Schreibtischs Platz nahm. »Was treibt Sie in meine unheiligen Hallen?«

Warum musste man manchen Leuten alles doppelt und dreifach erklären? »Sehen Sie, hier!« Sie deutete auf den Titel. »Willys Name steht vor meinem. Erst dahinter wird Colette Willy als Autorin genannt. Und das, wo Ihnen doch bewusst sein sollte, dass Willy sich seine Rechte nur erschlichen hat. Ich bin die Autorin von *Claudine*.«

»In der Tat. Das pfeifen die Spatzen von den Dächern.« Ollendorff legte die Ellbogen auf die Tischplatte und stützte die Hände aneinander. »Selbst wenn dem so sein sollte, haben sowohl Sie, meine Liebe, als auch Ihr Mann …«

»Ex-Mann«, zischte Colette.

»Wie auch immer …« Ollendorff nickte würdevoll. »Was ich damit sagen will. Sie beide haben keinerlei Mitspracherecht mehr bei der Gestaltung des Titels oder der Reihenfolge der Autorennamen auf dem Deckblatt.«

»Wie meinen Sie das?«

Ollendorff richtete sich halb auf. »Aber wissen Sie denn nicht, dass Willy mir letztens die Rechte an *Claudine erwacht, Claudine in Paris* und *Claudine geht* verkauft hat? Für überraschend günstige 5000 Franc? Die an *Minne* habe ich auch erworben.« Seine blauen Augen blinzelten sie durch die goldgeränderte Brille an. »Und Valette, dieser Halunke, freut sich über die Rechte an *Claudine in der Ehe*, die ihm ebenfalls billig zugefallen sind.« Seine Brille beschlug. Er nahm sie ab, um sie zu putzen.

»Willy hat was?« Colette wurde schwarz vor Augen. Der Raum mit seinen gediegenen Bücherregalen begann sich rund um sie zu drehen. »Schämen sollten Sie sich!«

»Aber Madame. Unterlassen Sie solche unhöflichen Ausbrüche!«

»Ach was.« Sie stand auf und griff nach ihrem Mantel. »Ersticken sollen Sie an Ihren Ränken und Willy gleich dazu.« Sie hatte nichts mehr zu verlieren. Wenn sie ihre oft beschworene Pistole gehabt hätte, hätte sie dann abgedrückt? Nein. Ollendorff traf nur eine Mitschuld. Henry allein hatte sie in den größten Schlamassel ihres Lebens geritten.

»Es tut mir leid«, sagte der Verleger, aber sie hörte ihn schon nicht mehr. Sie verließ das Verlagshaus an der Rue de Chaussée d'Antin, lief zur Kirche »La Trinité« und nahm auf ihren Stufen Platz. Über ihr erhoben sich die beiden Kirchtürme und die Fassade mit ihrem überladenen Dekor.

In ihr war namenloses Entsetzen. Wovon sollte sie ihren Lebensunterhalt bestreiten, wenn sie nicht mehr frei über *Claudine* verfügen konnte? Von Missys Vermögen? Obwohl ihrer Freundin nichts lieber gewesen wäre, als für sie zu sorgen, wollte sie ihr nicht zur Last fallen. Von ihren Auftritten? Ja, solange sie jung und attraktiv war, mochte das angehen.

Sie stand auf, rief eine Droschke und ließ sich zu Henrys und Megs neuer Wohnung fahren. Meg öffnete.

»Wo ist er?«, fragte Colette.

»Nicht da.«

»Ach was!« Colette stürmte in den engen Flur, in dem es durchdringend nach der Suppe von gestern roch. »Henry, wo steckst du?«

»Colette, ich bitte dich, sei nicht so aufgebracht!« Meg legte ihr die Hand auf den Arm.

»Weißt du eigentlich, was für ein Scheusal du liebst?« Sie fuhr herum und schüttelte Megs Hand ab. In diesem Moment trat Henry in den Flur, in Hemdsärmeln und Hosenträgern. »Was willst du?« Das boshafte Glitzern in seinen Augen verriet ihr, dass er mit ihrem Besuch gerechnet hatte.

Sie stützte die Hände in ihre Hüften. »Warum hast du die Rechte an unserer *Claudine* für ein Nasenwasser verschleudert?«

Erschrocken schlug sich Meg die Hand vor den Mund. Henry aber betrachtete Colette kühl. »Weil ich es konnte. Aber das hast du ja noch nie verstanden, Füchslein. Und unser Landgut Les Monts-Boucons. Das habe ich auch verkauft.«

Ein Stein legte sich auf ihre Seele, so dass sie nur noch flüstern konnte. »Aber du hast doch gesagt, es gehöre mir.«

Er trat nahe an sie heran, so dass ihr sein Geruch in die Nase stieg. Nach Zigarren, aufgewärmtem Essen und immer mehr nach altem Mann. »Du hättest mir ja nicht glauben müssen. Den Kaufvertrag habe nur ich mit meinem guten Namen unterzeichnet und die Raten Monat für Monat abgestottert.«

Als sie die Wohnung verließ, war alles in ihr kalt und leer. Warum war sie bei der Nachricht nicht überraschter gewesen? Es schien, als hätte etwas in ihr mit solchen Teufeleien gerechnet.

»Ich kaufe dir das Landgut am Meer, von dem wir immer geträumt haben«, sagte Missy, als sie am selben Abend mit Émilie und Auguste Hériot Kriegsrat hielten. Émilie saß auf der Sofalehne, während Auguste seine Füße im Sessel gegenüber abgelegt hatte.

»Ich danke dir«, sagte Colette. »Aber ich will dich nicht ausnut-
zen. Wenn du es dir nicht ausreden lässt, bestehe ich darauf, dass
es in deinem Eigentum bleibt und du mich dorthin nur einlädst.«

Missy war enttäuscht, das sah sie ganz genau, aber mehr konnte
sie ihr im Moment nicht geben. Colette war zerbrochen, und ihre
Scherben gefroren zu Eis. »Warum tut er das? Henry, dem gute
Geschäfte über alles gehen, warum verscherbelt er die Rechte
an *Claudine* viel zu billig und verkauft unser Gut?« Sie rang die
Hände. Mit dem Verkauf der Rechte war genau das geschehen,
wovor Rachilde sie immer gewarnt hatte, deren Mann Auguste
Vallette nun von Henrys Schachzug profitierte.

»Das ist doch klar«, erwiderte Émilie. »Er will sich an dir rächen.
Und deine Sommerfrische ist auch passé. Dir soll nichts bleiben.«

»Aber er hat doch ebenfalls nichts davon«, fügte Missy hinzu.
»Sein Handeln ist und bleibt ein Rätsel.«

»Das habt ihr nur nicht richtig verstanden.« Émilie schüttelte
den Kopf. »Bei allem, was er tut, geht es ihm um Macht. Er will
Menschen zuerst aufbauen und dann zerstören und auf ihnen herumtrampeln. Nur dann fühlt er sich gut.«

Colette blickte von einem zum andern. »Aber wovon soll ich
in Zukunft leben?«

»Lass das nicht deine Sorge sein.« Missy zog sie an sich. Viel zu
eng, dachte Colette. Der Stoff ihres Gehrocks legte sich erstickend
auf ihre Atemwege. »Aber du weißt doch, dass ich nicht abhängig
von dir sein will.«

»Nun übertreib mal nicht. Noch leckt sich ganz Frankreich die
Finger nach deinen Auftritten«, mischte sich Émilie ein. »Und ein
neues Buch hast du auch herausgebracht.«

Noch, dachte Colette. Wie immer hatte Émilie das Problem auf
den Punkt gebracht. Sie schwiegen sich ratlos an.

»Wir könnten heiraten«, sagte Auguste Hériot unvermittelt.

Colette fuhr herum. »Was?« Hitze übergoss sie. Irgendwann hatte sie seiner Werbung nachgegeben und ihn in ihr Bett gelassen. Missy akzeptierte den grünen Jungen an ihrer Seite widerwillig, so wie auch Colette ihre Affären tolerierte. Keine davon bedeutete eine Gefahr für ihre Zweisamkeit.

»Das meinst du nicht ernst, Auguste«, urteilte Émilie. »Du bist ein Playboy. Du genießt dein Leben, gehst boxen und liebst deine Rennwagen mehr als deine schönen Geliebten. Colette war lange genug die betrogene Ehefrau.«

Auguste setzte seine Füße auf den Boden. »Aber was, wenn es mir damit doch ernst ist, Colette? Du weißt, dass ich die Grands Magazins am Louvre erbe. Du müsstest dir nie wieder Sorgen um deinen Lebensunterhalt machen.«

Missy hob die Augenbrauen. »Diese Art von Sicherheit kann sie auch haben, wenn sie mit mir zusammenlebt.«

Auguste ignorierte sie und sah Colette mit seinen dunklen Augen an. »Überleg es dir gut. Dieses Angebot mache ich dir nur einmal.«

»Du bist süß«, sagte sie. Ja, das war er, süß, jung, dankbar für jede Form der Gunstbezeugung und voller Bewunderung für sie. Er betete sie an, und er hatte zu viel Zeit und zu viel Geld.

»Ich würde dich auf Händen tragen.«

»Ich bin ebenfalls für dich da, das weißt du«, sagte Missy ruhig.

»Hört auf, mein Leben zu planen. Alle beide.« Colette wurde das Geplänkel um ihre Gunst zu viel. Sie hob beschwichtigend die Hände. »Ich gehe jetzt mit Toby vor die Tür. Lasst mich in Ruhe nachdenken. Ich bitte euch.«

Sie nahm den Hund, der sich ausgelassen über den Freigang freute, und ging in den Garten. Während er Igelspuren und Marderduft nachjagte, griff Colette nach dem Besen und kehrte auf der Terrasse die Blätter des Ahorns zusammen. So viel Rot und

Gold, das der Vergänglichkeit anheimfiel. Die frische Herbstluft tat ihr gut, und die glühenden Farben legten sich wie Kaminfeuer und Kerzenflammen um ihre Seele.

Du wirst mich nicht zerstören, Henry, du nicht.

Sie wünschte sich ein Glück, so rein und blitzend wie ein Diamant, unverfälscht wie das Gold des Sommers, das sich in den Herbstblättern fing. Der Himmel war da, auch wenn er sich hinter einem Gewirr von Ästen verbarg, denn sie war reich. Sie hatte Freunde, und sie hatte ihre Bühnenauftritte im Herzen des Vulkans. Aber das war nicht alles. Sie war Colette, die Zauberin, die aus Worten und Sätzen Welten erschuf. Ich liebe das Leben, dachte sie. Dann pfiff sie nach Toby, der hingegeben in einem Blätterhaufen scharrte, und ging mit ihm ins Haus.

∽꽃 NACHWORT 꽃∽

Dieses Buch war für mich eine große Herausforderung, denn ich musste mich durch einen wahren Berg an Literatur graben. Unzählige Texte und Bücher befassen sich mit Colettes Leben und Werk. Dazu kommen jede Menge Primärtexte. Zusätzlich thematisiert sie in ihrer Autobiographie *Meine Lehrjahre* selbst ausführlich ihre Ehe mit Henry Gauthier-Villars. Wo versteckt sich in dieser Masse an Information die Wahrheit?

Im Zentrum meines Romans steht ein dreister Diebstahl. Colettes erster Ehemann Henry Gauthier-Villars, auch bekannt unter dem Pseudonym Willy, gab sich über Jahre hinweg als Verfasser ihrer vier *Claudine*-Romane aus. Die Bücher, die die Entwicklungsgeschichte eines jungen Mädchens beschreiben, waren Bestseller und machten sowohl Henry als auch Colette berühmt. Obwohl oder gar weil konservative Kreise die Bücher wegen ihrer erotisch aufgeladenen Details verdammten, war *Claudine* Stadtgespräch, und Henry konzipierte eine modern anmutende Werbekampagne rund um sie. Einige Jahre später gab Colette sich als ihre Schöpferin zu erkennen und schaffte den Absprung aus ihrer ausbeuterischen Ehe.

Der reichliche Fundus an Literatur hat meine Arbeit eher erschwert, denn oft widersprachen sich die Aussagen. Sogar Colette selbst tendiert in ihrer Autobiographie dazu, nicht immer ehrlich zu sein. Das liegt sicher auch daran, dass das Ehepaar Gauthier-Villars einander in seinem Rosenkrieg mit Vorliebe in Grund und

Boden dichtete. Colettes Aussagen sind also mit Vorsicht zu genießen. Dennoch beruht ein Großteil der Handlung auf der Wahrheit.

Zu den historischen Details kam von meiner Seite aus der Funke eigener Kreativität, aus dem heraus ein spannender Roman entsteht. Auf diese Weise mischen sich Fiktion und Wahrheit wie in einem komplizierten Strickmuster. Mélies hellsichtige Großmutter Loisine, die so gerne Socken strickt, hätte ihre Freude daran gehabt. Das zeigt sich für Kenner von Colettes Leben an den Schlusskapiteln, bei denen ich die Ereignisse ein wenig straffe.

Bei dieser Vielfalt an Deutungen musste ich mich entscheiden, welchen Angaben ich folgen wollte. Hatte Colette schon vor ihrer Ehe eine erotische Beziehung mit Henry? Ich habe mich an ihre Autobiographie gehalten, die das verneint.

Einige Personen, denen ich auf meiner Recherchereise begegnen durfte, sind mir sehr lieb geworden. Allen voran steht Colettes Mutter Sido, die sich traute, ihre Kinder in der dörflichen Umgebung von Saint-Sauveur nach den Grundsätzen des Sozialreformers Charles Fourier zu erziehen, also bemerkenswert antiautoritär und entgegen allen Konventionen. Gerne schrieb ich auch über Colettes Bruder Achille, Sidos ›Grand Cher‹, der Landarzt in Châtillon wurde. Dazu kommen die Pariser:innen Charlotte Kinceler, Émilie Bouchaud, Marcel Schwob, Marguerite Moreno und andere. Ans Herz gewachsen sind mir auch die Tiere. Sie alle sind historisch belegt, begonnen bei Toutouque über Bijou, Kiki bis hin zu Toby-chien und Poum, dem kleinen Teufel, dem Colette in ihren Tierdialogen ein zauberhaftes Denkmal gesetzt hat.

Mit Interesse habe ich mich auch Émilie Bouchaud (Polaire) gewidmet, dem Mädchen aus Algerien mit den »Berberaugen« und dem »Taillenmaß einer Schuhgröße«, aus dem einer der größten

Stars der damaligen Zeit wurde. Ihren Charakter habe ich anhand der über sie bekannten Informationen entwickelt. Der Racheplan, den sie gegen Willy geschmiedet hat, ist allerdings Fiktion.

Ein besonderer Fall ist die Marquise Mathilde de Morny, genannt Missy. Lehne ich mich zu weit aus dem Fenster, wenn ich sie als Transperson interpretiere? In der Literatur wird über ihre Geschlechtsidentität durchaus gestritten. In meinem Roman lasse ich Missy darauf beharren, dass sie im falschen Körper geboren sei. Zu dieser gewagten Behauptung hat mich das Foto gebracht, das sie als kleines Kind mit kurz geschorenen Haaren neben ihren ondulierten russischen Cousinen zeigt. Fast sieht es so aus, als habe sie da nicht nur gegen ihre tyrannische Mutter, sondern auch gegen ihre aufblühende Weiblichkeit rebellieren wollen. Nach dem Tod Sophia Troubetzkois hat Mathilde offen als Mann gelebt und sich von den Dienstboten als »Monsieur le Marquis« ansprechen lassen. Colette allerdings hat sie immer »Missy« genannt und sie auch bei Sido so eingeführt, die die Freundin ihrer Tochter mit offenen Armen aufgenommen hat. Und da ich den Roman aus Colettes Sicht schreibe, habe ich mich letztlich für die weibliche Anrede und die dazu passenden Pronomen entschieden.

Mélie und ihre Familie sind ebenso fiktiv wie Dominic und sein Großvater. Ich habe Mélies Schicksal als Mutter mit beinahe jährlichem Familienzuwachs als Gegenpol zu Colettes Leben entwickelt.

Charlotte Kinceler war eine reale Person, eine »Gossenblume«, die sich eigensinnig und kämpferisch in Paris durchs Leben schlug. Ich habe große Hochachtung vor ihr.

Die echte Georgie Raoul-Duvall war als Vorbild für mein »Luder« ein wunderbarer Fund.

Eine weitere meiner Lieblingsfiguren ist Marcel Schwob. Vielleicht kennen ihn einige meiner Leser:innen noch aus meiner Romanbiographie über Camille Claudel, wo er zu den Freunden ihres Bruders Paul Claudel gehört. Auch Léon Daudet wird in meinem neuen Buch erwähnt, und sogar Camille taucht einmal anonym auf. Wo genau, bleibt mein Geheimnis. Der hochbegabte und belesene Marcel Schwob war ein enger Freund Colettes, der sie selbstlos und großzügig auf ihrem Weg zur Schriftstellerin begleitete. Auf diese Weise agiert er als eine Art versteckter Gegenspieler zu Henry Gauthier-Villars.

Colettes Ehemann ist ein besonderer Fall. Heute wird Menschen oft leichtfertig die Persönlichkeitsstörung »Narzissmus« zugeschrieben. War Henry ein Narzisst? Möglicherweise schon, wenn man seine Meisterschaft im Täuschen und Manipulieren als Kriterien heranzieht. Doch auch ohne diese psychiatrische Diagnose war er ein waschechter Bösewicht, den ich mir nicht so perfide hätte ausdenken können. Warum fanden die beiden zueinander? Sicher wünschte er sich eine formbare junge Frau, die voller Bewunderung zu ihm aufschaute. Und Colette? Sehnte sie sich nach einer verlässlichen Vaterfigur? Beider Erwartungen wurden enttäuscht. Henry betrog Colette nicht nur nach Strich und Faden und freute sich dabei an seiner eigenen Hinterlist. Vor allem hat er ihren jugendlichen Charme und ihre Begabung für sich genutzt und sich ihrer Manuskripte bemächtigt. Aber ohne Henry wäre Colette nicht Colette. Er bringt sie auf die Idee zu schreiben. Dank ihm entdeckt sie ihre Bisexualität, lebt sie mit allen Konsequenzen aus und schlägt schließlich den Weg als gefeierte Varietétänzerin ein. Mit Optimismus und bemerkenswerter Kraft ebnet sie sich trotz aller Widrigkeiten einen Weg zum Glück. Als er die Rechte an ihren Büchern und ihr Landgut viel zu billig verkauft, trifft sie das zwar hart, aber es zerstört sie nicht. Kurz möchte ich auf ihr weiteres Leben eingehen.

Einige Jahre nach dem Scheitern ihrer ersten Ehe erfand sich

Colette neu. Ihre Beziehung mit der Marquise de Morny mündete in einer Trennung, denn sie verliebte sich in den Journalisten Henri de Jouvenel des Ursins und heiratete ihn. Über Nacht wurde aus der Salonlöwin eine Schlossherrin und Stiefmutter zweier jugendlicher Söhne. Jouvenel ist auch der Vater ihrer Tochter Colette alias Bel Gazou. Doch auch diese Ehe scheiterte, wozu unter anderem die erotische Beziehung zu ihrem Stiefsohn Bertrand de Jouvenel beigetragen haben mag. Erst mit dem Perlenhändler Maurice Goudeket fand Colette ein dauerhaftes Glück. Sie schrieb weiter, obwohl sie in ihren letzten Lebensjahren wegen einer schweren Arthritis an den Rollstuhl gefesselt war. Große Erfolge feierte sie auch mit den beiden Romanen *Gigi* und *Chérie*. *Gigi* wurde mit Audrey Hepburn in der Hauptrolle verfilmt.

Ein Wort noch zur Bedeutung, die vergilbte Fotografien in allen meinen Büchern haben. Von Colette sind einige Aufnahmen erhalten, die sie im Kreise ihrer Familie, mit Henry Gauthier-Villars und anderen zeigen. Auf keiner einzigen lacht sie, wobei sie standfest behauptet, dass ihr ernster bis verbissener Gesichtsausdruck ein Zeichen von Zufriedenheit sei. Ich habe mich in einige alte Aufnahmen vertieft und versucht, Irrtümer inbegriffen, die Dynamik der darauf dargestellten Beziehungen zu verstehen. Eine Aufnahme zeigt Colette im Kreise ihrer bürgerlichen Schwiegerfamilie. Während die anderen ein wenig steif in die Kamera blicken, lümmelt sie mit aufgestützten Ellenbogen am Tisch und schaut herausfordernd in die Kamera, wobei ihr langer Zopf ihr über den Rücken fällt. Eine andere zeigt sie auf Bel-Île zu Füßen Henrys. Bekannt sind die Aufnahmen des berühmten Fotografen Nadar, die sie und Émilie als Zwillinge an Henrys Seite zeigen. Auf einer weiteren sind Colette und Meg wie zwei Schwestern Rücken an Rücken am Strand zu sehen. Wer beim Anblick von

Émilies Taille, so wie ich, in Schnappatmung verfallen möchte, findet übrigens einige Fotos von ihr im Internet.

Die Literatur zu Colettes Leben und Werk ist großteils ebenso vergriffen wie die meisten ihrer Bücher. Um diesen Roman zu schreiben, habe ich wie immer die Württembergische Landesbibliothek nach Primär- und Sekundärwerken durchforstet. Die Ausbeute war zwar reichlich, ist mir aber quasi zwischen den Fingern zerfallen. Die beiden wichtigsten Biographien habe ich antiquarisch erstanden. Es handelt sich um die Bücher *Colette. Roman ihres Lebens* von Judith Thurmann und *Colette. Biographie* von Claude Francis und Fernande Gontier. Die beiden letzteren Autorinnen haben sich die Mühe gemacht, dem »Fin de Siècle« in allen Einzelheiten auf die Spur zu kommen, einer Zeit, in der man bis zum Exzess gefeiert hat und der Opium- und Äthersucht ebenso frönte wie einer bemerkenswerten sexuellen Freizügigkeit. Colette ist ein Kind ihrer Zeit. Ihr Einsatz als Pantomimin findet zwar auf der Bühne statt, nimmt aber schon die betonte Gestik des Stummfilms vorweg. Und ja, sie tanzte im Herzen des Vulkans und genoss es von ganzem Herzen.

Pia Rosenberger
Die Bildhauerin
Mit Rodin begeht Camille Claudel neue Wege, doch
ihre Liebe droht zu scheitern
Roman
352 Seiten. Klappenbroschur
ISBN 978-3-7466-3770-9
Auch als E-Book lieferbar

»Ich fordere lautstark die Freiheit!« – Camille Claudel

Paris, 1881. Die siebzehnjährige Camille Claudel wusste schon früh, was
sie will: Bildhauerin werden. Doch als Frau bleibt ihr eine Ausbildung an
der École des Beaux-Arts verschlossen. Gemeinsam mit zwei Freundinnen mietet sie ein Atelier und stürzt sich in ein Leben der Bohème.
Schon bald erregt sie mit ihren Plastiken die Aufmerksamkeit des viel
älteren Auguste Rodins. Dieser protegiert und unterrichtet sie, Camille
wird zu seiner unentbehrlichen Mitarbeiterin und schließlich auch
Geliebten. Doch sie wünscht sich mehr, als nur eine seiner Musen zu
sein.

Die Geschichte einer der bedeutendsten Künstlerinnen des Fin de Siècle

Regelmäßige Informationen erhalten Sie über unseren Newsletter.
Jetzt anmelden unter: www.aufbau-verlag.de/newsletter

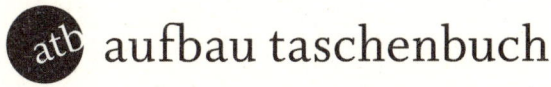

Agnès Gabriel
Die Couturière
Elsa Schiaparelli und die Kunst der Mode
Roman
382 Seiten. Klappenbroschur
ISBN 978-3-7466-3879-9
Auch als E-Book lieferbar

Elsa Schiaparelli – die große Gegenspielerin Coco Chanels

Tief verletzt, weil ihr Mann sie mit Isadora Duncan betrogen hat, verlässt Elsa Schiaparelli New York. Nie wieder will sie von einem Mann abhängig sein. In Paris ob ihres Esprits und ihrer Kreativität gefeiert, gilt sie schon bald als originellste Couturière ihrer Zeit – und die Frau, die in der Mode bislang den Ton angegeben hat, wird zu ihrer größten Rivalin: Coco Chanel. Doch dann muss Elsa nicht nur um das Leben ihrer kleinen Tochter kämpfen, sie muss auch entscheiden, ob sie der Liebe noch eine Chance geben will …

Ein berührender Roman über die Frau, die Kunst zum Anziehen erfand und um deren Mode sich ganz Hollywood riss

Regelmäßige Informationen erhalten Sie über unseren Newsletter.
Jetzt anmelden unter: www.aufbau-verlage.de/newsletter

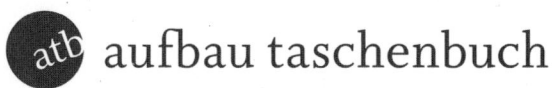

Stefanie H. Martin
**Die Liebenden von Bloomsbury –
Vita und der Garten der Liebe**
Roman
445 Seiten. Klappenbroschur
ISBN 978-3-7466-3906-2
Auch als E-Book lieferbar

Die Liebe zweier Frauen, die für Literatur leben – Virginia Woolf und Vita Sackville-West

1922: Mit ihrem Verlag Hogarth Press feiern Virginia und ihr Mann Leonard Woolf erste Erfolge – wie Virginia auch mit ihrem Schreiben. Dann lernt sie die glamouröse, abenteuerlustige Schriftstellerin Vita Sackville-West kennen, die für ihr skandalöses Liebesleben bekannt ist. Virginia ist fasziniert von Vitas aufsehenerregender Erscheinung, und bald zieht sie Vita mit ihrer Brillanz in ihren Bann. Es entfaltet sich eine zarte Liebe zwischen den beiden Frauen, die Virginia eine neue Leichtigkeit erleben lässt und sie schließlich zu »Orlando« inspiriert …

Die mitreißende Saga über die Frauen von Bloomsbury

**Regelmäßige Informationen erhalten Sie über unseren Newsletter.
Jetzt anmelden unter: www.aufbau-verlage.de/newsletter**

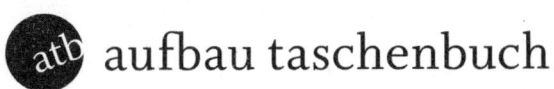